Umschlag und Layout: Jürgen Holtfreter
Satz: VA Peter Großhaus, Berlin
Lithografie: Spönemann, Berlin
Druck: Fuldaer Verlagsanstalt
Printed in the Federal Republic of Germany

ISBN 3-88520-262-X
EP 262

ELEFANTEN PRESS Verlag
Postfach 303080, 1000 Berlin 30

ELEFANTEN PRESS Galerie
Zossener Str. 32, 1000 Berlin 61

CIP-Titelaufnahme der Deutschen Bibliothek

Neue Frauen : d. zwanziger Jahre / Kristine von Soden ;
Maruta Schmidt (Hrsg.). – Berlin (West) : Elefanten Press,
1988
(EP ; 262 : BilderLeseBuch
ISBN 3-88520-262-X
NE: Soden, Kristine von [Hrsg.]; GT

Bildnachweis

Ullstein: 1 (Tele-Bunk), 9, 10, 11, 12, 13, 14 (2), 15, 149 oben, 152 (2), 153 oben links und unten (2), 154 (3), 155
Friedrich Seidenstücker / Bildarchiv Preußischer Kulturbesitz: 3, 167
Semjon Fridland: 7
August Sander / Schirmer & Mosel: 31, 44, 46 links oben, 96 unten, 97, 115, 127 rechts, 130
Eugen Heilig: 36, 59
Staatsbibliothek Preußischer Kulturbesitz Berlin (West): 39 oben und Mitte, 43, 71, 93
Arkadi Schaichet: 76, 77
Georgi Selma: 80
Viktor Bulla: 85 unten
Ernst Thormann: 98 oben
Aenne Biermann / Sammlung Folkwang / Dirk Nishen Verlag: 113 oben
Henschel Verlag Berlin (DDR): 138 (2), 139, 140 (2), 141, 142 (3), 143, 144 (2), 145, 147
Archiv Deutsche Kinemathek: 148 (2), 149 unten (2), 150 (2)
Akademie der Künste Berlin (West): 156, 157, 158
Max Alpert: 173
Umschlag vorn: Archiv »Der Tagesspiegel«
Alle anderen über ELEFANTEN PRESS

Kristine von Soden / Maruta Schmidt (Hrsg.)

Elefanten Press

NEUE FRAUEN

Die zwanziger Jahre

BilderLeseBuch

INHALT

6 Alexandra Kollontai
Die neue Frau

9 Astrid Eichstedt
Irgendeinen trifft die Wahl

16 Christiane Koch
Sachlich – sportlich – sinnlich
Frauenkleidung in den zwanziger Jahren

20 Heide Soltau
Moderne Heldinnen
»Frauenlektüre als Spiegel weiblichen Seins«

25 Ute Frevert
Kunstseidener Glanz
Weibliche Angestellte

32 Carmen Tatschmurat
»Wir haben keinen Beruf, wir haben Arbeit«
Frauenarbeit in der Industrie der zwanziger Jahre

40 Dagmar Birkelbach
Frauen in der Gewerkschaft
Der »Deutsche Textilarbeiterverband« (DTV) in den zwanziger Jahren

48 Susanne Zeller
Der Dank der Republik
Zur Entlassung von Frauen unter der Personalabbauverordnung

50 Renate Wurms
Gleichberechtigt, aber »zur linken Hand«
Zur Frauenbewegung in der Weimarer Republik

65 Kerstin Wilhelms
Frauenzeitschriften in der Weimarer Republik

73 **Modell Sowjetunion**
Zitatmontage

81 Asja Lacis
Kindertheater und »Konstruktive Spiele«

89 Christiane Koch
Schreibmaschine, Bügeleisen und Muttertagssträuße
Der bescheidene Frauenalltag in den zwanziger Jahren

103 Kristine von Soden
»Hilft uns denn niemand?«
Zum Kampf gegen den §218

114 Susanne Zeller
Volksmütter
Fürsorgerinnen in der Weimarer Sozialbürokratie

118 Alice Rühle-Gerstel
Stiefkind der Erziehung
»Das Frauenproblem der Gegenwart«, 1932

124 Kristine von Soden
Frauen in der Wissenschaft

131 Birgit Gatermann
»Malweiber«
Bildende Künstlerinnen in den zwanziger Jahren

138 Renate Seydel
Stars der Zwanziger

152 Hedwig Müller
Im Taumel der Selbsterfahrung
Die Tänzerinnen des Ausdruckstanzes

159 **Cabaret/Kabarett**

160 Ilse Kokula
Freundinnen
Lesbische Frauen in der Weimarer Zeit

167 Edith von Lölhöffel
Die Frau im Sport

172 Clara Zetkin
Gegen den Faschismus

176 Autorinnen

Konstruktivistische
Sportkleidung von
Varvara Stepanova

Alexandra Kollontai

DIE NEUE FRAU

Wer ist das, die neue Frau? Existiert sie überhaupt? Ist sie nicht das Produkt der schöpferischen Phantasie moderner Belletristen, die nach sensationellen Neuheiten suchen? Schauen Sie um sich, sehen Sie scharf, überlegen Sie, und Sie werden sich überzeugen: die neue Frau ist da – sie existiert.

Sie kennen sie schon, sind schon gewöhnt, ihr im Leben zu begegnen, und zwar auf allen Sprossen der sozialen Stufenleiter, von der Arbeiterin bis zur Jüngerin der Wissenschaften, von der bescheidenen Kontoristin bis zur berühmten Vertreterin der freien Künste. Und das Erstaunlichste dabei: Sie treffen im Leben immer häufiger die neue Frau, haben aber erst in den letzten Jahren Gelegenheit gehabt, öfter ihre Gesichtszüge in den Heldinnen der schönen Literatur wiederzufinden. Das Leben der letzten Jahrzehnte hat mit dem schweren Hammer der Lebensnotwendigkeit eine Frau mit neuem psychologischem Sinn, neuen Bedürfnissen und neuem Gemüte herausgeschmiedet, aber die Literatur zeichnete immer noch die Frau der Vergangenheit, schuf noch den abgelebten, sich verflüchtigenden, gewesenen Typus...

Es versteht sich von selbst, daß der Typ der »neuen Frau« von Land zu Land variiert, daß die Zugehörigkeit zu dieser oder jener sozialen Schicht ihm seinen besonderen Stempel aufdrückt, daß der psychologische Ausdruck der Heldin, ihre Bestrebungen, ihre Lebensziele bedeutend voneinander abweichen können. Aber wie verschieden diese neuen Heldinnen auch sein mögen, wir erkennen in ihnen etwas allen Gemeinsames, etwas »Gattungsartiges«, das uns sofort ermöglicht, sie von den Frauen der Vergangenheit zu unterscheiden. Jene haben die Welt anders aufgefaßt, jene haben anders reagiert, haben sich anders zum Leben geäußert. Es bedarf keiner besonderen historischen oder literarischen Kenntnisse, um aus der Menge der Frauen der Vergangenheit das Antlitz der neuen Frau zu erkennen. Worin dieses Neue besteht, worin der Unterschied liegt, darüber können wir uns nicht immer Rechenschaft ablegen. Eines ist klar: irgendwo im Bereich des Unterbewußtseins hat sich bei uns ein Kriterium gebildet, mit dessen Hilfe wir die weiblichen Typen bestimmen und klassifizieren.

Und wer sind diese neuen Frauen? Es sind nicht die reinen, lieben Mädchen, deren Roman sein Ende in einer wohlgelungenen Verheiratung fand, es sind nicht die Ehefrauen, die unter der Untreue ihres Mannes leiden, oder die sich selbst des Ehebruchs schuldig gemacht haben, es sind auch nicht die alten Mädchen, die die unglückliche Liebe ihrer Jugend beweinen, es sind ebensowenig die »Priesterinnen der Liebe«, die Opfer der traurigen Lebensbedingungen oder ihrer eigenen lasterhaften Natur. Nein, es ist ein ganz neuer »fünfter«, bisher unbekannter Typ der Heldinnen, Heldinnen mit selbständigen Anforderungen an das Leben, Heldinnen, die ihre Persönlichkeit behaupten, Heldinnen, die gegen die allseitige Versklavung der Frau im Staat, der Familie, der Gesellschaft protestieren, die um ihre Rechte kämpfen als Vertreterinnen ihres Geschlechts. Ledige Frauen sind es meist, die immer häufiger diesen Typus bestimmen...

Die ledigen Frauen, das sind Millionen in graue Kleidung gehüllte Figuren, die sich in endlosem Zuge aus den Arbeitervierteln kommend nach den Werkstätten und Fabriken, nach den Stationen der Ringbahnen und Elektrischen hin bewegen in jener Stunde vor Tagesanbruch, in der die Morgenröte noch mit der nächtlichen Finsternis kämpft. Die ledigen Frauen, das

Alexandra Kollontai

sind jene Zehntausende junger oder schon welkender Mädchen, die sich in den großen Städten in einsamen Zimmerkäfigen einnisten und die Statistik der »selbständigen Haushalte« vermehren. Es sind die Mädchen und Frauen, die ununterbrochen den dumpfen Kampf um das Leben führen, die ihre Tage auf dem Kontorstuhl absitzen, die auf die Telegraphenapparate tippen, die hinter den Ladentischen stehen. Ledige Frauen, das sind die Mädchen mit frischen Seelen und Köpfen voll kühner Phantasien und Pläne, die sich in die Tempel der Wissenschaft und der Kunst drängen, die mit geschäftigen, männlichen Schritten die Trottoire bevölkern, auf der Suche nach billigen Stunden und schriftlichen Gelegenheitsarbeiten. – Die ledigen Frauen sieht man am Arbeitstisch sitzen und einen Versuch für ein Laboratorium fertigstellen, in Archivmaterial wühlen, in die Krankenhauspraxis eilen, eine politische Rede vorbereiten...

Wir sind gewohnt, die Frau nicht als Persönlichkeit mit individuellen Eigenschaften und Mängeln, mit Berücksichtigung ihrer psychophysiologischen Erlebnisse zu bewerten, sondern als eine Zugabe zum Manne. Der Mann, Gatte oder Geliebter, wirft den Abglanz seines Lichtes auf die Frau. Wir haben es also in Wirklichkeit noch mit einem von ihm und nicht von ihr selbst bestimmten geistigen und moralischen Bilde der Frau zu tun. Nur die Wandlung der ökonomischen Rolle der Frau und das Beschreiten der Bahn selbständiger Arbeit kann eine Abschwächung dieser falschen und heuchlerischen Vorstellung herbeiführen.

Diese drei grundlegenden Momente, die die Psyche des modernen Menschen entstellen – sein Egoismus, die Vorstellung von dem Besitzrecht am Gatten, der Begriff der Ungleichheit der Geschlechter in der psychophysiologischen Sphäre – liegen auf dem Wege zur Lösung des Sexualproblems. Den Schlüssel, der diesen verzauberten Kreis öffnen soll, wird die Menschheit erst dann finden, wenn sie in ihrer Psyche einen genügenden Vorrat an verfeinerten Empfindungen angehäuft hat, wenn sie sich durch Tatsachen und Liebesbeziehungen überzeugt hat, wenn das Prinzip der Kameradschaft über die traditionelle Vorstellung von der Ungleichheit der Geschlechter und der Unterordnung der Frau in Geschlechtsbeziehungen triumphiert. Ohne eine grundlegende Umformung unserer Psyche ist die Lösung des Geschlechtsproblems nicht möglich...

An die Stelle der bourgeoisen Klasse mit ihrer Klassenideologie und ihrem individualistischen sexualmoralischen Kodex tritt eine andere Klasse, eine neue soziale Gruppe. Diese entwickelte, vorwärtsschreitende Klasse kann nicht verbergen, daß in ihrem Schoße sich schon die Keime der neuen Geschlechtsbeziehungen regen, die mit ihrer Klasse und ihrer sozialen Aufgabe eng verknüpft sind...

Das bedeutet nicht, daß die übrigen Klassen und Volksschichten, besonders die bourgeoise Intelligenz, nicht auch das Neue übernehmen, das im wesentlichen von der Arbeiterklasse geschaffen und entwickelt wird. Von dem instinktiven Wunsche gedrängt, den absterbenden und deshalb kraftlosen Formen der ehelichen Vereinigung neues Leben einzuhauchen, greift die Bourgeoisie nach dem »Neuen«, das die Arbeiterklasse mit sich trägt. Aber weder die Ideale noch der sexualmoralische Kodex, den das Proletariat nach und nach entwickelt, entspricht der moralischen Wirklichkeit seiner Klassenforderungen. Während gleichzeitig die aus den Forderungen der Arbeiterklasse erwachsende Sexualmoral dieser Klasse als eine neue Waffe des sozialen Kampfes dient, wird diese »Neuerung« auch von der Bourgeoisie übernommen, bei der sie die Unterwühlung der sozialen Herrschaft bedeutet.

(Aus: Alexandra Kollontai, Die neue Moral und die Arbeiterklasse (1918), Berlin 1920)

Straßenkreuzung in Kiew, 1930

4 DIE DAME Heft 16

Der Charakterkopf verdrängt die „Girl"-Schönheit. Henriette Wyeth, eine amerikanische Malerin und erfolgreiche Innendekorateurin, der Typus des „Montparnasse-Girls", das dem Revuegirl den Erfolg wegnimmt.

Marie Ostenso, eine ausgezeichnete amerikanische Novellistin, das charakteristische Beispiel einer geistigen Frauenschönheit.

ertüchtigte „Girl" und die sich selbst erhaltende „Garçonne". Das Girl schien zu siegen, der Triumph dieses langbeinigen, wohlgebauten, kirschmündigen und guckäugigen Mädchens schien nicht mehr aufzuhalten. Aber da sie ganz und gar nur physisches Produkt war, wurde sie ... uniform, langweilig. Eine Gesellschaft moderner Frauengestalten, gleich schlank, gleich biegsam, gleich kurzgeschürzt, gleich gebobt, gleich bemalt und mit bunten Steinen geziert, war aesthetisch vollkommen — aber erschreckend durch die unpersönliche Wiederholung der gleich süßen Gesichter. Und plötzlich wandelt sich aus Ueberdruß der Geschmack. Das Girl stirbt an seiner Langweile, und den Thron der Frauenschönheit besteigt die geistige Frau. Ob sie im Büro, im Geschäft, in der Universität, im Sport oder in der Kunst tätig ist, sie hat sich aesthetisch doch nicht vernachlässigt. Denn sie ist lebenskundig genug, um zu wissen, daß sie in ihrer neuen Selbständigkeit allenfalls auf die Ehe verzichten kann, aber trotzdem um den Mann kämpfen muß. So hat auch sie sich schön gemacht. Aber sie ist nicht nur hübsch, sondern auch gescheit, persönlich, sie trägt nicht mehr die Larve der glatten Niedlichkeit, sondern den Charakter ihres Menschentums im Antlitz. Das vergeistigte Frauengesicht fängt an, heute als das schönste zu gelten. Merkwürdigerweise ist es gerade Amerika, die Heimat des Girls, das sich am schnellsten zur intellektuellen Schönheit bekennt, so sehr, daß man drüben im Film schon Spezialistinnen für diesen neuen intellektuellen Erfolgstypus der Frau sucht und ausbildet. *K.*

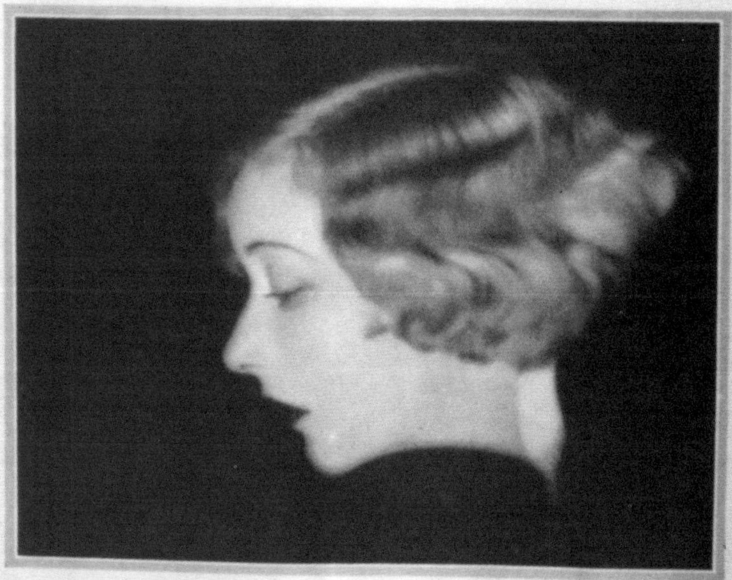

Gwendolyn Lee, ein neuer Filmliebling Amerikas, die auf der Leinwand den Typ des modernen intellektuellen Mädchens verkörpert, die erste „geistige" Filmschönheit (Uebergangstypus).

Aufnahmen E. O. Hoppé.

»Charakterköpfe«, aus: »Die Dame«, Heft 16/1926

Astrid Eichstedt

IRGENDEINEN TRIFFT DIE WAHL

»Wer soll ihr Tänzer sein?« fragte 1927 ein salonversierter Autor in der Februarnummer der »Eleganten Welt«, dem damals führenden Berliner Gesellschaftsblatt. Es folgte eine kennerhafte Schilderung modernen weiblichen Verhaltens im Ballsaal. »Wenn eine Frau einen Tanzsaal betritt«, erklärt er, »beginnt sie nach einer Weile, sich auch um uns arme Männer zu kümmern. Mit einem Blick hat sie festgestellt, wer für sie in Frage kommt und wer nicht. Sie findet ihn auch sofort und sagt sich ganz im stillen: Mit dem großen Blonden dort drüben wirst du bestimmt nachher einmal tanzen, oder der in der Ecke da, mit dem energischen Gesicht ist auch nicht übel. Und que femme veut, dieu le veut. Sie können versichert sein, daß sie mit den beiden Herren tanzen wird, obwohl sie sie bislang noch gar nicht kennt.«[1]

Die Verkehrung von starkem und schwachem Geschlecht wird hier nicht von ungefähr heraufbeschworen. Hatten im Kaiserreich der Dame noch stets mannhafte Führungs- und Aufforderungsrituale den Weg aufs Parkett gewiesen, so geriet diese Vorherrschaft seit Kriegsende ins Wanken. Que femme veut – was die Dame wünscht – mußte nicht mehr im Geheimen bleiben. »Kinder heut abend, da such ich mir was aus, / einen Mann, einen richtigen Mann«, verkündete Marlene Dietrich in einem Schlager und fügte siegesbewußt hinzu: »Wie er aussieht, mir egal, / irgendeinen trifft die Wahl.«[2] In der Tat, Damenwahl stand auf der Tagesordnung. In den Tanzlokalen eroberten Frauen neues Terrain. Nun gab es auch jede Menge Etablissements speziell für Damen und das Wort Freundin änderte allmählich seinen Klang.

Parkettrevolte

Die Parkettrevolte beschränkte sich jedoch nicht nur auf eine Absage an die alte Rollenetikette. Auch die Tänze selber änderten sich radikal. Schon deren Herkunft signalisierte den Bruch mit abendländischer Tradition. Sämtliche Modetänze der zwanziger Jahre kamen aus Amerika und hatten afrikanische Wurzeln.

Nummer eins war der *Foxtrot*, der 1918 mit den US-Regimentern deutschen Tanzboden erreichte. Der zu Ragtime getanzte Fuchstrab – er hatte noch gar nichts gemein mit dem uns heute bekannten Tanzstundenschleicher – brachte Aufruhr in die Tanzbeine. Die Partner hampelten auf jede erdenkliche Weise herum und hopsten dabei von einem Bein aufs andere. Dies war nichts anderes als der unbewußte Abklatsch der turbulenten Fußmusik step-tanzender Neger. Die nächste Sensation hieß *Shimmy*, Tanzneuheit des Jahres 1920. Zum scheppernden Klang der Jazzkapelle wackelten die Leiber wie Götterspeise. Um die Mitte des Jahrzehnts schließlich brach ein neues Fieber aus, der *Charleston*, mit X-Beinen, rudernden Armen und einem beherzten Einsatz von Hüfte und Hintern. Hatte man früher gute Tänzer an ihrer Exaktheit erkannt, eiferte man nun danach, sich möglichst gegenseitig an Originalität zu übertreffen: durch unbekümmertes Sich-Loslösen, plötzliches Innehalten, Beineschmeißen, gewagte Stegreiffiguren, durch Grimassen des Körpers.

Alle diese »Jazz-Tänze« waren egalitär, kannten keine besondere, geschweige denn eine hierarchische Position der Geschlechter mehr. Wer, wenn überhaupt, die Führung übernahm, mußte sich erst auf der Tanzfläche erweisen. Die traditionelle Paarhaltung löste sich spätestens dann auf, wenn beide mit den Füßen ausschlugen. Selbst in die Reihen der Tanzlehrer, jener notorischen Wächter von Sitte und Anstand, drang die neue Tanzunordnung vor. »Dabei haben manche Tänzer die Mode, ihre Dame, indem sie sie fest an sich drücken, zur Ausführung nach ihrem Sinn und Wunsch zu zwingen. Kommt ihnen die jeder Bewegungsfreiheit beraubte Dame nach, ohne ihnen auf die Füße zu treten, sind sie zufrieden und halten sie für eine glänzende Tänzerin. Es kommt ihnen gar nicht in den Sinn, daß bei solchem Tanzen gar keine Rede von Harmonie sein kann, und daß ihre Dame eigentlich gar nicht getanzt hat, sondern willenlos hin und her geschoben und gezogen wurde. »Zusammen tanzen heißt frei und bewußt auf die Bewegungen voneinander eingehen«, postulierte ein Schweizer Tanzlehrer, der in seiner gleichnamigen Abhandlung den »Tanz als Weg zur neuen Kultur« pries.[3]

Dem weiblichen Bewegungsspielraum entsprach ein Gefühl des Ungebundenseins, das eine reale Grundlage in gesellschaftlichen Prozessen besaß. So hatte der Anteil berufstätiger Frauen stark zugenommen. In den größeren Städten lebten viele junge Frauen allein und waren zur Lösung vom Elternhaus nicht mehr auf eine schnelle Heirat angewiesen. Frauen griffen nach den Attributen männlicher Macht, saßen hinterm Steuerrad und hinter Büroschreibtischen, rauchten Zigaretten und erreichten akademische Grade. Trotzdem blieb das eingefahrene patriarchalische Gehabe in Familie und Beruf nahezu unangetastet. Den Sehnsüchten junger Mädchen widmeten sich Illustrierte, Kolportageromane und ein eigenes Spielfilmgenre, das vorführte, wie wohlgeformte Beine und ein kesser Augenaufschlag dazu dienten, einen reichen Mann zu angeln. In seiner Studie »Die Angestellten« hat Siegfried Kracauer den Typ, der auf diesen Betrug hereinfallen mußte, das »Heimchen« genannt. »Bezeichnend für sie ist«, schreibt er, »daß sie im Tanzsaal oder im Vorstadtcafé kein Musikstück anhören kann, ohne sofort den ihm zubestimmten Schlager mitzuzirpen. Aber nicht sie ist es, die jeden Schlager kennt, sondern die Schlager kennen sie, holen sie ein und erschlagen sie sanft.«[4] Mode, Jazz und Charleston ragten als Zipfel einer vorenthaltenen Welt des Luxus in ein oft armseliges Dasein hinein. Diese Mädchen hängten ihre Hoffnungen an die Tanzwettbewerbe, die damals in vielen Städten stattfanden. Mit Stirnband und Reiherfeder stürzten sie sich in die Arena, um vielleicht zur lokalen Charleston-Königin erwählt zu werden. Als Tanzpreis winkten billige Miniaturausgaben ihrer selbst, langbeinige Revuegirls als Sofapuppen, laut Hersteller völlig unzerbrechlich.

Charleston-Wettbewerb in New York, 1926

»Shimmy«

Tanzbesessenheit

Schon zu Beginn der zwanziger Jahre hatte sich in Deutschland die Zahl der Scheidungen im Verhältnis zur Vorkriegszeit glatt verdoppelt. Tanzen war dabei nicht nur Sinnbild, sondern auch Vehikel der Rollenauflösung. Zu Karneval 1925 beschrieb eine Nürnberger Tageszeitung den »Ehescheidungstanz«. »Frau Margit tanzte Hula Hula, bis ihr Mann es müde war«, wurde berichtet.[5] Frauen tanzten den Männern im Jazzrhythmus auf der Nase herum. Im Tanz wurden Bindungslosigkeit und Individualismus, wie sie die moderne Gesellschaft entstehen ließ, hemmungslos vorweggenommen. »Tanzen und in Ekstase leben waren die neuen Losungen für die Deutschen, sie traten an die Stelle der alten, überlebten patriotischen Vorschriften fürs Vaterland sterben«, behauptete Yvan Goll in seinem Roman »Sodom Berlin«.[6]

Der Tanz galt als Inbegriff femininer Verlockung. Man feierte »Salome« im Schlager als »die Göttin der Lust im Tanz«. Die starre Trennung zwischen echt- und halbseidenen Damen war verwischt. Nicht mehr nur Schauspielerinnen und Kokotten, auch schlichte Verkäuferinnen nahmen sich ihr Recht auf Sinneslust mit einem Schuß Verruchtheit. Da wurden Hausfrauen zu Hetären. »Frau Finkelstein begann im allgemeinen Delirium das Gleichgewicht zu verlieren, sie spielte die Hohepriesterin der Verderbtheit, betrank sich jeden Abend zusammen mit ihren Gästen und riß sich beim Charleston die Beine aus dem Leib«,[7] persifliert Goll das Überschwappen der Spießbürgerseele. Da wurden Tippfräuleins zu Tanzbesessenen. »Wir gehen abends immer aus. Sehen Sie meine Schuhe an, ich vertanze alle paar Monate die Schuhe«, verriet eine von ihnen dem Kulturkritiker Kracauer.[8]

Solch kesse Sohlen, mit denen er übrigens seine Studie über die moderne Spezies der »Angestellten« einleitete, verhalfen nicht nur Schusterwerkstätten, sondern auch Fußpflegemittelherstellern zu deutlichen Umsatzsteigerungen. Die Schuhbranche hatte gerade zeitgerecht den Spangenschuh kreiert, der fest am Fuß saß, wenn die Beine mit Charlestonrhythmus in der Luft fuchtelten. Hierbei kamen auch die modernen, hauchdünnen Kunstseidenstrümpfe zur Geltung, die neuerdings mit Strapsen am Mieder befestigt wurden, weil der Stoff oft nur soeben den Oberschenkel bedeckte. Übereinanderhängende Fransen zeichneten die Körperzuckungen besonders deutlich nach.

Schlanke Schenkel, vorzeigbar bei Sport und Tanz, gehörten zum Leitbild der Garconne, der Knäbin mit schmalem Umriß. Während sich der moderne Mann einen femininen Touch zulegte, langhaarig und pomadisiert daherkam, verblüffte die Dame von Welt mit Jungenhaarschnitt, Krawatte und Monokel. Mager und mißtrauisch, frech und freizügig, die flatterhafte Unabhängigkeit junger Frauen erschien als Lola-Klischee auf der Bildfläche. Lilian Harvey verkörperte das Abziehbild des flapsigen Charlestongirls, das man »Flapper« nannte. Auch Marlene Dietrich und Joan Crawford begannen damals ihre Filmkarriere, indem sie als kesse Jazzbabys über die Leinwand tanzten.

Das Flapper-Ideal war international und paßte zur geschlechtsneutralen Note der Jazz-Tänze. In einer »Philosophie des Foxtrott« hieß es:

»Eine böse Gottheit hat den ursprünglichen, androgynen Menschen geteilt. Die beiden Hälften – Mann und Weib – erinnern sich ihrer ursprünglichen Einheit und sind trostlos. Die Liebe, sagt Platon – wir können sagen der Foxtrott – macht aus den beiden Wesen eines, stellt so die menschliche Wesenheit in ihrer alten Vollendung wieder her. Danken wir dem Foxtrott, der uns erlaubt, jeden Abend das Einssein beider Hälften zu erleben.«[9]

Erich Kästner hat das Verwirrspiel jener rast- und ratlosen Probierstimmung ironisch porträtiert. Er läßt seinen Helden »Fabian« einen Roman lang durch zweifelhafte Lokale stolpern, wie den »Klub« (»Damen genießen dieselben Rechte wie die Herren«), die Bar »Cousine« (»vorwiegend tanzten Frauen miteinander«) oder die »Männer-Pension« (»frequentiert von Damen der besten Gesellschaft«).[10]

Eintänzer, 1927

Der Gigolo

Die Tanzwelle beförderte die Libertinage. Das Neue daran war nicht zuletzt die aktive Rolle, die die Frauen dabei spielten, nicht nur die Zwanzigjährigen, sondern auch die, die das nachholen wollten, was sie mit Zwanzig nicht gedurft hatten. Die bekannte Kabarettistin Hilde Hildebrand parodierte diesen Typ der Nachzüglerin in einem Couplet. Sie seufzte: »Ich möcht so gern / ich möcht so gern / es einmal richtig wissen, / ich möcht so gern / einen Gigolo küssen.«[11]

Gigolos ließen sich gegen Trinkgeld tanzweise oder pro Abend mieten. Die berufsmäßigen Frauenhelden, die man hierzulande auch Eintänzer nannte, waren in Paris gleichzeitig mit den neuen Tänzen im mondänen Milieu aufgetaucht, um schrittunkundige aber zahlungskräftige Damen »einzutanzen«. Erst seit der Nachkriegstanzwelle wurde aus jener galanten Betätigung eine kommerzielle Institution, auf die keine Hotelbar und kein Tanzpalast verzichten konnte.

Im nachhinein erscheint der Beruf des Gigolos meist in wehmütig verklärtem Licht. Dabei läßt sich seine Rolle recht prosaisch aus einer Reihe zeittypischer Umstände erklären. Bei der Schlüsselfunktion, die der Tanz damals noch für die Beziehungen der Menschen erfüllte, und bei dem herrschenden Frauenüberschuß gab es ständigen Bedarf. Schließlich machte das erwachte weibliche Selbstbewußtsein verbunden mit einem starken Nachholbedürfnis Eintänzer regelrecht zu einem Erfordernis. Die Figur des Gigolos verkörperte am deutlichsten die neue, besitzergreifende Position der Frau.

Die Versorgung zahlender Interessentinnen ging man dabei recht unverblümt an. Ein Reservoir ansehnlicher Habenichtse stand zur Verfügung. Viele der schönen, armen Gigolos waren nämlich ehemalige Berufsoffiziere, die sich wegen fehlender ziviler Einsatzmöglichkeit nun ins Tanzgefecht stürzten. Kein leichter Job, wie etwa aus einem Beitrag der Zeitschrift »Sozialistische Republik« zu ersehen ist. Über den Eintänzer »Johnny« heißt es da:

»Von 4 bis 8 tanzt er in der Diele, von 9 bis 1, manchmal bis 2 oder 3 Uhr nachts, im Tanzsalon. Keine Frau darf sitzenbleiben. Johnny walzt Dicke und Dünne, Bubiköpfe aller Art, Eton und Herrenschnitt, Lorgnetten, Monokel, eckige Hornbrillen, Ehefrauen, Mädchen, geschiedene Frauen und Fürstinnen mit Abfindungssumme, Emanzipierte, Rechtsanwältin oder Directrice mit Beruf. Geile Knie streifen ihn, geile Augen berühren ihn, geiler Atem umweht ihn.«[12]

Der Autor des Artikels, der hier Johnnys Klientel drastisch vor Augen führt, stellt den Verkauf des Körpers mit Recht in die Nähe entfremdeter Fabrikarbeit. Er übersieht jedoch bei seiner Empörung über solch ungewohnte Erniedrigung des Mannes, daß um die seit jeher bekannte Profession des weiblichen Gigolos zu keiner Zeit Aufhebens gemacht wurde.

Nicht nur professionelle Herren standen vergnügungshungrigen Damen zur Verfügung. Es gab kaum eine Tageszeitung, in der nicht zahlreiche Inserate um weibliche Kundschaft für sogenannte Witwenbälle warben. In einer einzigen Samstagsausgabe der »Berliner Morgenpost« des Jahres 1921 luden 26 verschiedene Veranstalter zu einem solchen Ereignis. Die Stimmung unter den »Witwen« besang die Kabarettistin Resi Langer ganz unsentimental: »Ab Trumeau zum Sündenfall. / Eva auf dem Witwenball. / Mit Jefühl / Durchs Jewühl. / Locken bammeln, Strumpfband rutscht, / Liebe stammeln, / abjelutscht. / Keß und knorke jeden Fall / Is man uff dem Witwenball.«

Schwarze Bewegungsidole

Dabei diente so ein Ball keineswegs bloß dem Männerfang. Weiter unten im Text bekommt ein Herr einen Korb, und zwar mit dem eindeutigen Hinweis: »Nee, bei mir ist nischt zu machen, / denn ick schwärm for lila Sachen.«[13]

Die neuen Tänze forderten den Körpereinsatz. Sie gaben den Rhythmus vom Magen her abwärts an. Als Zentrum der Vitalität und Beweglichkeit nahmen Po, Bauch und Hüften in stark afrikanisch beeinflußten Platztänzen, wie es Shimmy, Charleston und dessen derbere Variante, der *Black Bottom* (sprich: schwarzer Hintern), waren, eine zentrale Stellung ein. Dabei war der ausgiebige Einsatz von Po und Bauch keinesfalls bloß frivole Beigabe. Denn neben erotischer Symbolik bietet die Körpermitte den Dreh- und Angelpunkt des menschlichen Leibes. Es ist somit nur im wörtlichen Sinne natürlich, daß sich

Josephine Baker in Berlin, 1928

die Erben afrikanischer Kultur in dieser Tradition bewegten. Hierzulande war man sich des schwarzen Ursprungs der Jazztänze durchaus bewußt und blickte fasziniert auf die gelenkiglässigen Schwarzen, die die Bühnen der Metropolen eroberten.

»Wenn die Musik einsetzt, die ihnen in die schmalen Glieder fährt, beginnen die Beine zu dem scharfen Rhythmus des Orchesters zu zucken. Das Tänzerblut dieses ›schwarzen Geschlechts‹ wird wach. Ganz nach Lust tanzt die eine mehr federnd, die andere mehr wippend und pendelnd umher, bei einer dritten geraten die Hüften in jenes horizontale Schwingen, das unsere Charleston-Tänzerinnen so eifrig wie vergeblich nachzuahmen versuchen.«[14]

Schwarze als Bewegungsidole. Sie glänzten nicht durch abendländisch-männliche Tanzprinzipien, wie Akuratesse und Disziplin, sondern gerade durch ihre Unbändigkeit. Charleston-Königin war Josephine Baker. Sie hat diesen Tanz als Star einer in Amerika speziell für Europa zusammengestellten »Revue Nègre« in der alten Welt populär gemacht. Und sie regte, Wilde und Vamp zugleich, ihre blassen Zuschauerinnen tatsächlich zur Nachahmung an. Schon bald eröffnete in Berlin die erste »Negerbar«, das »Biguine«. Waren eben noch kalkweiße Gesichter in Mode gewesen, so schmierten sich modebewußte Damen nun dunkle Farbe ins Gesicht. Sie wollten die schwarze Seele am eigenen Leib empfinden, wenn auch nur für eine Nacht. Die echte Josephine mußte Karneval 1926 als Jurorin die schönste falsche Negerin aussuchen.

Die Berlinerinnen wollten nicht nur so aussehen, sondern auch gerne so tanzen wie Miss Baker. Diese war berühmt für ihr hüpfendes Hinterteil. »Ihr Tanz«, verkündete eine Zeitschrift, »das ist Instinkt gegen die Zivilisation, ist Aufruhr der Sinne. Sie enthüllt uns jenes Unterbewußte, das unsere ganze Weltanschauung über den Haufen wirft.«[15] Der frech herausgestreckte Po taugte zum erotischen Fanal, denn unter der Gürtellinie brodelt das Böse, droht die noch ungebändigte

Die Tiller-Girls in der Garderobe, 1927

Natur des Menschen. Die Erotik der Jazz-Tanze, ihre Korperlichkeit, führte ein weibliches Prinzip in den europäischen Tanz ein. Entsprechend regten die Schlenker beim Charleston die Phantasie an.

Während ein fortschrittsbewußter Gynäkologe auf die Idee kam, den Tanz zum »besten Geburtshelfer« zu erklären, der allemal »gesunde Kinder verspricht«,[16] veröffentlichte die Evangelische Lehrerinnen-Warte medizinisch verbrämte Schauermärchen über ihre Charleston tanzenden Geschlechtsgenossinnen:

»Namentlich haben sich neuerdings die Frauenärzte gegen diesen Tanz gewendet, der den Frauenorganismus besonders dann angreift, wenn von Tänzerinnen enge Schuhe mit spitzen Absätzen benutzt werden, auf deren winziger Grundfläche das ganze Gewicht des Körpers ruht. Die harten Stöße werden nach oben hin übertragen und schädigen die empfindlichen Unterleibsorgane, die bald erkranken und in ihren Funktionen gestört werden. In mehreren Fällen entstanden Lähmungen, ab und zu trat der Tod ein.«[17]

Fruchtbarkeit oder Vergewaltigung, der Charleston rief Zwangsvorstellungen bei denen hervor, die mit seiner zwanglosen Erotik nicht umzugehen vermochten.

Antitanzschriften haben im christlichen Abendland eine lange Geschichte. Und fast immer sind es Frauen gewesen, die tanzend – und damit »männermordend« – im Mittelpunkt der Polemik standen. Unter der Überschrift »Tanzwut« setzt auch ein Autor der zwanziger Jahre diese unselige Tradition fort. Über den unheilvollen weiblichen Bewegungsdrang schreibt der Mann:

»Wenn ich sehe, wie junge Damen, die mir persönlich nahe stehen und die ich in ihrem Berufe oder im Haushalt als tüchtig und zuverlässig kennengelernt habe, wie von Furien getrieben, gleichfalls dem Tanzboden zueilen, dann übermannt mich ein tiefes Bedauern.«[18]

Dazu sollte schon bald kein Anlaß mehr bestehen. Mit Beginn der Wirtschaftskrise siechte der Jazz dahin. Viele Musik-Cafés, Gaststätten und Tanzpaläste mußten ihre Pforten schließen. In sentimentalen Tänzen wie Walzer und Tango fand der Gesellschaftstanz seine Beherrschung und die Tänzerin ihren Beherrscher wieder. Lilian Harvey hüpfte immer noch über die Leinwand, war aber inzwischen vom charlestonbeschwingten Flapper zum »blonden Traum« mit treudeutschem Einschlag getrimmt worden. Die Depressionsfilme nahmen schon den NS-Kitsch vorweg, so die Operettenherrlichkeit in »Der Kongreß tanzt«. Auch die Berliner Rundfunktanzstunde erkannte die Zeichen der Zeit und präsentierte den »Deta«, den »Deutschen Tanz«.

Anmerkungen

1 Die Elegante Welt, 16. Jg., Nr. 2, Berlin 1927.
2 Aus dem Film: Der Blaue Engel (1930), Text: Robert Liebmann.
3 A. *Traber-Amiel:* Der Tanz als Weg zur neuen Kultur, Berlin 1921, S. 16.
4 Siegfried *Kracauer:* Die Angestellten (1930), Berlin 1981, S. 65.
5 Der Blitz, Nr. 5, Jg. 2, Nürnberg 2. 2. 1925.
6 Yvan *Goll:* Sodom Berlin (1929). Berlin 1985, S. 81.
7 Ebd., S. 86f.
8 *Kracauer,* a.a.O., S. 10.
9 G. A. *Masson:* Die Philosophie des Foxtrott. In: Das Tagebuch, Jg. 1, Heft 29, Berlin 1920.
10 Erich *Kästner:* Fabian. Geschichte eines Moralisten (1931). Frankfurt/Main 1983, S. 10/72/108.
11 Aus der Revue: »Es hat geklingelt«, 1930. Text: Zerlett.
12 Tisch 97 wünscht einen Tänzer. In: Sozialistische Republik, Berlin 20. 10. 1927.
13 In: Die Ente, 2, 1932, Text Hardy Worm.
14 Vossische Zeitung, 6. 6. 1926.
15 In: Helmut *Günther:* Die Tänze und Riten der Afroamerikaner. Bonn 1982.
16 Nicolas *Arannosi:* Charleston – Ein ärztliches Gutachten. In: Der Blitz, Jg. 3, Nr. 46, Nürnberg 1926.
17 Dr. M. *Ulbrich:* Gefahren des Tanzes. In: Evangelische Lehrerinnen-Warte/Deutsche Lehrerzeitung, Nr. 2, Leipzig 1932.
18 W. *Montanus:* Die Tanzwut. In: Die Lebenskunst, Jg. 16, Leipzig 16. 2. 1921.

Christiane Koch

SACHLICH, SPORTLICH, SINNLICH

Frauenkleidung in den zwanziger Jahren

Befreiung aus den Fesseln althergebrachter Moral und Lebensführung – was der Alltag den Frauen der Zwanziger nicht oder nur den wenigsten gewährt hat, das fand in Fragen der Frauenkleidung allerdings sehr viel weitergehend statt. Die Literatur feiert die Mode des angehenden 20. Jahrhunderts, und ganz besonders die des dritten Jahrzehnts, als formelle Befreiung der Frau von der zuvor üblichen Umpanzerung und Verformung des weiblichen Körpers, der vorzugsweise als Vorzeigestück männlichen Besitzes (sofern solcher vorhanden war) diente.

Bereits das Reformkleid der Vorkriegszeit, das dem beengenden Korsett und den bewegungsfeindlichen Drahtgestellen adieu gesagt hatte, verfolgte die Idee, alles Körperdeformierende an der Kleiderhülle zu entfernen und der Frau neue Freiheiten in ihrem Fortkommen (im doppelten Sinne des Wortes) zu gewähren. Zwar blieb der von Kleidung modisch umhüllte weibliche Körper einem – allerdings neuartigen – Schönheits- und Formideal unterworfen, er durfte, ja mußte sich aber nun »ungeschönt« zeigen.

Mode für alle

Der zweite wesentliche Faktor, der die Kleiderfragen der zwanziger Jahre prägte, war die Tatsache, daß die Mode zu dieser Zeit endgültig zur Massenmode wurde. Zwar gab es nach wie vor eine Haute Couture, die zeitgemäße Garderobe entwarf, und eine Haute Volée, die sie trug. Der technische Fortschritt in der Textilindustrie aber schuf die Konfektionsmode, die preiswerte Kleidung von der Stange, Massenware, die es in den neu entstandenen Kaufhäusern zu kaufen gab.

Eine »Mode für alle«, dazu waren allerdings noch etliche andere Voraussetzungen vonnöten: Beispielsweise nahm die Nähmaschine, bereits 1845 erfunden, im 20. Jahrhundert ihren selbstverständlichen Platz in immer mehr proletarischen, kleinbürgerlichen und bürgerlichen Stuben ein. Die Frauen der weniger betuchten Schichten nähten sich ihre Modelle nach modischen Vorbildern selbst oder bestellten eine Hausschneiderin. Die Vereinfachung der Schnittmuster, die ein Ende machte mit überdimensionierter Stofffülle und komplizierten Kreationen, tat ein Übriges, um sowohl erschwingliche Serienkleidung als auch selbstzufertigende Garderobe zu ermöglichen. Moderne Massenmedien – Zeitschriften auch aus dem Modesektor – sorgten für eine bislang ungeahnt weite Verbreitung der jeweils aktuellen Mode; selbst die feineren Blätter reflektierten auf die kleinere Geldbörse und boten unter dem Titel »pour les bourses modestes« (Vogue) Anfertigungen und Schnittmuster für ein breiteres Publikum.[1] All das schuf so etwas wie ein allgemeines Modebewußtsein, das der Welt und den Damen bisher unbekannt war.

Mannequins des Modehauses Jacques Heim in Mänteln von Sonia Delaunay vor einem 5 CV Citroën, der nach Entwürfen von Sonia Delaunay für eine Journalistin bemalt wurde, 1925

Zusehends verschwammen die sichtbaren Grenzen zwischen den Gesellschaftsschichten. Immer mehr Warenhäuser öffneten ihre Pforten und bauten ihre Modeabteilungen aus. »Konfektion wird zur ernstzunehmenden Konkurrenz. Ein neuer Markt öffnet sich; allen voran die breite Schicht geldverdienender Frauen, die nicht mehr einsehen, daß Mode nur für die Haute Volée da sein soll.«[2]

Mode für alle hatte vor allem auch der Krieg geschaffen. Da die nationale Produktion zunehmend auf kriegsrelevante Zweige eingeschränkt worden war, kamen »Luxus«-Sparten wie modische Bekleidung selbst für reichere Kreise weitgehend zum Erliegen. Für das »gemeine« Volk war Stoff bis in die Zwanziger hinein rationiert bzw. unerschwinglich.[3] Die Gestaltung der Kleidung fiel daher denkbar schlicht aus, tunlichst wenig Material beanspruchend, die Farbgebung dunkel und ohne Muster. Bis zum Anfang des dritten Jahrzehnts hielt sich die Mode weitgehend neutral. Man improvisierte, behalf sich mit Altem, frisierte um, so gut es ging und solange die oft getragenen Materialien hielten.

Mode für Beruf und Freizeit

Die Frauen der Nachkriegszeit jedoch waren nicht die gleichen wie vor Kriegsbeginn, und so gingen sie mit dem Wiederaufschwung der Wirtschaft auch nicht zur vorherigen Tagesordnung der Mode über. Sie hatten in Fabriken und Büros die heimische Kriegswirtschaft »geschmissen«, und viele von ihnen blieben auch während der Zwanziger im Erwerbsleben. Sie benötigten nun so etwas wie eine Berufskleidung – Mode für den außerhäuslichen Alltag. Zweiteiler der unterschiedlichsten Form erfreuten sich zu diesem Zwecke immer größerer Beliebtheit.

Dazu zählte vor allem das Kostüm, das es schon zu Ende des 19. Jahrhunderts gegeben hatte. Als nüchterne, meist schlicht gehaltene Tagesmode erhielt es vor allem bei der »berufstätigen, selbstbewußten Frau einen festen Platz. Der strenge Schnitt nahm sein Vorbild vom männlichen Anzug; auch farblich begnügte sich das Kostüm mit gedämpften und dunklen Tönen; der Rock mußte allerdings als Weiblichkeitsattribut bleiben, aber mit der Kostümjacke war der erste Schritt zur Annäherung an die Männerkleidung vollzogen.«[4]

Die strikte Trennung zwischen männlicher und weiblicher Betätigung und damit einhergehender geschlechtsspezifischer Bekleidung verschwand also zaghaft, aber allmählich. Das machte sich besonders auf einem Sektor bemerkbar, der sich zunehmender Beliebtheit erfreute: dem Sport! Die zwanziger Jahre waren ein Jahrzehnt eifrigst betriebenen Frauensports – und zwar jeglicher Art: vom Turnen, Wandern und Schwimmen über Tennis, Golf und Reiten bis hin zum Autofahren und Fliegen. Und jede dieser sportlichen Aktivitäten kreierte sich ihre eigene bequeme und bewegungsadäquate Bekleidung.

Besonders schick für die Dame der besser gestellten Kreise war das Autofahren – in offenen Karossen auf ungepflasterten Straßen ein abenteuerliches Unterfangen, das spezieller, alles schützender Umhüllung bedurfte. »Erst als die Windschutzscheiben besser, mehr und mehr Straßen gepflastert und die Kabriolets nicht mehr die einzig eleganten Autos sind, geht die Zeit der Autouniform, der Lederpanzerung, der Expeditionsausrüstung für die Autotour zu Ende. Halb sportliche, halb elegante Mäntel mit passenden Leder-Hüten oder Kappen werden entworfen...« Madame trägt einen farblich zur Karosserie passenden Autodress und frequentiert gerne die geschickt kombinierten Auto- und Modesalons.[5]

Wichtig an der immer spezieller werdenden Sportkleidung dieser Zeit ist, daß hier auch für die weiblichen Bewegungsfans erstmals Bequemlichkeit und Zweckmäßigkeit vor Anstand gingen, die bisher züchtige Verhüllung aller geschlechtsmarkanten Körperteile schwand. So rutschte etwa der lange Rock, der die Frauen beim Tennis, beim Wandern und Bergsteigen gefährdet und beim Reiten nur den albernen Damensitz gestattet hatte, in praktikable und vernünftige Höhen.

Bein und Arm durften Frauen (wie übrigens auch Männer, denen das zuvor ebenfalls verboten war!) nun auch beim Baden zeigen. Schwimmen wurde ab 1920 modern. Damit entstand auch eine Bademode, die den Namen verdiente, die nicht mehr eine unhandliche Abwandlung der herrschenden Tagesmode darstellte, sondern sich zu bequemen Trikots formte, die freie Bewegung im Wasser gewährleistete. Gleichzeitig verschwand auch der zuvor geltende Standard der »vornehmen Blässe«: Sonnenverbrannte braune Haut wurde bei den Städtern schick; sie konnte damals schon mit künstlichen Mitteln, zum Beispiel »Braunolin«, erworben werden. »Um die Mitte des Jahrzehnts erkennt die Männerwelt staunend ein neues Wesen neben sich: Die Frau, die gestern noch in großer Toilette unnahbar und blasiert, geschminkt, gepudert und gemalt die ›Dame von Welt‹ war, sie ist nun im Wasser ein jauchzendes Kind, das Ball spielt...«[6]

Die Sportbegeisterung und das Gefallen an ungezwungener Beweglichkeit hält auch nachhaltig Einzug in die Tageskleidung. Beispielsweise entwickelt sich in vorsichtigen Ansätzen aus der Sportbekleidung eine Hosenmode für Frauen. Vor allem aber entsteht die praktische und bis heute in der Hauptsache unveränderte Kombimode: Zweiteiler aus Rock (beliebt vor allem als Plissee- oder Faltenrock) und Bluse, oder auch mit Pullover oder Sweater, wurden zu dieser Zeit als Tagesgarderobe salonfähig. Die Teile waren austauschbar, so daß mit wenigen Modellen immer wieder neue Kombinationen entstanden, durch Schals, Westen, Jacken veränderbar und mit dezenten Anstecknadeln, mit Tüchern und ähnlichem zu schmücken. Es war eine Kleidung, die ein Höchstmaß an Flexibilität, modischer Unabhängigkeit und Wandelbarkeit bot, dabei bequem und der Austauschbarkeit einzelner Teile wegen ausgesprochen preiswert war (und ist) und zudem den Inbegriff alltäglicher (freilich auch relativ steifer und förmlicher) Eleganz bildete. Die Tagesgarderobe der Frau in den zwanziger Jahren war, wie man sieht, außerordentlich nüchtern und geradlinig, getragen von Bequemlichkeitskriterien, schließlich mußte sie nicht mehr den Repräsentationsbedürfnissen der Oberschichten dienen, sondern selbst in bürgerlichen Kreisen vor allem auch zum Arbeiten taugen, sei es nun im neustrukturierten Haushalt, sei es im Büro oder Kaufhaus.

So schlicht und sachlich die Tagesmode war, so viel mehr Mühe verwandten die Frauen, auch die weniger wohlhabenden und vor allem die noch nicht verheirateten, auf ihre Abendgarderobe. »Für den Tag begnügte man sich mit einfachsten und sparsamsten Kleiderschnitten, während für den erholsamen Ausgleich beim Tanz die ganze Phantasie der modischen Gestaltung der Abendrobe galt.«[7] Nach getaner Arbeit wollten sie sich austoben, die kleinen und die großen Damen, wollten sie schön sein, um Aufsehen zu erregen, um zu schockieren und auch, um den Mann zu finden, der sie ernähren konnte, sei es als rechtmäßiger Gatte, sei es als betuchter Liebhaber in teuren Etablissements.

In diesem Rahmen machte die Frau in ihrer äußeren Erscheinung die wohl bemerkenswerteste Metamorphose durch. Die »Garçonne« tauchte auf, ein burschikoses Geschöpf, mit einem Hang zum Lasziven, das auf die bislang bekannten und beliebten Attribute devoter Weiblichkeit provokativ verzichtete: Sie entblößte die züchtig bedeckten Beine; zum ersten mal in der

Geschichte rutschte der Saum in dreiste Höhen – bis übers Knie – und ließ die möglichst langen Beine zur Geltung kommen. Die Haarpracht fiel; keine romantisch verspielten Locken umrahmten mehr ein schüchternes blasses Mädchengesicht; frau trug die Haare kurz als glatten Bubikopf oder in kurzen Dauerwellen. Ganz Kesse wagten sich sogar an einen Herrenschnitt heran. Unisex, das optische Verschwimmen der Geschlechtergrenzen, die sich männlich-selbstbewußt gebende Frau, war überhaupt Trumpf!

Das galt auch für die neue weibliche Idealfigur, die sportlich schlank zu sein hatte, möglichst flachbrüstig (bis hin zur Rückkehr zu radikalen Plattschnürungen) und mit schmalen Hüften. Üppige Kurven, Wespentaille und ausladende Hüften waren kaum noch gefragt. Entsprechend sahen die Kleider des Abends aus: Sie waren gerade geschnitten und verbargen die Kurven von Taille und Becken. Die Stoffe allerdings waren weich und fließend, so daß sich die schlanke, sportlich trainierte Figur in der Bewegung reichlich abzeichnen konnte. Hier kam eine versteckte, sehr subtile Erotik zum Tragen, die bei der wilden und in der Bewegung ungezügelten Tanzfreude der Zeit zu voller Geltung kommen konnte. Wippende Federboas, klimpernde, schwingende Ketten und andere, die Bewegung unterstreichende und die Blicke anziehende Accessoires (zu denen erstmals auch unechter Schmuck, etwa Straß, zählte) betonten zusätzlich das Image der aufreizenden, auffordernden Schönen des Abends.

Vorbei war auch die Zeit dezenter Pastelltöne, die Wert auf zart-sanftes Feminines legte. Herbe, eher scharfkantige und markante Schönheit, wie die der Greta Garbo, konstituierte das neue weibliche Schönheitsideal. Dementsprechend wurden die Gesichter stark konturiert durch grelle Farbgebung und kräftige Schminktöne: dunkle Lippenstifte, die scharfe Linien zogen, und lackierte Fingernägel waren ebenso beliebt wie für das konservative Publikum skandalträchtig. Der Gipfel ihres demonstrativen Ausbruches aus der bisherigen optischen Konformität, den die neue Frau in den Zwanzigern unternahm, war das Rauchen, das sie sich in aller Öffentlichkeit leistete. Lange mondäne Zigarettenspitzen in der Hand, die Lippen dunkelrot gezeichnet, ein kurzes rotes Charlestonkleid mit wippenden Fransensäumen am Leib – eigentlich ein »Hauch von Nichts« – so saß sie in oft fragwürdigen Lokalen und amüsierte sich.

Es scheint, als hätten die Frauen der zwanziger Jahre es satt gehabt, brav und passiv, in züchtige Hüllen gewickelt auf den Märchenprinzen zu warten. Wenigstens in ihrer Freizeit wollten sie sich offenbar die Freiheit nehmen, fröhlich, ausgelassen und auch provokativ gegen den bisherigen weiblichen Habitus zu opponieren. Vor allem die weibliche Jugend war es, die diese neue Libertinage auskosten wollte, ehe sie in ihren bieder bescheidenen Ehealltag zwischen Kochtopf, Putzlappen und Kindergeschrei eintrat.

Anmerkungen

1 Vgl. Metropolen machen Mode. Haute Couture der Zwanziger Jahre. Ausstellungskatalog. Berlin 1977, S. 8.
2 Ebd., S. 15.
3 Vgl. ebd., S. 35ff.
4 Brost, Harald: Kunst und Mode. Eine Kulturgeschichte vom Altertum bis heute. Stuttgart 1984, S. 172.
5 Metropolen machen Mode, S. 96.
6 Ebd., S. 106.
7 Brost, a.a.O., S. 185.

Heide Soltau

MODERNE HELDINNEN

»Frauenlektüre als Spiegel weiblichen Seins«

Frauen lesen Romane, ist das Ergebnis einer Studie zum Leseverhalten, von der 1931 in der Zeitschrift »Die Frau« berichtet wird. »Frauen werden in erster Linie von phantasie- und gemütsmäßigen Bedürfnissen, vom ›Erleben‹ aus zu Büchern geführt.« Männer würden zwar mehr lesen, aber sie seien stärker an Belehrung interessiert, »bei den Frauen dagegen stehen die Romane ausschlaggebend im Vordergrund«, insbesondere Bücher aus der unterhaltenden Literatur.

Überraschen kann das Ergebnis nicht. Der unterhaltende Roman galt schon immer als das bevorzugte Genre des weiblichen Geschlechts, sehr zum Ärger bürgerlicher Pädagogen übrigens, die um Moral und Sitte des lesenden Frauenzimmers bangten. Ihre Strafpredigten waren jedoch ziemlich erfolglos. Wann immer sich Gelegenheit bot, tauchten Mädchen und Frauen aller Schichten in die papierne Welt der Bücher ein und verschlangen die Geschichten vom Glück und Leid der Goldelses und Käthes, Giselas und Bettelprinzessinnen oder wie die Romanheldinnen sonst noch hießen. Das ist in den zwanziger Jahren nicht anders. »Im Vordergrund stehen ausgesprochene Frauenromane«, so ein weiteres Ergebnis der Studie, »das Interesse an sich selbst, an Frauenleben und Frauenschicksalen spielt eine überragende Rolle.«[1] Das ist nicht erst ein Phänomen der Weimarer Zeit. In der zweiten Hälfte des 19. Jahrhunderts etwa wurden die Bücher der Marlitt verschlungen, und Hedwig Courths-Mahlers Ruhm beginnt schon lange vor dem Krieg. Sie bleibt auch in den zwanziger Jahren die erfolgreichste Schriftstellerin; regelmäßig, oft vier- bis fünfmal im Jahr, versorgt sie die Leserinnen mit Nachschub aus ihrer Romanfabrik. Das Buch aber, das alles andere in den Schatten stellt und bis 1931 die höchste Auflage erzielt, ist das schon 1905 erschienene *Tagebuch einer Verlorenen* von Margarethe Böhme. Die Geschichte vom Aufstieg und Fall einer Prostituierten scheint die Gemüter nach dem Krieg noch ebenso zu erschüttern wie vorher. Darüber hinaus kann der Roman wohl auch die Lust der Anständigen am Pikanten befriedigen, gestattet er ihnen doch wenigstens die lesende Bekanntschaft mit dem Laster. 1929 wird der Bestseller verfilmt.

Die Studie zum Leseverhalten zeigt deutlich: Frauen sind auf der Suche nach Identifikationen, moderne Heldinnen sollen im Mittelpunkt stehen. Diesem Bedürfnis kommen viele Schriftstellerinnen nach. Ein großer Teil von ihnen macht bereits im Titel des Romans kenntlich, daß es um »Frauenleben und Frauenschicksale« geht: *Ärztinnen, Schicksale hinter Schreibmaschinen, Gilgi – eine von uns, Das Mädchen George.* Auffällig ist, daß insbesondere junge Autorinnen, die noch keinen Namen haben und sich erst einen Platz im Literaturgeschäft erobern müssen, konkrete und bilderreiche Titel wählen. Freilich halten sich nicht alle Autorinnen an dieses – unter Umständen publikumswirksame – Rezept, nicht alle beschreiben Frauenschicksale oder wollen primär Frauen mit ihren Texten ansprechen. Anna Seghers, 1928 für ihre Erzählung *Aufstand der Fischer von St. Barbara* mit dem Kleist-Preis ausgezeichnet, stellt in ihrem Roman *Die Gefährten* nicht die Entwicklung einer Frau in den Mittelpunkt, sondern den Kampf gegen Unterdrückung. Andere, wie etwa Lulu von Strauß und Torney, Else Lasker-Schüler, Gertrud von Le Fort und Isolde Kurz, schreiben lyrische oder dramatische Texte, Balladen und, an Prosa, historische Romane. Auch Annette Kolb wendet sich mit ihrer Literatur nicht ausschließlich an Frauen. Ihr 1928 erschienener Roman *Daphne Herbst* ist zwar nach einer zentralen Figur benannt, behandelt jedoch die Geschichte einer Familie im untergehenden Kaiserreich.

Die Mehrheit der Autorinnen aber schreibt für ein weibliches Publikum, wenn auch mit unterschiedlichem Erfolg. Doch das Thema »Frau« ist gut verkäuflich, sofern eine Autorin daraus eine spannende und aktuelle Geschichte machen kann. Das weiß auch der Ullstein-Verlag, als er Vicki Baum 1926 den Auftrag gibt, den Roman eines »tüchtigen Mädels« zu schreiben. Und Vicki Baum enttäuscht die Erwartungen nicht. Sie, die am Ende der Weimarer Zeit die meistgelesenste Schriftstellerin der jüngeren Generation ist, legt mit *Stud. chem. Helene Willfüer* ihren erfolgreichsten Roman vor. Er erscheint zunächst in Fortsetzungen in der »Berliner Illustrierten Zeitung« und muß das Publikum förmlich in Atem gehalten haben. Helene Willfüer avanciert zur »bekanntesten Studentin Deutschlands«, wie die Rezensentin in der Zeitschrift »Die Frau« meint.[4] Nun würde wohl nicht allein die Geschichte einer fleißigen, strebsamen und erfolgreichen Studentin die Massen derart begeistern. Hinzu kommen allerlei Verwicklungen, die dem Ganzen die nötige Würze geben und die Leserinnen und Leser bei der Stange halten: eine Liebesgeschichte, böse Menschen, tragische Tote und Helenes uneheliche Schwangerschaft. Doch Ende gut, alles gut. Die tüchtige Helene schafft nicht nur den Aufstieg zur Chemikerin, sie bekommt am Ende auch noch ihren verehrten Professor zum Ehemann.

Berufstätige Frauen: die neuen Heldinnen

Der Roman Vicki Baums, der 1929 auch als Buch erscheint, gehört in die Reihe von Frauenromanen, in deren Mittelpunkt eine Berufstätige steht. Während ehemals das sinnlose Dasein der höheren Töchter ein beliebiges Sujet engagierter Schriftstellerinnen war – Gabriele Reuter und Hedwig Dohm hatten deren Leiden 25 Jahre vorher noch eindrucksvoll beschrieben[5] – so ist das jetzt kein Thema mehr. Kaum eine junge Frau sitzt

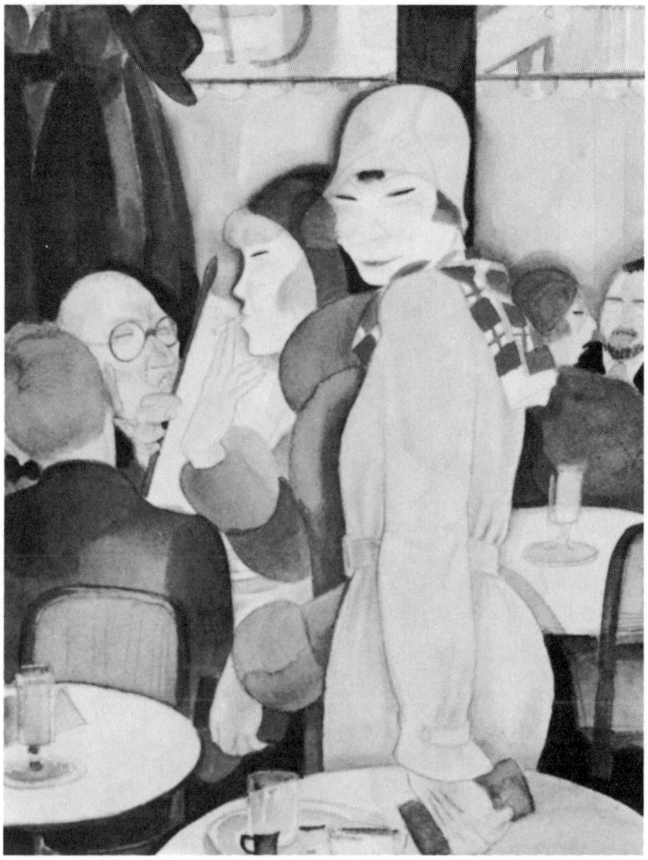

Christian Schad, Jeanne Mammen (rechts), »Im Romanischen Café«, 1925/1928

noch untätig zuhause und wartet, bis man sie verheiratet. Schon aus materiellen Gründen sind in der Weimarer Zeit viele gezwungen, ihren Lebensunterhalt zu verdienen. Hinzu kommt der durch den Krieg bedingte Frauenüberschuß. Es gibt 1,3 Millionen mehr Frauen zwischen 25 und 40 Jahren als Männer, die Heiratschancen sind dementsprechend schlecht.

Die meisten Schriftstellerinnen reagieren auf die veränderten Verhältnisse: Lehrerinnen, Ärztinnen, Krankenschwestern, Angestellte, Studentinnen, Apothekerinnen, Wissenschaftlerinnen und schließlich Künstlerinnen bevölkern nun die von ihnen imaginierten Romanwelten. Das ist gleichbedeutend mit einer regelrechten Metamorphose der Frau. Innerhalb einer Generation ist aus dem sittsamen, häuslichen Mädchen die junge Berufstätige geworden. Äußerlich gesehen präsentieren die Schriftstellerinnen ihrem Publikum damit ein ganz anderes Frauenbild. Ob in Büro oder Schule, Krankenhaus oder Labor, die Romanheldinnen stehen im Berufsleben und sind durchweg tüchtige und oft engagierte Arbeiterinnen.

1. Der Fall der Lehrerin Marie-Luise Büchner

Die mit den tausend Kindern heißt ein Roman von Clara Viebig, der durch ihre naturalistischen Texte bekannt gewordenen und damals vielbeachteten Autorin.[6] Sie erzählt darin die Geschichte der Berliner Lehrerin Marie-Luise, die, nachdem sie jahrelang darauf warten mußte, endlich in einem Arbeiterviertel eine Stelle bekommt. Wie alle Volksschullehrerinnen zu der Zeit verdient sie wenig. Ihr ärmliches Leben spielt sich zwischen Schule und zwei möblierten Zimmern ab, die sie gemeinsam mit der verwitweten Mutter bewohnt. Trotz der vielen Arbeit, ihres langen Schulwegs und der schwierigen Schülerinnen, meistert Marie-Luise alle Probleme und wird zu einer angesehenen und beliebten Lehrerin.

Wie bei jedem Frauenroman fehlt auch hier die Liebe nicht. Alwin, heißt er, dem die Sehnsucht gilt, und ist ein junger, mittelloser Arzt. Doch Marie-Luise lehnt den Heiratsantrag ab:

»Ich bin älter, ich muß die Verständigere sein von uns beiden. Du mußt Dich erst durchsetzen in Deinem Beruf, etwas erreichen, dann kannst Du heiraten. Und bis dahin bin ich viel zu alt.« (S. 173)

Um dem Mann beim Aufbau seiner Karriere nicht im Weg zu stehen, entsagt Marie-Luise ihrer Liebe. Den Gedanken, trotz der Ehe weiter zu arbeiten, erwägt sie nur kurz. Abgesehen davon, daß noch in der Weimarer Zeit verheiratete Lehrerinnen an staatlichen Schulen nur mit Sondergenehmigung tätig sein dürfen, kann sich Marie-Luise nicht vorstellen, Ehe und Beruf miteinander zu verbinden. Grund ist nicht nur die Doppelbelastung. Wer eine gute Lehrerin sein will, muß diesem Beruf seine ganze, ungeteilte Aufmerksamkeit und Hingabe schenken. *Die mit den tausend Kindern,* der Titel des Romans ist somit programmatisch zu verstehen: Eine Lehrerin sublimiert ihren Verzicht auf eigene Kinder und wird statt dessen Mutter ihrer Schülerinnen.[7]

2. Der Fall der kaufmännischen Angestellten Fräulein Brückner

1930 erscheint der Roman *Schicksale hinter Schreibmaschinen.* Autorin ist Christa Anita Brück, die selbst als Angestellte in Berlin arbeitet und, so ist anzunehmen, sich damit wohl auch eigene Erfahrungen von der Seele schreibt. Die Heldin Christa Anita Brücks ist eine verwaiste Offizierstochter, die in der Inflation ihr Vermögen verloren hat, und nun, ganz auf sich

Richard Ziegler, »Vor den Schaufenstern«, 1927

gestellt, ihren Lebensunterhalt verdienen muß. Einen Beruf gelernt hat sie nicht. Wie viele Töchter aus besseren Verhältnissen beginnt sie als Bürokraft. Die Schreibmaschine bestimmt fortan ihr kärgliches Leben:

»Nicht denken, nicht sich besinnen, weiter, weiter, geschwinde, geschwinde, tipp, tipp, tipptipptipptipptipp.« (S. 229)

Fräulein Brückner leidet aber nicht nur unter ihrer unqualifizierten Arbeit, sie leidet vor allem unter der sexuellen Belästigung am Arbeitsplatz, unter den Blicken ihres Chefs und unter den wie zufällig plazierten Händen auf ihrem Arm:

»Seine Unzüchtigkeiten sind von einer Art, die sich kaum beweisen lassen. In gewissem Sinne ist er bescheiden. Er nascht nur. Es genügt ihm mit warmer Hand über kühle Haut zu gleiten, einen gebogenen Nacken, einen bloßen Arm. Es wird dann allein sein Zeigefinger einen verbotenen Weg unterhalb des Ausschnittsaumes oder des Ärmelrandes nehmen, so weit er unter das Verhüllende reichen kann.« (S. 247)

Als Fräulein Brückner schließlich erfährt, daß einer ihrer Arbeitgeber seine Bürodamen nicht nur zum Diktat, sondern auch ins Bett bittet, kündigt sie ihre Stelle und nimmt Abschied von den Aufstiegsträumen, die sie ursprünglich einmal hatte. Wichtig ist »der Zusammenschluß, die kameradschaftliche Hilfe« der Angestellten, mit dieser Erkenntnis entläßt Christa Anita Brück ihre Leserinnen.

Von Sitte und Unsitte

In beiden Romanen, sowohl in dem der 1860 geborenen Clara Viebig als auch in dem ihrer um 40 Jahre jüngeren Kollegin Christa Anita Brück, stehen zwei sehr solide junge Frauen im Mittelpunkt. Fräulein Brückner »ist edel, hilfreich und gut«, schreibt auch Tucholsky 1930, »diese Angestelltengeschichte ist ein Schmarrn«.[8] Aber edel und gut ist nicht nur Fräulein Brückner, sondern auch Marie-Luise. Für beide gibt es die Arbeit und sonst nichts. Wenn schon die Liebe ins Spiel kommt, dann in Form einer unliebsamen Störung, die es besser zu vermeiden gilt. Liebesverhältnisse sind für beide Romanfiguren undenkbar – und wohl auch entbehrlich. Fräulein Brückner leidet zwar darunter, »außerhalb des Muttertums« zu stehen, die dazugehörige Sexualität aber scheint sie nicht zu vermissen. Gleiches gilt für Marie-Luise und viele andere Heldinnen in den verschiedensten Frauenromanen. Die tüchtigen Berufsfrauen sind in der Regel asexuelle Arbeitsbienen. Läßt sich wirklich mal eine von ihnen auf ein Verhältnis ein, ist es nicht nur aus mit der bescheidenen Karriere, oft genug müssen die Heldinnen ihren Leichtsinn mit einer Krankheit oder sogar dem Tod bezahlen. Unglücklich jedenfalls werden alle, die vom Pfad der Tugend einmal abweichen, an dieser Botschaft lassen die Autorinnen keinen Zweifel aufkommen.

Um ihre Heldinnen wirklich ins rechte Licht zu setzen, stellen viele ihrer Hauptfigur eine Gegenspielerin zur Seite, die den Part der sinnlichen, sexuell aktiven Frau übernimmt und alle nur erdenklichen negativen Eigenschaften auf sich vereinigt: sie ist eitel, oberflächlich, leichtsinnig und herzlos. Viele der unterhaltenden Frauenromane dienen somit der moralischen Aufrüstung des Publikums und zeigen, daß es für Frauen nur eine Alternative gibt, um dem Verderben zu entrinnen: Entweder sie sind berufstätig und leben enthaltsam, oder sie heiraten und geben ihre Erwerbstätigkeit auf.

Gleichwohl ist die Sexualität in den Texten immer präsent, auch wenn die Heldinnen selbst Triebverzicht leisten müssen. Statt nämlich ihre Sinnlichkeit zu leben, wird der Sex besprochen. Er rutscht, sozusagen, vom Bauch in den Kopf. Je tugendhafter die dargestellten Frauen, desto beflissener fahnden sie nach den verbotenen Lüsten der anderen. Ob Clara Viebigs Marie-Luise oder Fräulein Brückner aus Christa Anita Brücks Roman, überall wittern die Frauen den Sex und fühlen sich von Männern verfolgt. Die Autorinnen greifen mit der sexuellen Belästigung am Arbeitsplatz und der alltäglichen Gewalt gegen Frauen wichtige Themen auf, gleichwohl hinterlassen die Romane den Eindruck, als sei Sexualität schlechthin etwas Gefährliches und Böses. Ziel der Romanfrauen ist es, ihre Unschuld gegen Männer und den Rest der Welt zu verteidigen. Mit detektivischem Eifer machen sich die Romanfrauen daran, das Übel in sich und anderen aufzuspüren und zu bekämpfen.

Die Schriftstellerinnen reagieren also in vieler Hinsicht auf die neue Zeit. Ihre Heldinnen sind moderne, erfolgreiche und recht selbstbewußte Frauen, die die These von der Minderwertigkeit des weiblichen Geschlechts widerlegen. Frauen sind zu allem fähig, wenn man sie nur läßt, das ist die Botschaft der meisten Texte.

Auf die politischen Verhältnisse gehen die Autorinnen nur knapp ein, das Zeitgeschehen ist kaum mehr als Kulisse für die von ihnen erzählten privaten Frauenschicksale. Auffallend ist, daß auch diejenigen, die um die Jahrhundertwende herum zu den sozialkritischen und für die Frauenfrage engagierten Schriftstellerinnen gehörten, sich für eine bessere Mädchenerziehung und für das Recht der Frau auf Arbeit eingesetzt hatten, in den zwanziger Jahren zum konservativen bis rechten Flügel des Bürgertums gezählt werden müssen. Gabriele Reuter erteilt

1923 mit ihrem Roman *Benedikta* der deutschen Revolution eine eindeutige Absage und bezeichnet darin die Proletarier als »mordgewohnte Banden«.[9] Clara Viebig spricht sich 1929 in der *Insel der Hoffnung* für die deutsche Ostpolitik aus und läßt ihre Helden, von einer Frau dazu motiviert, für die nach dem ersten Weltkrieg verlorenen Ostgebiete kämpfen.[10] Wo an bürgerlichen Werten gerüttelt wird, wo Privilegien der eigenen Klasse auf dem Spiel stehen, reagieren die Schriftstellerinnen abwehrend.

Schriftstellerinnen und die neue Moral

Freilich verpassen nicht alle Autorinnen ihren Heldinnen eine moralische Zwangsjacke. Es gibt auch Lust und Liebe im Frauenroman der Weimarer Zeit. 1922 publiziert die dem radikalen Flügel der bürgerlichen Frauenbewegung angehörende und in der Mutterschutzbewegung aktive Helene Stöcker ihren Roman *Liebe.* Dabei handelt es sich um die Geschichte einer Kunststudentin, die sich in einen verheirateten Professor verliebt und sich auf ein länger dauerndes Verhältnis zu ihm einläßt. Freizügiger noch als Helene Stöcker behandelt die Österreicherin Grete von Urbanitzky das Thema Liebe und Sexualität. 1927 erscheint *Der wilde Gang,* ein Roman, in dem sie die lesbische Liebe positiv darstellt. In ihrem einige Jahre später publizierten Roman *Eine Frau erlebt die Welt* steht eine Heldin im Mittelpunkt, die zuweilen von einer regelrechten sexuellen Gier gepackt wird, die sie in kurzen, oft nur eine Nacht dauernden Affären befriedigen muß. Auch Friederike-Maria Winternitz und Marta Karlweis, die eine mit Stefan Zweig und die andere mit Jakob Wassermann verheiratet, gestehen den Heldinnen in ihren Romanen *Vögelchen* und *Amor und Psyche auf Reisen* ebenso sinnliche Leidenschaften zu wie die Österreicherinnen Joe Lederer und Mela Hartwig. Nur: Von Ausnahmen abgesehen, wie etwa dem Roman *Der wilde Garten,* enden diese Frauenfiguren fast ebenso tragisch wie ihre Schwestern, die »bösen« Gegenspielerinnen, und verhalten sich überwiegend passiv, wie oft schon die Romantitel verraten: *Vögelchen* oder *Das Weib ist ein Nichts.*[11]

Wenn es um die Darstellung und Bewertung von Sexualität und Liebe geht, tun sich die meisten Schriftstellerinnen schwer und neigen dazu, die Leserinnen moralisch zu belehren. Das gilt selbst für eine Frau wie Helene Stöcker, die Zeit ihres Lebens für das Recht der Frau auf Arbeit und Liebe kämpft und die Unverheiratete nicht zur Keuschheit verpflichten will. In ihren Roman *Liebe* literarisiert sie ihr politisches Programm. Die Liebe zwischen der Kunststudentin und dem verheirateten Professor scheitert nicht an den moralischen Vorurteilen der Umwelt, sondern am Mann. Er, der sich in immer neue Liebesabenteuer mit anderen Frauen stürzt, ist nicht reif für eine wirkliche Liebe. Das Liebesideal Irenes dagegen – Dauer, Ausschließlichkeit und Nachkommenschaft – bleibt unangetastet. Indem Helene Stöcker Irenes Leiden an dieser Liebesbeziehung darstellt, bewertet sie dieses Verhältnis negativ. Am Ende eines »freien Verhältnisses« steht auch hier der Tod: der Tod der Liebe.

Die in den zwanziger Jahren geführte Debatte um eine neue Sexualmoral wird von den meisten Schriftstellerinnen dahingehend beantwortet, daß sie das Thema entweder ignorieren und so tun, als lebten ihre Heldinnen noch im Kaiserreich, oder, wenn sie denn ihren Protagonistinnen sexuelle Freiheiten zugestehen, durch die Handlung ihrer Romane den Schluß nahelegen: derlei Experimente führten ins Verderben.

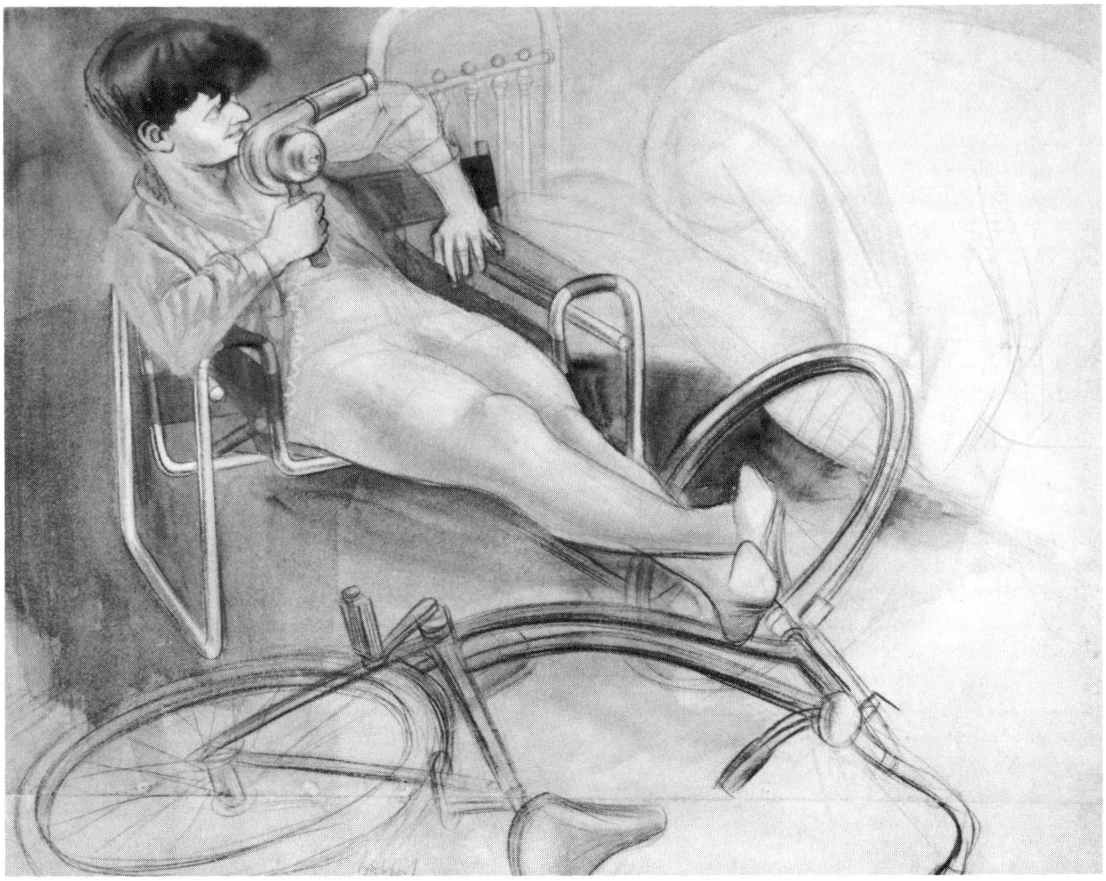

Karl Hubbuch, »Mit Föhn und Fahrrad«, 1924

Unterwegs: Neue Ansätze einer neuen Generation

Am Ende der zwanziger Jahre machen drei Schriftstellerinnen von sich reden, die einen neuen Ton in die Literatur bringen: Marieluise Fleißer, Irmgard Keun und Gabriele Tergit.

Noch bevor sie als Dramatikerin reüssiert, meldet sich Marieluise Fleißer mit ihren ersten Erzählungen zu Wort, die 1929 auch als Buch erscheinen. Fast lakonisch und ohne moralischen Zeigefinger erzählt sie von jungen Mädchen und ihren sterbenden Träumen: von der Gewalt der Armut, des Hungers und der Männer. Es sind Momentaufnahmen aus dem Leben junger Frauen, die sie nicht ausschließlich als Opfer der Verhältnisse zeigen, sondern ebenso offenlegen, wie sich Frauen in den Stricken des Patriarchats verfangen. Trotz ironischer Wendungen sind die Erzählungen von Trauer überschattet und bewegen sich auf der Grenze zwischen Freiheit und Tod. Für Frauen gibt es nur die erstickende Wärme innerhalb einer Liebesbeziehung oder die »Fröste der Freiheit« jenseits der Liebe zu einem Mann.[12] Mit ihrem Roman *Mehlreisende Frieda Geier* nimmt Marieluise Fleißer das Thema wieder auf, nur ist Frieda im Gegensatz zu den unsicheren jungen Mädchen der Erzählungen eine sehr viel selbstbewußtere, schlagfertigere und ökonomisch unabhängigere Frau. Was der Vertreterin für Mehl jedoch fehlt, sind Liebe und Geborgenheit. Die hofft sie bei Gustl, dem Tabakhändler und Schwimmer, zu finden. Doch als Frieda merkt, daß sie für die Liebe ihre Selbständigkeit aufgeben muß, trennt sie sich von ihrem Freund und zieht, eine ungewisse Zukunft vor sich, allein in eine andere Stadt.

Mit einer Reise enden auch die beiden Romane Irmgard Keuns, die zu Beginn der dreißiger Jahre erscheinen: *Gilgi – eine von uns* und *Das kunstseidene Mädchen.* Während aber Marieluise Fleißer mit ihrer Prosa nicht sonderlich erfolgreich ist – sie wird beachtet, aber kaum gekauft –, wird Irmgard Keun mit einem Schlag berühmt. Die Stenotypistin Gilgi erobert ebenso die Herzen wie die Studentin Helene Willfüer. Der Roman will nicht bloß die Realität abbilden, Irmgard Keun stellt vielmehr das dar, was sich in den Köpfen von jungen Mädchen bewegt: ihre Träume und Flausen, und die nimmt sie liebevoll und ironisch aufs Korn. Am Ende bleibt in beiden Büchern von den grandiosen Träumen nicht viel übrig. Doris, das kunstseidene Mädchen, ist kein Glanz, das heißt: kein Star geworden, und Gilgi besitzt weder eine Boutique noch hat sie eine große Reise unternommen.

Während Irmgard Keun die Auswirkungen der Bewußtseinsindustrie auf die weibliche Jugend darstellt, beschreibt Gabriele Tergit, seit 1920 Journalistin beim »Berliner Tageblatt«, mit ihrem Roman *Käsebier erobert den Kurfürstendamm* das Mediengeschäft von innen. Der Erstling der Journalistin hat Erfolg. Die Satire auf den Filz zwischen Berliner Baulöwen, Banken und Presse am Vorabend des Faschismus, wird innerhalb weniger Wochen 5 000mal verkauft.[13] Gabriele Tergit aber gehört nicht in die Gruppe der Schriftstellerinnen, die speziell für ein weibliches Publikum schreiben und mit ihren Heldinnen das Frauenbild der Weimarer Zeit prägen. Das deutet schon der Titel ihres Romanes an. Käsebier ist ein Bänkelsänger aus der Vorstadt, mit dem Medien und Konzerne ihr Geschäft machen, dabei geht es um die Vermarktung eines Talents, wobei der Mensch nicht mehr im Zentrum des Geschehens steht.

Auch Rahel Sanzara ist keine Autorin, die Fraueninteressen aufgreift und primär für ein weibliches Publikum schreibt. 1926 erscheint der faszinierende und auch damals in seiner Art einzigartige Roman, die psychologische Kriminalgeschichte *Das verlorene Kind,* in der Rahel Sanzara einen Stoff aus dem »Neuen Pitaval«, der Sammlung exemplarischer Kriminalfälle, literarisch gestaltet.[14]

Ästhetisch beginnt mit Keun, Fleißer und Tergit am Ende der zwanziger Jahre etwas Neues. Ihre Prosa, die der »neuen Sachlichkeit« zugerechnet wird, steht im Zeichen der sich auflösenden und zerrissenen Weimarer Zeit. Dem entspricht nicht mehr die geschlossene Form, sondern die fragmentarische Schreibweise: Sätze, die abreißen, Worte, die beziehungslos im Raum stehen, Subjekte ohne eine gesicherte Identität. Frauen unterwegs.

»Gilgis Phantasie war immer ein artiges Kind: darfst ein bißchen auf der Straße spielen, aber nicht um die Ecke gehen. Jetzt läuft das artige Kind mal etwas weiter.« (S. 65)

Diese jungen Autorinnen können ihren Frauenfiguren erstmals auch Fehler zugestehen. Aus den sterilen Heldinnen, die entweder nur gut oder nur böse sind, werden Frauen mit sehr ambivalenten Wünschen. Eine Lösung haben diese Schriftstellerinnen nicht parat, doch sie müssen Konflikte nicht gewaltsam glätten, sondern können mit Formen und Inhalten, Figuren und Konstellationen experimentieren.

1933 müssen die Schriftstellerinnen ihre literarischen Experimente in Deutschland abbrechen. Irmgard Keun und Gabriele Tergit gehen ins Exil, Marieluise Fleißer in die innere Emigration. Sie heiratet und zieht dorthin, woher sie gekommen ist, in die Provinz nach Ingolstadt.

Anmerkungen

1 Margarete *Kupfer:* Frauenlektüre als Spiegel weiblichen Seins, in: Die Frau, 38. Jg. H. 12, 1931, S. 175–720.

2 Hilde Maria *Kraus:* Ärztinnen, Breslau 1929: Christa Anita *Brück:* Schicksale hinter Schreibmaschinen, Berlin 1930; *Joe Lederer:* Das Mädchen George, Berlin 1928; Irmgard *Keun:* Gilgi – eine von uns (1931), Bergisch-Gladbach 1981; Vgl. zu dem ganzen Themenkomplex: Heide *Soltau:* Trennungen. Frauenliteratur der zwanziger Jahre. Frankfurt/Main 1984. Dort auch eine ausführliche Literaturliste.

3 Vicki *Baum:* Stud. chem. Helene Willfüer, Berlin 1928; *dies.:* Es war alles ganz anders. Erinnerungen. Berlin – Frankfurt – Wien 1962.

4 Emmy *Wolff:* Studentinnen im Tagesroman von heute, in: Die Frau, 36. Jg. H. 8, 1929, S. 481–485.

5 Gabriele *Reuter:* Aus guter Familie. Leidensgeschichte eines Mädchens, Berlin 1895. Hedwig *Dohm:* Sibilla Dalmar, Berlin 1896.

6 Clara *Viebig:* Die mit den tausend Kindern, Berlin – Leipzig 1929.

7 Vgl. Helene *Lange:* Die Frauenbewegung in ihren gegenwärtigen Problemen. Leipzig 1924.

8 Kurt *Tucholsky:* Gesammelte Werke. Bd. 8, Reinbek bei Hamburg 1975, S. 334 f.

9 Gabriele *Reuter:* Benedikta, Dresden 1923.

10 Clara *Viebig:* Insel der Hoffnung, Stuttgart – Berlin 1933.

11 Helene *Stöcker:* Liebe, Berlin 1922; Grete *von Urbanitzky:* Der wilde Garten (1927), Berlin 1979; *dies.:* Eine Frau erlebt die Welt, Berlin – Wien – Leipzig 1931; Friderike Maria *Winternitz:* Vögelchen, Berlin 1919; Merta *Karlweis:* Amor und Psyche auf Reisen, Berlin 1928; Mela *Hartwig:* Das Weib ist ein Nichts, Berlin – Wien – Leipzig 1929.

12 Gabriele *Tergit:* Käsebier erobert den Kurfürstendamm (1931) Frankfurt/Main 1977. Vgl. auch *dies.:* Blüten der Zwanziger Jahre. Gerichtsreportagen und Feuilletons 1923–1933, hrsg. von Jens *Brüning*, Berlin 1984 sowie *dies.:* Etwas Seltenes überhaupt. Erinnerungen, Frankfurt – Berlin – Wien 1983.

13 Rahel *Sanzara:* Das verlorene Kind (1926), Frankfurt 1983.

Ute Frevert

KUNSTSEIDENER GLANZ

Weibliche Angestellte

1926 rief das Berliner Ausstellungs-, Messe-, und Fremdenverkehrsamt zu einem »Volksentscheid« auf. Die »schönste Warenhausverkäuferin« der Hauptstadt sollte gekürt werden, und man bat um Photos. Kurz vor Weihnachten hatte das Volk, sprich die Leser des Berliner Wochenspiegels entschieden, und Elsy Lorenz, Lotte Wolf und Ella Lauganke wurden mit einer Ehrenurkunde ausgezeichnet. Sie hatten den Schönheitswettbewerb gewonnen und blickten mit strahlendem Lächeln, teils schüchtern, teils erwartungsvoll in die Kamera.

Ein selbsternannter Dichter namens Werle gab ihnen salbungsvolle, in Versen gefaßte Worte mit auf den weiteren Lebensweg und prophezeite den gekrönten Königinnen des Warenhauses Kinoruhm, zahlungskräftige Kavaliere und beruflichen Erfolg:

»Schönste Elsy, mir will schwanen,
Dein Geschäft wird höchst belebt,
Und mir sagt ein tiefes Ahnen,
Daß der Umsatz stark sich hebt.«

Die kesse Lotte warnte er davor, allzu rasch den hohlen Versprechungen eines Filmregisseurs zu erliegen, und die »süße Ella« sollte ebenfalls besser »bei den Taschentüchern« bleiben, anstatt sich von aufdringlichen Glücksrittern becircen zu lassen. Im übrigen, dessen war sich der Dichter gewiß, wartete an jeder Ecke schon ein wirklicher »Prinzgemahl« auf die drei »Venusse vom Ladentisch«.[1]

In dieser keineswegs einmaligen und außergewöhnlichen Episode spiegeln sich eine Menge Realitätssplitter, Träume und Projektionen wider, die mit dem Phänomen »Weibliche Angestellte« in den zwanziger Jahren verbunden waren. Schönheit, Jugend, Außenorientierung, Aus- und Aufbruchphantasien, Zukunftshoffnungen – all das paßte in den Rahmen des Bildes, das auch andere Institutionen und Publikationen der Weimarer Zeit von Verkäuferinnen, Stenotypistinnen und Sekretärinnen zeichneten. Kein anderer Frauentypus erfuhr zwischen 1918 und 1933 so großes öffentliches Interesse und Aufmerksamkeit wie die Angestellten, die vielen Zeitgenossen geradezu als Inbegriff Weimarer Modernität erschienen. Sie galten als Prototypen weiblicher Emanzipation, als Repräsentantinnen der »neuen Frau«, die das Weimarer System wenn nicht aus der Taufe gehoben, so doch nach Kräften gefördert hatte. Selbstbewußt, materiell unabhängig, gepflegt, sportlich und sexuell »befreit« schwirrte diese neue Frau durch das Feuilleton, saß mit übereinandergeschlagenen Beinen im Literatencafé und zog an ihrer Zigarettenspitze. Literatur und Kino nahmen sich ihrer an: Die Heldinnen vieler beliebter Unterhaltungsromane waren Angestellte, und Publikumsrenner unter den neuen Tonfilmen trugen Titel wie »Das Fräulein von Kasse 12« (1927) oder »Die Privatsekretärin« (1931).

Filmplakat »Das Fräulein von Kasse 12«, 1927

Verkäuferinnen und Sekretärinnen – eine Massenerscheinung

Diese Frauen symbolisierten die moderne Fortschrittlichkeit der Republik, ihre Urbanität und Technikbegeisterung, ihre Sachlichkeit und ihr demokratisches Profil. Zwei von drei weiblichen Angestellten lebten 1925 in Großstädten. Sie hatten, anders als ihre männlichen Kollegen, keine Scheu vor Schreib- und Rechenmaschinen und setzten der Rationalisierung des Dienstleistungssektors keinen Widerstand entgegen. Sie bekleideten Stellungen, die keine hohen Eingangsqualifika-

Schreibsaal, 1929

tionen erforderten und daher auch Frauen proletarischer Herkunft offenstanden, zugleich aber den Aufstieg in den »neuen Mittelstand« ermöglichten. Anders als bei Fabrik- oder Heimarbeiterinnen spielte sich ihre Berufstätigkeit nicht so sehr in abgeschlossenen und von der Öffentlichkeit abgeschirmten Räumen ab, sondern sie traten mit dem Publikum über Schalter und Tresen hinweg in Kontakt. Und anders als die kleine Schar studierter Frauen, die im späten 19. Jahrhundert erregte Debatten über Sinn und Unsinn weiblicher Emanzipation ausgelöst hatte, waren Verkäuferinnen und Sekretärinnen eine Massenerscheinung, an die sich Hoffnungen und Ängste vieler Menschen knüpften. Mitte der zwanziger Jahre gab es annähernd 1,5 Millionen weibliche Angestellte, dreimal mehr als 1907.

Fritz Croner, damals Funktionär des Allgemeinen Freien Angestelltenbundes, schrieb später, die Verweiblichung des Angestelltenberufes sei der »Beginn der wirklichen Emanzipation der Frau durch die Erwerbsarbeit in *allen* Schichten der Bevölkerung« gewesen: »Die Eroberung der Büros durch die weiblichen Angestellten ist die größte Revolution in der sozialen Stellung der Frau.«[2] Andere Zeitgenossen waren da skeptischer. Die Psychologin Alice Rühle-Gerstel beschrieb die Frauen in Büros und Ladengeschäften 1932 ohne Emanzipationshoffnung: »Ein halbseidener Beruf, halbseiden wie die Strümpfe und Hemdchen der Ladenfräuleins, halbseiden wie ihr Gemüt und ihre Gedankenwelt.« Diese Frauen seien »in einem sozialen Zwischenland angesiedelt«:

»Ihrer wirtschaftlichen Situation gemäß Proletarierin, ihrer Ideologie nach bürgerlich, ihrem Arbeitsfeld zufolge männlich, ihrer Arbeitsgesinnung nach weiblich. Schillernde Gestalten, von schillerndem Reiz oft, ebenso oft von schillernder Fragwürdigkeit, auf alle Fälle von schillernder Sicherheit ihres sozialen und seelischen Daseins.«[3]

Auch die Schriftstellerin Irmgard Keun bezeichnete ihre Romanheldin Doris 1932 als »das kunstseidene Mädchen«. Kunst- oder Halbseide – beides stand für Talmi, kurzfristigen Glamour und Luxus – und für den Katzenjammer, der dem »Glanz« folgte.

Die Wirklichkeit

»Proletarisiert« und »hoffnungslos« – diese Zustandsbeschreibungen setzten die Berufsverbände den öffentlichen Emanzipations-Projektionen auf die weiblichen Angestellten entgegen. Die Wirklichkeit wird irgendwo in der Mitte angesiedelt gewesen sein – weder im dunklen proletarischen Keller noch in den Höhen des unbeschwerten »Glanzes« inmitten besserer Kreise, sondern eben im »neuen Mittelstand«. Für viele Frauen brachte der Angestelltenberuf einen sozialen Aufstieg: Hatte er noch im späten 19. Jahrhundert vorwiegend höhere Töchter beschäftigt, schafften nach dem Ersten Weltkrieg immer mehr Mädchen aus Arbeiterfamilien den Sprung ins Büro oder hinter den Tresen. Eine Statistik des Arbeitsamts München vermerkte, daß zwischen 1923 und 1926 etwa 40 Prozent der Bewerberinnen um Kontorstellen und 48 Prozent der an Verkaufsstellen interessier-

Angestellten-Filme: »Die Privatsekretärin«, 1931

ten Frauen Arbeitertöchter waren.[8] Auch die weiblichen Mitglieder der Angestelltengewerkschaften kamen in zunehmendem Maße aus der Arbeiterschaft. Stammten 1929 fast 30 Prozent der weiblichen Angestellten, die im liberalen Gewerkschaftsbund der Angestellten (GdA) organisiert waren, aus proletarischen Kreisen, waren es unter den kaufmännischen Lehrlingen bereits annähernd 43 Prozent.[9]

In der Weimarer Republik richteten sich die Berufswünsche junger Mädchen immer mehr auf die kaufmännischen Berufe: Mitte der zwanziger Jahre konnte man den Berufsberatungs-Statistiken entnehmen, daß sich rund ein Drittel aller weiblichen Ratsuchenden, gegenüber 15 Prozent der männlichen, für eine kaufmännische Tätigkeit interessierten.[10] War sie für Mittelschülerinnen gerade noch »standesgemäß«, galt Berufsschülerinnen »der kaufmännische Beruf als der vornehmste, die Schneiderei als der sicherste, das Weißnähen als der sauberste und die Hauswirtschaft als der unbequemste Beruf – von der ungelernten Arbeit wird einfach gesagt, ›da kann man leicht Geld verdienen‹!«[11]

Aber auch innerhalb des so hochangesehenen »kaufmännischen Berufs« gab es rangmäßige Unterschiede: Verkäuferinnen fühlten sich Kontoristinnen oft unterlegen. Die theoretische Ausbildung der Büroangestellten, die zumeist die Handelsschule besucht hatten, verschaffte ihnen bei Verkäuferinnen eine fast wissenschaftliche Autorität: »›Die Verkäuferin wird als oberflächlich betrachtet, da sie sich nicht um die Wirtschaft kümmert.‹«[12] Das Schulgeld für die Fachschule hinderte Arbeiterfamilien häufig daran, die Tochter als Kontoristin ausbilden zu lassen. Auch eine Lehre kam für Mädchen weit seltener in Betracht als für Jungen. Hatten immerhin 88 Prozent der männlichen GdA-Mitglieder eine kaufmännische Lehre absolviert, war es bei den weiblichen Mitgliedern nur die Hälfte. Arbeiter ließen im Zweifelsfall eher den Sohn »etwas lernen« als die Tochter, und auch bürgerliche Familien investierten lieber in die Berufsausbildung des Stammhalters. Begründet wurde diese Prioritätensetzung mit dem Argument, die teure Ausbildung rentiere sich bei Frauen nicht, da sie den Beruf ohnehin bald aufgäben und heirateten. Als Hausfrau und Mutter mußten sie dann weder Ablagesysteme noch die doppelte Buchführung beherrschen, sondern nährwert- und kostenbewußt einkaufen und kochen können. Das lernten sie bereits in der Schule: In Hamburg, Sachsen, Hannover, Oldenburg und Westfalen wurde Volksschülerinnen obligatorischer Haushaltungsunterricht erteilt, und in vielen Gemeinden war dieses Lehrfach für Mädchen unverzichtbarer Bestandteil der dreijährigen Berufsschulausbildung.[13]

Bereits in Elternhaus und Schule wurden Mädchen demnach auf ihre spätere Rolle als Ehefrau und Mutter vorbereitet. Wenngleich es in der Weimarer Republik selbst in bürgerlichen Schichten üblich geworden war, daß Frauen nach dem Ende ihrer Schulzeit eine Erwerbsarbeit aufnahmen und Geld verdienten, hielt sich doch die Auffassung beharrlich, wonach der Beruf lediglich »Aufbewahrungsort bis zur Ehe« sei.[14] In der Angestelltenstatistik fand dieses Meinungsbild einen geradezu klassischen Ausdruck: 1925 waren 65 Prozent der Frauen, die als Angestellte in Handel und Industrie arbeiteten, jünger als 25 Jahre, und fast alle (94 Prozent) waren ledig. Sobald sie in den Stand der Ehe traten, kündigten sie oder wurden gekündigt. Gaben sie einem Berufskollegen ihr Jawort, konnten sie damit rechnen, ihr weiteres Leben an seiner Seite ganz als Hausfrau und Mutter zu führen: Nur etwa ein Zehntel der Angestellten-Ehefrauen ging Mitte der zwanziger Jahre einer Erwerbstätigkeit nach (zum Vergleich: 22 Prozent der Arbeiterfrauen).[15]

»Höhere Arbeit« für Männer, »kleinere Verrichtungen« für Frauen

Die Ehe scheint für viele junge Frauen eine Art Fluchtpunkt gewesen zu sein, auf den sich ihre Träume vom besseren Leben richteten. Der Beruf selber gab solchen Träumen und Sehnsüchten wenig Nahrung. Die Arbeit der Büroangestellten war in der Regel monoton, schematisch und anstrengend. Zeitgenossen, die das Tippen etwas herablassend mit dem Klavierspielen verglichen, übersahen dabei, daß die acht- oder mehrstündige Bedienung der damals noch sehr schwergängigen Schreibmaschinentastatur Wirbelsäule und Nervensystem stark belastete. Auch Verkäuferinnen klagten über schlechte Arbeitsbedingungen, vor allem dann, wenn sie in der Lebensmittelbranche beschäftigt waren. Hier herrschte die Gewohnheit, die Ladentüren auch an kältesten Wintertagen geöffnet zu halten, um Kunden zum Eintreten zu animieren. Frosterkrankungen waren daher keine Seltenheit.[16] Auch das stundenlange Stehen hinter dem Ladentisch war der Gesundheit der jungen Frauen nicht eben förderlich. Anders als ihre männlichen Kollegen hatten die weiblichen Angestellten kaum Chancen, ihre berufliche Situation zu verbessern. Aufstiegsmöglichkeiten waren zwar im Einzelfall vorhanden, scheiterten aber in der Praxis sowohl an den nicht ausreichenden Vorqualifikationen der meisten Frauen als auch am Widerstand männlicher Angestellter gegen weibliche Vorgesetzte. Zwar hatten die männlichen Berufsverbände und Gewerkschaften ihre prinzipielle Ablehnung der Frauenarbeit im Angestelltensektor spätestens nach dem Ersten Weltkrieg aufgegeben, doch nur deshalb, weil sie erkannten, daß Frauen hier keine »männlichen« Arbeitsplätze besetzten, sondern im wesentlichen neue, maschinisierte und in der Hierarchie ganz unten angesiedelte Tätigkeiten übernahmen. 1907 gab der Verband Deutscher Handlungsgehilfen seinen männlichen Mitgliedern auf den Weg, sie sollten dafür Sorge tragen, bei der sich einspielenden Arbeitsteilung zwischen Frauen und Männern in Kontor und Geschäft »auf die richtige Seite« zu kommen: »Daß viele kleine Arbeiten ausgeschieden und von weiblichen Kräften erledigt werden, während den Männern die höhere Arbeit bleibt, ist doch auch eine Hebung der Männerarbeit.«[17]

Auch in den zwanziger Jahren, als die Zerlegung, Standardisierung und Technisierung der Arbeitsfunktionen rasch voranschritt, blieb die »höhere Arbeit« ein Monopol von Männern, und Frauen begnügten sich mit den »kleineren Verrichtungen«. Dafür bekamen sie selbstverständlich weniger Geld. Nach den Gehaltserhebungen des GdA waren über 70 Prozent seiner weiblichen Mitglieder in den beiden untersten Tarifgruppen eingruppiert, aber nur ein Drittel der männlichen.[18] Doch selbst in der gleichen Tarifgruppe verdienten Frauen grundsätzlich weniger als Männer: Fast alle zwischen Unternehmern und Gewerkschaften ausgehandelten Tarifverträge legten in der Weimarer Republik Gehaltsabzüge für Frauen von 10 bis 20 Prozent fest. Begründet wurde diese Ungleichheit mit den »tatsächlichen Lebensverhältnissen«, wonach männliche Angestellte mehr Geld für »Kleidung und Haushaltung« ausgeben müßten als ihre weiblichen Kollegen.[19] Im Klartext: Weil Frauen neben ihrer Berufstätigkeit auch Hausarbeit verrichteten, selber Essen kochten und Kleider nähten, war es gerechtfertigt, ihr Gehalt zu kürzen.

Dabei zeigten die Haushaltsrechnungen weiblicher Angestellter, daß auch sie vergleichsweise viel Geld für Kleidung ausgaben. Chic und adrett angezogen zu sein, gehörte zur Berufsqualifikation hinzu. Vor allem Verkäuferinnen warben mit ihrem Aussehen für das Geschäft, und Ladenbesitzer waren sich dieser umsatzsteigernden Wirkung wohl bewußt. So wurde eine Schuhverkäuferin nur deshalb entlassen, »weil sie sich nicht dem Wunsche des Geschäftsinhabers gefügt hatte, duftige Wäsche zu tragen. Der Unternehmer führte vor Gericht aus, daß bei dem ununterbrochenen Hinaufsteigen auf Leitern zum Herabholen der Schuhe den männlichen Besuchern ein möglichst angenehmer Anblick verschafft werden müsse«.[20] Viele Geschäfte ließen Steckbriefe ihrer Verkäuferinnen in Zeitungen abdrucken und versprachen denjenigen eine Belohnung, die den Beschäftigungsort der Abgebildeten herausfanden. Der VWA kritisierte 1931, »daß ein sonst seriöses Berliner Haus seinen weiblichen Angestellten zumutet, sich im Schaufenster vom Dekorateur aus einem Stück Stoff ein Kleid auf den Leib ›aufstecken‹ zu lassen, daß in einer Stadt der Provinz in der Badezeit den Angestellten zugemutet wurde, Badetrikots im Laden und Erfrischungsraum vorzuführen«.[21] Auch der anfangs erwähnte Schönheitswettbewerb des Berliner Wochenspiegels verfolgte den Zweck, den Umsatz im gerade anlaufenden Weihnachtsgeschäft anzukurbeln, denn: »Wir kaufen alle lieber und leichter dort, wo uns Schönheit und Anmut bedient.«

Träume vom »Glanz«

»Ein Glanz werden« – davon träumten viele junge Angestellte. Nur wenige aber verfolgten ihr Ziel so frech und unbekümmert wie Irmgard Keuns Doris, die nicht traurig war, als ihr der Rechtsanwalt, für den sie Briefe tippte, kündigte, sondern beim Film und in der Berliner Bohème ihr Glück suchte. Gilgi, die Hauptfigur in Keuns erstem, 1931 erschienenen Roman, schlug einen anderen Weg zum »Glanz« ein: Nach ihrer Tagesarbeit als Stenotypistin lernte sie fremde Sprachen in der Berlitz School und tippte die Kriegserinnerungen eines Herrn Mahrenholz. »Ich will arbeiten, will weiter, will selbständig und unabhängig sein... Und gesund und hübsch will ich bleiben, solange es eben geht.« Gilgi war tüchtig, ehrgeizig und setzte ihr hübsches Aussehen und ihren Charme gezielt ein. »Auf die Arbeitgeber ist man nun mal angewiesen, und ganz ohne Mätzchen ist ihnen nicht beizukommen. Können allein entscheidet nicht, Mätzchen allein entscheiden nicht – beides zusammen entscheidet meistens.«[4]

Die Redaktion der sozialdemokratischen Parteizeitung »Vorwärts« war von Gilgis Schicksal, das im übrigen auch verfilmt wurde, so angetan, daß sie den Roman in Fortsetzungsfolgen abdruckte. Unter den Leserinnen und Lesern allerdings war die Begeisterung nicht ungeteilt. Viele Angestellte protestierten gegen die Veröffentlichung und betonten, diese Gilgi sei keineswegs »eine von uns«. Manche empfanden den Roman sogar als Beleidigung, andere fühlten sich in ihrer Berufs- und Lebenswirklichkeit gänzlich falsch dargestellt. Im Oktober 1932 verabschiedete eine Versammlung von Funktionärinnen des sozialdemokratischen Zentralverbandes der Angestellten eine Protestadresse an die Vorwärts-Redaktion. Andere Zeitschriften nahmen diesen Vorfall zum Anlaß, angeblich realitätsgetreuere Schilderungen des Angestellten-Alltags zu veröffentlichen.[5]

Was der vorwiegend männlichen Redaktion des »Vorwärts« imponiert haben mochte – die Mischung von Liebe und beruflichem Ehrgeiz, von Sex und Lebenskampf, vielleicht auch Gilgis unbeugsamer Unabhängigkeitswunsch und ihre Ernsthaftigkeit im Umgang mit der »großen Liebe« und ihrem

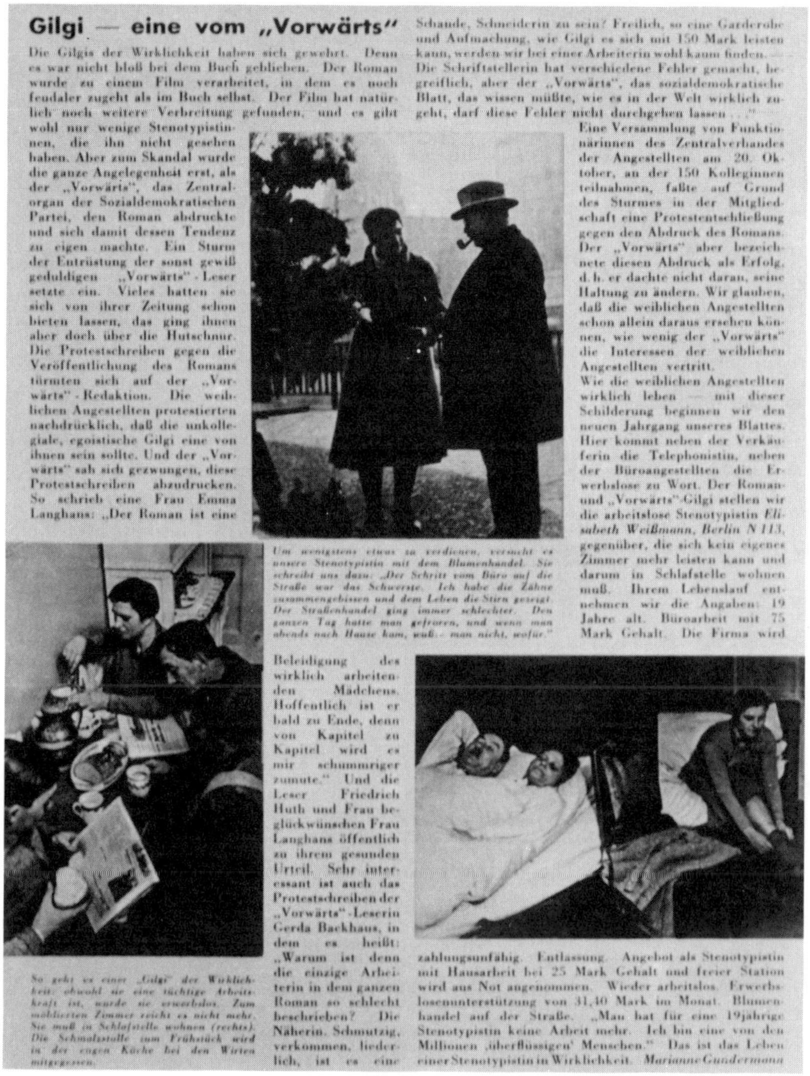

Gilgi — eine vom „Vorwärts"

Die Gilgis der Wirklichkeit haben sich gewehrt. Denn es war nicht bloß bei dem Buch geblieben. Der Roman wurde zu einem Film verarbeitet, in dem es noch feudaler zugeht als im Buch selbst. Der Film hat natürlich noch weitere Verbreitung gefunden, und es gibt wohl nur wenige Stenotypistinnen, die ihn nicht gesehen haben. Aber zum Skandal wurde die ganze Angelegenheit erst, als der „Vorwärts", das Zentralorgan der Sozialdemokratischen Partei, den Roman abdruckte und sich damit dessen Tendenz zu eigen machte. Ein Sturm der Entrüstung der sonst gewiß geduldigen „Vorwärts"-Leser setzte ein. Vieles hatten sie sich von ihrer Zeitung schon bieten lassen, das ging ihnen aber doch über die Hutschnur. Die Protestschreiben gegen die Veröffentlichung des Romans türmten sich auf der „Vorwärts"-Redaktion. Die weiblichen Angestellten protestierten nachdrücklich, daß die unkollegiale, egoistische Gilgi eine von ihnen sein sollte. Und der „Vorwärts" sah sich gezwungen, diese Protestschreiben abzudrucken. So schrieb eine Frau Emma Langhans: „Der Roman ist eine Beleidigung des wirklich arbeitenden Mädchens. Hoffentlich ist er bald zu Ende, denn von Kapitel zu Kapitel wird es mir schummriger zumute." Und die Leser Friedrich Huth und Frau beglückwünschen Frau Langhans öffentlich zu ihrem gesunden Urteil. Sehr interessant ist auch das Protestschreiben der „Vorwärts"-Leserin Gerda Backhaus, in dem es heißt: „Warum ist denn die einzige Arbeiterin in dem ganzen Roman so schlecht beschrieben? Die Näherin. Schmutzig, verkommen, liederlich, ist es eine Schande, Schneiderin zu sein? Freilich, so eine Garderobe und Aufmachung, wie Gilgi es sich mit 150 Mark leisten kann, werden wir bei einer Arbeiterin wohl kaum finden. — Die Schriftstellerin hat verschiedene Fehler gemacht, begreiflich, aber der „Vorwärts", das sozialdemokratische Blatt, das wissen müßte, wie es in der Welt wirklich zugeht, darf diese Fehler nicht durchgehen lassen ..."

Eine Versammlung von Funktionärinnen des Zentralverbandes der Angestellten am 20. Oktober, an der 150 Kolleginnen teilnahmen, faßte auf Grund des Sturmes in der Mitgliedschaft eine Protestentschließung gegen den Abdruck des Romans. Der „Vorwärts" aber bezeichnete diesen Abdruck als Erfolg, d. h. er dachte nicht daran, seine Haltung zu ändern. Wir glauben, daß die weiblichen Angestellten schon allein daraus ersehen können, wie wenig der „Vorwärts" die Interessen der weiblichen Angestellten vertritt.

Wie die weiblichen Angestellten wirklich leben — mit dieser Schilderung beginnen wir den neuen Jahrgang unseres Blattes. Hier kommt neben der Verkäuferin die Telephonistin, neben der Büroangestellten die Erwerbslose zu Wort. Der Roman- und „Vorwärts"-Gilgi stellen wir die arbeitslose Stenotypistin *Elisabeth Weißmann, Berlin N 113*, gegenüber, die sich kein eigenes Zimmer mehr leisten kann und darum in Schlafstelle wohnen muß. Ihrem Lebenslauf entnehmen wir die Angaben: 19 Jahre alt. Büroarbeit mit 75 Mark Gehalt. Die Firma wird zahlungsunfähig. Entlassung. Angebot als Stenotypistin mit Hausarbeit bei 25 Mark Gehalt und freier Station wird aus Not angenommen. Wieder arbeitslos. Erwerbslosenunterstützung von 31,40 Mark im Monat. Blumenhandel auf der Straße. „Man hat für eine 19jährige Stenotypistin keine Arbeit mehr. Ich bin eine von den Millionen ‚überflüssigen' Menschen." Das ist das Leben einer Stenotypistin in Wirklichkeit. *Marianne Gundermann*

Um wenigstens etwas zu verdienen, versucht es unsere Stenotypistin mit dem Blumenhandel. Sie schreibt uns dazu: „Der Schritt vom Büro auf die Straße war das Schwerste. Ich habe die Zähne zusammengebissen und dem Leben die Stirn gezeigt. Der Straßenhandel ging immer schlechter. Den ganzen Tag hatte man gefroren, und wenn man abends nach Hause kam, wußte man nicht, wofür."

So geht es einer „Gilgi" der Wirklichkeit: obwohl sie eine tüchtige Arbeitskraft ist, wurde sie erwerbslos. Zum möblierten Zimmer reicht es nicht mehr. Sie muß in Schlafstelle wohnen (rechts). Die Schmalzstulle zum Frühstück wird in der engen Küche bei den Wirten mitgegessen.

Aus: »Der Weg der Frau«, 1933

ungeborenen Kind –, war einem großen Teil des Publikums offenbar ein Dorn im Auge. Daß sich auch Berufsverbände dagegen wandten, Gilgis Schicksal als das einer typischen Angestellten zu stilisieren, muß nicht verwundern. Schließlich gehörte die junge Dame – wie drei Viertel ihrer Kolleginnen – weder einer Gewerkschaft an, noch bewies sieh im Umgang mit anderen Angestellten große Solidarität. Selbst vor Arbeitslosigkeit hatte sie keine Angst, denn: »Da ist eine ganze Menge, denen ich überlegen bin, weil ich mehr und stärker will.«

Allerdings fand ohnehin kaum einer der vielen Angestelltenromane der zwanziger und frühen dreißiger Jahre Gnade bei den Gewerkschaftsfunktionärinnen. Besonders der nur Frauen organisierende Verband der weiblichen Handels- und Büroangestellten (VWA) reagierte empört auf Darstellungen, die die Berufswirklichkeit ungeschminkt und in dunklen Farben schilderten. An dem vielgelesenen Roman Christa Anita Brücks »Schicksale hinter Schreibmaschinen« (1930) kritisierte Katharina Müller vom VWA den Mangel individuellen Heldentums; Rudolf Braunes »Das Mädchen an der Orga Privat« (1930) bewegte sich ihrer Ansicht nach »in krassen Schamlosigkeiten« und war »geeignet, der jungen Stenotypistin Abscheu und Schreck vor ihrem Beruf einzuflößen«.[6] Da kamen die Happy-End-Romane,[7] die die oft sehr graue Realität in den Wunschbildern sentimentaler Schreibmaschinen- und Ladenpoesie auflösten, den Bemühungen der Standesvertretung, »die Proletarisierung, die Hoffnungslosigkeit zu überwinden«, schon näher.

Indienstnahme weiblicher Attraktivität

Die Frauen selber scheinen dieser gezielten Indienstnahme ihrer Attraktivität wenig Widerstand entgegengesetzt zu haben. Der Zwang, hübsche Kleider zu tragen und immer gepflegt auszusehen, kam vielmehr ihrem Bedürfnis nach Selbstdarstellung und -bewußtsein entgegen. In der weiblichen Rolle, in Erotik und Mode konnten sie die demütigenden und deprimierenden Erfahrungen ihres beruflichen Alltags kompensieren und ein Stück Macht zurückgewinnen. Als die weiblichen Mitglieder des Kurzschriftvereins der Deutschen Bank 1928 ihren männlichen Kollegen und Direktoren auf einem Ball eine Tanznummer als kurzberockte »Black and White Girls« vorführten,[22] hatten sie wohl kaum das Gefühl, sich auf diese Weise zum Objekt zu erniedrigen. Eher brachte dieser Auftritt ihre Tagträume von einer öffentlichen Karriere als Revuetänzerinnen und von erotischer Dominanz und Anerkennung zum Ausdruck. Auch das »Verhältnis« mit dem Vorgesetzten, ein beliebtes Thema zeitgenössischer Filme und Kolportageromane, verschaffte den Frauen neben materiellen Vorteilen die reizvolle Illusion eines gleichberechtigten Tausches, in dem die soziale Hierarchie durch Erotik aufgehoben schien.

In der Regel war diese Illusion jedoch immer nur von kurzer

Großraumbüro

Dauer, und nur selten erfüllte sich der Traum, durch eine Heirat endgültig in die »besseren Kreise« aufzusteigen. Eben diese Hoffnung motivierte viele junge Frauen, trotz aller offensichtlichen Mängel, Belastungen und Zurücksetzungen – die allerdings auch in anderen Berufen nicht fehlten – Verkäuferin oder Stenotypistin zu werden. Für viele hatte sich die Berufswahl im Kino entschieden. Hier wurde ihnen das Warenhaus als »märchenhafter Palast« geschildert, »in dem sich elegante Käufer um den Ladentisch drängen, liebenswürdige Gespräche mit der Verkäuferin führen und einer von ihnen die Angestellte in eine Ehe voller Glück und Luxus entführt«. Handelsschülerinnen erfuhren im Film, »daß die Privatsekretärin ein sorgenloses schönes Leben ohne viel Arbeit führt, sich überaus elegant kleidet und nach kurzer Tätigkeit die Gattin ihres Chefs wird«.[23]

Angesichts dieser Vorbilder verwundert es nicht, daß zu den beliebtesten Verkaufsbranchen die Herrenkonfektion gehörte, in der sich, wie vierzehn- bis siebzehnjährige Berufsschülerinnen meinten, reiche Männer »einen sehr schönen Velourhut kaufen oder besonders feine wildlederne Handschuhe und dabei die Verkäuferinnen kennen lernen«.[24] Selbst wenn es nicht nur in der Einbildung, sondern auch in der Wirklichkeit zu einem solchen Rendez-vous kam, führte es doch kaum jemals zum Happy End. Der »richtige Mann«, dem ein siebzehnjähriges Lehrmädchen seine »Hand reichen und ein eigenes Heim gründen wollte«, um endlich »raus aus dem Beruf und sein eigener Herr zu sein«[25], stammte zumeist nicht aus dem ersehnten Aufstiegsmilieu, sondern aus den eigenen Kreisen. Fast die Hälfte der weiblichen Angestellten in der bayerischen Industrie, die 1925 eine Ehe schlossen, heiratete einen Angestellten. Von den Angestellten im Handel verehelichten sich 36 Prozent innerhalb der eigenen Berufsschicht, ein Viertel schaffte den Aufstieg zur Ehefrau eines Selbständigen (in der Regel der Ladenbesitzer selber), und 40 Prozent heirateten »unter ihrem Stand«.[26]

Bei nüchterner Betrachtung war der angebliche Emanzipations-Höhenflug der Verkäuferinnen und Stenotypistinnen daher nicht besonders schwindelerregend. Ihre »Modernität: hielt sich in engen Grenzen, die von einer ungebrochenen, in Familie, Schule, Beruf und Medien vermittelten Orientierung auf »typisch weibliche« Verhaltensformen und Lebenspläne gezogen wurden. So keß und frech sie oft auftraten, so sehr wurden sie doch von ihrer Umwelt in jene Schranken gewiesen, die Frauen auch nach ihrer formellen Gleichberechtigung auf eine prinzipiell andere und unter dem Strich mit weit weniger Macht ausgestattete Handlungssphäre als Männer festlegte.

Anmerkungen

1 Berlin. Berliner Wochenspiegel für Leben, Wirtschaft, Verkehr, Ausstellungs- und Messewesen der Reichshauptstadt, Nr. 50, 1926, S. 2.
2 Fritz *Croner:* Soziologie der Angestellten, Köln 1962, S. 180.
3 Alice *Rühle-Berstel:* Das Frauenproblem der Gegenwart. Eine psychologische Bilanz, Leipzig 1932. Neudruck unter dem (unpassenden) Titel: Die Frau und der Kapitalismus, Frankfurt o.J., S. 299f.
4 Die beiden Romane Irmgard *Keuns* »Das kunstseidene Mädchen« und »Gilgi – eine von uns« sind 1979 neu im Claassen-Verlag, Düsseldorf, erschienen.
5 »Gilgi – eine vom ›Vorwärts‹«, in: Der Weg der Frau, Nr. 1, 1933.
6 Katharina *Müller:* Reklame und Literatur gegen die Angestellten, in: Die Handels- und Büroangestellte, Jg. 37, H. 2, Berlin 1931, S. 13f.
7 Z.B. Fedor *v. Zobeltitz:* Dagmar springt in die Freiheit, Berlin 1930; Iwan *Heilbut:* Frühling in Berlin, Berlin 1931; Heinrich *Sohnrey:* Grete Lenz, ein Berliner Mädchen, Berlin 1934.
8 Berechnet nach: Josef *Nothaas:* Sozialer Auf- und Abstieg im Deutschen Volk, München 1930, Tab. II.
9 GdA: Die wirtschaftliche und soziale Lage der Angestellten. Ergebnisse und Erkenntnisse aus der großen sozialen Erhebung des Gewerkschaftsbundes der Angestellten, Berlin 1931, S. 57; GdA: Die kommende Angestelltengeneration, Berlin 1933, S. 22.
10 Elisabeth *Obst-Harnisch:* Die Frau im Handel. in: Der Kaufmann und das Leben, Nr. 2, 1926, S. 9f.
11 Erna *Barschak:* Die Schülerin der Berufsschule und ihre Umwelt, Berlin 1926, S. 6. Nach Maria *Böckling:* Sonderaufgaben in der Berufsberatung der Mittelschülerinnen, in: Jugend und Beruf, H. 1, Berlin 1930, S. 17–19, entschieden sich drei Fünftel aller Düsseldorfer Mittelschülerinnen 1930 für den Kontoristinnen-Beruf, der als »standesgemäß« galt.
12 Ernst *Lau:* Beiträge zur Psychologie der Jugendlichen, Langensalza 1925, S. 74.
13 Margarete *Breuer:* Berufliches Bildungswesen, in: Jahrbuch für Frauenarbeit, Bd. 1, 1924, S. 38–55.
14 Marie *Bernays:* Zusammenhang von Frauenerwerbsarbeit und Mutterschaft, in: Frauenberufsfrage und Bevölkerungspolitik. Jahrbuch des Bundes Deutscher Frauenvereine 1917, Leipzig 1917, S. 99.
15 Annemarie *Niemeyer:* Zur Struktur der Familie, Berlin 1931, S. 115, 111.
16 Emilie *Düntzer:* Die gesundheitliche und soziale Lage der erwerbstätigen weiblichen Jugend, Berlin 1933, S. 45.
17 J. *Reif:* Frauenarbeit im Handel, Leipzig 1907, S. 13.
18 GdA: Die wirtschaftliche und soziale Lage..., a.a.O., S. 134.
19 Urteil eines Schlichtungsausschusses von 1929, zit. nach: Zentralverband der Angestellten: Geschäftsbericht 1929, Berlin o.J., S. 148.
20 Carl *Dreyfuß:* Beruf und Ideologie der Angestellten, München 1933, S. 126.
21 Katharina *Müller,* a.a.O., S. 13.
22 Monatshefte für die Beamten der Deutschen Bank, Mai 1928.
23 Carl *Dreyfuß,* a.a.O., S. 153.
24 Zit. in: Ernst *Lau,* a.a.O., S. 35.
25 Zit. in: Fritz *Urbschat,* Das Seelenleben der kaufmännisch tätigen Jugendlichen, Langensalza 1932, S. 77.
26 Berechnet nach Josef *Nothaas,* a.a.O., Tab. VII.

Carmen Tatschmurat

»Wir haben keinen Beruf, wir haben Arbeit«

Frauenarbeit in der Industrie der zwanziger Jahre

Die Friedenszeit begann für die Frauen mit der *Demobilmachungsverordnung* vom 28. März 1919. Danach sollten erwerbstätige Frauen zugunsten der aus dem Krieg heimkehrenden Männer in folgender Reihenfolge entlassen werden:
1. alle erwerbstätigen Frauen, deren Männer Arbeit haben,
2. alle nicht »versorgten«, alleinstehenden Frauen und Mädchen,
3. alle Frauen und Mädchen, die nur ein bis zwei Personen zu versorgen haben,
4. alle übrigen Mädchen und Frauen.

Wenn auch die Demobilmachungsverordnung nie in ihrer ganzen Schärfe durchgesetzt werden konnte (bis Oktober 1923 gelang es, den Anteil der Arbeiterinnen in etwa auf das Vorkriegsniveau zu reduzieren), so macht sie doch den Charakter weiblicher Erwerbsarbeit deutlich: Frauenerwerbsarbeit war als arbeitsmarkt-, reproduktions- und wehrpolitisches Instrument konzipiert und sollte mittels verschiedener Bestimmungen und Gesetze (beispielsweise zum Mutterschutz, Kindergeld, zur Regelung der Heimarbeit und ab 1938 zur Einbeziehung von Frauen in die Rüstungsproduktion) für die je wechselnden Interessen von Regierung und Wirtschaft einsetzbar bleiben. Frauenerwerbsarbeit war nach dem Krieg – wie auch schon vorher – entweder als »zölibatär« gedacht, als Alternative zu Ehe und Mutterschaft, oder als »notwendiges Übel«, das durch Schutzbestimmungen besonders zu regeln, am besten jedoch »auszuschalten« sei. Der renommierte Gynäkologe und Arbeitsmediziner Max Hirsch, dessen Untersuchungen über die Berufskrankheiten der Frau bis in die Zeit des Zweiten Weltkriegs hinein rezipiert wurden, formulierte dies so:

»Das mindeste, was erreicht werden muß, ist die *Ausschaltung der verheirateten Frau, der Mutter, aus der außerhäuslichen Produktion.* (...) Die weibliche Industriearbeit ist im wesentlichen ungelernte Arbeit, sie entspringt nicht einem inneren Drange der Frau, sondern nur einer vorübergehenden Notlage. Sie wird mit der Verheiratung eingestellt, wenn der Verdienst des Mannes für den Unterhalt der Familie ausreicht. In demselben Falle stellt auch die verheiratete Lohnarbeiterin die Erwerbsarbeit wieder ein.«[1]

Dem öffentlichen Bewußtsein nach war Frauenarbeit »Reserve-Erwerbsarbeit«, auf die in Krisenzeiten zurückgegriffen werden konnte, die aber sonst als lohndrückend – zum Teil auch von seiten der Arbeiterbewegung – oder als bedrohlich für den Fortbestand der Familie – von christlich-konservativer Seite – empfunden wurde.

Für die *Frauen selbst* bedeutete die Öffnung der Fabriktore nur bedingt einen Schritt in die ökonomische Unabhängigkeit, oft wurden sie im Gegenteil auf andere Weise als bisher abhängiger und unselbständiger als sie es je waren. Nicht zuletzt dadurch wurden sie höchst anfällig für die verschiedensten Erscheinungsweisen der sich allmählich durchsetzenden Familienideologie, sei es in Form von Kino-Kitsch à la Lilian Harvey, sei es in Form des nationalsozialistischen Mutterkreuz-Wahns. Denn die meisten jungen Frauen in der Industrie betrachteten ihre Arbeit tatsächlich als fristig und hofften, sie so bald wie möglich wieder aufgeben zu können. Tatsächlich aber war die proletarische Familie in der Regel ihr Leben lang auf die Lohnarbeit der Frau angewiesen.

Umfang der Frauenerwerbsarbeit

1925 weist die amtliche Statistik des Deutschen Reiches 11,5 Millionen erwerbstätige Frauen aus. Das sind rund 35 Prozent aller Frauen im erwerbsfähigen Alter.[2] Diese Zahl hat sich von der Jahrhundertwende bis heute nicht wesentlich verändert. Insofern sind die zwanziger Jahre keine Ausnahme. Bedeutsam ist allerdings, daß sich die innere Zusammensetzung der Frauenerwerbsquote in den letzten hundert Jahren immer wieder stark verändert hat. Für die Weimarer Zeit fällt vor allem auf, daß der Anteil der erwerbstätigen Frauen bei den unter Fünfundzwanzigjährigen sehr hoch ist, zum Teil bis zu 77 Prozent.[3] Dies wurde zum einen erklärt mit der Verschlechterung der Wirtschaftslage für junge Ehepaare. Zum anderen geht man davon aus, daß die Männer in der Regel bei der Heirat

einige Jahre älter sind als die Frauen und daß »als Folge sozialer Zustände ein Restbestand nicht zur Ehe kommender junger Frauen vorhanden war, der selbst für den eigenen Lebensunterhalt sorgen mußte«.[4]

Von je hundert erwerbstätigen Frauen waren 1925 tätig als:

Mithelfende	36,0 %	absolut: 4,1 Millionen
Arbeiterinnen	30,5 %	absolut: 3,5 Millionen
Angestellte und Beamte	12,5 %	absolut: 1,4 Millionen
Hausangestellte	11,4 %	absolut: 1,3 Millionen
Selbständige	9,6 %	absolut: 1,3 Millionen

Rosa Kempt: Die deutsche Frau nach der Volks-, Berufs- und Betriebszählung von 1925, Mannheim u.a. 1931, S. 44–45.

Über vier Millionen der erwerbstätigen Frauen fielen demnach unter die Kategorie »Mithelfende Familienangehörige«. Diese waren zum größten Teil in der Landwirtschaft beschäftigt. Die Anzahl der in der Landwirtschaft Arbeitenden nahm nach 1925 stark ab: aufgrund beginnender Maschinisierung wurden weniger Hilfskräfte benötigt, die Einführung des 8-Stunden-Tags machte die Beschäftigung von Personal für viele, vor allem Kleinbetriebe, unrentabel, so daß der Großteil der Arbeit der Bäuerin selbst verblieb. Die Töchter zogen (wie vorher bereits die Mägde) in die Großstadt – weniger wegen des Funkelns der Lichterwelt als wegen des ökonomischen Drucks.[5]

In den zwanziger Jahren hatte bereits ein Großteil der Mädchen vom Lande den nächsten Schritt vollzogen: in die Fabrik, in die Büros. Aufgrund der verschlechterten ökonomischen Situation war der Bedarf an Dienstboten gesunken. Auch waren immer weniger Mädchen bereit, für einen Hungerlohn rund um die Uhr verfügbar zu sein – verfügbar nicht zuletzt für die Wünsche des Hausherrn! Die Arbeit in der Fabrik versprach mehr Lohn und einen zeitlich begrenzten Arbeitstag.

Diese Wünsche der jungen Mädchen und Frauen trafen zusammen mit einem zunehmenden Bedarf der Industrie nach ungelernten flexibel einsetzbaren Arbeitskräften, vor allem in den expandierenden Konsumgüterindustrien: Textil-, Elektro-, Nahrungsmittelindustrie. Hier waren seit Beginn der Industrialisierung überwiegend Frauen beschäftigt. In der Textilindustrie beispielsweise waren rund zwei Drittel der Beschäftigten Frauen.[6] Der Anteil der Arbeiterinnen stieg allerdings auch in der Chemischen und Elektrotechnischen Industrie und betrug in den zwanziger Jahren rund ein Fünftel der dort Beschäftigten.[7] Insgesamt war jede vierte erwerbstätige Frau in Industrie und Handwerk beschäftigt.[8] Die in den zwanziger Jahren einsetzende Welle der Rationalisierung, insbesondere in der Chemischen-, Metall-, Elektrotechnischen und in der Bekleidungsindustrie, begünstigte die Ersetzung von männlichen qualifizierten durch weibliche unqualifizierte Arbeitskräfte. Die Arbeitsplätze der Frauen erwiesen sich jedoch in dieser Zeit als wesentlich sicherer als diejenigen der Männer: Der Arbeitslosenanteil der Arbeiterinnen lag um zwei Prozent unter dem der Männer. Diese Spanne stieg nach 1929 sogar noch bis auf elf Prozent an.[9] In diesen Zahlen ist allerdings nicht berücksichtigt, daß damals wie heute ein Teil der Frauen bei beginnender Arbeitslosigkeit zurück in die Familie ging, den Arbeitsmarkt also lautlos verließ.

Arbeitsbedingungen

Nach einer von den Wirtschaftswissenschaftlerinnen Frieda Glaß und Dorothea Kische im Auftrag der »Arbeitsgemeinschaft Deutscher Frauenberufsverbände« 1928/29 durchgeführten Erhebung traten die Arbeiterinnen im Durchschnitt mit siebzehn Jahren in die Fabriken ein. Vorher, also zwischen der Beendigung der Schulpflichtzeit mit vierzehn Jahren und dem achtzehnten Lebensjahr waren sie meist gezwungen, im eigenen oder fremden Haushalt zu arbeiten, da die Betriebe sie aufgrund der strengen Bestimmungen für minderjährige Arbeitskräfte offiziell nicht beliebig einsetzen konnten. Die Arbeiterinnen waren zu über 40 Prozent unter 24 Jahren alt.

Mit 25 Jahren »hat die Arbeiterin in jedem Falle ihren Höchstlohn erreicht«, nämlich 18–22 Mark netto pro Woche.[10] Der *Lohn* lag um 30 Prozent unter dem Durchschnittslohn des männlichen Arbeiters. Es war allerdings für Arbeitgeber und konservative Politiker nicht immer einfach, dies zu begründen: Neben der geringeren Muskelkraft der Frau wurde immer wieder betont, daß die Frau »anspruchsloser« sei und viele Arbeiten zur Befriedigung ihrer täglichen Bedürfnisse

selbst durchführen könnte. So könnte sie selbst für ihre Wäsche und für das Zubereiten ihrer Mahlzeiten sorgen – ein Mann müsse dafür bezahlte Dienste in Anspruch nehmen. Auch würde eine Frau – im Gegensatz zum Mann – kein Geld für Alkohol und Tabak benötigen. Zudem sei der Lohn des Mannes als »Familienlohn« konzipiert, derjenige der Frau jedoch als »Zuverdienst«. Der Lohn war in der Regel so bemessen, daß er den jungen Frauen noch nicht einmal ermöglichte, den elterlichen Haushalt zu verlassen. Der Lohn, der in der Fabrik gezahlt wurde, hatte als zusätzlicher Beitrag zum Familienverdienst dennoch durchaus seinen Reiz. Daß er nach dem 25. Lebensjahr nicht mehr stieg, wohl aber die Verpflichtungen durch Kinder, einen möglicherweise arbeitslosen Ehemann, Rückzahlung von Krediten für Anschaffungen zunahmen, daß es ferner mit fortschreitendem Alter von Jahr zu Jahr schwerer wurde, Akkordsätze zu erreichen, daß die Fabrikarbeiterinnen dann aus der Akkordschicht herausfielen und sich mit einem wesentlich niedrigeren Lohn bescheiden mußten – all dies bedachten die jungen Frauen nicht. Fabrikarbeit wurde nicht als Lebensberuf betrachtet, sondern als Möglichkeit zum kurzfristigen Verdienst »bis zur Heirat«, allenfalls »bis zum ersten Kind«.

Die Arbeiterinnen waren in der Regel *un- oder angelernt.* Die Betriebe sahen sich allerdings aus kostenökonomischen Gründen gezwungen, die Anlernung der Frauen nicht länger ihnen selbst zu überlassen, sondern sie systematisch zu unterweisen. Daneben entstanden in den zwanziger Jahren zahlreiche private Institute, in denen Frauen gegen Bezahlung eine Ausbildung erhielten – die ihnen freilich in der Praxis nicht immer nützte. Viele, vor allem aus der Sozialpflege kommende Frauen des Bürgertums waren immer wieder verwundert über die Einstellung der Fabrikarbeiterin zu ihrer Arbeit und wollten nicht wahrhaben, daß diese nur um des Lohnes willen jeden Tag durch das Fabriktor gingen. Gerade diejenigen Frauen, die in der Bildungsarbeit tätig waren und sich innerhalb der Sozialdemokratie für eine Emanzipation der Frau stark machten, sahen in der Bildung der Arbeiterin den einzigen Weg zur Befreiung der jungen Mädchen aus traditionellen Rollen und Familienbindungen. Eine von diesen Frauen, die Psychologin Elisabeth Franzen-Hellersberg, schreibt in ihrer bekannten Studie »Die jugendliche Arbeiterin«:

»Die Frage: ›Was denken Sie sich bei der Arbeit?‹ wird mit vollständigem Unverständnis angehört. Klar kommt heraus: ich will doch bloß Geld verdienen. Es sieht gar nicht so aus, als ließe die Arbeit dem jungen Mädchen viel Zeit zum Nachdenken. Hauptsache ist für sie, daß die Arbeit ungestört von statten geht. Auf jede Störung reagiert sie mit Ärger – und nicht nur deshalb, weil der Aufenthalt eine Verdienstminderung bringt. Offenbar kommt ihr bei ihrer Arbeit ein starkes Bedürfnis nach innerem Schlaf, nach Vergessenkönnen, nach Besinnungslosigkeit, zu Hilfe.

Auf die Frage: ›Was erleichtert die Arbeit?‹ erhält man Antworten, die sich folgendermaßen zusammenfassen lassen: 70 % beantworten diese Frage: ›Weil damit ein guter Verdienst zu erwarten ist‹; 16 % halten das Lob des Chefs oder des Meisters für arbeitsfördernd, manche geben an: ›Wenn alles klappt, macht es Freude‹ oder ›Wir denken immer, bald ist Feierabend‹. Wenig Arbeiten wurden abgelehnt, eigentlich nur die, die Hände oder Kleider verderben. Gesundheitsschädigende Arbeiten werden gerade des höheren Verdienstes wegen solange beibehalten, wie es der Körper überhaupt erlaubt. Hier zeigt sich ein Zug, der für die Arbeiterin charakteristisch ist: sie ist Augenblicksmensch, bedenkenlos gegenüber allen späteren Folgen. ... Diesen Mädchen muß mit Mühe klargemacht werden, daß der Wert der Arbeit nicht allein im Geldverdienst zu liegen braucht. . . . Es ist auch immer wieder erstaunlich, was man erlebt, wenn man . . . nach dem ›Beruf‹ der Arbeiterin fragt. Sie sieht erstaunt auf und bringt dann schüchtern vor: ›Wir haben keinen Beruf, wir haben Arbeit.‹«

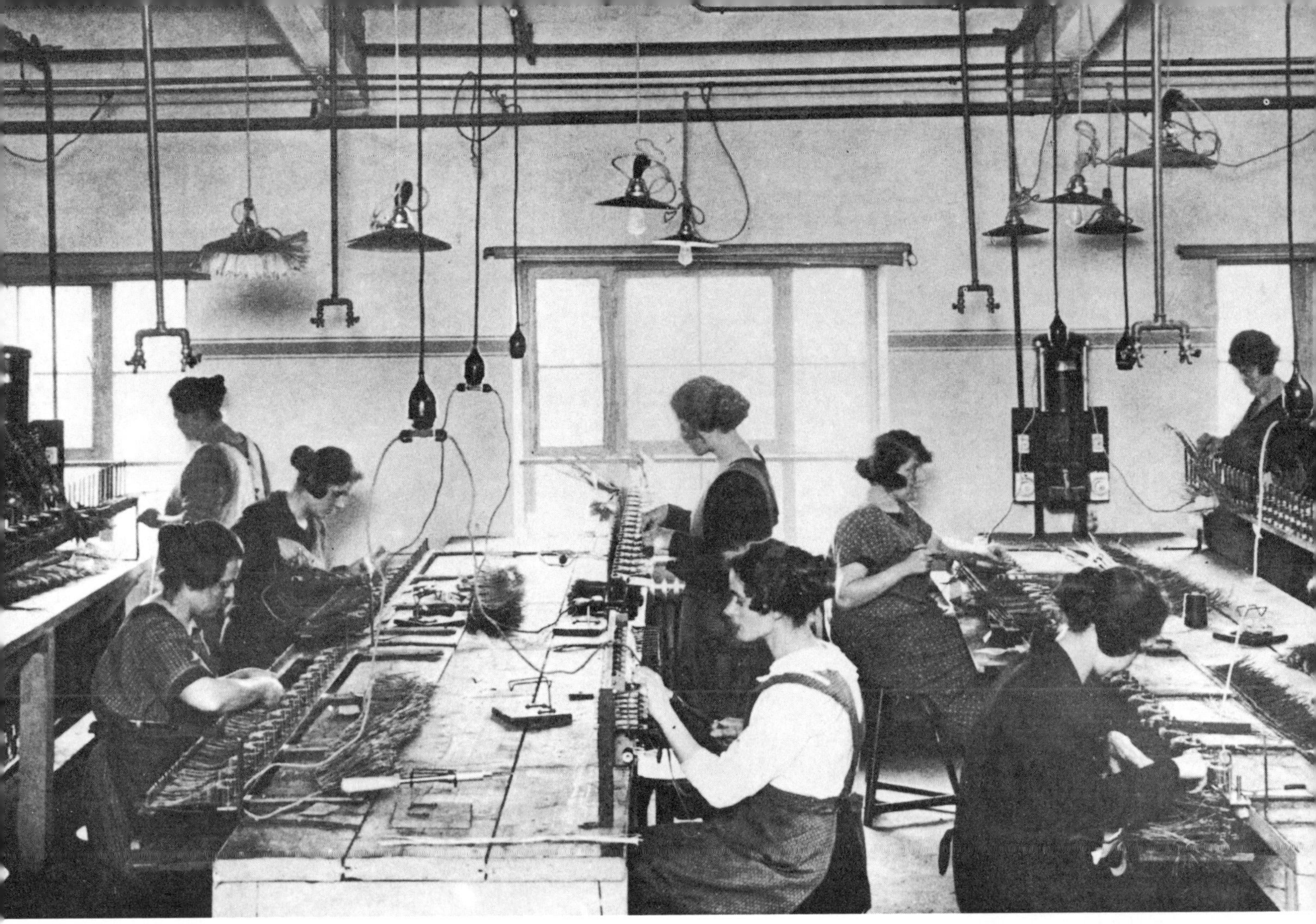

METALLWAREN-FABRIK
LANGFELDER & PUTZKER.
45

»Was Schönes denken«

Die fehlende »innere Bindung« der un- und angelernten Frauen an die Industriearbeit sollte daher durch »sittlich-moralische« Bildung, durch »ethische Qualifizierung« für den »Dienst« in der Fabrik, in der Familie und nicht zuletzt für den Dienst an Volk und Vaterland kompensiert werden. Viel zu wenig Beachtung fand sogar bei den Forscherinnen selbst, daß durchgängig auch immer so etwas wie inneres Interesse an der Arbeit, insbesondere am Umgang mit der Maschine, geäußert wurde:

»Daß der weiblichen Wesensanlage in der Fabrikarbeit Entfaltungsmöglichkeiten geboten werden, wurde bei der Gegenüberstellung beider Faktoren im allgemeinen weitgehend in Frage gestellt. Daß aber wirklich auch geistig-seelische Nahrung aus der Arbeit als *solcher* gezogen werden kann, fanden wir durch Beispiele ... bestätigt.

Eine Fragebogenbeantwortung aus einer Wollspinnerei ... gibt auf die Frage: ›Worauf beruht die Freude?‹ – folgendes an: ›Selbständige Bedienung einer Maschine, herausholen aus derselben, was möglich ist... Die Mädchen sind mit ihrer Maschine ganz verwachsen, und es ist immer eine große Aufregung, wenn sie mal eine andere bedienen sollen. Es wurde hier schon mal der Satz geäußert, sie lieben ihre Maschine mehr als ihren Bräutigam.‹ Ein überzeugenderes Beispiel für Berufsfreude bei der Fabrikarbeit kann nicht gefunden werden. Wenn auch die Äußerung cum grano salis zu verstehen ist, so spricht doch die Tatsache, daß dieser Vergleich überhaupt in Betracht kam und dann noch zugunsten der Maschine ausfiel, deutlich genug.«[12]

Die von den Frauen ausgeübten Tätigkeiten und vor allem die Bedingungen, unter denen dies geschah, waren im allgemeinen nicht dazu angetan, ihre *Gesundheit* zu fördern: Der Umgang mit giftigen Stoffen, die Arbeit in schmutzigen, staubigen, lauten Fabrikhallen, einseitige körperliche Beanspruchung durch Akkordarbeit sowie stundenlanges Stehen auf kaltem Steinfußboden waren die Regel. Dazu kam noch die psychische Belastung durch die Notwendigkeit ständiger äußerster Konzentration bei gleichzeitig extrem stark zerlegten und daher höchste *monotonen* Tätigkeiten. Kein Wunder, daß die jungen Frauen sich die Arbeit durch phantasiereiche Tagträume erträglicher zu machen suchten:

»›Heute ist mir gar nicht gut‹, klagt mir ein Mädchen während der Arbeit. ›Dann hat man gar keine Lust zu arbeiten. – Hilft nichts, dann muß man sich eben Lust machen‹, ermutigt sie sich selbst. ›Wie macht man das?‹ erkundige ich mich. ›Nicht dran denken‹, antwortet sie. ›Oder was Schönes denken‹, schlug ich vor. ›Ja‹, rief sie freudig, ›das tu ich auch immer. Zeit genug haben wir ja dazu... Dann baue ich lauter Luftschlösser.‹ ›Denken Sie dann an die Zukunft?‹ ›Ich denk auch wohl mal an die Vergangenheit. Ich hab' doch schon manchen schönen Sonntag gehabt.‹

Bald bin ich im Bilde über die näheren Umstände der vergangenen schönen Sonntage. Und unsere Nachbarinnen sind auch beim Thema: ›Sonntag‹ und ›der Herr‹ angelangt. Der ganze Raum scheint erfüllt davon.«[13]

Die erhöhte Krankheitshäufigkeit der Industriearbeiterin wurde in den zwanziger Jahren besonders gründlich untersucht. Fast immer schwingt dabei die Sorge um die Reproduktion des Volkes mit, manchmal unterschwellig, manchmal ausdrücklich wie bei Max Hirsch.[14] Der Ton, der in den zwanziger Jahren noch moderat und immer auch von Sorge um die Frau getragen wurde, bekam nach 1930 eine deutliche Wende: der Schutz der Mutter um ihrer Gebärfähigkeit und damit um des Wachsens und des Fortbestands eines »gesunden Volkskörpers« willen müsse absoluten Vorrang vor allem wirtschaftlichen Erwägungen haben.

Bereits 1929 betrachtet der Universitätsdozent der Medizin und einer der maßgeblichen Mitglieder der »Deutschen Gesellschaft für Rassenhygiene« R. Hofstätter die Industriearbeit der Frau nur im Hinblick auf deren Reproduktionsfunktion. Die »Lösung« des Dilemmas von Frauenerwerbsarbeit und Mutterschaft stellt er sich folgendermaßen vor: Solange in Gewerbe und Fabrik auf weibliche Art »noch« nicht verzichtet werden könne, sollen und können die zur Mutterschaft »Mindertauglichen« berufstätig werden. »Die Besten würden für die Fortpflanzung ihrer Qualität gewählt, den Minderwertigen würde sie unmöglich gemacht«.[15] Von da war es dann nur noch ein kleiner Schritt bis zu den bekannten Maßnahmen zur Beeinflußbarkeit der erblichen Veranlagung oder der Zwangssterilisation. In seiner Untersuchung von 1929 über die »Arbeitende Frau« druckt er folgerichtig im Anhang die bereits 1922 formulierten »Leitsätze der Deutschen Gesellschaft für Rassenhygiene« ab. Einige Beispiele daraus:

»1. Die Hauptgefahr, die jeder Volksgemeinschaft droht, ist die Entartung, nämlich die Verarmung an wertvollen, leistungsfähigen Rassenelementen.

...

26. ... Eine Erweiterung der Eheverbote aus rassenhygienischen Gründen ist für eine spätere Zukunft anzustreben, erscheint aber vorläufig noch nicht durchführbar...

27. Für zwangsmäßige Unfruchtbarmachung geistig Minderwertiger und sonst Entarteter scheint bei uns die Zeit noch nicht gekommen zu sein.

...

29. Um die Fortpflanzung unsozialer oder sonst schwer entarteter Personen zu verhüten, sollte deren Absonderung in Arbeitskolonien ... schon heute gesetzlich in Angriff genommen werden.

...

41. Von entscheidender Bedeutung ist die Erneuerung der Weltanschauung. Das Blühen der Familie bis in ferne Geschlechter muß von allen Einsichtigen als ein höheres Gut gegenüber der persönlichen Bequemlichkeit erkannt werden; und die Zukunft der Rasse darf in der staatlichen Politik nicht über die Not der Gegenwart vergessen werden.«[16]

Heimarbeiterinnen

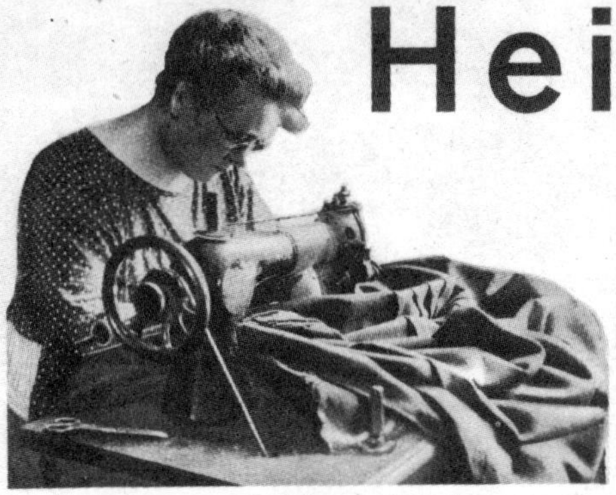

Für die als Zwischenmeister-Auftrag genähten Damenmäntel werden 3 Mk. pro Stück bezahlt. Bei Staubmäntel-Stapelarbeit nur Mk. 1,50. An einem Stück wird 8 Stunden gearbeitet.

Heimarbeit — Hungerarbeit! Wie oft hört man dieses Wort aus dem Mund vergrämter Frauen, denen die Arbeitslosigkeit den Weg in die Fabrik versperrt und die, wie ein Ertrinkender sich an den Strohhalm klammert, ihre letzte Hoffnung auf Heimarbeit richten. In allen Gegenden Deutschlands ist die Heimarbeit verbreitet. Ob es Thüringer Spielsachen sind, Bürsten und Besen aus dem Schönheider Bezirk, Remscheider Feilen, Schwarzwälder Uhren, Solinger Scheren, Mittenwalder Geigen, fränkische Korbstühle, Odenwalder Elfenbeinfiguren, Oberammergauer Herrgottsschnitzereien, Berliner Konfektion — das alles entsteht aus dem unaufhörlichen Mühen von Männer-, Frauen- und Kinderhänden, die keinen Achtstundentag kennen, keinen luftigen Arbeitsraum, keine Ruhe, keine Erholung. Nie ist die Ware Arbeitskraft so wohlfeil wie bei der Heimarbeit, denn

Berliner Heimarbeiterin beim Löten von Hülsen zu Taschenlampenbatterien. Für fünfstündige Arbeit an tausend Stück werden Mk. 2.73 bezahlt. Davon muß noch der Gasverbrauch abgerechnet werden.

die gewerkschaftliche Organisation ist schwach und der Ausbeuterwille der Unternehmer und Zwischenmeister unvergleichlich. Die Heimarbeiter ersparen dem Unternehmer die Einrichtung von Werkstätten, Maschinen, die Unkosten für Licht, Heizung und Antreiber. In Stube und Küche wird gearbeitet, bei Petroleumlampen und zu jeder Tages- und Nachtzeit. Der Antreiber ist der Hunger, der bei elenden Löhnen zu immer längerer Arbeit zwingt, der jedes Familienmitglied in die Fron der Hetzarbeit stellt. Die Heimarbeit ist so billig, daß der Unternehmer auf die Anschaffung von Maschinen verzichten kann, weil er von den Heimarbeiterinnen noch billiger beliefert wird als es bei rationalisierter Fabrikarbeit möglich wäre. Die Zahl der Heimarbeiter ist statistisch ncht zu erfassen. Es gibt viele „Damen" der sogenannten „besseren Stände", die heimlich Heimarbeit verrichten, oft nur um ein Taschengeld zu verdienen, und dadurch die Löhne, besonders die für Stickerinnen, noch tiefer herunterdrücken. Bei den letzten Heimarbeiterzählungen 1924 hat man in Berlin 31 000, in Sachsen über 100 000, in Breslau 16 700, in Württemberg 8330 festgestellt. Mindestens eine Million Menschen sind in Deutschland von der Heimarbeit abhängig. Und überall sind ihre Arbeitsbedingungen so schlecht, daß nur die kraftvolle, organisierte Selbsthilfe dieser am schlimmsten ausgebeuteten Schicht mit diesen Zuständen ein Ende machen kann.

Für ein Dutzend Kinderschürzen, an denen die Heimarbeiterin 5—6 Stunden zu tun hat, gibt es Mk. 2.25 „Lohn"

Hausschuh-Heimarbeit. Ein Paar wird in 18 Arbeitsgängen hergestellt. Für 1 Dutzend Damenschuhe werden Mk. 5.80, für 1 Dutzend Herrenschuhe Mk. 6.30 und 6% Heimarbeitszuschlag gezahlt. Mann und Frau arbeiten für diesen Lohn, von dem Licht, Versicherung, Steuern abzuziehen sind, 12 Stunden.

Heimarbeiterin beim Nähen von Lodenmänteln. Für $5^1/_2$ Stunden Arbeit an einem Stück beträgt die Entlohnung Mk. 2.75. In 48 Stunden werden Mk 25.— verdient, von denen nach den Abzügen ca. M. 22.— für die Arbeiterin bleiben.

Auch die Zuchthausarbeit des Tütenklebens wird als Heimarbeit verrichtet. In über achtstündiger Arbeit werden tausend Tüten geklebt, für die etwa eine Mark bezahlt wird! Die schnellsten Arbeiterinnen können einen Stunden-Höchstverdienst von 20—25 Pfg. erreichen.

Aus: AIZ 36/1927

Lebensbedingungen und Bewältigungsstrategien

Die jungen, unverheirateten Frauen lebten zum überwiegenden Teil im elterlichen Haushalt und gaben bis zu 90 Prozent ihres Lohnes zuhause ab.[17] Außerdem mußten sie der Mutter bei der Führung des Haushaltes, sprich bei der Bedienung des Vaters, der Brüder und bei der Pflege von Alten und Kranken helfen. Die damit schon relativ eng begrenzte Freizeit gewann eine übermäßige Bedeutung: wenigstens für ein paar Stunden versuchten die Mädchen der Monotonie und Perspektivlosigkeit ihres Alltags zu entfliehen, um in Kinos und Tanzlokalen das »eigentliche Leben« zu suchen und davon die ganze Woche zu zehren. Waren sie dann verheiratet und hatten Kinder, hatte die Wirklichkeit sie sehr schnell und unausweichlich eingeholt. Der illustrativste Beitrag aus dieser Zeit kam auf ungewöhnliche Weise zustande: durch ein Preisausschreiben. Der Deutsche Textilarbeiterverband forderte 1930 in seinem Fachorgan die Leserinnen auf, »anschaulich und wahrhaftig den regelmäßigen Verlauf eines Arbeitstages und eines Wochenendes« zu beschreiben. Veröffentlicht wurden 150 solcher Berichte:

»Ich bin um 18 Uhr zuhause. Nun gibt es daheim noch zu schaffen. Das Essen fertig zu kochen, für den nächsten Tag vorzubereiten, bei den Kindern die Sachen nachsehen, ob sie noch ganz und sauber sind. Wenn man den ganzen Tag nicht da ist, wird noch ein bißchen mehr gebraucht, weil die kleinen Schäden nicht so beachtet werden können. Am Abend ist man von der langen Zeit müde und abgespannt und die Sachen, Wäsche und Strümpfe, müssen sonntags ausgebessert werden.«

»Alle 14 Tage muß ich waschen... – Da wird es dann Samstag 11 Uhr bis ich ins Bett komme. Sonntags in der Frühe heißt es dann wieder heraus, um die Wäsche weiter zu versorgen. Nachmittags habe ich kaum zwei Stunden frei. Ein schönes Wochenende!«

»Meine drei Brüder haben es schöner als ich. Sie setzen sich an den vollen Tisch und wenn sie satt sind, verlassen sie ihn und lassen alles stehen und liegen. Ich dagegen muß Tisch und Bänke abputzen und das Geschirr zusammenstellen.«[18]

Trotz der Klagen über die zusätzliche Belastung durch Hausarbeit und Kinderversorgung, gibt es kaum Bemühungen von seiten der Frauen, dies zu ändern. Ratlos stehen vor allem auch politisch aktive Sozialistinnen immer wieder vor dem Phänomen, daß die Frauen selbst in sozialdemokratischen Haushalten noch mehr arbeiten müssen, da die Männer jede freie Minute in der Partei oder Gewerkschaft verbringen, und daß die Frauen sich zwar eine angemessene Wohnungsausstattung mit elektrischem Licht und fließendem Wasser wünschten, sich aber gegen Gemeinschaftseinrichtungen wie das »Einküchenhaus«, Zentralwaschküchen oder Kinderhorte aussprachen. In den Lebensberichten von Wiener Industriearbeiterinnen, die die Nationalökonomin Käthe Leichter 1933 veröffentlichte, wird dies deutlich. Leichter war verantwortlich für den Aufbau des »Referats Frauenarbeit« bei der Arbeiterkammer Wien. 1934 ging sie in die Illegalität, arbeitete für die »Revolutionären Sozialisten«, wurde verhaftet und starb 1942 im KZ Ravensbrück.[19]

Resümee

Insgesamt setzte die Frauen-Fabrikarbeit der Weimarer Zeit keinen Meilenstein auf dem Weg zur Emanzipation: Die seit dem Ersten Weltkrieg von mancher Seite forcierten Qualifizierungsmaßnahmen für die Industriearbeiterin konnten nicht in dem Maße durchgesetzt werden, wie es notwendig gewesen wäre, um die Frauen vor Lohndiskriminierung und Ausbeutung zu schützen. Vor allem aber eines gelang nicht: den Frauen Selbstbewußtsein und kritisches Denken zu vermitteln, damit sie sich nicht zu Werkzeugen nationalsozialistischer Größenphantasien machen ließen, die freiwillig die Reproduktionspolitik des Staates mittrugen. Wäre es gelungen, den Arbeiterinnen einen »Beruf« zu geben und nicht nur »Arbeit«, hätte gewiß so manche Frau ihren Platz in der Öffentlichkeit der Fabrik nicht so bereitwillig geräumt – nur um dann, als Not »am Mann« war, wieder jede Arbeit zu übernehmen.

Arbeiterinnen im Bergbau

Verhaftung einer streikenden amerikanischen Arbeiterin

Anmerkungen

1 Max *Hirsch:* Leitfaden der Berufskrankheiten der Frau, Stuttgart 1919, S. 171.
2 Rosa *Kempf:* Die deutsche Frau nach der Volks-, Berufs- und Betriebszählung von 1925, Mannheim u. a. 1931, S. 14.
3 Ebenda.
4 Ebenda, S. 15.
5 Renate *Bridenthal:* Beyond Kinder, Küche, Kirche: Weimar Women at Work, in: Central European History 6 (1973) S. 152.
6 Deutscher Textilarbeiterverband (Hg.): Umfang der Frauenarbeit in der deutschen Textilindustrie, Berlin 1923, S. 3.
7 Gabriele *Wellner:* Industriearbeiterinnen in der Weimarer Republik: Arbeitsmarkt, Arbeit und Privatleben 1919–1933, in: Geschichte und Gesellschaft 7 (1981), S. 537.
8 Vgl. Rosa *Kempf,* a.a.O., S. 77 ff.
9 Vgl. Gabriele *Wellner,* a.a.O., S. 540.
10 Frieda *Glaß,* Dorothea *Kische:* Die wirtschaftlichen und sozialen Verhältnisse der berufstätigen Frauen, Berlin 1930, S. 77.
11 Lisbeth *Franzen-Hellersberg:* Die jugendliche Arbeiterin. Tübingen 1932, S. 33–35.
12 Hildegard *Jüngst:* Die jugendliche Fabrikarbeiterin. Paderborn 1929, S. 72.
13 Ebenda, S. 70.
14 Vgl. Max *Hirsch:* Die Gefahren der Frauenerwerbstätigkeit für Schwangerschaft, Geburt, Wochenbett und Kindesaufzucht, mit besonderer Berücksichtigung der Textilindustrie. Archiv für Frauenkunde und Konstitutionsforschung, Stuttgart 1925.
15 Vgl. R. *Hofstätter:* Die arbeitende Frau. Ihre wirtschaftliche Lage, Gesundheit, Ehe und Mutterschaft, Wien 1929, S. 15 und 22.
16 Ebenda, S. 443 ff.
17 Vgl. Frieda *Glaß*/Dorothea *Kische,* a.a.O., S. 99 ff.
18 Deutscher Textilarbeiterverband (Hg.), Mein Arbeitstag – mein Wochenende. 150 Berichte von Textilarbeiterinnen, Berlin 1930.
19 Vgl. Käthe *Leichter:* So leben wir. 1320 Industriearbeiterinnen berichten ihr Leben, Wien 1932.

Weibliche Lokomotivführerinnen
in England

Japanische
Autobus-Schaffnerinnen

Landwirtschaftliche Arbeiterinnen in Italien

Dagmar Birkelbach

FRAUEN IN DER GEWERKSCHAFT

Der »Deutsche Textilarbeiterverband« (DTV) in den zwanziger Jahren

Die Textilarbeitergewerkschaft galt im Rahmen des Allgemeinen Deutschen Gewerkschaftsbundes (ADGB) als relativ schwache Organisation, wohl hauptsächlich wegen des hohen Frauenantails und der traditionell niedrigen Löhne. Gegen diese Auffassung wandte sich der langjährige Vorsitzende Hermann Jäckel in einer Ansprache:

»Es gibt keine große Organisation in Deutschland, welche die Frauen besser organisiert hätte als der Deutsche Textilarbeiter-Verband, und es gibt nur eine Organisation, welche die Männer besser in sich vereinigt hat als der Deutsche Textilarbeiter-Verband, das ist der Deutsche Holzarbeiter-Verband. Also wir brauchen das Licht unserer Organisation nicht unter den Scheffel zu stellen.«[1]

Was Jäckel hier jedoch noch zu sagen vergaß und was man angesichts der ständig beklagten »Organisationsfeindlichkeit der Frauen«, der Schwierigkeit, die »Frauen und Mädchen unter einen Hut« zu bringen (Jäckel), gar nicht vermutet, ist: Die Frauen in der Textilindustrie waren besser organisiert als die Männer!

Frauenpolitik im DTV 1924 bis 1929

1924 befand sich der DTV, ebenso wie die anderen Gewerkschaften in einer schwierigen Situation. Die galoppierende Inflation hatte die Verbandskassen geleert, die Unternehmer hatten die Gunst der Stunde genutzt, um die Arbeitszeit zu erhöhen und die Löhne zu drücken. Tausende von Mitgliedern kehrten der Gewerkschaft, der sie erst nach der Revolution 1918/19 zugeströmt waren, enttäuscht den Rücken. Die alles andere dominierenden Auseinandersetzungen innerhalb der Gewerkschaften, die im DTV mit dem Sieg der sozialdemokratischen Richtung endeten, die in der Folge der Opposition kaum Bewegungsspielraum im Verband ließ, beschleunigten diesen Trend. Die in den Jahren vorher entstandenen Ansätze einer besonderen Agitation unter den Arbeiterinnen und des Aufbaus einer eigenen Organisationsstruktur der Frauen in Form von Arbeiterinnenkommissionen waren dadurch ebenfalls lahmgelegt oder zerstört.

In dieser Situation wurde Wiederaufbau der Arbeit unter den Textilarbeiterinnen beschlossen. Im »Textilarbeiter« erschien eine Reihe von Artikeln, die die weiblichen Mitglieder zur Mitarbeit aufforderten, allerdings in einem Ton, der wenig motivierend gewirkt haben muß. Da hieß es beispielsweise:

»Der Zustrom an Mitgliedern besonders auch an weiblichen, nach 1918 gab der Tätigkeit des Verbandes dann besonderen Schwung. Die Organisation wurde zu einem bestimmenden Machtfaktor. Gerade den Kolleginnen erwuchsen hieraus besondere Vorteile und, ohne daß sie nötig hatten, sich in besonderem Maße, unter Einsetzung ihrer eigenen Person, hierfür bemühen zu brauchen.«[2]

Sowohl das Verlangen nach Mitarbeit der weiblichen Mitglieder als auch die Notwendigkeit besonderer Schulungsmaßnahmen wurde nicht etwa aus Interessen der Arbeiterinnen heraus begründet, sondern mit ihrer Pflicht gegenüber der gesamten Arbeiterschaft. Stillschweigend wurde vorausgesetzt, daß mit der politischen Gleichberechtigung alle Hindernisse für die Frau aus dem Wege geräumt wären und es nur an ihrem mangelnden Willen läge, wenn sie sich nicht organisiere und engagiere.

»Es gibt erwerbende Frauen, die eine größere Kinderschar haben und ihren Haushalt in Ordnung halten, ihre Kinder betreuen und doch noch Zeit finden zu lesen, Versammlungen zu besuchen, sich mit ihren Familienmitgliedern und Bekannten auszusprechen über das, was zur Hebung der Lage der arbeitenden Menschen notwendig ist. Dann wieder gibt es kinderlose Frauen, die am Feierabend nur ihrem Mann, ihrem Haushalt sich widmen und ernsthaft behaupten, sie hätten keine Zeit. (...) Welche Gründe mögen wohl bei ihnen vorliegen? Nur der fehlende Wille!!«[3]

Im Laufe der Jahre sind Wandlungen in dieser Haltung festzustellen. Es entstand ein Bewußtsein über die Mehrfachbelastung der Arbeiterinnen und in der Folge änderte sich auch die Art der Agitation. Man trat den Frauen mit mehr Verständnis gegenüber, begann auch über ihre Entlastung von Hausarbeit nachzudenken.

Der Anteil der allgemeinen politischen Entwicklung an solchen Bewußtseinsprozessen ist schwer abschätzbar, innerhalb des DTV ging dieser Wandel einher mit dem zunehmenden Engagement der Arbeiterinnen selbst. Ihr Zusammenschluß in örtlichen Arbeiterinnengruppen, der ihnen kontinuierliche Diskussionen und gemeinsame Aktivitäten ermöglichte, bewirkte auch eine Zunahme ihres Durchsetzungsvermögens. Gefördert wurde das durch die Arbeit des zentralen Arbeiterinnensekretariats. War es 1924 laut Äußerungen im »Textilarbeiter« ganz klar Schuld der Frauen, daß sie in den Gremien des DTV kaum repräsentiert waren, hatten die Kolleginnen bald genug Selbstbewußtsein, den Spieß umzudrehen, und es häuften sich die Klagen über die männlichen Kollegen.

»Zum anderen müssen wir aber auch das Verhalten der Männer, und namentlich jener aus anderen Berufen so die aus der Metallindustrie, Holzindustrie und Bergbau bedauern, die auf dem Standpunkt stehen, daß, wenn sie nur organisiert sind, sie

Abbildung und Text aus:
»Der Weg der Frau«,
Nr. 6, Juni 1932

Ein „Nickerchen"? — Erschöpft ist die Arbeiterin in der Bandeisen-Wickelei eingeschlafen. Eine unvorsichtige Bewegung, eine Berührung des Schalthebels über ihrem Rücken, und die „Wickel" zur Rechten beginnt zu laufen und die Arbeiterin mit ihren Kleidern in die Maschine zu ziehen. Ist es die Schuld der Arbeiterin, wenn sie in der Pause ermattet zusammensinkt?

gegenüber der Allgemeinheit ihre Pflicht erfüllt hätten und aus Verkennung der tatsächlichen Verhältnisse ihrer Frau, ihrer Tochter, die in der Textilindustrie beschäftigt ist, einfach verbieten, sich zu organisieren. Uns sind tausende von Fällen zu Ohren gekommen, in welchen Männer anderer Berufe ihren Frauen verboten haben, in den Textilarbeiterverband zu steuern. (...) Der gewerkschaftliche Kampf erfordert die Zusammenfassung aller Erwerbstätigen und aus diesen Gründen ist das Verhalten jener, die ihren Angehörigen verbieten, sich zu organisieren, gewerkschaftsfeindlich«,[4]

schrieb 1927 das Arbeiterinnensekretariat. Aber auch Mütter verboten ihren Töchtern den Besuch von Gewerkschaftsveranstaltungen als unschicklich und aus der Haltung heraus, daß diese eh bald heiraten würden.[5]

Mit der Schaffung einer eigenen Organisationsstruktur für Frauen, spezieller Schulungen für weibliche Funktionäre und der ständigen Behandlung von Frauenfragen im »Textilarbeiter« waren im DTV Voraussetzungen geschaffen, daß die Arbeiterinnen sich besser an der Gewerkschaftsarbeit beteiligen konnten, eigene Forderungen entwickeln und einbringen konnten, Voraussetzungen, die in anderen Gewerkschaften völlig fehlten. Auf der anderen Seite muß man klar sehen, daß der DTV sich zu diesen Einrichtungen deshalb genötigt sah, weil er durch den hohen Frauenanteil in der Textilindustrie ohne die Organisierung und Aktivierung der Frauen keine Chance einer erfolgreichen Interessenpolitik auch der männlichen Arbeiter hatte.

Arbeiterinnenkommissionen, Arbeiterinnensekretariat

Bereits 1921 war angeregt worden, örtlich Arbeiterinnenkommissionen oder Arbeiterinnengruppen zu bilden, auf bezirklicher Ebene sollten Gauausschüsse für Arbeiterinnenfragen die Arbeiten koordinieren, vereinheitlichen und fördern. Das Arbeiterinnensekretariat war für die Leitung der gesamten Organisationsarbeit unter den Textilarbeiterinnen verantwortlich, es

wurde unter dem Titel »Zentralsekretariat für Arbeiterinnenfragen« als Abteilung beim Hauptvorstand geführt.

Sowohl die Arbeiterinnenkommissionen als auch die Gauausschüsse waren zur Zusammenarbeit mit den allgemeinen Verbandskörperschaften verpflichtet und diese andererseits zur Förderung der Arbeiterinnenbewegung angehalten. Die Zusammenarbeit scheint aber nicht immer besonders ersprießlich gewesen zu sein. Im Jahrbuch 1922 beklagte Martha Hoppe, die Leiterin des Arbeiterinnensekretariats, den stillschweigenden Boykott ihrer Arbeit.

1924 nach dem Verbandstag wurde der (Wieder)aufbau von Arbeiterinnengruppen durch einige Funktionärinnen des DTV in Angriff genommen. Sie beriefen Arbeiterinnen- und auch Funktionärinnenkonferenzen ein, um zur Bildung von *Arbeiterinnenkommissionen* aufzurufen. Ihre Initiative war erfolgreich. Am Ende des Jahres existierten 143 Arbeiterinnenkommissionen.

Entscheidende Impulse für die Frauenarbeit im DTV gingen vom *Arbeiterinnensekretariat* aus, später auch von Else Niwiera als Vorstandsmitglied. Ab 1. 1. 1926 wurde das Arbeiterinnensekretariat gemeinsam von Emma Ritsche und Else Krummschmidt geleitet, Martha Hoppe trat in den Ruhestand. Das Sekretariat war zuständig für die Gestaltung der Frauenecke/Frauenseite im »Textilarbeiter«, wertete die Berichte der Arbeiterinnenkommissionen aus und gab Empfehlungen zur Gestaltung der Frauenabende an die Kommissionen zurück.

Trotz aller Probleme und Fehlschläge werteten die Arbeitersekretärinnen die Tätigkeit der Arbeiterinnenkommissionen positiv, so stellten sie die These auf, daß die Arbeit der Arbeiterinnenkommissionen dazu beigetragen hätte, den Mitgliederrückgang bei den Frauen im Vergleich zu anderen Verbänden prozentual niedriger zu halten. Als weiteren positiven Effekt der Arbeit hoben sie den »lebendigen Geist« der Arbeiterinnenversammlungen hervor, der die gesamte Verbandspropaganda beeinflusse.

»Sie ist in Orten mit guter Arbeiterinnenbewegung viel individueller geworden, weicht von gewohnten Schemen und Mitteln zugunsten örtlicher und neuerer Bedürfnisse mit erfreulicher Anpassungsfähigkeit ab und müht sich sehr, in jedem Fall nicht bloß an die Mitglieder, sondern an das einzelne Mitglied heranzukommen. Man legt Wert auf die Einladung, auf das Aussehen des Versammlungsraumes, auf eine einfache, klare Ankündigung der zu besprechenden Themen, auf abwechslungsreiche Veranstaltungen (Einschalten von Rezitationen, Musik, Gesang in Versammlungen), auf Pflege des Gemeinschaftsgeistes und das stete Nahebringen gewerkschaftlicher Solidarität (Ferienausflüge, Kinder-, Altenbescherung usw.). Ohne Zweifel gewinnt das Verbandsleben durch das Hineinlegen dieser persönlichen Momente.«[7]

Es scheint, als ob die Arbeiterinnenkommissionen ihre Aufgabe, weibliche Mitglieder zu aktivieren und zu schulen, erfüllten. Zwar reduzierte sich die Zahl der Kommissionen im Laufe der Jahre wieder, die verbleibenden aber entfalteten eine rege Tätigkeit.

Die Kampagne des DTV für verbesserten Mutterschutz

Im Zentrum der frauenpolitischen Aktivitäten des DTV stand der Kampf für verbesserten Mutterschutz. Kein anderes frauenspezifisches Thema füllte so oft die Zeilen des »Textilarbeiters«, keine andere Initiative des DTV hatte aber auch ein derartiges Echo in der Öffentlichkeit, so daß schließlich gewisse Erfolge erzielt werden konnten.

Die Anfänge der Kampagne lagen im Jahr 1922. Die Initiative ging von dem Vorsitzenden Hermann Jäckel aus (der bis Dezember 1921 sächsischer Arbeitsminister gewesen war). 1922 war auch das Jahr, in dem die ersten Arbeiterinnenkommissionen im DTV ins Leben gerufen wurden, und die Beschäftigung mit der Problematik von Schwangerschaft und Fabrikarbeit wurde ihnen als lohnende Aufgabe angetragen.

»Es wurde scharf betont, nicht immerfort nur in den alten Gleisen und mit den alten Methoden der Frauenagitation sich zu bewegen, sondern das Interesse der Frau an Fragen lebendig zu gestalten, die in der Vergangenheit die öffentliche Aufmerksamkeit überhaupt entbehren mußten. Das Frauenleid und die Frauenschmerzen, welche durch die Erwerbsarbeit im Zustande der Schwangerschaft erzeugt werden, ist eine solche Frage.«[8]

Zunächst wurde versucht, Genaueres über die Probleme der schwangeren Arbeiterinnen zu erfahren und Interesse für das Problem zu wecken.

Für einen ersten Vorstoß wurde Crimmitschau ausgewählt, ein Ort, der sich wegen seiner großen und vollständig organisierten Textilarbeiterschaft anbot. Die weiblichen Betriebsvertrauensleute wurden beauftragt, anhand eines Fragebogens schwangere Frauen über Kinderzahl, Belastung mit Hausarbeit, Schwangerschaftsbeschwerden im allgemeinen und besonders bei der Fabrikarbeit, materielle Unterstützung, ärztliche Betreuung, Wunsch nach Verhütungsmitteln und Grund der Erwerbsarbeit während der Schwangerschaft zu befragen und die Antworten hinterher zu notieren. Nach Auswertung der Fragebögen wurden die Frauen nochmals direkt vom Vorstand angeschrieben und um eine Schilderung ihrer Probleme in Zusammenhang mit der Schwangerschaft gebeten. Schließlich wurden dieselben Frauen zu einer Versammlung schwangerer Textilarbeiterinnen eingeladen.

»Am Donnerstag, den 12. Juli [1923] tagte nun in Crimmitschau – wohl zum ersten Male im Deutschen Reiche – eine Versammlung schwangerer Frauen. Für die Versammlung war keine Propaganda gemacht, kein Inserat, nichts hatte verkündet, daß in Crimmitschau schwangere Frauen sich versammeln sollen. Ganz in der Stille hatte man die in Frage kommenden Personen um ihr Erscheinen ersucht. Mindestens die Hälfte der vorher festgestellten, im schwangeren Zustande sich befindlichen Verbandskolleginnen waren erschienen. – Weiter waren eingeladen die weiblichen Vertrauenspersonen des Verbandes, Vertreter des sächsischen Arbeitsministeriums, Vertreter der

Schwangere Textilarbeiterinnen

Gewerbeinspektion Zwickau, Vertreter des Allgemeinen Deutschen Gewerkschaftsbundes. Im ganzen waren gegen 150 Personen weiblichen Geschlechts anwesend. Männer hatten, außer einigen geladenen, keinen Zutritt.«[9]

Über den Verlauf dieser ungewöhnlichen Versammlung wurde fast nichts berichtet, es scheint aber, daß viele Frauen in der Hoffnung auf praktischen ärztlichen Rat gekommen und enttäuscht waren, da sie mit Agitationsreden konfrontiert wurden.[10] Ergebnis der Veranstaltung war eine Resolution mit 14 Forderungen, die die Befreiung der Frauen von der Erwerbsarbeit während der Schwangerschaft als Ziel angab.

1924 setzte der DTV seine Kampagne fort, indem er Zeichnungen schwangerer Textilarbeiterinnen bei der Fabrikarbeit in seiner Zeitung veröffentlichte. Mehrere Wochen lang wurden Bilder von Frauen bei jeweils unterschiedlichen Tätigkeiten, die alle offensichtlich belastend für den schwangeren Körper waren, abgedruckt, dazu ein kurzer Text, der die Gefahren des jeweiligen Textilberufes für Schwangere darlegte.

Der entscheidende Durchbruch gelang 1925. Der DTV richtete am 1.4.1924 eine öffentliche Denkschrift an den Reichstag. Als Übergangslösung forderte er:

»1. Verbot der Erwerbsarbeit der schwangeren Personen für die letzten drei Monate der Schwangerschaft,
2. Beschränkung der Erwerbsarbeit schwangerer Personen im fünften und sechsten Monat der Schwangerschaft auf höchstens vier Stunden pro Tag,
3. Vergütung des entgehenden Arbeitsverdienstes aus Mitteln des Staates oder einer zu schaffenden Kollektivversicherung.«[11]

In einer der Denkschrift angefügten Begründung wurde auf die körperlichen Beschwerden der Frauen bei der Arbeit hingewiesen und insbesondere die Gefahren für das ungeborene Kind betont.

»Der schwangere Leib wird ständig sozusagen gefoltert. Er wird gestoßen, gepreßt und gedrückt. An eine normale Entwicklung der Leibesfrucht ist dabei nicht zu denken. (...) Damit wird klar, daß die ganze Zukunft Deutschlands mit der

Erwerbsarbeit schwangerer Personen aufs Spiel gesetzt wird, und es ist kaum zu verstehen, wie es möglich war, daß es Leute gibt, welche sich bevölkerungspolitisch betätigen und dabei jahrelang an diesen Gefahren achtlos vorübergehen konnten. (...) Die Durchführung des Verbots der Erwerbsarbeit der schwangeren Frauen und Mädchen für die letzten drei Monate der Schwangerschaft ist nicht nur eine sittlich begründete, sondern auch im Interesse Deutschlands unabweisbare Notwendigkeit. Deutschland wird nicht leben, ohne diesen zwingenden Schutz der Frauen und Mütter geschaffen zu haben.«[12]

Offenkundig hatte sich die Argumentation gewandelt. Schwangerenschutz wurde nun hauptsächlich als bevölkerungspolitische Notwendigkeit dargestellt. Eine Begründung, die schlicht auf das Recht von Mutter und Kind auf Gesundheit und Unversehrtheit verwies, reichte anscheinend nicht aus, es mußte schon das Gespenst eines degenerierten, aussterbenden Volkes an die Wand gemalt werden.

Im Oktober 1925 tagte die Hauptversammlung des Bundes Deutscher Frauenvereine und begrüßte ebenfalls die Initiative des DTV. In zahlreichen Zeitschriften erschienen zustimmende Aufsätze. Im September 1926 veranstaltete die Arbeiterwohlfahrt eine bevölkerungspolitische Tagung, die sich mit der Problematik befaßte. Auch der ADGB unterstützte die Forderungen, machte aber in seinem Jahrbuch 1925 auf die Problematik der Propaganda für Mutterschutz aufmerksam.

»Die starke Propaganda der erwähnten Forderungen kann aber auch in gewisser Beziehung zu einer Gefahr für die auf Erwerbsarbeit angewiesenen Frauen werden. Schon heute wird unter Hinweis auf die Erfahrungen des Textilarbeiterverbandes versucht, Stimmung zu machen für das Verbot der Fabrikarbeit verheirateter Frauen.«[13]

Das traf zum Beispiel auf die Protektion zu, die den Forderungen seitens der Christlichen Gewerkschaften zuteil wurde. Der im August 1926 tagende Kongreß des Christlichen Textilarbeiterverbandes unterstützte die Denkschrift des DTV, sah aber als längerfristige Lösung das Verbot der Erwerbsarbeit verheirateter Frauen an, ebenso der im gleichen Monat zusammengetretene Kongreß des Internationalen Bundes Christlicher Textilarbeiterverbände.[14]

Die starke Resonanz auf den Vorstoß des DTV rief auch die Unternehmer auf den Plan. Die Textilindustriellen gaben 1926 eine Gegendenkschrift heraus, in der sie die Notwendigkeit eines erweiterten Mutterschutzes bestritten. Auch für Schwangere sei die Arbeit keineswegs nachteilig. Falls einmal schwere Lasten zu tragen wären, stünden dafür Kollegen zur Verfügung, aber die Arbeiterinnen selbst würden nicht genügend Rücksicht auf ihren Zustand nehmen und keine Hilfe für schwere Handgriffe holen.[15] Ansonsten sei »die mit der Arbeit in der Textilindustrie verbundene Bewegung (...) von Vorteil für einen glatten Verlauf der Geburt, weshalb eine möglichst lange Fortsetzung der gewohnten Arbeit sich empfiehlt«, wie es in dem beigefügten Gutachten eines Dr. Preu aus Schlesien hieß.[16] Die Schwangeren würden sich an diesen Rat halten und oft bis zum Tag der Entbindung arbeiten. Wider besseres Wissen wurde behauptet: »Durch Finanznot läßt sich das nicht erklären, da es ja Wochengeld gibt. Das beweist schlagend, daß ihnen ihre Arbeit keinerlei besondere Beschwerden verursacht.« Die Zunahme anormal verlaufender Geburten, die Früh- und Fehlgeburten wurden als »Resultat des Sinkens der Moral« bezeichnet. Sie gingen hauptsächlich auf die »Abtreibungsseuche und die Syphilis« zurück.[17] Ein zweiter Gutachter der Arbeitgeber, ein Professor Martin, Direktor einer Hebammenlehranstalt und Frauenklinik, kam zu dem Schluß:

Arbeiterin mit Kind

»Die Arbeitsleistungen der Textilarbeiterinnen sind nicht so hoch einzuschätzen, wie die einer schwangeren Hausfrau. Der in hohem Grade anpassungsfähige Körper einer Schwangeren ist, soweit sich alles in den physiologischen Grenzen abspielt, der schweren Arbeit einer Hausfrau gewachsen und somit auch ohne weiteres der erheblichen einer Textilarbeiterin. Die vorhandenen Bestimmungen für die schwangeren Textilarbeiterinnen genügen vollauf.«[18]

Tatsache war nur, daß die meisten Textilarbeiterinnen sowohl Lohnarbeiterin als auch Hausfrau waren. Der angestellte Vergleich erweist sich also als völlig realitätsfremd. Die Anstrengungen des DTV trugen auf Reichsebene 1926 erste Früchte. Als ersten Schritt beschloß der Reichstag Ende Juni ein Gesetz zur Änderung der Reichsversicherungsordnung, durch das ab 1. Oktober 1926 die Leistungen der Krankenkassen für Wöchnerinnen verbessert wurden. Es dauerte jedoch noch bis zum 16. Juli 1927, bevor die Ratifizierung des entsprechenden Washingtoner Abkommens und die Verabschiedung des Mutter-

Mehr Freizeit für die werktätige Frau!

Einer der Hauptgründe, warum die werktätigen Frauen sich verhältnismäßig wenig in der Arbeiterbewegung betätigen, ist ihre Ueberlastung im Haushalt. Wie oft hört man von solchen Frauen sagen, daß sie in Partei oder Gewerkschaft, in der Sportorganisation oder im Samariterdienst die Uebernahme eines Funktionärpostens ablehnen müssen, weil sie schon unter der Doppellast der Berufs- und Hausarbeit fast zusammenbrechen. Selbst dann, wenn die Arbeiterfrau „nur" Hausfrau ist, hat sie mit ihrer kleinen Wirtschaft viel mehr Arbeit als die Bürgersfrau, die entweder dem geschulten Hauspersonal die Sorge für Küche und Kinder überläßt, oder durch moderne Haushaltsmaschinen, Staubsauger, elektrische Plätteisen, Zentralheizung, außerhäusliche Wäsche usw. die Hausarbeit auf ein Minimum beschränken kann.

Der schlechte Lohn des Mannes, das immer drohende Gespenst der Arbeitslosigkeit oder eine größere Kinderzahl, zwingt aber die Arbeiterfrau in den meisten Fällen mitzuverdienen, wie und wo sie nur kann, sei es, in dem auch sie in die Fabrik oder ins Büro geht, sei es, daß sie sich als Aufwärterin verdingt oder Heimarbeit übernimmt. Wo soll sie dann noch die Kraft hernehmen der Bewegung zu dienen, die um die Befreiung der Arbeiterklasse aus der Tretmühle des kapitalistischen Alltags kämpft? Und doch darf sie in ihrem eigensten Interesse, im Interesse ihrer selbst und ihrer Kinder, der Arbeiterbewegung nicht gleichgültig und passiv gegenüberstehen, sie muß Zeit dafür gewinnen, Zeitungen oder gute Bücher zu lesen und an Versammlungen teilzunehmen.

Obwohl die Arbeiterfrau durch Berufs- und Hausarbeit sehr oft überlastet ist, wartet der Mann meist nur ungeduldig aufs Essen, ohne selbst mit Hand anzulegen.

Gar vieles könnte in dieser Richtung geschehen, wenn der Ehemann nicht sehr häufig der Unmenge von Kleinarbeit, die die Führung des Haushalts erfordert, ohne Verständnis gegenüber stände, wenn er auch seinen Teil dazu beiträgt, seiner Frau einen Teil ihrer Lasten abzunehmen und ihr so genügend Zeit gibt, mit ihm zusammen für die Errringung eines menschenwürdigen Daseins zu kämpfen. Es nützt nichts, wenn man immer wieder über die Passivität und oft sogar über die feindliche Haltung vieler Frauen gegenüber den politischen und gewerkschaftlichen Bestrebungen klagt.

Der Gewerkschafter oder Parteiarbeiter, der in der Praxis beweist, daß er über die kleinbürgerlichen Vorurteile hinausgewachsen ist, die die Beteiligung des Mannes an der Hausarbeit überflüssig und „entehrend" nennen, zeigt, daß er auch innerhalb seiner vier Wände die Gebote proletarischer Solidarität hoch hält. Jeder Arbeiter, der durch Unterstützung seiner Frau dazu beiträgt, daß sie eine aktive Mitkämpferin für die Sache des Proletariats wird, hat der Arbeiterbewegung einen Dienst geleistet — und nicht den geringsten!

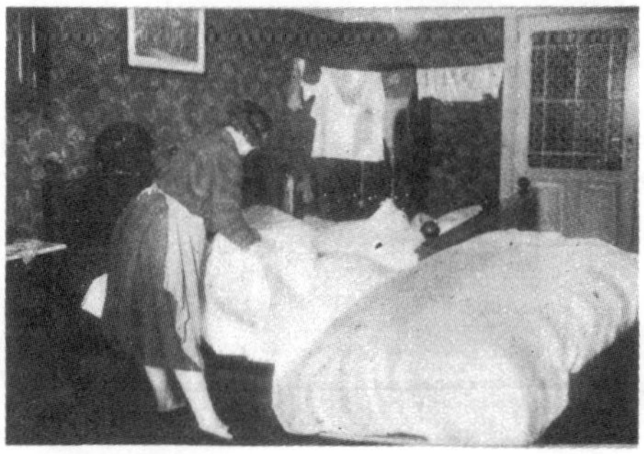

Mit Geschirrabwaschen, Zimmeraufräumen, Näharbeit, Kochen usw. ist die werktätige Frau von früh bis abends beschäftigt. Wenn sie daneben noch Erwerbsarbeit verrichtet, gewinnt sie nur dann die notwendige Zeit, um in der Arbeiterbewegung tätig zu sein, wenn der Mann durch seine Mithilfe die Gebote proletarischer Solidarität auch in seinen vier Wänden erfüllt.

Aus: AIZ, Nr. 41/1927

schutzgesetzes durch den Reichstag erfolgte.[19] Neu gegenüber der bisherigen Regelung waren

- der Kündigungsschutz für Schwangere und Wöchnerinnen während der Schutzfrist;
- die Verlängerung der Schutzfrist vor der Entbindung auf sechs Wochen, wobei für die Wochen nach der Geburt weiterhin ein Arbeitsverbot bestand, für die Wochen vorher aber nur das Recht auf Niederlegung der Arbeit;
- der Anspruch auf Stillpausen von zwei mal einer halben Stunde oder einmal einer ganzen Stunde täglich, während sechs Monaten nach der Geburt;
- die Einbeziehung der weiblichen Angestellten mit einem Jahreseinkommen unter 3600 RM.

Auf Initiative des DTV setzte sich die SPD-Fraktion im Reichstag dafür ein, das Gesetz um eine Bestimmung zu erweitern, die seine Überwachung der Gewerbeaufsicht unterstellte. Am 22. 10. 1927 wurde ein entsprechender Zusatz verabschiedet.

Ein besonderes Problem war die Einbeziehung der ledigen Mütter in die Mutterschutzgesetzgebung. Obwohl das Gesetz sie keinesfalls ausschloß, zeigten doch mehrere Redebeiträge weiblicher Delegierter auf dem Textilarbeiterinnenkongreß, daß dies in der Praxis häufiger der Fall war.[20] Eine besondere Stilblüte bei dem Versuch, dies zu rechtfertigen, lieferte das sächsische Landesarbeitsgericht 1929. In der Urteilsbegründung, die Klage einer ledigen Verkäuferin betreffend, hieß es:

»Sie hat also, ohne Rücksicht darauf, ob ihr der Geschlechtsverkehr als solcher zur Schuld anzurechnen ist, ihre Dienstunfähigkeit mindestens unter dem Gesichtspunkt der Fahrlässigkeit zu vertreten, und kann sich auf die Schutzbestimmungen ebensowenig berufen wie beispielsweise derjenige, der sich im Zweikampf oder durch besonders waghalsige Sportausübung leichtsinnig Gefahren aussetzt und Dienstunfähigkeit zuzieht.«[21]

Glücklicherweise konnte sich der betreffende Richter auch in den zwanziger Jahren mit derartigen »Verrenkungen« nur noch den Spott der meisten Zeitgenossen zuziehen.

Doppelbelastung

In ihrem Rechenschaftsbericht über die Tätigkeit des Arbeiterinnensekretariats auf dem Verbandstag des DTV 1927 sprach Emma Ritsche das Problem an, daß die Belastung durhc Hausarbeit die Arbeiterinnen daran hindere, Versammlungen zu besuchen. Sie forderte deshalb nicht nur Verkürzung der Arbeitszeit in der Fabrik, sondern auch die Errichtung von Speisestätten und Volkswaschhäusern und kritisierte den Wohnungsbau, der keine Rücksicht auf mögliche Erleichterungen der Hausarbeit nehme. Der Verband nahm daraufhin folgende vom Arbeiterinnensekretariat vorgelegte, allerdings sehr allgemein gehaltene Entschließung an:

»Der Verbandstag wollte den Hauptvorstand sowie das Arbeiterinnensekretariat beauftragen, im Interesse der übergroßen Zahl der in der Textilindustrie beschäftigten Frauen und Mädchen zu prüfen, welche Maßnahmen zur Befreiung der erwerbstätigen Arbeiterinnen von der Hausarbeit ergriffen werden können. Es ist nicht nur im Interesse der Arbeiterinnen, sondern auch im Interesse der gesamten Organisation unbedingt notwendig.«[22]

Es gab in etwa vier verschiedene Lösungsvorschläge, die im DTV diskutiert wurden:

1. Achtstundentag und freier Sonnabendnachmittag

Es ging dabei nicht um die Entlastung der Frau von der Hausarbeit, sondern um die Verkürzung der Arbeitszeit in der Fabrik, damit die Frau ihren familiären Pflichten einigermaßen genügen konnte.

2. Rationalisierung im Haushalt

Bereits 1924 war ein Artikel zur Rationalisierung des Haushalts im »Textilarbeiter« nachgedruckt worden. Darin wurde der Hausfrau empfohlen, ihre Hausarbeit nach den Prinzipien des Taylorsystems umzugestalten, um sich Freizeit zu organisieren. Die Hausfrau

»hat mit keinem Arbeitgeber einen Kampf um ihre Arbeitszeit durchzuführen. Nur ihre alte Gewohnheit, ihre mangelnde Fähigkeit, sich vom althergebrachten zu lösen, steht der Verkürzung ihrer Arbeitszeit im Wege.«[23]

Liest man die Berichte der Arbeiterinnen, in denen sie ihren bis ins letzte durchorganisierten Arbeitstag beschreiben, so muß ein solcher Artikel ihnen als blanker Hohn erschienen sein, ganz abgesehen davon, daß sich lebendige Menschen mit ihren Bedürfnissen nicht nach Belieben verplanen lassen, insbesondere nicht Kinder.

3. Gesellschaftliche Einrichtungen zur Entlastung der Frauen

Auf dem Textilarbeiterinnenkongreß 1926 hatte eine Delegierte die allmähliche Befreiung der Frau von Hausarbeit durch öffentliche Einrichtungen gefordert. Sie propagierte Speiseanstalten und Waschanstalten sowie Kindergärten der Kommunen.[24] Diese drei Forderungen tauchten in Abwandlungen immer wieder auf und trafen durchaus auf Zustimmung unter den Arbeiterinnen. Vereinzelt wurden sie sogar durchgesetzt. So meldete der »Textilarbeiter« 1927 die Einrichtung einer Betriebskantine[25], 1928 die Einweihung der ersten kommunalen Waschanstalt in Sachsen.[26]

4. Arbeitsteilung im Haushalt

Die Forderung der Aufteilung der Hausarbeit zwischen Mann und Frau wurde von keinem Funktionär und keiner Funktionärin des DTV erhoben, dafür aber von einigen Arbeiterinnen. In einem Leserbrief 1929, der zunächst ebenfalls technische Neuerungen und öffentliche Einrichtungen befürwortete, hieß es zum Schluß, daß es besonders ankäme auf die

»Vermenschlichung des Familienlebens der Arbeiter, das endlich aufhören muß, sich auf die Ausbeutung der Kraft der Hausfrau und Mutter zu gründen. Dies letztere durchzuführen wäre nur möglich, wenn entscheidende Stellen des Familienrechts geändert würden, wenn vor allem Männer und Frauen, vor allem die Männer, in Hinsicht auf ihre Ehe- und Familienpflichten zu neuen, menschlicheren Grundauffassungen gelangen könnten.«[27]

Gewerkschaftliche Frauenzeitung

16. Jahrgang | Berlin, Dienstag, den 15. November 1932 | Nummer 11

Kollegin, wir rufen Dich!

Wir wenden uns an Dich als eine der vielen, die im Erwerbsleben stehen und dort arbeiten für ihr tägliches Brot! Dafür arbeiten rund 6 Millionen Mädchen und Frauen. Sie sitzen vom Morgen bis zum Abend an der Nähmaschine; sie stehen am Schraubstock, an der Spinnmaschine und am Webstuhl; sie sitzen in langen Reihen vor dem vorbeilaufenden Arbeitsstück am Fließband; sie fertigen Kleider und Wäsche, sie fertigen und verpacken Zigaretten, Schokolade, sie fertigen Schuhe, Holzwaren, Spielsachen, sie bedienen in Friseurgeschäften und in Gastwirtschaften; sie pflegen Kranke; kurz — wir finden Arbeiterinnen in allen Zweigen des Erwerbslebens. Endlos ist die Reihe der für Arbeiterinnen in Frage kommenden Berufszweige, verschiedenartig ist die Verwendung von Frauenarbeit. In einem ist sie aber völlig gleich:

Frauenarbeit ist billige Arbeit!

Sie wird erheblich niedriger entlohnt als Männerarbeit, oftmals sogar noch niedriger als Arbeit jugendlicher Arbeitnehmer. Ist Frauenarbeit so wenig wertvoll? Wäre dies der Fall, man würde wohl in zahllosen Fällen auf sie verzichten. Wir sehen aber, daß Frauenarbeit in immer neue Arbeitsgebiete eindringt, ohne daß die Qualität der Arbeitsprodukte unserer Wirtschaft nur im geringsten darunter leidet.

Ist aber Eure Minderbezahlung berechtigt?

Es wird behauptet, die Frauen brauchen weniger als Männer! Ist das richtig? Fast könnte es so scheinen, wenn wir uns vor Augen führen, wie Arbeiterinnen leben. Viele Arbeiterinnen leisten sich nur an wenigen Tagen der Woche warmes Essen. Sie beschränken sich in bezug auf Wohnung; sie nähen, waschen und bügeln ihre Kleidung selber, und sie kochen sich selber ihre warmen Mahlzeiten. Warum tun sie das? Weil ihr Arbeitseinkommen nicht ausreicht, anders leben zu können. Nur aus diesem Grunde legen sie sich Beschränkungen auf. Deshalb opfern sie Freizeit und Gelegenheit zur Weiterbildung. Deshalb opfern sie Gesundheit und Lebensfreude. **Was als Ursache für die Minderbezahlung bezeichnet wird, ist tatsächlich ihre Folge.**

Soll das immer so bleiben?
Können wir diese Zustände denn nicht ändern?

Wir sagen ja und nochmals ja! Wir wollen und können erreichen, daß die Arbeit, die Frauen im Erwerbsleben leisten, materiell und ideell besser gewertet wird. Wir wollen und können es dahin bringen, daß wir von unseren männlichen Kollegen nicht mehr als Konkurrentinnen und Lohndrückerinnen angesehen werden. Wir wollen und können dies erreichen durch unsere gewerkschaftliche Organisation.

Resümee

Je mehr es dem DTV – egal aus welchen Motiven – gelang, die Arbeiterinnen zu aktivieren, um so mehr förderte er ungewollt auch die Erkenntnis dieser widersprüchlichen Interessen innerhalb der Arbeiterschaft. Die Bereitschaft der Frauen, sich zu engagieren, stieß auf Hindernisse, die nur durch Aufhebung der geschlechtsspezifischen Arbeitsteilung hätten beseitigt werden können. Selbst wenn die Frau zunächst nur die Wahrnehmung ihrer Interessen als Arbeiterin im Sinn hatte, kam sie zwangsläufig dazu, Forderungen aufzustellen, die Veränderungen in beiden Bereichen – Fabrik und Familie – umfaßten. Das Interesse der männlichen Arbeiter an der Aufrechterhaltung ihrer Privilegien gegenüber der Frau traf sich mit dem Interesse der Unternehmer an der mit »typisch weiblichen« Qualitäten (Geduld, Fingerfertigkeit, ...) ausgestatteten weiblichen Arbeitskraft, an ihrer Minderbezahlung und nicht zuletzt an jeder Spaltung der Arbeiterklasse, also auch der in Männer und Frauen. Es traf sich ebenfalls mit dem familien- und bevölkerungspolitischen Interesse des Staates: Sicherung des Nachwuchses und Erhaltung der traditionellen Familie, in der Frauen unbezahlte, aber gesellschaftlich notwendige Reproduktionsarbeit leisteten.

Frauen stellten die Mehrheit der Mitglieder im DTV. Die Untersuchung ihres zahlenmäßigen Einflusses und der Inhalte der Frauenpolitik des DTV ergaben, daß trotz dieser Mehtheit der DTV vorwiegend als Interessenorganisation der männlichen Arbeiter verstanden werden muß. Dieses Fazit kann durch den Hinweis auf die positiven Ansätze, die sich durch die sechsjährige Arbeit in den Arbeiterinnenkommissionen und die Tätigkeit des Arbeiterinnensekretariats entwickelten, nur geringfügig modifiziert werden.

Anmerkungen

1 Protokoll vom Kongreß der Wirker, Stricker, Trikotagenarbeiter und -arbeiterinnen. Abgehalten am 3. und 4. März 1928 in Thalheim, Berlin 1928, S. 18f.
2 Der Textilarbeiter (TA) 1924, S. 114.
3 TA 1925, S. 25.
4 TA 1927, S. 61.
5 TA 1927, S. 63.
6 TA 1929, S. 285.
7 Jahrbuch des DTV 1928, S. 240.
8 Erwerbsarbeit, Schwangerschaft, Frauenleid. Neue Folge, Heft 2, hrsg. v. DTV, Berlin 1925, S. 5 (im folgenden: Frauenleid).
9 Frauenleid, S. 6.
10 Frauenleid, S. 32.
11 Ebenda.
12 Frauenleid, S. 33f.
13 Jahrbuch des ADGB 1925, S. 212. Obwohl der ADGB die Initiative des DTV prinzipiell unterstützte, war er schnell bereit, auf bescheidenere Forderungen umzuschwenken. Insbesondere war das Verständnis für die Klagen der Krankenkassen groß. »Vollen Ersatz des Lohnes während einer so langen Schonfrist zu leisten, kann auch nicht den Krankenkassen zugemutet werden.« (Jb. ADGB 1927, S. 209) Solange aber der volle Lohnausgleich nicht gewährleistet wäre, könnte auch kein Verbot der Frauenarbeit vor der Geburt verlangt werden (ebenda).
14 Vgl. Theodor *Brauer*, Die Fabrikarbeit der verheirateten Frau. Vortrag vor dem Jubiläumskongreß des Christlichen Textilarbeiter-Verbandes vom 28. und 29. August 1926 zu Aachen, hrsg. v. Zentralverband der Christlichen Textilarbeiter Deutschlands, Düsseldorf o. J.
15 Die Frauenerwerbsarbeit in der Textilindustrie, mit besonderer Berücksichtigung der Beschäftigung schwangerer Frauen, hrsg. v. Arbeitgeberverband der Deutschen Textilindustrie, Berlin 1926, S. 7ff. (im folgenden: Arbeitgeberverband).
16 Arbeitgeberverband, S. 34.
17 Arbeitgeberverband, S. 27.
18 Arbeitgeberverband, S. 46.
19 Stefan *Bajohr*, Die Hälfte der Fabrik. Geschichte der Frauenarbeit in Deutschland 1914–1945, Marburg 1979, S. 306ff.; vgl. dort auch die genaue Entwicklung vom Entwurf Sept. 1926 bis zum Gesetz Juli 1927.
20 Protokoll vom 1. Kongreß der Textilarbeiterinnen Deutschlands. Abgehalten am 11. und 12. Oktober 1926 in Gera, Berlin o. J. (1927), S. 89 und 93 (im folgenden: Textilarbeiterinnenkongreß).
21 TA 1929, S. 69.
22 Protokoll vom 16. Verbandstage des DTV. Abgehalten vom 20. bis 25. Juni 1927 in Hamburg, Berlin o. J. (1927), S. 49.
23 TA 1924, S. 105.
24 Textilarbeiterinnenkongreß, S. 56.
25 TA 1927, S. 113.
26 TA 1928, S. 97.
27 TA 1929, S. 101.

Susanne Zeller

DER DANK DER REPUBLIK

Zur Entlassung von Frauen unter der Personalabbauverordnung

»Alle Deutschen sind vor dem Gesetz gleich. Männer und Frauen haben grundsätzlich dieselben staatsbürgerlichen Rechte und Pflichten.« (Artikel 109 der Weimarer Reichsverfassung von 1919)

Die Personalabbauverordnung (PAV) vom 27. Oktober 1923 verfügte unter den Inflationsereignissen nach dem Ersten Weltkrieg eine drastische Einsparung von Personalkosten aller Beschäftigten des öffentlichen Dienstes. Zwischen 1923 und 1925 waren 14 Prozent aller Reichsbeamten und Beamtinnen, 45 Prozent aller Angestellten sowie 25 Prozent aller Arbeiter und Arbeiterinnen von dieser Verordnung betroffen.[1] Die PAV traf also zunächst einmal Frauen *und* Männer. Allerdings wurden ungleiche Entlassungsmodalitäten aller weiblichen Beschäftigten der Reichsanstalten, bei Städten und Gemeinden in einem gesonderten Artikel ausdrücklich legalisiert:

»*Artikel 14*
(1) Das Dienstverhältnis verheirateter weiblicher Beamter und Lehrer im Dienste des Reichs, der Länder und Gemeinden ... kann jederzeit am 1. Werktag eines Monats zum Monatsende gekündigt werden, sofern nach dem Ermessen der zuständigen Behörde die wirtschaftliche Versorgung des weiblichen Beamten gesichert erscheint. Dies gilt auch bei lebenslänglicher Anstellung.
(2) Entgegenstehende längere vereinbarte oder gesetzliche Kündigungsfristen treten außer Kraft;...

Artikel 15
(1) Angestellte sind zu entlassen, Ausnahmen hiervon sind nur zulässig, sofern zwingende dienstliche Rücksichten der Entlassung entgegenstehen...
(3) Die Entlassenen erhalten... Abfindungssummen, weibliche Angestellte jedoch nur dann, wenn nach dem Ermessen der zuständigen Behörde ihre wirtschaftliche Versorgung nicht gesichert erscheint.«

Dabei hatte das Reichskabinett noch im August 1923 Richtlinien beschlossen, nach denen Sonderbestimmungen für weibliche Beamte endgültig aufgehoben werden sollten. Nur zwei Monate später setzte die Reichsregierung diese Richtlinien durch ihre PAV außer Kraft. Ein gesetzlicher Anspruch auf Ruhegehalt und auf die Abfindungssumme bestand nach dieser Verordnung Artikel 14 und 15 für die weiblichen Beschäftigten nicht. Ein Ruhegehalt war von der Zustimmung des Reichsfinanzministers abhängig. Zu der allgemeinen sozialen und finanziellen Not, die diese Verordnung auch über zahlreiche männliche Beschäftigte brachte, kam gegen verheiratete Frauen im Erwerbsleben die »Doppelverdienerinnen-Kampagne« in Gang. Die Verordnung begünstigte also noch über die Entlassungen hinaus das allgemein repressive Klima der Frauenerwerbsarbeit gegenüber.

Ein offener Vertrauensbruch

Der Spareffekt infolge der Verordnung soll sich insgesamt auf 300 Millionen Reichsmark belaufen haben. Dies ist aber von Abgeordneten der Linksparteien und der Deutschen Demokratischen Partei bezweifelt worden.

Der Reichstag beschloß nach dem langsamen Aufschwung der deutschen Wirtschaft dann am 4. August 1925 die Aufhebung der PAV mit dem »Gesetz über Einstellung des Personalabbaus und Änderung der Personal-Abbau-Verordnung«.[3] Aber der für die weiblichen Erwerbstätigen des öffentlichen Dienstes entscheidende Artikel 14 der PAV, nach welchem den Beamtinnen »jederzeit« gekündigt werden konnte, sollte nach wie vor bis zum 31. März 1929 bestehen bleiben. Alle weiblichen Abgeordneten von den Deutschnationalen bis zur KPD hatten noch gegen die Aufrechterhaltung des Artikels 14 der PAV gekämpft, der ein offener Verfassungsbruch war. Vor der zweiten Lesung des Gesetzentwurfes richteten die weiblichen Abgeordneten einen Antrag auf Streichung des Artikels 14 an das Parlament. Sie erreichten sogar eine Mehrheit. Die Reichsregierung widersetzte sich aber ungeachtet dessen einer ersatzlosen Aufhebung des diskriminierenden Artikels. Die weiblichen Abgeordneten der Rechtsparteien gingen schließlich den von ihren Fraktionskollegen vorgeschlagenen Kompromiß ein, nach welchem einmal die Kündigungsfrist für Beamtinnen auf drei Monate verlängert werden sollte. Zum anderen konnten nach den neuen Regelungen die gekündigten Beamtinnen den Anspruch auf eine Abfindungsrente in Höhe der bis zur Kündigung erworbenen Ruhegehaltsansprüche geltend machen. Beamtinnen, die »freiwillig« auf die Abfindungsrente verzichteten, wurde eine einmalige Abfindungssumme in Aussicht gestellt. Die Beamtinnen sollten also durch eine Abfindungssumme unter Verlust aller Ruhegehaltsansprüche aus dem Berufsleben gelockt werden. Aus der Reichsberufszählung 1925 geht hervor, daß von den 11,4 Millionen erwerbstätigen Frauen etwa 3,6 Millionen verheiratet waren. Von diesen 3,6 Millionen verheirateten Frauen arbeiteten nur 2,3 Prozent (82000) als Angestellte und Beamtinnen. Der überwiegende Teil aller verheirateten weiblichen Erwerbstätigen war aber auf bezahlte Arbeit angewiesen oder aber in der Landwirtschaft, in Industrie- und Handwerksbetrieben gar nicht zu ersetzen. Im Gutachten einer Sachverständigenkommission vom März 1931 über die »Bekämpfung der Arbeitslosigkeit durch Beseitigung des Doppelverdienens« an die Reichsregierung, wurde darauf hingewiesen, daß die Zahl der »doppelt verdienenden« verheirateten weiblichen Beamten, die durch den Verdienst ihrer Ehemänner

Berichterstatter:
Abgeordneter Dr Berndt (Stettin)

122. Bericht

Eingabe des Professors Dr Langemann und Genossen in Kiel
(II Nr 4311)
um Nichtzulassung der **Frauen** zu den juristischen und **richterlichen Ämtern**

Der Rechtsausschuß verhandelte über vorstehende Eingabe in seiner Sitzung am 17. Dezember 1920.

Der Berichterstatter führte aus:

Die Antragsteller bitten, gegen die Zulassung von Frauen zum Amte eines Richters oder Rechtsanwalts Stellung zu

— 10 —

nehmen. Durch die Zulassung der Frauen zu diesen Ämtern sei eine Verschlechterung unserer Rechtsprechung zu befürchten, da Frauen sich zur Ausübung richterlicher, auf logischer Denkarbeit begründeter Funktionen, nicht eignen. Ein Mann, der sich dem Schutze und der öffentlichen Urteilssprechung und Strafvollstreckung des Weibes unterwerfe, habe aufgehört, den Namen »Mann« zu verdienen.

Der Berichterstatter verwies auf die bei Gelegenheit der Beratung des Haushalts der Justizverwaltung angenommene Entschließung, durch welche die Landesversammlung bereits dahin Stellung genommen habe, daß Frauen zum Amte eines Richters und Rechtsanwalts zuzulassen seien. Er beantragte, die Eingabe zurückzuweisen.

Der Ausschuß beschloß entsprechend dem Vorschlage des Berichterstatters zu beantragen:

Die verfassunggebende Preußische Landesversammlung wolle beschließen:

die Eingabe II Nr 4311 zurückzuweisen.

Berlin, den 19. Februar 1921

Aus: Sitzungsberichte der Preußischen Landesversammlung, 1921

Der Reichstag hat das folgende Gesetz beschlossen, das mit Zustimmung des Reichsrats hiermit verkündet wird, nachdem festgestellt ist, daß die Erfordernisse verfassungändernder Gesetzgebung erfüllt sind:

§ 1

(1) Verheiratete weibliche Reichsbeamte sind jederzeit auf ihren Antrag aus dem Beamtenverhältnis zu entlassen.

(2) Die vorgesetzte Dienstbehörde kann die Entlassung auch ohne diesen Antrag verfügen, wenn die wirtschaftliche Versorgung des weiblichen Beamten nach der Höhe des Familieneinkommens dauernd gesichert erscheint.

(3) Die Entlassung tritt in beiden Fällen mit Ablauf des Vierteljahres ein, das auf den Monat folgt, in dem dem Beamten die Entlassungsverfügung bekanntgemacht worden ist.

§ 2

(1) Darüber, ob die Voraussetzung des § 1 Abs. 2 vorliegt, hat die vorgesetzte Dienstbehörde die Entscheidung einer nach besonderen Vorschriften zu bildenden Schiedsstelle einzuholen. Eine Entscheidung der Schiedsstelle ist nicht erforderlich, wenn der Ehemann unkündbar angestellter Beamter ist.

Aus: Reichsgesetzblatt, 1932

nicht auf Erwerb angewiesen waren, mit rund 6000–7000 Beamtinnen so klein sei, daß der Arbeitsmarkt durch deren Entlassung »nicht wesentlich« entlastet würde. Die Kommission plädierte aber dennoch dafür, die verheirateten Beamtinnen dazu zu bewegen, »freiwillig« auf ihre Arbeitsplätze zu verzichten.

Die Geltungsdauer des Artikels 14 der PAV lief zum 31. März 1929 aus. In der an diesem Tage stattgefundene Plenarsitzung des Reichstages wurde er auch aufgehoben. Im Reichsinnenministerium fanden aber nur wenige Monate nach der Aufhebung des Artikels 14 Beratungen darüber statt, ihn wieder einzuführen, um »Doppel-Verdienerinnen« weiterhin »legal« aus dem Erwerbsleben ausschalten zu können. Am 30. Mai 1932 erhielt der aufgehobene Artikel 14 aber in einer anderen Formulierung wieder seine offizielle Geltung durch das »Gesetz über die Rechtsstellung der weiblichen Beamten« vom 30. Mai 1932:

»§ 1 (1) Verheiratete weibliche Reichsbeamte sind jederzeit auf ihren Antrag aus dem Beamtenverhältnis zu entlassen.

(2) Die vorgesetzte Dienstbehörde kann die Entlassung auch ohne diesen Antrag verfügen, wenn die wirtschaftliche Versorgung des weiblichen Beamten nach der Höhe des Familieneinkommens dauernd gesichert erscheint.

(3) Die Entlassung tritt in beiden Fällen mit Ablauf des Vierteljahres ein, das auf den Monat folgt, in dem dem Beamten die Entlassungsverfügung bekanntgemacht worden ist.«[4]

Dieser erneute Verfassungsbruch wurde von den Frauenorganisationen und Beamtinnenverbänden im Bund Deutscher Frauenvereine und deren Vertreterinnen im Parlament im Gegensatz zum Jahr 1925 nur noch halbherzig und widersprüchlich bekämpft. Es herrschten über die Erwerbsarbeit von Frauen, vor allem von Müttern, aus familienpolitischen Gründen heraus wieder größere Differenzen, als dies zum Beginn der zwanziger Jahre der Fall gewesen war. Das Hauptaugenmerk der Debatte um das Beamtinnenrecht lag deshalb viel weniger darin, gegen den Verfassungsbruch offensiv vorzugehen, als vielmehr darauf, der ausscheidenden Beamtin den materiellen »Ausgleich« für den verlorenen Arbeitsplatz zu sichern.

Nach §1a, Absatz 2 des »Gesetzes zur Änderung von Vorschriften auf dem Gebiete des allgemeinen Beamten-, des Besoldungs- und des Versorgungsrechts« vom 30. Juni 1933 durften unter den Nationalsozialisten weibliche Erwerbstätige, wenn überhaupt, erst nach Vollendung des 35. Lebensjahres als Reichsbeamtinnen berufen werden. Nach §6b desselben Gesetzes konnte bei der Besoldung der weiblichen Beamten »von den Vorschriften des Artikels 128, Absatz 2 der Reichsverfassung abgewichen« werden.[5] Die Verheiratungsklausel für weibliche Beamte wurde auch in das Beamtenrecht unter den Nationalsozialisten weiter übernommen und blieb auch noch nach 1945 im bundesrepublikanischen Beamtenrecht als eine Kann-Bestimmung erhalten.

Anmerkungen

1 Barbara *Greven-Aschoft:* Die bürgerliche Frauenbewegung in Deutschland 1894–1933, Göttingen 1931, S. 173.
2 Reichsgesetzblatt (RGBl) 1923, S. 999ff.
3 Vgl. RGBl 1925, S. 181f.
4 RGBl 1932, S. 245.
5 Vgl. RGBl 1933, S. 434ff.

Renate Wurms

Gleichberechtigt, aber »zur linken Hand«

Zur Frauenbewegung in der Weimarer Republik

»...lange hatte man ihre Stimme in der Öffentlichkeit nicht mehr gehört; nun waren sie wieder frei, konnten sie reden. Aufjauchzend begrüßten die Rednerinnen der verschiedenen Parteien und Weltanschauungen die Beendigung des Krieges, die unblutige Revolution, die junge Republik, gelobten ihre aufbauende, tatkräftige Mitarbeit.«[1]

Ein wenig zu hochgestimmt ist diese Äußerung der Radikalen Lida Gustava Heymann und dennoch charakteristisch für die Aufbruchstimmung nach dem Ersten Weltkrieg. Ob sie das aktive und passive Wahlrecht – je nach Richtung in der Frauenbewegung und allgemeiner politischer Orientierung und Parteienbindung – abgelehnt, erhofft, erdient oder erkämpft hatten, alle Frauenvereine versuchten für die Wahl zur Nationalversammlung am 19.1.1919 zu mobilisieren. Ergebnisse waren:

- eine hohe Wahlbeteiligung von Frauen (78 Prozent gegenüber 62 Prozent bei den Männern, bei den Jungwählerinnen sogar 73 zu 43,5 Prozent)
- ein Höchststand von 41 (= 9,6 Prozent) weiblichen Abgeordneten, der in keiner der folgenden Reichstagswahlen und auch im Bundestag erst 1983 wieder erreicht werden sollte.[2]

Wie schon in den Vor- und Kriegsjahren arbeiteten die Frauen aus der proletarischen Bewegung in der nun bis 1922 in drei, dann in zwei Parteien gespaltenen politischen Arbeiterbewegung sowie in den Gewerkschaften mit. Frauen der Unabhängigen Sozialistischen Partei (USPD) und der Kommunistischen Partei (KPD) beteiligten sich an den harten Auseinandersetzungen um die Räteregierungen in Berlin, Bremen und München. Die Feministin und Pazifistin Anita Augspurg war unter Kurt Eisner Vertreterin der Frauen im Münchner Rat, ihre Mitstreiterin und Lebensgefährtin Lida G. Heymann kandidierte für die USPD.

Die Gemäßigten, darunter die führenden Frauen im *Bund deutscher Frauenvereine* (BdF) wie Bertrud Bäumer und Marie Elisabeth Lüders vertraten liberale bis nationalliberale Positionen. Das politische Spektrum der nicht dem BdF angeschlossenen konfessionellen Frauenverbände reichte vom linken, arbeitnehmerorientierten Flügel der Zentrumspartei über die katholische Mitte bis zu den evangelischen Deutsch-Nationalen. Sie bildeten in ihrer Mehrzahl zusammen mit den Hausfrauenverbänden den rechten, konservativen Flügel der bürgerlichen Frauenbewegung.[3]

Trotz errungener politischer Gleichberechtigung und parteipolitischen Engagements schienen viele Frauen als der Frauenbewegung gewillt, eigenständige Organisationsformen zu wahren, auszubauen und auf neue Grundlagen zu stellen. Im Frühjahr organisierten USPD- und KPD-Frauen Frauentagsveranstaltungen, gaben einige Frauenzeitungen heraus oder sorgten dafür, daß entsprechende Parteibeschlüsse gefaßt wurden. Vor allem in Großstädten wie Berlin und Frankfurt wurden Pläne zur Bildung von Hausfrauenräten entwickelt und propagiert. Die *Internationale Frauenliga für Frieden und Freiheit* (IFFF), 1919 in Zürich gegründet und hervorgegangen aus den mitten im Krieg (1915) konstituierten *Nationalen Frauenausschüssen für dauernden Frieden,* wurde *die* Gruppierung der Feministinnen und Pazifistinnen. Die Frauenheimat der Gemäßigten blieb der BdF, der auf seiner Generalversammlung im September des ersten Nachkriegsjahres ein neues Programm beschloß. Wesentliche Punkte waren die »Gestaltung des politischen Lebens«, die »staatsbürgerliche Schulung« von Frauen »auf dem Boden der Weimarer Verfassung«.

Aufbruch 1918/19. Das Ende 1932/33 liest sich im Urteil der Soziologin und Psychologin Alice Rühle-Gerstel so:

»Die Frauen, die das spezifisch Weibliche programmatisch zur Geltung bringen wollten, sind dahin gelangt, daß sie die angezüchteten Minderwertigkeiten und Einseitigkeiten der Frau heiligsprechen. Sie sind nur noch ein riesiger Fach- und Hausfrauenverein... Die Frauen, die tapfer, tollkühn und oft blindlings den Mann in seinem Feld einholen wollten, stehen in der Gegenwart kaum noch im Lager der Frauenbewegung. Entweder sie begnügen sich mit den erreichten Positionen und leben individuell als moderner Mensch (...) oder sie sind ins Lager des Sozialismus übergegangen...« Die Sozialistinnen »haben zwar ihre Frauenprobleme in die Parteiprogramme eingehäkelt, aber mehr als einen schäbigen Platz zur linken Hand haben sie nicht erreichen können.«[4]

Ein hartes Urteil? Ja. Ein ungerechtes Urteil? Möglich. Aber in jedem Fall ein Urteil, das anregt und auffordert, genauer hinzusehen.

Noch gibt es mehr Fragen als Antworten zur Frauenbewegungsgeschichte in dieser Zeit: Mit den Problemen parteilicher Einbindung und Männerdominanz, Autonomie und Einflußnahme hatten Frauen *aller* Richtungen, nicht allein die Sozialistinnen, zu kämpfen. Wie stand es um Klassen- und Geschlechterfrage im bürgerlichen Lager, und welche Trennungen waren hier durch parteipolitische, schicht- bzw. klassenspezifische Orientierung gesetzt? Was hieß in der heterogenen bürgerlichen Frauenbewegung »das spezifisch Weibliche«? Konnte frau nur entweder dem sozialistischen Lager oder dem der Frauenbewegung angehören? Ist die Arbeiter*innen*bewegung aus der Frauenbewegung auszuklammern oder dieser umstandslos zuzuordnen?

Gertrud Bäumer, Marianne Weber und Helene Lange

Neutral und überparteilich? Der Bund deutscher Frauenvereine

Mit etwa 834000 Mitgliedern, über 4000 Vereinen und 87 Verbänden war der BdF 1919 die größte (Dach-)Organisation der bürgerlichen Frauenbewegung. Seit Anfang der zwanziger Jahre bis 1928/29 wurden die Mitgliederzahlen sogar mit etwa einer Million angegeben, wobei auch für 1919 Doppelmitgliedschaften zu berücksichtigen sind.

Rechtsaußen fehlte seit 1918 der *Deutsch-Evangelische Frauenbund,* der aus Protest gegen die Forderung nach dem demokratischen Frauenwahlrecht ausgetreten war. Der Bruch mit dem linken Flügel war schon 1915 vollzogen worden, als die BdF-Spitze die Beteiligung am internationalen Frauenfriedenskongreß in Den Haag für »unvereinbar« erklärte »mit der vaterländischen Gesinnung und der nationalen Verpflichtung der deutschen Frauenbewegung..., mit jeder verantwortlichen Stellung und Arbeit innerhalb des Bundes deutscher Frauenvereine«.

Von 36 dem BdF 1928 angeschlossenen Reichsverbänden ordnete Agnes von Zahn-Harnack ein Drittel der Rubrik »Frauenbewegungsfragen und allgemeine Kulturaufgaben« zu.[5] Die restlichen 22 waren berufliche, ständische Interessenvertretungen von Beamtinnen, Angestellten, Lehrerinnen, Studentinnen und Hausfrauen.

Bestimmend für die Programmatik der Gemäßigten, der führenden Frauen im BdF, war eine idealistische Geschichtsauffassung. Politische Rechte, Berufsfreiheit für Frauen, geistige und wirtschaftliche Unabhängigkeit vom Mann – »Äußerliches«, wie es auch genannt wurde – waren der »Idee von der Kulturaufgabe der Frau« eingeordnet: »Wir erfassen die Kulturaufgabe der Frau aus dem Grundsatz der freien Persönlichkeit, die sich in selbständig gewählter Verantwortung an die Gemeinschaft gebunden fühlt, aus diesem Bewußtsein heraus ihre Kraft entwickelt und in selbstloser Hingabe für das Ganze einsetzt.« Soweit diese Kulturaufgabe näher bestimmt wurde, ging es um die »Vermenschlichung« der Gesellschaft, der Wirtschaft, Politik und Kultur, um die Ergänzung des »männlichen« »sachgesetzlichen« Prinzips durch das »weibliche« »personale«.

Galten den einen diese Werte als kulturell gewordene, zu bewahrende und zu entwickelnde, so vertraten die Konservativen die Auffassung von der naturgegebenen Geschlechterpolarität, die Mann und Frau zur wechselnden Ergänzung verpflichte. Entsprechend gab es nebeneinander die Leitbilder der (qualifizierten), asketischen Berufsfrau, der berufstätigen Mutter und der privatrechtlich (noch nicht) gleichgestellten Hausfrau. Die Hausfrauenverbände setzten sich für die Professionalisierung des »Hausfrauenberufs« ein und forderten seine gesellschaftliche Anerkennung. Da auch die Liberalen überzeugt waren von der »Unabwendbarkeit bestimmter Frauenaufgaben..., Kindererziehung und Hausarbeit«, blieb ihnen nur das Bekenntnis zur ökonomisch profitablen und existentiell für viele notwendigen »doppelten Last« der Frau. Durch Ausbildung, rationelle Haushaltsführung, Technik, Mutter- und Arbeitsschutz war die Last zu erleichtern. Anders als die angelsächsische und skandinavische Frauenbewegung, setzte sich die Mehrheit der deutschen Bewegung immer für einen besonderen Arbeitsschutz für Frauen ein, der auch beispielgebend sein sollte für den allgemeinen. Die vereinzelt von Radikalen und Sozialistinnen schon sehr früh geforderte Veränderung der geschlechtsspezifischen Arbeitsteilung stand auch in den zwanziger Jahren nicht auf der frauenbewegten Tagesordnung.[6]

Alice Salomon als Wahlrednerin 1919 in Berlin

Organisierte Mütterlichkeit

Insgesamt wurde vom BdF eine Politik des Bewahrens und der Reformen verfolgt. Auch für die Reformerinnen waren mit dieser nationalen bürgerlichen Gesellschaft die Grenzen gesetzt. Die kapitalistische Wirtschaft, Institutionen wie Ehe, Familie und Schule galten als reformbedürftig und reformierbar. Im Zweifel wurde zugunsten des Bewahrens entschieden, wurden die Interessen der Frauen hinter den »nationalen«, »allgemeinen« zurückgestellt. Auch der BdF und das Arbeiterinnensekretariat der Gewerkschaften schlossen sich 1919/20 »selbstverständlich« der allgemeinen Forderung an, daß »die ehemaligen Arbeitsplätze der Kriegsteilnehmer wieder freizumachen sind«, aber »unnötige Härten« und »einseitige« Anwendung für Frauen sollten vermieden werden. Und obwohl die Frauen verdrängt wurden, gab es nur lasche Proteste.

Praktiziert wurde die Politik der »organisierten Mütterlichkeit« mit den Schwerpunkten Erziehung, Bildung und professionelle, organisierte Sozialarbeit. Nachdem die Möglichkeiten erdient und erstritten waren, war die Mitarbeit in Gremien, Verwaltungen, Ministerien und im Parlament selbstverständlich und verpflichtend. Stellungnahmen, Petitionen und Gesetzesinitiativen – die Formen der Gemäßigten – betrafen vor allem den Jugend- und Mutterschutz, die Gleichstellung der Frau im Ehe- und Familienrecht, die elterliche Gewalt, das Scheidungs- und Unehelichenrecht. Erfolgreich waren Frauenbewegung und überparteiliche Zusammenarbeit von Parlamentarierinnen unter anderem mit dem Jugendwohlfahrtsgesetz (1922) und mit dem Gesetz zum Mutterschutz (1927). Der *Juristinnenbund* (gegründet 1920), der zu den Fortschrittlichen im BdF gehörte, konnte die Zulassung zur Anwältin (1922) und zur Richterin (1924) durchsetzen. Seine Vorstöße in Sachen privatrechtlicher Gleichstellung der Frau scheiterten an den konservativen Mehrheitsverhältnissen im Parlament.[7] Für die (volle) Gleichstellung nicht-ehelicher Mütter und Kinder fanden sich im BdF keine Mehrheiten. Ebenso wurde zum Teil scharf, frauenverachtend und die soziale und psychische Not der Frauen ignorierend, von führenden Frauen wie Gertrud Bäumer und Hilde Adler sowie der Mehrheit im Dachverband jede Reform des § 218 mit Ausnahme der Strafmilderung abgelehnt.[8]

Friedenskampf oder Rückzug?

Die Friedensfrage spielte im BdF keine große Rolle – und wenn, dann im Zusammenhang mit Resignation und Rückzug. So stellte Gertrud Bäumer in ihrem Kommentar zu der Genfer Abrüstungskonferenz 1932 zwar fest, daß »Frauenstimmrecht und der moderne Krieg radikal unvereinbar« seien; gelänge es jedoch den Frauen nicht, »das ›wilde Feld‹ zu entzaubern«, könne der Augenblick kommen, »an dem sie sich fragen müssen, ob sie nicht den Platz, an dem sie eine solche Mitschuld auf sich nehmen müssen, zu verlassen und ihren geschichtlichen Auftrag zurückzugeben haben«.[9] Sie hat, was die Alternative gewesen wäre, nicht gegen Faschismus und Krieg gekämpft. Und schlimmer als das: Sie hat auch den von Hitlerdeutschland angezettelten Weltkrieg mit Durchhalteparolen unterstützt und – schuld- und trauerunfähig – nach 1945 die Auseinandersetzung mit dem Faschismus mit den Worten abgetan: »Guarda e passa!« – Ein Blick auf sie und weiter –.

Die Friedensfrage war für die Mehrheit im BdF nur dann Thema, wenn es politisch opportun war. Dennoch bot auch gemäßigtes Engagement Anlaß zu Austritten. Als der BdF sich mit einer eigenen, vorsichtigen Resolution an der von der IFFF initiierten Unterschriftenaktion zur Abrüstung (Völkerbund, Genf 1932) beteiligte, traten die Reichsverbände der deutschen und landwirtschaftlichen Hausfrauenvereine mit der Begründung aus: »Unvereinbar mit nationalen Interessen«. Trotz langjähriger Zugehörigkeit zu internationalen Frauenvereinigungen blieb generell auch Internationales immer dem Nationalen untergeordnet. Antisemitische Tendenzen breiteten sich auch in dieser Vereinigung aus, auch wenn der *Jüdische Frauenbund* bis 1933 Mitglied im BdF war. Schäbig und zugleich exemplarisch für vieles ist der Fall Alice Salomon. Die Nationalökonomin und Leiterin der Schule für Sozialarbeit in Berlin, seit 1900 stellvertretende Vorsitzende des BdF, seit 1909 Schriftführerin im internationalen Frauenbund, wurde 1919 wegen ihres jüdischen Namens und jüdischer Vorfahren nicht Vorsitzende des BdF. Als ihr 1920 »befohlen« wurde, aus nationalen Prestigegründen dem ersten internationalen Nachkriegstreffen fernzubleiben und auch eine private Reise in das gastgebende Norwegen abzusagen, erklärte Alice Salomon ihren Rücktritt aus dem Vorstand des BdF. Auf dieser Konferenz 1920 wurde sie zur Vizepräsidentin des Weltbundes gewählt und 1928 von einigen BdF-Frauen zur Präsidentin vorgeschlagen, aber die damalige BdF-Vorsitzende Frau Eder setzte sich mit der Meinung durch, daß der deutsche Frauenbund keine Angehörige der jüdischen »Rasse« unterstützen könne.[10]

Der BdF war in den zwanziger Jahren eine etablierte Vereinigung. Dennoch blieb er (frauen-)politisch relativ wirkungslos. Letztlich erwiesen sich die unterschiedliche parteipolitische Einbindung und damit die schicht- und klassenspezifische Identifikation als stärker gegenüber der frauenspezifischen. Zudem machte er eine vom Anspruch her »überparteiliche und neutrale«, faktisch aber eine beharrende bis rückwärtsgewandte Politik mit der Betonung »weiblicher Eigenart« und der Forderung nach »Gleichwertung der Andersartigkeit«. Ob damit ein für allemal das Ende gekommen war für jede Frauenbewegung, die (bürgerliche) Grenzen nicht überschreiten, die privatwirtschaftliche Eigentumsordnung und die geschlechtsspezifische Arbeitsteilung nicht aufbrechen will, also nicht antipatriarchalisch und antikapitalistisch zugleich ist – darum wird auch heute noch und wieder gestritten.

Vor die Wahl gestellt, »gleichgeschaltet« oder verboten zu werden, beschloß der Vorstand des Bundes deutscher Frauenvereine am 9. Mai 1933 die Selbstauflösung.

Frauendemonstration für Brot und Frieden, 1919

Anita Augspurg (links) und Lida Gustava Heymann (rechts), um 1919/20

Radikale Pazifistinnen und Feministinnen – eine Minderheit

Anders als die gemäßigte Mehrheit hatten die Pazifistinnen und Feministinnen nie ausreichend Zeit und Muße, die Geschichte ihrer Kämpfe für Gleichberechtigung und Gleichheit der Frauen, gegen die doppelte Sexualmoral, für Völkerverständigung, Frieden und eine eigenständige Frauenpolitik zu schreiben.[11] In Programmatik und Arbeit waren sie dem radikalen Liberalismus, aufklärerischen und humanistischen Traditionen verpflichtet. Hinzu kamen historisch-materialistische Theoreme. Politisch linksliberal bzw. radikaldemokratisch, sahen sie die politische Emanzipation der Frauen »als Wurzel«, nicht »als Krone« der Bewegung, als einen wichtigen Schritt auf dem Weg zur »allgemeinen menschlichen Emanzipation«, der Befreiung aus aller Abhängigkeit, Ausbeutung und Unterdrückung.

Polemiken und Aktionen, Analysen und Kämpfe richteten sich gegen den Männerstaat und die Männergesellschaft, gegen Kapitalismus und Militarismus, die sie als Ausdruck der Männerherrschaft bzw. des männlichen Gewaltprinzips ansahen. Auch wenn es hier Ähnlichkeit, ja sogar Übereinstimmung mit Ansichten der Gemäßigten gab – auch hier wirkte die idealistische Geschichtsauffassung –, so setzten die Pazifistinnen auf politische Rechte, Schulung und Einflußnahme der Frauen mit dem Ziel, die herrschenden Gewaltverhältnisse zu überwinden. Ihre Grundpositionen, die Rückständigkeit und der Egoismus vieler Männer, Abneigung gegenüber Parteistrukturen und das Minderheitenproblem in den Männerparteien, ließen sie auf die Organisationen der Frauen bauen. So schlugen Lida G. Heymann und Anita Augspurg zu den Wahlen immer wieder Frauenlisten vor, diskutierten das von Beginn an umstrittene Projekt einer Frauenpartei – beides hatte keine Chance. Zudem war ihnen Eigenständigkeit immer eine politische Frage. Helene Stöckers Arbeitsschwerpunkt lag beispielsweise im *Bund für Mutterschutz und Sexualreform*, in dem auch Männer mitarbeiteten; andere Feministinnen arbeiteten zeitweise in der USPD mit, seit 1923/24 in der *Internationalen Frauenliga für Frieden und Freiheit* (IFFF).

Minna Cauer (1842–1922), die große alte Radikale

Titelblatt des Berichts der Internationalen Frauenliga für Frieden und Freiheit, Deutscher Zweig, 1920

Dokumentation der Internationalen Frauenliga, 1929, mit einer Titelzeichnung von Käthe Kollwitz

Totale Abrüstung

Das pazifistische Engagement der Radikalen, die Aufklärungsarbeit in ihren Zeitschriften, das Eintreten für totale Abrüstung ebenso wie für Minderheiten und die deutsch-polnische Verständigung oder der Kampf gegen den Antisemitismus im Rahmen der IFFF war »kein Zufall, sondern nach ihrem Rechtsverständnis nur konsequent. Ihre Vorstellung von einem anderen Recht, von geregelten, gerechten Verhältnissen war die einzig denkbare Alternative zur Gewalt; Krieg aber war für sie die brutalste Form der Gewalt und Rechtlosigkeit.«[12] Zur Zeit der Gründung der deutschen Sektion der IFFF 1919 gab es 40 örtliche Gruppen; bis zum Ende der zwanziger Jahre waren es 80. Als eine der ersten Organisationen protestierte die IFFF gegen Friedensdiktate, die den Keim zukünftiger Kriege in sich trugen. Seit der Mitte der zwanziger Jahre wurden vor allem Aufklärungskampagnen über die Entwicklung chemischer Kampfstoffe (Giftgaskrieg), deren verheerende Wirkungen und den nicht zu gewährleistenden Schutz der Zivilbevölkerung durchgeführt. Eine internationale Konferenz 1929 in Frankfurt zu diesem Thema brachte vor allem auch international Resonanz und war Anstoß für die Genfer Abrüstungskonferenz, die allerdings erst 1932 stattfand und ohne Resultat blieb. 8,3 Millionen Unterschriften wurden von internationalen und nationalen Frauenorganisationen unter die Forderungen nach »Gleichstellung der Nationen und (totale) Abrüstung« gesammelt, in mehreren Autos zum Völkerbund gefahren und von 200 Frauen übergeben. Auch an dem Amsterdamer *Kongreß gegen Faschismus und Kriegsgefahr* im August 1932 beteiligten sich die Pazifistinnen aus der IFFF.

Internationale Zusammenarbeit war für die Radikalen seit Beginn der Stimmrechtskämpfe um die Jahrhundertwende selbstverständlich, wobei die angelsächsische Tradition der Stimmrechtsbewegung Anstoß und auch Vorbild war.

Schwierigkeiten und Rückschläge gab es freilich auch in der IFFF. Die Pazifistinnen waren eine Minderheit, zeitweise Einzelkämpferinnen. Zudem kam es vor allem über die Frage der Notwendigkeit der Überwindung des Kapitalismus als Voraussetzung für einen dauernden Frieden, über die Zusammenarbeit mit Sozialistinnen und Kommunistinnen und über die Frage der Legitimität von Gewaltanwendung zu scharfen Auseinandersetzungen in der Frauenliga.

Zwischen der Liga und dem *Bund für Mutterschutz und Sexualreform* gab es über die persönlichen Kontakte zwischen Frauen hinaus auch Zusammenarbeit in der Friedensfrage, im Kampf gegen den § 218, in Fragen der Sexualaufklärung und -moral. Obwohl der Bund nie mehr als 4000 Mitglieder und elf örtliche Gruppen hatte, hatte er einige Popularität, wozu ihm sowohl die Anfeindungen der Gegner/innen als auch die praktische und aufklärende Arbeit verhalfen. Ein übriges tat das große Engagement von Frauen wie Helene Stöcker, viele Jahre auch Vorsitzende des Bundes. 1919 wurde in Berlin die erste Sexualberatungsstelle eröffnet, die schon in der Kaiserzeit begonnene Zusammenarbeit zwischen Homosexuellenbewegung und den Radikalen wurde fortgesetzt und vor allem auch das soziale und politische Engagement verstärkt. 1922 wurde eine »Verpflichtung zum radikalen politischen Pazifismus« in die

für den Bedarf!
habt ihr die
Dem Militarismus
keine Arbeit,
keinen Mann.
Einig
in der Hauptsache
das ist die
Einheitsfront!

Nie
wieder
Krieg
Es darf nie wieder
Krieg sein
USPD
USPD
1. Distrikt

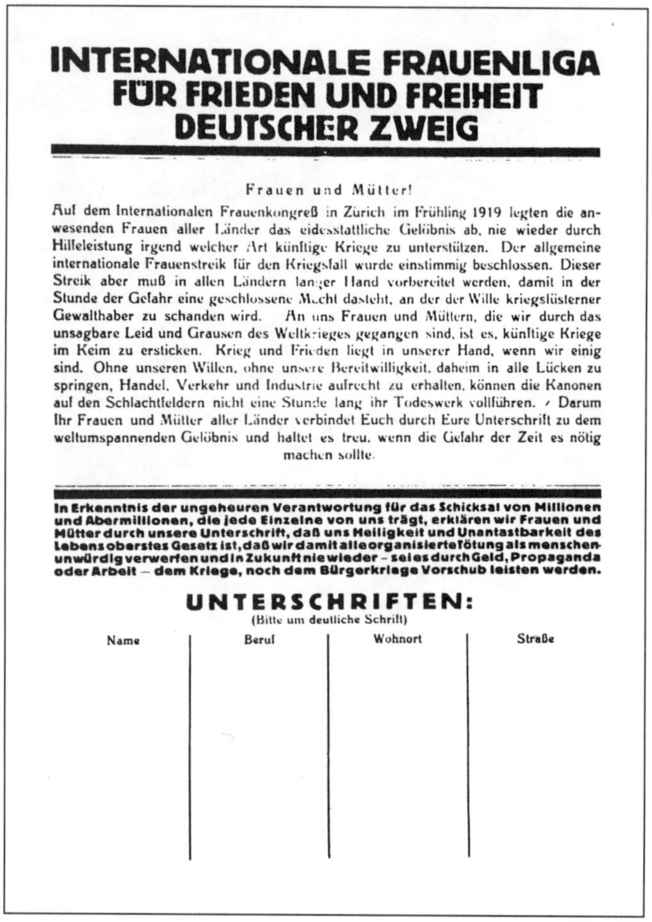
INTERNATIONALE FRAUENLIGA FÜR FRIEDEN UND FREIHEIT DEUTSCHER ZWEIG

Frauen und Mütter!

Auf dem Internationalen Frauenkongreß in Zürich im Frühling 1919 legten die anwesenden Frauen aller Länder das eidesstattliche Gelöbnis ab, nie wieder durch Hilfeleistung irgend welcher Art künftige Kriege zu unterstützen. Der allgemeine internationale Frauenstreik für den Kriegsfall wurde einstimmig beschlossen. Dieser Streik aber muß in allen Ländern langer Hand vorbereitet werden, damit in der Stunde der Gefahr eine geschlossene Macht dasteht, an der der Wille kriegslüsterner Gewalthaber zu schanden wird. An uns Frauen und Müttern, die wir durch das unsagbare Leid und Grausen des Weltkrieges gegangen sind, ist es, künftige Kriege im Keim zu ersticken. Krieg und Frieden liegt in unserer Hand, wenn wir einig sind. Ohne unseren Willen, ohne unsere Bereitwilligkeit, daheim in alle Lücken zu springen, Handel, Verkehr und Industrie aufrecht zu erhalten, können die Kanonen auf den Schlachtfeldern nicht eine Stunde lang ihr Todeswerk vollführen. Darum Ihr Frauen und Mütter aller Länder verbindet Euch durch Eure Unterschrift zu dem weltumspannenden Gelöbnis und haltet es treu, wenn die Gefahr der Zeit es nötig machen sollte.

In Erkenntnis der ungeheuren Verantwortung für das Schicksal von Millionen und Abermillionen, die jede Einzelne von uns trägt, erklären wir Frauen und Mütter durch unsere Unterschrift, daß uns Heiligkeit und Unantastbarkeit des Lebens oberstes Gesetz ist, daß wir damit alle organisierte Tötung als menschenunwürdig verwerfen und in Zukunft nie wieder – sei es durch Geld, Propaganda oder Arbeit – dem Kriege, noch dem Bürgerkriege Vorschub leisten werden.

UNTERSCHRIFTEN:
(Bitte um deutliche Schrift)

Name	Beruf	Wohnort	Straße

Verweigerungsaktion 1919/20. Mit ihrer Unterschrift erklären die Frauen, daß sie jegliche kriegsunterstützende Tätigkeit ablehnen, »sei es durch Geld, Propaganda oder Arbeit«.

Satzung des Bundes aufgenommen und Ende der zwanziger Jahre schloß sich der Bund der (linken) *Arbeitsgemeinschaft Sozialpolitischer Organisationen* (ARSO) an; enge Verbindung bestand auch zu dem *Reichskomitee werktätiger Frauen* (KPD-nah).

Der Beginn der faschistischen Herrschaft war das Ende für die Arbeit des Bundes und der IFFF in Deutschland. Anita Augspurg und Lida G. Heymann, zur Zeit der Machtergreifung Hitlers auf einer Auslandsreise, kehrten nicht zurück; sie wurden ausgebürgert und ihr Vermögen eingezogen. Helene Stöcker und Frida Perlen gehörten zu denen, die rechtzeitig emigrieren konnten.

Helene Stöcker

Sozialarbeit... war nicht alles – Frauen in der SPD

Die Sozialdemokratinnen setzten in den ersten Nachkriegsjahren große Hoffnungen in das Frauenwahlrecht und die parlamentarische Arbeit. Von der in den Kriegsjahren erreichten hohen Frauenerwerbstätigenrate erwarteten sie positive, politisierende Effekte. Viele Frauen erhofften ihrerseits offenbar viel von der versprochenen gesellschaftlichen Umgestaltung. Nach dem zum Teil durch die Parteienspaltung bedingten Rückgang der Zahl weiblicher Parteimitglieder 1917/18 um etwa 50 Prozent, stieg die Zahl der Frauen in der SPD nach dem Krieg wieder rasch an und erreichte 1920 mit 207000 einen neuen Höchststand (17,5 Prozent).

Doch die Erwartungen wurden nicht erfüllt. Die Frauen honorierten nur in der Wahl zur Nationalversammlung (1919) annähernd den Einsatz der Sozialistinnen und Sozialdemokratinnen für die politischen Frauenrechte. In der Zeit der Demobilisierung und der Inflation traten immer mehr Frauen aus der Partei aus, so daß die SPD 1923 nur noch 130000 weibliche Mitglieder hatte. Die parlamentarische Tätigkeit war ernüchternd. Gegen Konservative und Reaktionäre waren Reformforderungen nicht durchzusetzen. Die von Luise Zietz für die USPD und von Marie Juchacz für die SPD gestellten Anträge, neben der staatsbürgerlichen auch die privatrechtliche Gleichstellung von Mann und Frau in der Verfassung zu verankern, scheiterten im Parlament.

Die Funktionen von Luise Zietz als Vertreterin der Frauen im Parteivorstand und von Clara Zetkin als Herausgeberin der Zeitschrift »Die Gleichheit« hatte 1917 die Kölner Sozialarbeite-

DIE NACHDENKLICHE FRAU

Und umgekehrt?

Eine Skizze von Fritz Müller.

Irgendwo in einer großen Zeitung war von Frauen und ihren Bestrebungen die Rede. Darüber stand ein Motto, ein Geleitspruch: „Ich liebe überall die Arbeitsamkeit, sie ist mir besonders an Frauen so schätzenswert. — Wilhelm von Humboldt." Ich las es, und ich dachte mir als Mann: Ist doch schön vom großen Humboldt, daß er so von Frauen spricht. Dann zeigte ich den Spruch meiner Frau. Die las ihn auch und sagte: „Und umgekehrt?" Aber ich verstand sie nicht ... Am Abend waren Gäste bei uns, liebe Freunde. Als eine Pause eintrat, sagte meine Frau: „Heute habe ich einen schönen Spruch gelesen von der Droste-Hülshoff —" — „Ah, von der Dichterin," sagte der Regierungsrat. — „Darf ich ihn sagen?" fuhr meine Frau fort und blinzelte mir leise zu. „Ja, bitte, bitte," sagten meine Freunde. „Also hört: „Ich liebe überall die Arbeitsamkeit, sie ist mir besonders an Männern so schätzenswert." . . . Meine Freunde waren starr. „Was?" sagte der Regierungsrat, „das soll ein schöner Spruch sein? Das ist eine Taktlosigkeit." — „Eine Überheblichkeit ist es, eine ganz unbegreifliche —", fiel der Bahnhofsvorstand ein. — „Für eine Dichterin vom Rang der Droste jedenfalls eine — eine — wie soll ich sagen — ungezogene Entgleisung," sagte der Honorarprofessor.

Eine Verbilligungsaktion.

Einem Lebensmittelhändler B. in Br. wurden im August 1922 bei einem Lebensmittelkrawall die Fenster eingeworfen. Er fühlte sich dadurch veranlaßt, in der Presse zu erklären, man habe ihm bitter unrecht getan, gerade seine Ware sei infolge vorteilhaften Einkaufs stets enorm billig gewesen. „Da es sehr oft vorkam", so schrieb er wörtlich, „daß ich billiger verkaufte, als der Großhändler einkaufen konnte, so erschienen oft derartig viele Kleinhändler zum Einkauf in der Markthalle, daß ich gezwungen war, meine Preise zu erhöhen, um mir von den Kleinhändlern nicht meine ganze Ware fortholen zu lassen. Im anderen Falle wäre die Verbraucherkundschaft nicht in den Besitz billiger Lebensmittel gekommen."

Also er erhöhte seine Preise, um den Käufern „billige" Ware zu verschaffen! Ist eine Wirtschaftsordnung, in der so etwas möglich ist, Sinn oder Unsinn? G. v. F.

129

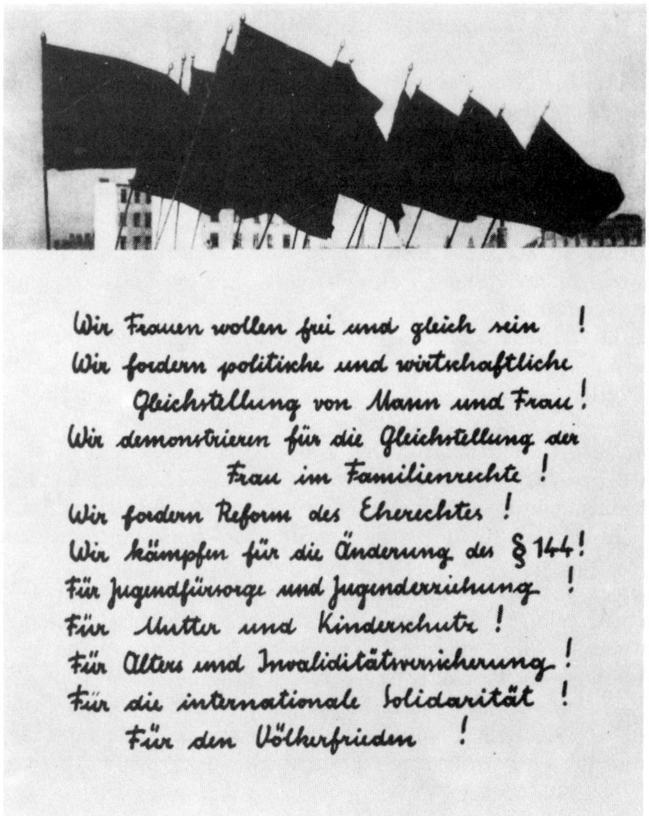

Frauentagsschriften der Sozialdemokratischen Partei Österreichs

Kriegsfürsorge – Kriegsküche in Wien

rin und spätere Reichstagsabgeordnete Marie Juchacz übernommen und behielt sie bis zum Ende der Weimarer Republik.

Auf Initiative von Marie Juchacz wurde im Dezember 1919 die *Arbeiterwohlfahrt* (AWO) gegründet. Im Laufe der Jahre wurden eigene Einrichtungen (Kindergärten, Erholungs- und Altenheime) und Schulungsstätten für die ehrenamtlichen und professionellen Mitarbeiterinnen, sprich: die SPD-Frauen, geschaffen. 1928 hatte die AWO rund 150 000 überwiegend weibliche Mitglieder.

Die AWO und damit Sozialarbeit, Sozial- und Kommunalpolitik waren die Arbeitsschwerpunkte der Sozialdemokratinnen. Für alle anderen Politikbereiche und parteilichen Fragen waren Frauen tendenziell nicht zuständig. Der Kampf gegen das kapitalistische Wirtschaftssystem, gegen den ökonomischen Kern der Frauenunterdrückung wurde aufgegeben. Und soweit die Sozialdemokratinnen die Probleme ihres Geschlechts nicht mit der politischen Gleichberechtigung als gelöst oder auf parlamentarischem Wege als lösbar betrachteten, hofften sie auf eine sozialistische Zukunft, die Gleichberechtigung und Befreiung bringen sollte.

Die fraulichen Spezialgebiete waren seit Beginn des Jahrhunderts im Rahmen einer notwendigen Reformpolitik entwickelt worden, unter anderem durch die Arbeit in Kinderschutzkommissionen und kommunalen sozialen Einrichtungen. Verfestigt wurden sie durch die Arbeit in der Kriegsfürsorge. Neu war, daß Sozialarbeit jetzt das wichtigste politische Arbeitsgebiet für Frauen wurde. Und damit wurde eine geschlechtsspezifische (häusliche) Aufteilung »drinnen – draußen« mit entsprechenden Wertungen »hohe – niedrige Politik« und entsprechendem Prestige »wichtig = Männer« und »unwichtig = Frauen« in der Partei etabliert. Die Vertreterin der Frauen im Parteivorstand, Marie Juchacz, fand die Arbeitsteilung in Ordnung, da sie dem Interesse der Frauen entspreche, »für die Allgemeinheit in der Partei zu wirken«, wie dem der Männer »für die große Politik«.[13] Nicht alle Frauen in der SPD waren allerdings mit der inhaltlichen Ausrichtung und der Arbeitsteilung in der Politik einverstanden.

Eine Minderheit um Mathilde Wurm (bis 1922 in der USPD) forderte eine Umorientierung.

Politisierung

Seit 1924 wurde die Frauenarbeit intensiviert, um Industriearbeiterinnen und andere berufstätige Frauen als Wählerinnen und Mitglieder zu gewinnen. Für Genossinnen und Parteilose wurden mehr Bildungs- und Schulungsangebote gemacht; Frauenkonferenzen auf Bezirks-, Landes- und Reichsebene wurden regelmäßig veranstaltet. »Die Bekämpfung des Krieges« war thematischer Schwerpunkt der Frauentagsveranstaltungen, die die SPD 1926 erstmals nach dem Krieg wieder organisierte (7.–14. März). Da in diesem Jahr auch das »Volksbegehren gegen die Fürstenabfindung« lief – eine der wenigen gemeinsamen Aktionen von SPD, KPD, Gewerkschaften und vielen Gruppen und kleineren Organisationen –, waren die Veranstaltungen ausgesprochen politisch und kämpferisch.

Impulse für Politisierung und Aktionen, so bei der Friedensfrage und dem Frauentag, kamen aus der internationalen Bewegung. Nachdem die sozialistische Internationale an der Kriegsfrage auseinandergebrochen war, wurde sie erst 1923 wieder gegründet. Vor allem auf Betreiben der Österreicherinnen wurde auf der ersten internationalen Frauenkonferenz in Hamburg 1923 beschlossen, alljährlich und international wieder den Frauentag zu begehen. Die deutschen Sozialdemokratinnen brauchten dann bis zu ihrer Konferenz 1925, um einen entsprechenden nationalen Beschluß zu fassen.

Aber auch der Druck der Verhältnisse – Weltwirtschaftskrise, Arbeitslosigkeit und der zunehmende Einfluß der Nazis vor allem bei Mittelschicht-, aber auch Arbeiterfrauen – forderten eine offensivere Politik und brachten auch die Frauenfrage wieder auf die politische Tagesordnung. Auch Sozialdemokratinnen demonstrierten wieder – lange war diese Form vermieden worden – erstmals 1929 gegen »Doppelverdienerkampagne«, Rüstung, Krieg und Notverordnungen. Die Zahl der Frauen in der SPD stieg von 148000 (sechzehn Prozent) im Jahr 1924 auf 230000 (23 Prozent) im Jahr 1931. Und der Parteitag bezog 1931 Stellung:

»Die SPD bekämpft aufs schärfste die Hetze gegen die arbeitende Frau – gleichviel ob sie ledig oder verheiratet... Wir wenden uns auf schärfste gegen die Versuche, auf diesem Wege einen Kampf der Arbeiter untereinander zu inszenieren. Unsere Forderung heißt nicht ›Kampf gegen die Erwerbsarbeit der Frau‹, sondern ›Kampf gegen das kapitalistische System‹, das allein die Schuld an der wachsenden Arbeitslosigkeit trägt.«[14]

Dennoch stimmte die Reichstagsfraktion der SPD 1932 zu, als die Unkündbarkeit der Beamtin wieder einmal aufgehoben wurde. Zum Frauentag 1931, in der Zeit der großen Bewegung gegen den § 218, wurden unter den zentralen Forderungen »Gegen Krieg und Naziterror, für Sozialismus und Frieden« von den Sozialdemokratinnen Demonstrationen und etwa 1500 Versammlungen organisiert und Resolutionen gegen den Faschismus gefaßt. Bis 1933 versuchten sie, Frauen in einer sozialdemokratischen Arbeitsgemeinschaft gegen Hitler zu organisieren. Die Mehrheit der Frauen in der SPD hat es lange nicht für notwendig erachtet, sich in die allgemeine Politik der Partei und außerhalb der parlamentarischen und fürsorgerischen Arbeit einzumischen. Ihrer Arbeit fehlte sowohl die antikapitalistische als auch die antipatriarchalische Dimension der Frauenbewegungen der Vorkriegszeit. Gegen die systemkonforme Mehrheit in der Gesamtpartei und bei der Männerdominanz konnte es schon gar nicht einer Minderheit von Frauen gelingen, frühzeitig und entscheidend etwas zu ändern. Getäuscht haben mögen sich alle über die »scheinbar schon erreichte Ebenbürtigkeit der Geschlechter in den eigenen Reihen«[15], und zu viele machten zuviel Sozialarbeit, aber Sozialarbeit war nicht alles.

»Nicht für besondere Frauenfragen« – Frauen in der kommunistischen Bewegung

»Ich habe die Bildung von Dutzenden Kommissionen, verantwortlichen Gremien jeder Art auf unterster Ebene erlebt, in die nur Männer gewählt wurden, ganz spontan, und dann eigentlich immer ein Genosse oder mehrere darauf aufmerksam machten, daß keine Frau gewählt worden war, und der Vorsitzende dann ebenfalls ganz spontan und freudig den Fehler, der gemacht worden war, eingestehend, sagte: ›Richtig, wir brauchen noch eine Frau!‹«[16]

Mit diesem Bericht aus dem Parteialltag illustriert Jürgen Kuczynski, wie selbstverständlich Männer in der KPD dominierten, wie tief die Vorstellung saß, Politik sei Männersache. Keine andere Partei hat so viele Anstrengungen unternommen, Frauen zu gewinnen, wie die kommunistische; keine hat so viele »Agitationskommissionen« gebildet, so viele Beschlüsse zur Mobilisierung von Frauen gefaßt, Aufrufe erlassen, Frauenzeitungen und -beilagen herausgegeben und so oft oben und unten gemahnt, »die Arbeit unter den Frauen nicht zu vernachlässigen«. In dem ersten, noch von Rosa Luxemburg entworfenen Parteiprogramm wurden unter anderem die »völlige rechtliche und soziale Gleichstellung der Geschlechter«, »gleiche

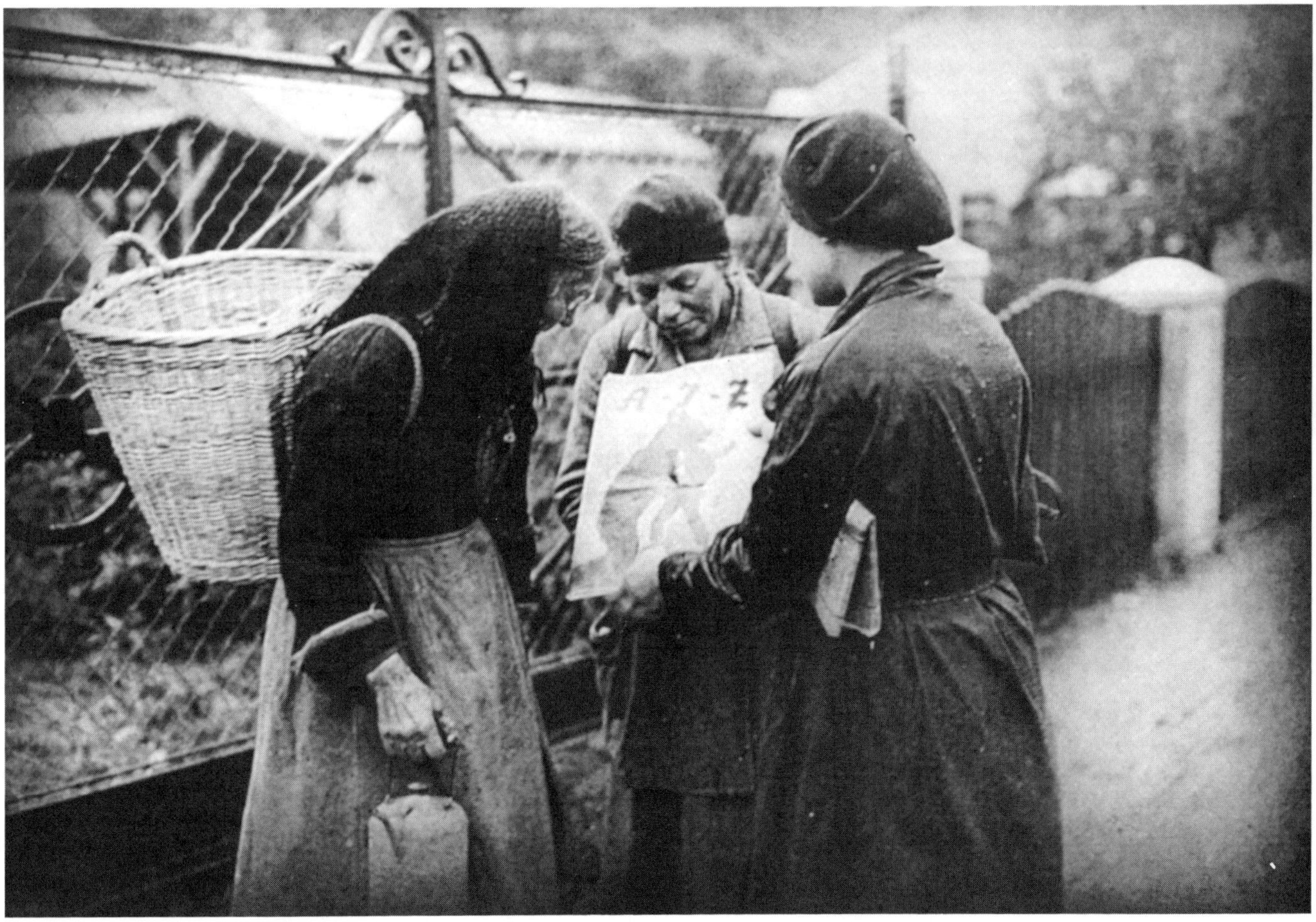

Werbung für linke Politik und für die AIZ auf dem Lande, 1931

Entlohnung« und ein Schwangeren- und Mutterschutz mit Lohnfortzahlung gefordert und vertreten. In den für die internationale kommunistische Frauenbewegung verfaßten »Richtlinien« (1920/21) hatte Clara Zetkin in sechzehn Punkten all das zusammengestellt, wofür kommunistische Parteien und Organisationen in bürgerlich-kapitalistischen Staaten im Interesse der Frauen einzutreten haben. Mit seiner antikapitalistischen *und* antipatriarchalischen Orientierung enthielt das Frauenprogramm alle fortschrittlichen Forderungen der Radikalen, der Gemäßigten, der Sozialistinnen aus der Vorkriegsbewegung und war zugleich ein Frauenprogramm für eine sozialistische Gesellschaft.[17] Entsprechend der »alten« Emanzipationskonzeption wurzelte die »doppelte« Unterdrückung der Frau in den kapitalistischen Produktionsverhältnissen; diese konstituierten »in letzter Instanz« die »Geschlechts-« wie die »Klassenherrschaft« der Männer bzw. des Kapitals. Voraussetzung für die Befreiung der Frau wie des Mannes waren danach die Übernahme der politischen Macht durch die Arbeiterklasse und die grundlegende Veränderung der wirtschaftlichen Basis.

Obwohl mit diesem Programm mehr als in jeder anderen Partei auf die Probleme von Frauen Bezug genommen wurde und trotz aller Anstrengungen, Frauen zu organisieren, blieb ihr Anteil in der KPD gering: 1919 waren es etwa 6000 (sechs Prozent) und seit dem Zusammenschluß mit der USPD-Mehrheit von Ende 1920 bis Ende 1923 etwa 30000 (zehn Prozent). Nach dem Tiefstand mit 15000 (dreizehn Prozent) weiblichen Mitgliedern ging es aufwärts; 1931 waren wieder 30000 und Anfang des Jahres 1933 rund 45000 Frauen in der KPD organisiert (jeweils fünfzehn Prozent).

Die Männerdominanz ist nur ein Anhaltspunkt für die wesentliche Ursache: In der kommunistischen Bewegung ging die Frauenfrage zeitweilig in der Klassenfrage auf bzw. unter, wie Alice Rühle-Gerstel 1932 meinte:

»...Falls nicht, wie in Rußland, eine rasche und gründliche Umwälzung den Boden für den Neuaufbau frei macht, kann die Befreiung der Frau erst in unabsehbarer Zeit erwartet werden..., wenn sie nicht schon vorher, nicht schon während des Kampfes und der Anwartschaft in Angriff genommen wird. Daß die Geschlechterfrage hinter der Klassenfrage gar zu sehr in den Hintergrund gedrängt worden ist, das rächt sich jetzt an der europäischen Arbeiterbewegung.«[18]

Alle Versuche von Teilen der Arbeiterschaft, auch in Deutschland eine »rasche und gründliche Umwälzung« zu erreichen – von den Räten in Berlin 1918/19, in München und Bremen im Frühjahr 1919 bis zum Hamburger Aufstand 1923 –, endeten meist nach heftigen Kämpfen gegen Reichswehr und Freikorps mit Niederlagen und großen Verlusten. In den jungen Parteien USPD und KPD gab es um Grundorientierung und Tagespolitik Auseinandersetzungen, nach dem Zusammenschluß mußte in vielen Fragen erst noch Einigung erzielt werden.

Massenversammlung Berliner Arbeiterinnen im Sportpalast, 1927

Rechts: Clara Zetkin mit Rosa Luxemburg

Die Kommunistin

Frauenorgan der Kommunistischen Partei Deutschlands

Clara Zetkin im Oktober 1921 als Schauspielerin verkleidet während der illegalen Reise zum Parteitag der Italienischen Sozialisten

Frauenseparatismus?

Eine der Kontroversen betraf seit 1919 die Notwendigkeit einer »kommunistischen Frauenbewegung«, für die mit der Einrichtung eines Sekretariats für Frauenfragen bei der Zentrale und der Herausgabe einer Zeitschrift »Die Kommunistin« – die erste Nummer, redigiert von Clara Zetkin, erschien zum 1. Mai 1919 – schon Voraussetzungen geschaffen waren. Vor allem auf Initiative von Luise Zietz wurde ähnlich in der USPD verfahren. Mit der Begründung, Sonderorganisierung sei »opportunistisch«, bedeute »Frauenrechtelei und Rückfall in sozialdemokratische Traditionen«, wurde der Ausschluß Clara Zetkins aus der Zentrale und der Entzug der Herausgeberschaft der Frauenzeitschrift gefordert. Ende 1919 und Ende 1920 auf dem Vereinigungsparteitag wurde (vorerst) die oben skizzierte Position und damit auch das Zetkinsche Konzept für eine kommunistische Frauenbewegung durchgesetzt: »Innerhalb des organisatorischen Rahmens der Partei« sollte die Frauenbewegung »einen Teil des Ganzen bilden«; eine »eigene Frauenzeitung«, »Frauenagitationsgruppen«, »Frauenversammlungen« sollten den »Gedankenaustausch zwischen den Kommunistinnen schaffen und pflegen« und zugleich der »Erfassung und Schulung der proletarischen Frauen« dienen.

Aber Clara Zetkin mußte auch eine bittere Niederlage einstekken. Ihre Pläne, für 1921 eine internationale, überparteiliche Frauenkonferenz mit den Themenschwerpunkten »Das Recht der Frau auf Berufsarbeit« und »Die Stellung der Frau im Familien- und Eherecht und im öffentlich-politischen Recht« zu organisieren, wurden von den deutschen und bulgarischen Kommunistinnen abgelehnt. Die Ablehnung war ein Votum gegen die Frauenbewegung, ob kommunistisch oder nicht, und sie war ein Votum gegen die Zusammenarbeit mit bürgerlichen (Frauen-)Organisationen. Denn geplant war, diese Konferenz gemeinsam mit Gewerkschafterinnen, Sozialdemokratinnen und Vertreterinnen »der bürgerlichen Frauenorganisationen jeder Art und Richtung« zu veranstalten.[19]

Trotz der Beschlüsse bestimmten das Konzept der »Frauenbewegung innerhalb der Partei« und die »Richtlinien« immer weniger die Praxis. Die schwierigen äußeren Bedingungen wie Verbote, Illegalität und Verfolgungen spielten eine Rolle, erklären aber nicht hinreichend, wie und warum die Frauen- bzw. Geschlechterfrage verlorenging. Aus der in den Kampfjahren verständlichen Grundorientierung »erst die Lösung der sozialen Frage, dann die der Frauen« wurde die allgemeine historische Vertagung mit der Begründung, daß die volle Befreiung der Frau ohnehin erst im Sozialismus möglich sei. Die Angst vor »Reformismus«, vor »Frauenseparatismus« und die Männerdominanz führten zur Betonung des Gemeinsamen, der Klasse, die dann zum einzigen wurde; Begründung: Im Proletariat sei die Ungleichheit der Geschlechter in der alle betreffenden kapitalistischen Ausbeutung »aufgehoben«. Zeitweilig herrschte sogar die Auffassung vor, es gebe überhaupt keine Frauenfrage, sondern »nur Probleme des Proletariats ohne Unterschied des Geschlechts«.

Mit dieser Orientierung wurde ein wesentlicher Teil der Lebenssituation von Frauen ausgeklammert und die der Männer als Teil fürs Ganze genommen. Wo die Doppelexistenz der Frauen, ihre Arbeit im Haus und außer Haus, geschlechtsspezifische Arbeitsteilung und Patriarchalismus systematisch ausgeklammert sind, muß das Auswirkungen auf die Inhalte der Politik, ihre Wirkung auf die innerparteilichen Strukturen haben. Männerdominanz ging über die zahlenmäßige Überlegenheit oder die Wahl zu Delegiertenversammlungen hinaus. Denn »Er«, seine Lebenssituation setzte die Norm, war das Allgemeine, und »Sie«, ihre Lebenssituation war die Abweichung, das Besondere.[20]

Frauenbewegung

Vor allem im betrieblichen Bereich, durch Unterstützung der vielen Streiks 1924 um den Acht-Stunden-Tag und seit 1929 gegen Notverordnungen, Lohnkürzungen und Betriebsschließungen gelang es, Arbeiterinnen und Arbeiterfrauen für die KPD und ihre Politik zu gewinnen. Aus den Betrieben heraus und in den Kämpfen entwickelten sich neue Formen der Zusammenschlüsse von Frauen, Ansätze zu einer proletarischen Frauenbewegung, die von der KPD zunächst zögernd, dann aktiv unterstützt und gefördert wurden. Die *Delegiertenbewegung* war kommunale, regionale und überregionale Zusammenarbeit von betrieblichen Arbeiterinnen- und Arbeiterfraueninitiativen, die vielfach im Rahmen von Streiks entstanden. Erfahrungsaustausch, Zusammenarbeit, Koordinierung von Aktionen wurden über das Delegiertensystem – gewählte Vertreterinnen der Initiativen bildeten Arbeitsausschüsse, entwickelten Aktionsprogramme – organisiert. Auf diesem System bauten auch die *Reichskongresse werktätiger Frauen* auf. Der erste fand 1929 in Berlin statt und alljährlich bis 1932. Arbeitsausschüsse bzw. Komitees, die auf den Frauenversammlungen gewählt wurden, koordinierten die Arbeit übers Jahr, bereiteten die nächste Konferenz vor, regten Arbeit vor Ort an. Seit 1930 wurden auch Bezirks- und Landeskonferenzen durchgeführt. Thematische Schwerpunkte waren die soziale Lage der Werktätigen (mit diesem Begriff waren auch Angestellte und Frauen in qualifizierten Berufen angesprochen) und seit der Bildung des *Reichskomitees werktätiger Frauen gegen Faschismus und imperialistische Kriege* (1930) der antifaschistische Kampf. Der *Rote Frauen- und Mädchenbund* (RFMB) wurde Ende 1925 nach mancher Auseinandersetzung in der KPD um eine eigenständige Frauenorganisation von etwa 4000 Frauen gegründet, die zuvor der Schutzorganisation, dem 1924 gegründeten *Rotfrontkämpferbund*, angehört hatten. Ende 1927 waren im RFMB rund 25000 Frauen organisiert, davon etwa 70 Prozent parteilos. Sozialer Schutz vor den Folgen der Rationalisierung im Betrieb, der antimilitaristische Kampf und die Organisierung von proletarischen Frauen in Gegenposition zur bürgerlichen Bewegung waren die wichtigsten Ziele des RFMB, der 1931 im *Kampfbund gegen den Faschismus* aufging. Auch in der 1921 als Rußlandhilfe gegründeten *Internationalen Arbeiterhilfe* (IAH) bildeten sich seit 1927/28 Frauengruppen, die zum Teil örtlich eigene Zeitungen herausgaben, Schulungs- und Informationsabende veranstalteten, um die politische Seite ihrer Arbeit in dieser internationalen Solidaritätsorganisation und in der Streikunterstützung im Land auszubauen. In der IAH waren zeitweilig 60 Prozent der Mitglieder Frauen, 1931 waren es unter rund 72 000 Einzelmitgliedern etwa 52 Prozent. Die praktische, soziale Seite der Arbeit waren die Streikküchen, die Versorgung und Unterbringung von Kindern Streikender, das Sammeln von Geld- und Sachspenden.

In allen diesen Zusammenschlüssen arbeiteten Frauen anderer Parteien, aus pazifistischen Gruppen, Gewerkschafterinnen und Unorganisierte mit, die mit der KPD sympathisierten und/oder interessiert waren an einer parteiübergreifenden linken Frauenbewegung. Die unterschiedlichen Formen der Zusammenschlüsse boten den Frauen vor allem die Möglichkeit, ihre eigenen Arbeits- und Aktionsformen zu entwickeln, was in der auf straffer Schulung und Organisation aufgebauten Partei viel weniger möglich war.

Internationalismus war in der kommunistischen Bewegung von Beginn an konstitutiv. Seit 1920 und bis 1926 gab es regelmäßig internationale kommunistische Frauenkonferenzen, wurde die Arbeit gemeinsam beraten, auch wenn die jeweiligen nationalen Organisationen entsprechend den Bedingungen in ihrem Land arbeiteten. Gemeinsamer internationaler Aktionstag war der 8. März, der Frauentag. Erstmals in vielen Ländern in den zwanziger Jahren begangen, wurde er für die sozialistische und kommunistische Bewegung, für die sozialdemokratische und vielfach darüber hinaus auch für die Linken in der bürgerlichen Frauenbewegung zu einer festen Einrichtung, so in Bulgarien und China, England und Estland, Finnland und Japan, Polen und Rumänien, Litauen und dem Iran. Der Frauentag stand für die Internationale der Frauen- und der Arbeiterbewegung und insbesondere auch für deren internationalen Friedenskampf.

Gerade auch bei diesen Aktionen zeigte sich die Bedeutung der Arbeiter-Illustrierten-Zeitung (AIZ), der zweitgrößten Illustrierten der Weimarer Republik (500000 Auflage). Seit 1926 gab es in der AIZ eine Frauenseite, aber was wohl noch weit wichtiger war, Lily Becher, Chefredakteurin seit 1927, sorgte

3. Reichskongreß werktätiger Frauen mit 2000 Teilnehmerinnen 1931 in Berlin

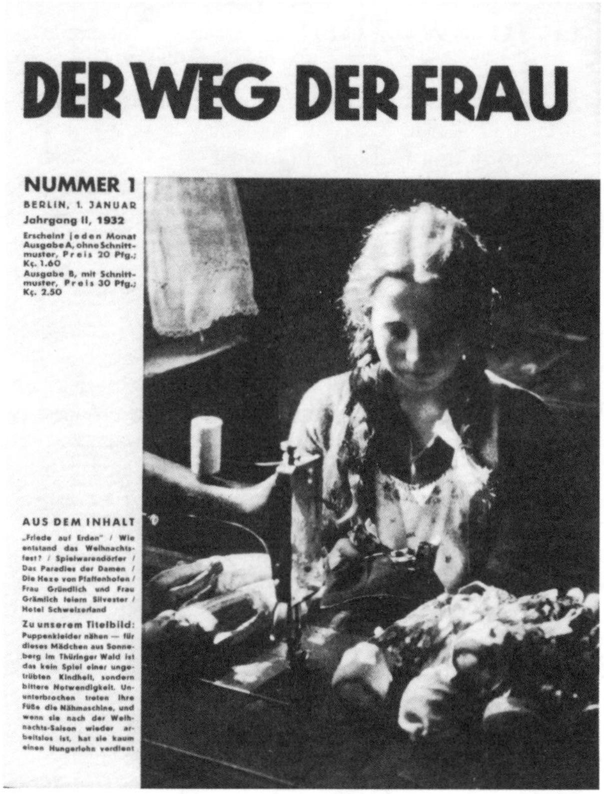

dafür, daß Frauen ihre Probleme ins Allgemeine, in allen Sparten der Zeitung einschreiben konnten. Wie wichtig eine Frauenzeitschrift war, in der allgemeine wirtschaftliche und politische Fragen behandelt, aber ebenso die Probleme der Frauen im Beruf, in der politischen Bewegung, mit Männern und Kindern aufgegriffen wurden, zeigte der Erfolg der Zeitschrift »Der Weg der Frau« (1931–1933). Die erste Nummer in einer Auflagenhöhe von 150000 war binnen drei Tagen vergriffen.

Frauenfrage und kommunistische Bewegung – in den letzten Jahren der Republik wurde der Bogen wieder zu den Anfängen gespannt. Im Oktober legten die Kommunist/inn/en – in Form eines Gesetzesantrags im Reichstag – ein Zehn-Punkte-Programm vor. Angeknüpft wurde mit diesem Programm an die »Richtlinien für die kommunistische Frauenbewegung« von 1920/21 und an die Anträge der sozialdemokratischen und der kommunistischen Fraktionen im Reichstag in den zurückliegenden Jahren, die Gleichberechtigung der Frau gesetzlich zu verankern und gesellschaftlich durchzusetzen.

Neben den »klassischen« Forderungen: volle Gleichberechtigung der Frau, gleiche Entlohnung von Frauen und Männern, umfassender Schwangeren- und Mutterschutz, Abschaffung des § 218, enthielt das Programm die Forderung nach Streichung aller die nichtverheirateten Mütter und nichtehelichen Kinder diskriminierenden Gesetze, sowie Aufhebung der Notverordnungen; und es sollte den Frauen das Recht auf die Wahl des Namens und der Staatsbürgerschaft bei Eheschließungen garantiert werden.

Nach Inhalt, Form und Sprache war der Gesetzesantrag geeignet, breite Resonanz zu finden. An die Durchsetzung der Forderungen war damals nicht zu denken, aber das Programm »zum Schutze und zur vollen Gleichberechtigung der arbeitenden Frau« brachte die lange vernachlässigte Diskussion über Frauenfrage, Frauenprobleme und Frauenforderungen weiter voran. Aber: In der 1933 alles entscheidenden Frage des Antifaschismus fanden auch die Frauen nicht zu rechtzeitigem, gemeinsamem Handeln.

Anmerkungen

1 Lida G. *Heymann* in Zusammenarbeit mit Dr. Anita *Augspurg*, Erlebtes – Erschautes (Erinnerungen); hrsg. von Margrit *Tuellmann*, Meisenheim am Glan 1976, S. 160ff.
2 Vgl. u.a. Agnes v. *Zahn-Harnack*, Die Frauenbewegung, Berlin 1928, S. 319f; Florence *Hervé*, Elly *Steinmann*, Renate *Wurms* (Hrsg.), Kleines Weiberlexikon, Dortmund 1985, Chronik, S. 488ff; s. ebenda auch zu Linken und Radikalen.
3 Florence *Hervé*, Brot und Frieden – Kinder, Küche, Kirche, Frauenbewegung in der Weimarer Republik, in: *dies.* (Hrsg.), Geschichte der deutschen Frauenbewegung, Köln 1987[3], S. 129ff.
4 Alice *Rühle-Gerstel*, Das Frauenproblem der Gegenwart, Leipzig 1932, zit. nach Gisela *Brinker-Gabler* (Hrsg.), Zur Psychologie der Frau – Frühe Texte, Frankfurt/M. 1978, S. 10.
5 Agnes v. *Zahn-Harnack*, Die Frauenbewegung, a.a.O. Übersicht im Anhang und die Einleitungssätze zum Programm des BdF (1919) zit. nach ebenda, S. 21.
6 Vgl. ebenda, Frauenbewegung, Ehe und Mutterschaft, S. 29ff; vgl. hierzu a. Gisela *Brinker-Gabler* (Hrsg.), Frauenarbeit und Beruf – Frühe Texte, Frankfurt/M. 1979.
7 Vgl. Agnes v. *Zahn-Harnack*, Die Frauenbewegung, a.a.O., S. 86ff; Adelheid *Koritz-Dohrmann*, Deutscher Journalistinnenbund, in: Margarete *Fabricius-Brand*, Sabine *Berghahn*, Kristine *Sudhölter* (Hrsg.), Juristinnen, Berlin-West 1982, S. 191–197.
8 Zum Generationenkonflikt im BdF, der hier aus Platzgründen nicht behandelt werden konnte, vgl. Irene *Stoehr*, Neue Frau und Alte Bewegung? in: Jutta *Dalhoff*, Uschi *Frey*, Ingrid *Schöll* (Hrsg.) Frauenmacht in der Geschichte, Düsseldorf 1986, S. 390 402.
9 Gertrud *Bäumer*, Die große Stunde der Frauen, in: Die Frau, 39. Jg. (1931/32), S. 4.
10 Vgl. insbes. Alice *Salomon*, Charakter ist Schicksal. Lebenserinnerungen, Weinheim und Basel 1983, S. 168ff; vgl. a. Agnes v. *Zahn-Harnack*, Die Frauenbewegung, a.a.O., S. 319ff, S. 360ff.
11 Vgl. zu diesem Abschnitt insbes. Lida G. *Heymann*, Anita *Augspurg*, Erlebtes – Erschautes, a.a.O.; Ute *Gerhard*, »Bis an die Wurzeln des Übels«, Rechtskämpfe und Rechtskritik der Radikalen, in: Feministische Studien Nr. 1/1984; Ulla *Wischermann*, Die Presse der radikalen Frauenbewegung, in: Feministische Studien, Nr. 1/1984.
12 Ute *Gerhard*, »Bis an die Wurzeln...« a.a.O., S. 92; vgl. hierzu a. Elly *Steinmann*, Friedensbewegung der Frauen, in: Florence *Hervé*, Elly *Steinmann*, Renate *Wurms* (Hrsg.), Kleines Weiberlexikon, Dortmund 1985, S. 170 ff; und ebenda: Chronik: Frauen für den Frieden, S. 496ff.
13 Vgl. Antje *Dertinger*, Die bessere Hälfte kämpft um ihr Recht, Köln 1980, S. 136.
14 Zit. nach Werner *Thönnessen*, Frauenemanzipation, Politik und Literatur der deutschen Sozialdemokratie zur Frauenbewegung 1863–1933, Frankfurt/Main 1969, S. 143ff.
15 Alice *Rühle-Gerstel*, a.a.O.
16 Jürgen *Kuczynski*, Zur Geschichte des Alltags des deutschen Volkes, Bd. 5, Köln 1982, S. 324.
17 Vgl. hierzu u. im folg.: IMSF (Hrsg.), Arbeiterbewegung und Frauenemanzipation. 1889–1933, Neudrucke zur sozialistischen Theorie und Gewerkschaftspraxis, Bd. 3, Frankfurt/M. 1973, S. 49ff (Richtlinien für die kommunistische Frauenbewegung); Frauenbewegung und revolutionäre Arbeiterbewegung, hrsg. und eingel. v. Florence *Hervé*, Frankfurt/M. 1981, S. 59ff; *Autorenkollektiv*, Zur Rolle der Frau in der Geschichte des deutschen Volkes (1830–1945). Eine Chronik, Leipzig 1984, S. 119ff.
18 Alice *Rühle-Gerstel*, Das Frauenproblem der Gegenwart, Leipzig 1932, S. 398.
19 Clara *Zetkin*, Erinnerungen an Lenin, Berlin/DDR 1961, S. 92; der schmale Band ist z.T. zwischen den Zeilen interessant zur Kontroverse um die Frauenbewegung.
20 IMSF (Hrsg.), Arbeiterbewegung und Frauenemanzipation, a.a.O., S. 128; vgl. zum folg. die u. Anm. 17) angeg. Literatur; vgl. Renate *Wurms*, Wir wollen Freiheit, Frieden, Recht. Zur Geschichte des 8. März. Frankfurt/M. 1982[2], S. 40, S. 66ff.

Kerstin Wilhelms

FRAUENZEITSCHRIFTEN

in der Weimarer Republik

Schon in der Zeit des deutschen Kaiserreiches verfügte die heterogene deutsche Frauenbewegung über eine Vielzahl von Publikationsorganen.[1] Mit der Gründung der Weimarer Republik setzt ein Prozeß der Umgestaltung der Frauenpresselandschaft[2] in Deutschland ein, in dessen Verlauf manche Zeitschriften eingestellt werden, ein Teil in unveränderter Form weiter erscheinen (Hausfrauenblätter, Blätter von Berufsverbänden der weiblichen Angestelltenschaft) und andere versuchen, sich mit inhaltlichen Änderungen der Zeit anzupassen: *Die Frauenbewegung* von Minna Cauer zum Beispiel stellt nach Erreichen ihres Hauptanliegens – des Stimmrechts für Frauen – ihr Erscheinen ein; *Die Frau,* das Zentralblatt des Bundes Deutscher Frauenvereine (BDF) kommt bis 1933 weiterhin heraus; die sozialdemokratische *Gleichheit,* die nach der Ablösung Clara Zetkins Marie Juchacz (MSPD) umstritten bleibt, fällt 1923 einem neuen Pressekonzept des Parteivorstandes zum Opfer.

Neu für die Zeit der Weimarer Republik mit ihren Veränderungen in der Parteienlandschaft und der politischen Öffentlichkeit, ist die starke Ausdifferenzierung im linken Spektrum der Frauenöffentlichkeit, die hier im folgenden anhand der Porträts von fünf ausgewählten Frauenzeitschriften veranschaulicht werden soll. Ausschlaggebend für meine Auswahl war erstens der Gesichtspunkt der Neuerscheinung nach Gründung der Weimarer Republik und zweitens der Versuch, exemplarisch einen Überblick über die verschiedenen Strömungen der Frauenbewegung und ihrer Publikationsorgane zu geben.

Das Erscheinungsbild der Frauenzeitschriften in der Weimarer Republik verändert sich äußerlich stark, was besonders in der Titelblattgestaltung und durch die Hineinnahme von Werbung, Illustrationen, Stellenanzeigen etc. augenfällig ist. Aber auch die inhaltliche Gestaltung erfährt mit der Tendenz zu sachlicher Information und ausgefeilten Leitartikeln, dem Ausbau des Feuilletons und der Einbeziehung der weiblichen Leserschaft entscheidende Neuerungen.

Mit dieser Anpassung der Publikationsorgane der linken Frauenöffentlichkeit an die Inhalte der traditionellen Frauen-

Nr. 12 | 29. Jahrgang

Die Gleichheit

Zeitschrift für Arbeiterfrauen und Arbeiterinnen

Mit der Beilage: Für unsere Kinder

Die Gleichheit erscheint alle vierzehn Tage einmal. Preis der Nummer 15 Pfennig. Durch die Post bezogen vierteljährlich ohne Bestellgeld 95 Pfennig; unter Kreuzband Mk. 1.45.

Stuttgart 14. März 1919

Zuschriften sind zu richten an die Redaktion der Gleichheit, Berlin SW 68, Lindenstraße 3. Fernsprecher: Amt Moritzplatz 14838. Expedition: Stuttgart, Furtbachstraße 12.

Die erste Parlamentsrede einer Frau in Deutschland.

Der 19. Februar 1919, ein Mittwoch, wird in Zukunft zu den denkwürdigen Tagen der Geschichte gezählt werden. Zum ersten Male wurde in einem deutschen Parlamente, noch dazu in der obersten Vertretung des gesamten deutschen Volkes, in der nach dem freiesten Wahlrecht der Welt gewählten verfassunggebenden deutschen Nationalversammlung, eine Frau als Abgeordnete zum Wort aufgerufen.

Es war, wie es sich nach der ganzen vorhergegangenen revolutionären politischen Entwicklung gebührte, eine Sozialdemokratin: unsere Genossin Marie Juchacz. Bei den engen Beziehungen, die zwischen der Genossin Juchacz und der „Gleichheit" bestehen, sind wir zur Zurückhaltung in unserem Urteil verpflichtet. Aber wir dürfen dennoch sagen, daß die Rede unserer Genossin der Sozialdemokratischen Partei, im besonderen aber der proletarischen Frauenbewegung zur Ehre gereichte. Die natürliche Schlichtheit, die auch sonst eine liebenswerte Eigenschaft der Genossin Juchacz ist, zeichnete auch ihre Rede aus. Nirgends der Versuch, durch künstliche rednerische Mittel, durch erborgte Wissenschaftlichkeit oder durch dröhnendes Pathos mehr zu scheinen, als sie ist, überall die einfache ehemalige Arbeiterin, die sich durch rührenden Fleiß und geleitet von der erhebenden und läuternden Idee des Sozialismus von unten auf emporgearbeitet hat, dabei mehr gedrängt von ihren Klassengenossinnen und Parteifreunden als selber drängend.

Gerade durch die Einfachheit, mit der sie ernste und wichtige Dinge zu sagen wußte, fesselte sie von vornherein das ganze Haus. Bis zum Schluß hörte man ihr aufmerksam zu. Gelegentlich unterbrach eine Zwischenbemerkung von links oder von rechts den ruhigen Gang ihrer Darlegungen. Dann wußte sie die Störung geschickt aufzufangen und durch glückliche Polemik ihre Rede zu beleben. Oft erhielt die Rednerin ermunternde Zustimmung aus den Reihen unserer eigenen Partei. Aber nicht selten beteiligten sich auch die verbündeten Parteien an dem Beifall, der besonders zum Schluß einhellig und lebhaft gespendet wurde.

Bei der historischen Bedeutung dieser ersten Rede einer weiblichen Abgeordneten veröffentlichen wir sie an dieser Stelle in ihrem Wortlaut nach dem amtlichen Stenogramm.

Juchacz, Abgeordnete. Meine Herren und Damen! (Heiterkeit.) Es ist das erstemal, daß in Deutschland die Frau als Freie und Gleiche im Parlament zum Volke sprechen darf, und ich möchte hier feststellen, und zwar ganz objektiv, daß es die Revolution gewesen ist, die auch in Deutschland die alten Vorurteile überwunden hat. (Sehr richtig! bei den Soz.) Die Frauen besitzen heute das ihnen zustehende Recht der Staatsbürgerinnen. Gemäß ihrer Weltanschauung konnte und durfte eine vom Volke beauftragte sozialistische Regierung nicht anders handeln, wie sie gehandelt hat. Sie hat getan, was sie tun mußte, als sie bei der Vorbereitung dieser Versammlung die Frauen als gleichberechtigte Staatsbürgerinnen anerkannte. (Sehr richtig! bei den Soz.)

Ich möchte hier feststellen und glaube damit im Einverständnis vieler zu sprechen, daß wir deutschen Frauen dieser Regierung nicht etwa in dem althergebrachten Sinne Dank schuldig sind. Was diese Regierung getan hat, das war eine Selbstverständlichkeit: sie hat den Frauen gegeben, was ihnen bis dahin zu Unrecht vorenthalten worden ist. (Sehr richtig! bei den Soz.) Wollte die Regierung eine demokratische Verfassung vorbereiten, dann gehörte zu dieser Vorbereitung das Volk, das ganze Volk in seiner Vertretung. Die Männer, die dem weiblichen Teile der deutschen Bevölkerung das bisher zu Unrecht vorenthaltene Staatsbürgerrecht gegeben haben, haben damit eine für jeden gerecht denkenden Menschen und für jeden Demokraten selbstverständliche Pflicht erfüllt. Unsere Pflicht aber ist es, hier auszusprechen, was für immer in den Annalen der Geschichte festgehalten werden wird, daß es die erste sozialdemokratische Regierung gewesen ist, die ein Ende gemacht hat mit der politischen Unmündigkeit der deutschen Frau. (Bravo! bei den Soz.)

Durch die politische Gleichstellung ist nun meinem Geschlecht die Möglichkeit gegeben zur vollen Entfaltung seiner Kräfte. Mit Recht wird man erst jetzt von einem neuen Deutschland sprechen können und von der Souveränität des ganzen Volkes. Durch diese volle Demokratie ist aber auch zum Ausdruck gebracht worden, daß die Politik in Zukunft kein Handwerk sein soll. Scharfes, kluges Denken, ruhiges Abwägen und warmes menschliches Fühlen gehören zusammen in einer vom ganzen Volke gewählten Körperschaft, in der über das zukünftige Wohl und Wehe des ganzen Volkes entschieden werden soll.

Der Herr Ministerpräsident hat in seinem Regierungsprogramm einen Ausblick gegeben für unser Arbeiten in der Zukunft. Er hat aber auch zu gleicher Zeit einen besonderen Ausblick gegeben für das Wirken der Frauen im neuen Deutschland. Er hat uns weite hoffnungsvolle Perspektiven gegeben für unser Arbeiten. Ich möchte hier sagen, daß die Frauenfrage, so wie sie jetzt in Deutschland, in ihrem alten Sinne nicht mehr besteht (Sehr richtig! bei den Soz.), daß sie gelöst ist. Wir werden es nicht mehr nötig haben, mit Versammlungen, mit Resolutionen, mit Eingaben um unser Recht zu kämpfen. Der politische Kampf, der immer bestehen bleiben wird, wird sich von nun an in anderen Formen abspielen. Innerhalb des durch Weltanschauung und selbstgewählte Parteigruppierung gezogenen Rahmens haben wir Frauen nunmehr Gelegenheit, unsere Kräfte auswirken zu lassen.

Aber damit begeben wir uns nun keineswegs des Rechtes, andersgeartete Menschen, weibliche Menschen zu sein. Es wird uns nicht einfallen, unser Frauentum zu verleugnen, weil wir in die politische Arena getreten sind und für die Rechte des Volkes mitkämpfen. (Bravo! bei den Soz.) Kein Punkt des neuen Regierungsprogramms ist da, an dem wir sozialdemokratischen Frauen ohne Interesse wären.

Ich begrüße es ganz besonders, daß im Regierungsprogramm bekundet wird, daß auch das Verwaltungswesen demokratisiert werden soll, so daß in Zukunft den Frauen auch Gelegenheit ge-

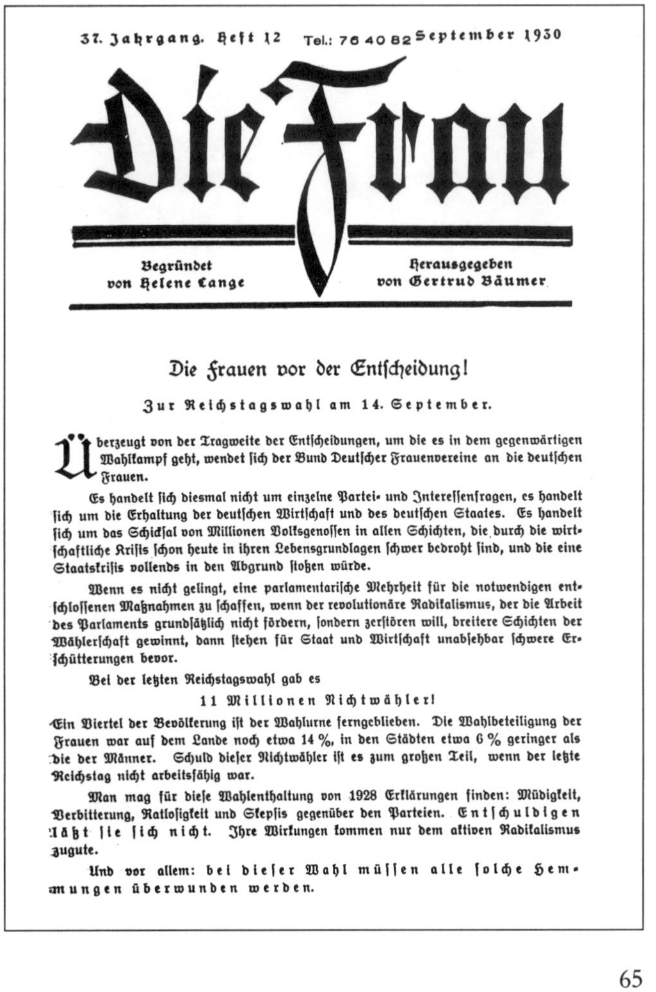

37. Jahrgang. Heft 12 Tel.: 76 40 82 September 1930

Die Frau

Begründet von Helene Lange

Herausgegeben von Gertrud Bäumer

Die Frauen vor der Entscheidung!

Zur Reichstagswahl am 14. September.

Überzeugt von der Tragweite der Entscheidungen, um die es in dem gegenwärtigen Wahlkampf geht, wendet sich der Bund Deutscher Frauenvereine an die deutschen Frauen.

Es handelt sich diesmal nicht um einzelne Partei- und Interessenfragen, es handelt sich um die Erhaltung der deutschen Wirtschaft und des deutschen Staates. Es handelt sich um das Schicksal von Millionen Volksgenossen in allen Schichten, die durch die wirtschaftliche Krisis schon heute in ihren Lebensgrundlagen schwer bedroht sind, und die eine Staatskrisis vollends in den Abgrund stoßen würde.

Wenn es nicht gelingt, eine parlamentarische Mehrheit für die notwendigen entschlossenen Maßnahmen zu schaffen, wenn der revolutionäre Radikalismus, der die Arbeit des Parlaments grundsätzlich nicht fördern, sondern zerstören will, breitere Schichten der Wählerschaft gewinnt, dann stehen für Staat und Wirtschaft unabsehbar schwere Erschütterungen bevor.

Bei der letzten Reichstagswahl gab es

11 Millionen Nichtwähler!

Ein Viertel der Bevölkerung ist der Wahlurne ferngeblieben. Die Wahlbeteiligung der Frauen war auf dem Lande noch etwa 14 %, in den Städten etwa 6 % geringer als die der Männer. Schuld dieser Nichtwähler ist es zum großen Teil, wenn der letzte Reichstag nicht arbeitsfähig war.

Man mag für diese Wahlenthaltung von 1928 Erklärungen finden: Müdigkeit, Verbitterung, Ratlosigkeit und Skepsis gegenüber den Parteien. Entschuldigen läßt sie sich nicht. Ihre Wirkungen kommen nur dem aktiven Radikalismus zugute.

Und vor allem: bei dieser Wahl müssen alle solche Hemmungen überwunden werden.

presse werden diese gleichzeitig »moderner« und können mit ihrer Mischung aus informativen, kultur- und gesellschaftspolitischen Artikeln und Unterhaltungs- und Haushaltsteil als Vorläuferinnen für unsere heutigen Frauenzeitschriften wie beispielsweise *Brigitte* gelten.

Gemeinsam ist allen vorgestellten Frauenjournalen die Zeichnung eines durchaus widersprüchlichen Frauenbildes, das sowohl traditionelle konservative als auch emanzipatorisch-radikale Elemente enthält.

Nr. 20 – 15. Jahrg. 1923/24 – (Nr. 732) Frankfurt, 17. Februar 1924.

Frankfurter Hausfrau

Praktische Wochenschrift für Hauswirtschaft, Mode, Handarbeit u. Unterhaltung
Mit der Beilage „Fürs kleine Volk"

Immer bei Anderer Tun
Erforsche die Quelle, den Anfang,
Doch bei der eigenen Tat
Denk' an das Ende zur Zeit!

Die Frau vor dem Schaufenster

Nirgends spiegelt sich die so rätselhafte Seele einer Frau so deutlich wie in den blitzenden Scheiben der großstädtischen Verkaufsläden mit ihren tausenderlei Kostbarkeiten. Man sollte ein junges Mädchen, das man heiraten möchte, durch die Großstadtstraßen führen, und verstohlen die Wirkung beobachten, die die mit all ihren Schätzen lockenden Schaufenster auf sie ausüben, und man würde staunen, wie die Hüllen von der so sorgsam verborgenen Seele fallen. Da wird ein reizendes Backfischgesichtchen mit einem Male umschattet von einem häßlichen, habsüchtigen, neidischen Zuge, da umlodert ein ruhiges, beherrschtes Frauenantlitz jäh ein kindisch verlangender Trotz, da umleuchtet plötzlich einen herben, still verschlossenen Frauenmund eine kindlich reine Freude und verrät mit einem Schlage all den Goldschatz der Seele, von dem die Lippen in schweigender Scheu nie gesproch… Verräter, diese groß… Verräter, die mit …

Frauen, die in hervorragendem Maße die Fenster der Schokoladengeschäfte anziehen, soll man nicht heiraten. Sie sind naschhaft und wenig haushälterisch. Der Mann wird selten um den Monatsletzten herum noch Geld in ihrer Kasse, immer aber in ihrer Besuchstasche Süßigkeiten und Näschereien finden. Frauen, die plaudernd mit einem ein halbes Stündchen vor einem Buchhändlerladen stehen, die wird sie einmal über dem neuesten Buche von Natorp auch die Spinnweben nicht sehen, die sich beschaulich im Zimmereck tummeln, und die Dienstboten haben goldene Zeiten auf Kosten der hausherrlichen Kasse . . . . Frauen, die an keinem Putzgeschäft vorüber können, sind eitel, putzsüchtig, sie können um eines neuen Sommerhutes willen acht Tage lang trotzen und würden eher einen Ehebruch des Mannes als seine Zumutung, den ganzen Sommer mit einem Hut auszukommen, hinnehmen. Sie wenden sich von ihm, wenn die Not über ihn hereinbricht und haben kein Verständnis für eine Lebenskameradschaft, die nur der Tod zu trennen vermag. — Frauen, die vor Kunstladen verharren, stimmen nachdenklich. Vielleicht ist es Effekthascherei, Pose, Berechnung, vielleicht aber auch — Schönheitsdurst. Man muß sie in ein Gespräch verstricken und ihre Empfindungen ans Tageslicht locken. Verlagt die Frau, dann ziehe den Hut … geh: sie ist gefährlich un… der …

Nachfahren

Ich gehe durch die Gassen
Des Heimatstädtchens hin,
Wie …

Eine der vielen Zeitschriften für Hausfrauen

»Das Blatt der Hausfrau« aus dem Ullstein-Verlag

Die Kämpferin

Die erste Nummer der *Kämpferin* erscheint am 1. April 1919 im Verlag von Luise Zietz (von 1909 bis zur Spaltung 1917 als erste Frau im Parteivorstand der SPD, seitdem geschäftsführende Sekretärin der USPD), für die Herausgabe zeichnet Mathilde Wurm verantwortlich (Reichstagsabgeordnete seit 1920, zunächst für die USPD, dann bis 1933 für die SPD). Mit dem Untertitel »Zeitschrift für die Frauen und Mädchen des werktätigen Volkes« ist das Zielpublikum umrissen, daneben ist in der Kopfzeile auch die Parteigebundenheit der *Kämpferin* als »Organ der Unabhängigen Sozialdemokratischen Partei Deutschlands« kenntlich gemacht. *Die Kämpferin* erscheint vierzehntägig zum Preis von 20 Pfennig (1921: 50 Pfennig) mit einem Umfang von acht Seiten; einmal im Monat um die vierseitige Beilage »Für unsere Kinder« ergänzt. Die äußerliche Aufmachung – ohne festen Umschlag und ohne Werbung – entspricht eher einer heutigen Wochen*zeitung* als einer Zeitschrift und erscheint wenig ansprechend.

Das Frauenblatt der USPD stellt sich als Funktionärinnen- und Schulungszeitschrift dar, die bei den Leserinnen Einverständnis mit ihrer politischen Richtung voraussetzt und diese als Arbeiterin, proletarische Hausfrau und Genossin anspricht. Es gibt einige feste Rubriken, wie zum Beispiel »Von der Agitation« und »Aus der Bewegung«, in denen Nachrichten aus der regionalen Parteiarbeit der Frauen bzw. aus der sozialistischen Frauenbewegung im Ausland verbreitet werden, daneben auch eine »Bücherschau«, in der sozialistisch-politische Bücher vorgestellt werden – später kommt außerdem ein Feuilleton hinzu.

Die Berichterstattung der *Kämpferin* umfaßt die ganze Bandbreite aktueller gesellschaftspolitischer Themen: allgemeine politische und soziale Lage, Politik und Debatten auf Partei- und Parlamentsebene, Frau und Berufsarbeit/Haushalt/Kindererziehung, politische Gleichberechtigung der Frau, Prostitution und Abtreibung. Sprache und Tonfall der *Kämpferin* sind agitatorisch und klassenkämpferisch, neben informativ-sachlichen Meldungen stehen aufklärerisch-analytische Artikel. Die These von Haupt- und Nebenwiderspruch durchzieht deutlich die Argumentation der Artikel, das heißt der Klassenkampf steht vor dem der Frauen – die Befreiung der Frau ist demnach erst in einer freien sozialistischen Gesellschaft möglich.

Exemplarisch an dem auch heute noch aktuellen und heiß umstrittenen Thema »Mutterschaft« kann dieses immer wiederkehrende Argumentationsschema verdeutlicht werden, das neben dem Primat des Klassenkampfes ein widersprüchliches Frauenbild transportiert. In zwei Artikeln vom Januar und Juni 1920 wird in der *Kämpferin* »Das Recht auf Mutterschaft« eingefordert.[3] Eine Berta Braunthal verbindet diese Forderung mit einer Analyse und vehementen Kritik an der Institution Ehe im Kapitalismus, die für die Frau eine »unnatürliche« und »unwürdige« Abhängigkeit vom Mann bedeute, da diese die bürgerliche Frau zum »bloßen Spielzeug« und die Proletarierinnen zu »Lasttieren« und »Gebärmaschinen« mache. Daneben wird unhinterfragt die traditionelle Auffassung vertreten, daß »das schönste und heiligste Glück der Frau« die Mutterschaft sei. Ähnlich argumentiert auch Martha Arendsee, die spätere Reichstagsabgeordnete für die KPD (1924–1928). Da für die Frauen der USPD die Identität der Frau unlösbar mit der Mutterrolle verbunden ist, wird einerseits die Erwerbstätigkeit von Frauen als zwingende Notwendigkeit beklagt, andererseits sehen die Sozialistinnen das Hausfrauenleben auch nicht als Erfüllung an. Sie treten für eine »völlige Umgestaltung des Wirtschaftslebens und Umwälzung des proletarischen Haushalts«[4] (in Form von genossenschaftlichen Speiseanstalten, Waschküchen und Ganztagskinderkrippen und -schulen nach sowjetischem Vorbild) ein. Dabei wird neben dem Gewinn an Produktivität für die Gesellschaft der für die erwerbstätige Frau hervorgehoben: Sie verlasse die Isolation ihres Haushaltes und bekomme die Möglichkeit zur selbstbewußten Teilhabe am öffentlichen Leben.

Einzelnummer 50 Pfg.

Die Kämpferin

Mit der Beilage: Für unsere Kinder

Abdruck der Artikel nur mit Quellenangabe

Zeitschrift für Frauen und Mädchen des werktätigen Volkes

Expedition: Leipzig Tauchaer Straße 19/21 — Organ der Unabhängigen Sozialdemokratischen Partei Deutschlands — Verlag: Luise Zietz, Berlin

Die Kämpferin erscheint alle 14 Tage einmal. Einzelnummer 50 Pfennig. Durch die Post bezogen vierteljährlich 1.50 Mk. ohne Bestellgeld. Kreuzbandsendung 3.— Mk. Zuschriften an die Redaktion der Kämpferin: Mathilde Wurm, Berlin W 35, Steglitzer Str. 45/46

Nummer 23 — Leipzig, den 9. Dezember 1920 — Zweiter Jahrgang

Die Milchversorgung in Berlin und anderen Städten.

M. W. Entsprechend den Anordnungen der Reichsstelle für Speisefette vom 8. November 1917 und der Verordnung über die Bewirtschaftung von Milch und den Verkehr mit Milch vom 3. November 1917 haben Kinder im 1. und 2. Lebensjahre, soweit sie nicht gestillt werden, Anspruch auf je 1 Liter Milch täglich.

Im September, Oktober und November wurden die bis zu einem Jahre alten Kinder noch voll beliefert; ihr Elend begann erst in der zweiten Hälfte des November; da erhielten sie mindestens dreimal in der Woche statt eines ganzen nur ¾ Liter. Die Kinder im 2. Lebensjahre erhielten nur bis 24. September den ihnen zustehenden 1 Liter Milch. Von da an bis jetzt nur ¾ Liter. Die Kinder im 3. und 4. Lebensjahre haben laut eingangs genannter Verordnung Anspruch auf je ¾ Liter. Die Dreijährigen erhielten vom 4. September bis jetzt nur täglich ½ Liter und die Vierjährigen vom 23. September an gar nur ¼ Liter.

Die Kinder im 5. und 6. Lebensjahre sollen je einen ½ Liter bekommen. Sie bekamen aber beide vom 15. September an nur ¼ Liter.

Berechnet man den Milchnotbedarf und seine Deckung für die Berliner Kinder insgesamt, so ergibt sich auf Grund einiger Stichproben folgendes Bild:

	Milchnotbedarf	Deckung
1.–4. September	113 287 ¼ Liter	122 159 ½ Liter
10.–15. "	117 837 ¾ "	99 455 "
16.–22. "	119 068 "	93 979 "
27.–28. "	119 956 ¼ "	85 292 ¼ "
29.–30. "	119 969 ½ "	85 290 ½ "
1. Oktober	109 131 ¾ "	76 635 "
13. "	114 780 ¼ "	80 788 ½ "
23. "	116 139 ¾ "	81 984 ½ "
31. "	117 044 ¼ "	82 789 ½ "
1. November	112 270 ¼ "	79 588 "
6. "	116 907 ¾ "	82 936 ¼ "
10. "	117 537 ¾ "	83 462 ¼ "
15. "	119 064 ½ "	84 935 "

In den ersten Septembertagen wurde, wohl noch infolge der guten Futterernte und gewissenhafter Ablieferung, eine über den Notbedarf hinausgehende Milchmenge an Berlin geliefert. Vom 4. September an ändert sich das Bild und an den meisten Tagen der Monate September, Oktober bis Mitte November fehlen 26 000 bis 34 000 Liter Milch, um den Notbedarf der 1–6jährigen Kinder zu decken. In der zweiten Hälfte November und bis jetzt im Dezember dürfte sich die Belieferung keineswegs verbessert haben. Ganz schlimm aber ergeht es den Kranken.

Ist es schon an und für sich schwer, die amtlich vorgeschriebene Bescheinigung für die Notwendigkeit von Milchbewilligung zu erhalten, so ist es noch viel schwerer, die Bewilligung von der Zentralstelle für Krankenernährung zu bekommen und noch schwerer, auch wirklich mit Milch beliefert zu werden. Die Reichsstelle für Speisefette setzt 2 v. H. für Krankenmilch an.

Faßt man die Kranken zusammen, die mit ½ Liter und die mit ¼ Liter beliefert werden sollen, so gestaltet sich der Milchnotbedarf und seine Deckung für Kranke in Berlin folgendermaßen:

	Milchnotbedarf	Deckung
1.–4. September	98 472 ¼ Liter	98 472 ¼ Liter
16.–22. "	119 044 "	92 504 ¼ "
29.–30. "	122 477 "	95 001 ¾ "
9. Oktober	115 487 ¾ "	89 900 ¼ "
13. "	119 687 "	53 305 "
23. "	125 497 ¾ "	69 175 ¼ "
2. November	111 847 "	24 615 "
3. "	114 717 "	—
9. "	121 114 ¼ "	68 178 ¼ "
14. "	124 290 "	55 030 "

Schon in der ersten Novemberhälfte wird den Kranken statt Frischmilch öfters Kondensmilch geliefert, die keineswegs mit dem Wert der Frischmilch zu vergleichen ist, sich im Verbrauch auch noch sehr viel teurer stellt.

Die Kranken, die längst den Ansatz von 2 auf Hundert überschritten haben, erhalten zur Zeit noch weniger Milch als in den vorhergehenden Monaten. Es sind Fehlbeträge bei der Krankenmilchbelieferung bis zum völligen Versagen der Milchlieferung überhaupt, an manchen Tagen bis rund 53 000 Liter, die nicht einmal voll durch Kondensmilch ersetzt werden können. So kündigt die Milchstelle jetzt schon an, daß in der nächsten Woche (4.–6. Dezember) die Krankenkarten mit Frischmilch nicht beliefert werden, dafür wird eine Dose gezuckerte holländische Magermilch zum Preise von 8.75 Mark verausgabt.

Schon vor längerer Zeit hatte das Berliner Milchamt mit Rücksicht auf den erheblichen Rückgang in der Milchzufuhr bei den Reichsbehörden den Antrag gestellt, die Einfuhr dänischer Frischmilch zu genehmigen und deren Abgabe zu Inlandspreisen zu ermöglichen; Antwort ist bis jetzt nicht erteilt. Das Reichsernährungsministerium und alle andern zuständigen Reichsbehörden sehen zwar ruhig zu, wie alle möglichen überflüssigen Genußmittel aus dem Ausland eingeführt werden, geeignet den Gaumen derer zu kitzeln, die sich's leisten können, aber zur Einführung von Frischmilch, dieses allernotwendigsten Nahrungsmittels für Kinder und Kranke, ist bis jetzt Erlaubnis noch nicht erteilt. Bananen, Feigen und Datteln, Rosinen und Weintrauben werden eingeführt! Ihr Einkauf verschlechtert die deutsche Valuta noch mehr, aber Frischmilch wird nicht eingeführt, ist und bleibt knapp. Die Städte haben keine Machtmittel, die Milchproduzenten zu erhöhter Ablieferung zu zwingen; und der Herr Ernährungsminister Hermes äußerte sich in der Sitzung des Haushaltausschusses des Reichstags durchaus befriedigt darüber, daß ungefähr 87 Proz. des Milchnotbedarfs ungedeckt seien.

Man bedenke: des Milchnotbedarfs!

Im Frieden kamen auf den Kopf der Bevölkerung ½ Liter Milch täglich und heute erhalten, oder richtiger gesagt, sollen erhalten: Kleinkinder bis zu 2 Jahren ein

»Die Kämpferin«, Nr. 23/1920

Nach der Spaltung der USPD 1920 und der Rückkehr der Rest-USPD in die SPD im September 1922 stellt *Die Kämpferin* ihr Erscheinen am 31.10.1922 ein. Zu diesem Zeitpunkt hat sie eine Auflage von 38500 Exemplaren bei rund 400000 USPD-Mitgliedern.[5]

Im November 1926 gründet die KPD ein neues Frauenblatt mit demselben Titel, verantwortlich für Verlag und Inhalt ist Martha Arendsee, die 1920 mit zur KPD ging. Die neue *Kämpferin,* »Organ der Gesamtinteressen der arbeitenden Frauen« erscheint monatlich mit einem Umfang von acht Seiten zum Preis von 10 Pfennig in modernem Gewande mit farbigem, wechselndem Titelblatt, einem neuen Layout und vorwiegend kürzeren Artikeln und Meldungen, sowie auch Werbeanzeigen. Ab 1. April 1927 kommt *Die Kämpferin* bis 1932 wieder in vierzehntägigem Rhythmus heraus. Von politisch-ideologischer und inhaltlicher Ausrichtung her weisen die »alte« und die »neue« *Kämpferin* starke Ähnlichkeiten auf. Das KPD-Frauenblatt will »Wegweiser für die Masse der proletarischen Frauen, Organ der oppositionellen Arbeiterinnen, Mittel der Schulung und Klärung für die Funktionärinnen der Partei und der Gewerkschaften sein«[6] und stellt sich in eine Traditions-

»Die Kämpferin«, Nr. 9/1932

linie mit der *Gleichheit* von Clara Zetkin. Das Blatt kämpft gegen die durch Schule und Kirche anerzogene »Rückständigkeit der Frauen«[7] und versucht diese durch Aufklärung und Agitation für den Klassenkampf in den Reihen der KPD zu gewinnen.

1931 bis 1933 gibt die KPD zudem die antifaschistische Illustrierte *Der Weg der Frau* (verantwortlich: Marianne Gundermann) heraus, die sich in der Aufmachung stark an der *Arbeiter Illustrierten Zeitung* (AIZ) orientiert.

WERBT EURE FREUNDE UND BEKANNTEN FÜR „DER WEG DER FRAU“!

Das Echo unserer ersten Nummer

Überraschend schnell haben die arbeitenden Frauen aller Schichten ihren Weg zum „Weg der Frau“ gefunden. Täglich erhält die Redaktion begeisterte Zustimmungserklärungen über das Erscheinen der neuen Zeitschrift, die ihre Interessen voll und ganz vertritt.

*

Erna van Witsen, Amsterdam, **schreibt: „Unterzeichnete begrüßt freudig das Erscheinen der ersten proletarischen Frauenzeitschrift dieser Art, wünscht ihr ein schnelles Wachsen, langes Leben und sich selbst schnelle Zusendung und Aufnahme in den Abonnentenkreis.“**

Auch auf dem Lande findet „Der Weg der Frau“ großen Anklang, wie folgender Brief aus einem Dorf der Niederlausitz beweist: „Neulich brachte ich die neue Frauenzeitung „Der Weg der Frau“ mit auf unser Dorf und habe sie die Runde machen lassen. Die Aufnahme der Zeitung war eine sehr gute, und ich hätte sofort eine große Zahl Abonnenten gewinnen können, wenn das Geld nicht so furchtbar knapp wäre, besonders jetzt vor der Ernte. Der heroische Kampf für die Abschaffung des § 218 begeistert die Landfrauen und Mädchen sehr; denn ich brauche wohl nicht besonders zu erwähnen, daß gerade die Bauersfrau mit ihrer schweren Arbeit und den vielen Kindern ein geplagtes Wesen ist. Da die Frau auf dem Lande und besonders d...

freue und nach Kräften zu der Verbreitung und Förderung beitragen werde.“

Karl August Wittfogel **sandte uns folgendes Schreiben: „Es wäre zu wenig gesagt, wenn man die übliche Formel gebrauchen wollte, die Zeitschrift schließe eine Lücke. Viel mehr! Sie hilft einem ausgesprochenen Notstand ab . . . Die erste Nummer Ihrer neuen Zeitschrift zeigt, wieviele Fragen des Alltagslebens der werktätigen Frau einer prinzipiellen Behandlung bedürfen. Sie zeigt zugleich, daß die Redaktion bereit und fähig ist, an Hand dieser Alltagsfragen den werktätigen Frauen klarzumachen, daß sie aus** ***Opfern*** **der kapitalistischen „Ord-**

Die Frau im Staat

Die Frau im Staat, herausgegeben von Anita Augspurg und Lida Gustava Heymann, ist eine der wenigen Frauenzeitschriften der Weimarer Republik, die während des ganzen Zeitraums von Februar 1919 bis März 1933 in fünfzehn Jahrgängen erscheint. Dabei kann *Die Frau im Staat* als Zeitschrift des radikalen Flügels der bürgerlichen Frauenbewegung nicht nur auf eine frauenrechtlerische Tradition, sondern auch schon auf ein Stück eigene Pressegeschichte zurückblicken. Vorgängerinnen sind: *Die Frauenbewegung* (1895–1919) von Minna Cauer und *Die Staatsbürgerin* (1914–1919) unter der Redaktion von Adele Schreiber.[8]

Die Frau im Staat erscheint monatlich mit einem Umfang von 20 Seiten, 1919 zum Preis von 1 Mark (1920: 1,50 Mark) in festem Umschlag. Neben den Herausgeberinnen werden so prominente Frauen wie Helene Stöcker und Gertrud Baer (Mitglied in der Regierung der 1919 in München ausgerufenen Räterepublik) als Mitarbeiterinnen gewonnen, aber auch Männern wird in der *Frau im Staat* das Wort erteilt. Die Zeitschrift hat laut eigener Aussage schnell »einen kleinen, aber begeisterten Leserkreis«[9] gefunden. Die teilweise recht anspruchsvolle, immer radikalbürgerliche, pazifistische Ausrichtung trägt sicher dazu bei, daß »eine nach Tausenden zählende Auflage von vorneherein unmöglich« war.[10] Mit den ständigen Rubriken »Kurze politische Nachrichten« und »Völkerverständigung« trägt *Die Frau im Staat* ihrem programmatischen Anspruch nach internationaler, politischer Berichterstattung Rechnung. Alle Themen und Probleme des politischen, kulturellen und sozialen Lebens sollen explizit vom »Standpunkte der Forderungen und der Mitwirkung von Frauen dargelegt und kommentiert werden«.[11]

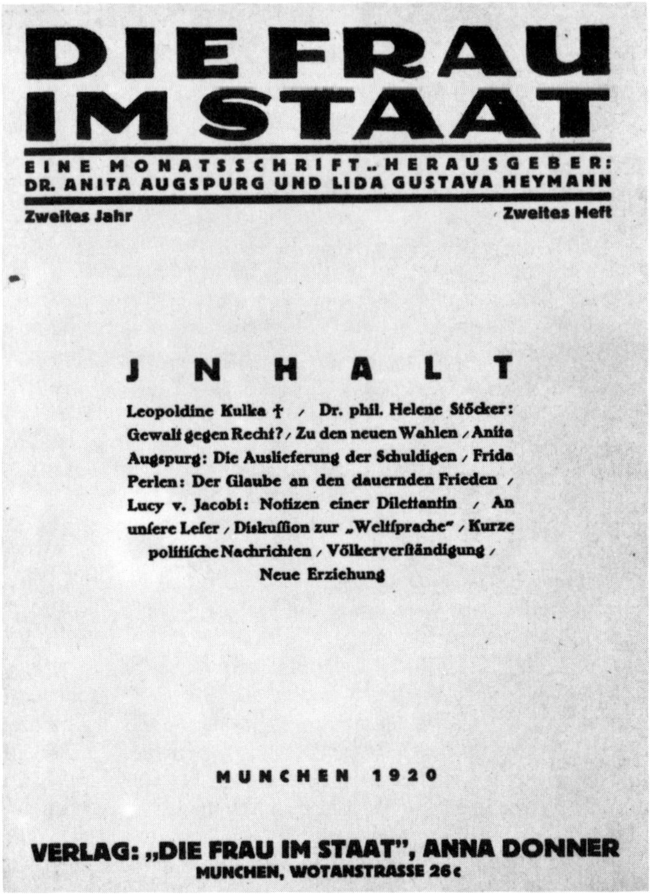
DIE FRAU IM STAAT

EINE MONATSSCHRIFT . HERAUSGEBER: DR. ANITA AUGSPURG UND LIDA GUSTAVA HEYMANN

Zweites Jahr · Zweites Heft

JNHALT

Leopoldine Kulka † / Dr. phil. Helene Stöcker: Gewalt gegen Recht? / Zu den neuen Wahlen / Anita Augspurg: Die Auslieferung der Schuldigen / Frida Perlen: Der Glaube an den dauernden Frieden / Lucy v. Jacobi: Notizen einer Dilettantin / An unſere Leſer / Diskuſſion zur „Weltſprache" / Kurze politiſche Nachrichten / Völkerverſtändigung / Neue Erziehung

MUNCHEN 1920

VERLAG: „DIE FRAU IM STAAT", ANNA DONNER
MUNCHEN, WOTANSTRASSE 26c

Bei der Vorstellung ihres Zeitschriftenprojektes betonen die Herausgeberinnen neben der vollständigen Unabhängigkeit der *Frau im Staat* – sowohl von politischen Parteien als auch von »bestehenden Männer- oder Frauenvereinen« – ihren Willen, »eigene Wege zu gehen«, indem sie der »ganz selbständigen politischen Betätigung der Frau« in Abgrenzung zu der von »Männern seit Jahrhunderten vertretene(n) Politik« das Wort erteilen.[12]

Anspruch und Kritik werden von den Herausgeberinnen aus der »ursprünglichen Wesenseigentümlichkeit« des eigenen Geschlechts abgeleitet, das von Natur aus mit sogenannten weiblichen Eigenschaften wie rein, lebensschützend, aufbauend etc. ausgestattet sei. Eine solche biologistische Argumentation, nach der die Frauen die moralisch besseren Wesen seien, (ver)führt *Die Frau im Staat* zu der Hoffnung, daß »weibliche Wesensart dem Männerstaat wertvolle Kräfte zu geben hat«.[13] *Die Frau im Staat* wendet sich gegen eine Vereinnahmung der Frauen durch die herkömmliche Parteipolitik und plädiert für eine überparteiliche Zusammenarbeit zum Beispiel in Frauenlisten, um alle weiblichen Kräfte gemeinsam für die Abschaffung des männlichen Gewaltstaates und den Aufbau einer pazifistischen, freiheitlichen, den Klassen- und Geschlechterwiderspruch überbrückende neue Welt einzusetzen. Die fortschrittsgläubige und idealistische Haltung zeigt sich unter anderem an der Ahnung der *Frau im Staat,* »daß das kommende Jahrtausend nicht das Jahrtausend des Arbeiters, sondern das Jahrtausend der Frauen sein wird«.[14]

Die Schaffende Frau

Im Oktober 1919 tritt eine weitere unabhängige Monatszeitschrift fur Frauen auf den Plan: *Die Schaffende Frau,* herausgegeben und im gleichnamigen Verlag verlegt von Aimée Köster in Dresden. Dieses Frauenblatt weist zwar mit seiner pazifistischsozialistischen Ausrichtung und seiner Themenauswahl eine starke Nähe zu der gut ein halbes Jahr vorher angetretenen *Frau im Staat* auf, stellt aber gleichzeitig eine Neuerung dar, indem sie einen fortschrittlichen, aufklärerischen Anspruch mit der Beantwortung der »*praktischen* Fragen des Frauenlebens«[15] zu verbinden versucht. Dies zeigt sich in der ausführlichen Aufzählung der Hauptanliegen der *Schaffenden Frau* auf dem Deckblatt: »Erörterung der sozialen Probleme – Erziehungs-, Schul-, Frauen- und freireligiöse Fragen – Weltbürgertum und Pazifismus – sozialistische Romane und Novelle – Berufsfragen« sowie »Mode- und Handarbeitsfragen, technische Aufsätze für die Handfertigkeit der schneidernden Hausfrau«.

Als Begründung für die Herausgabe ihrer Monatsschrift mit dem »programmatischen« Untertitel »Sozialistische Zeitung mit Modebeilage« gibt die Herausgeberin an: »Wir wollen die vielen Erfordernisse, die an unsere Hausfrauen und Mütter gestellt werden, berücksichtigen – hier ist der Boden, der uns auch mit den Blättern aus dem gegenrevolutionären Lager verbindet. Denn es geht nicht an, daß unsere Frauen sich bei unseren revolutionären Worten berauschen und dann, wenn sie sich ein Kleid nähen wollen, sich an jene Zeitungen wenden müssen, deren Tendenz wir so bitter bekämpfen.«[16] Aimée Köster war selber langjährige Schriftleiterin einer bürgerlichen Modezeitung. In den Frauen- und Modeblättern wie *Die Dame* und *die neue linie* vermißt sie aber »einen der Gegenwart angepaßten freiheitlichen Zug und die Erörterung der modernen Fragen in neuzeitlicher, radikaler Beleuchtung«,[17] und so entwirft sie im Sommer 1919 den Plan, »das Programm einer Frauenzeitung aufzubauen, die Front machen sollte gegen die oben beschriebene Frauenliteratur.«[18]

Die Herausgeberin wendet sich mit der *Schaffenden Frau* an die »vorurteilslose Frau aus den Reihen der Intellektuellen und die denkende Frau aus den sozialistischen Arbeiterkreisen«,[19] wobei sie betont, daß ihre Zeitschrift nicht allen gefallen soll, sondern sich »in erster Linie die Freundschaft der *sozialistischen* Frau erwerben« will.[20]

Die Beschäftigung mit der kapitalistischen Erscheinung der wechselnden Moden in einer sich sozialistisch nennenden Zeitung hat für die Redaktion einen starken Legitimationszwang zur Folge, der sich in wortreichen Rechtfertigungen ausdrückt. Wiederholt wird der »revolutionäre Standpunkt« der Monatsschrift hervorgehoben, die gleichzeitig für die Emanzipation der Frauenmode, das heißt für eine »gesunde Mode«, die »ebenso hübsch als vernünftig« ist, eintreten wolle.[21]

Die Schaffende Frau erscheint monatlich mit sechzehn Seiten zum Preis von 60 Pfennig (ab 1924: 25 Pfennig). Auf der Titelseite ist eine Säerin mit einem Strahlenkranz ums Haupt abgebildet, in späteren Ausgaben werden auch Modelle aus dem Modeteil werbewirksam auf dem Titelblatt angepriesen. In der Rubrik »Politische Nachrichten« stehen allgemeine Artikel zur Kritik an der bürgerlichen Demokratie aus sozialistischer Sicht im Vordergrund, seltener werden tagespolitische Themen abgehandelt. »Auf eigenen Füßen« übernimmt die Funktion einer Berufsberatung für Frauen, indem ausführlich Anforderungen, Ausbildung und Praxis einzelner Berufe vorgestellt werden. Zwei Seiten der *Schaffenden Frau* sind Publikationsankündigungen in Form von Rezensionen »Revolutionäre(r) Literatur« und Bücherverzeichnissen vorbehalten. Später richtet Aimée Köster auf Bitten ihrer Leserinnen auch ein Feuilleton mit einem Fortsetzungsroman ein. Der Modeteil umfaßt etwa fünf Seiten pro Heft und präsentiert sorgfältige Zeichnungen von Kleidungsstücken und Handarbeiten nebst Erläuterungen aus der Feder der Herausgeberin. Geworben wird in der *Schaffenden Frau* für Lebensmittel, Reisen, Zeitschriften (zum Beispiel für *Die Frau im Staat*) und anderes mehr, wobei sich die Redaktion für die Qualität der inserierten Produkte verbürgt.

Die inhaltliche Schwerpunktsetzung liegt bei gesellschaftspolitischen Themen, die in längeren Artikeln, oft als Fortsetzung konzipiert, beleuchtet werden, so zum Beispiel eine Serie »Zur Geschichte des Sozialismus«. Häufig übernimmt die Readktion von der Herausgeberin übersetzte Artikel aus anderen Zeitungen, unter anderem von Alexander Kollontai über »Die Frau in der kommunistischen Weltordnung«.[22]

Aimée Köster propagiert in ihrem Blatt eine explizit atheistische Haltung und fordert ihre Leserinnen wiederholt zum Austritt aus der Kirche auf, die sich als »Mithelfer an der Unterdrückung des Proletariats« erwiesen habe.[23]

Hervorzuheben ist der redaktionelle Versuch, die Leserschaft durch die Vorstellung provokanter Thesen zu aktuellen Erziehungs- und Sexualfragen (zum Beispiel Schwangerschaftsverhütung durch Pessar) zur Einsendung eigener Meinungsäußerungen zu motivieren. Mit dem Abdruck der eingesandten Stellungnahmen gewinnt *Die Schaffende Frau* an Lebendigkeit und Popularität und wird zum Diskussionsforum für unterschiedliche Positionen aus dem sozialistischen Lager.[24]

Der schwierige Stand einer politisch unabhängigen Frauenzeitschrift zeigt sich in ablehnenden Äußerungen sowohl der Mehrheitssozialisten, die *Die Schaffende Frau* »syndikalistischer Tendenzen« beschuldigen, als auch der Kommunisten, die ihr Antibolschewismus und Antisozialismus vorwerfen.[25]

Trotz oder wegen ihres Versuchs, sich von den parteipolitischen Frauenblättern abzugrenzen, wurde *Die Schaffende Frau* nach fast sechs Jahrgängen zwischen den Fronten zerrieben. Aufgrund knapper finanzieller Ressourcen und zunehmender wirtschaftlicher Probleme muß *Die Schaffende Frau* im September 1925 aufgeben. Aimée Köster wechselt zur *Frauenwelt*, geht also der weiblichen Leserschaft nicht verloren.

»Frauenwelt«, 1. Jahrgang, Nr. 6/1924

Frauenwelt

Nachdem *Die Gleichheit*, viele Jahre das Frauenorgan der SPD, nach zahlreichen parteipolitischen Auseinandersetzungen mit dem 33. Jahrgang im September 1923 ihr Erscheinen einstellt, gibt die Sozialdemokratie ab 1924 zwei Frauenblätter heraus, die sozusagen arbeitsteilig verschiedene Zielgruppen ansprechen. Die *Genossin* ist mit ihrem Untertitel »Informationsblätter für die weiblichen Funktionäre der sozialdemokratischen Partei Deutschlands« explizit als Parteiorgan konzipiert. Mit der Herausgabe der *Frauenwelt* zielt die SPD auf politische Breitenwirkung bei den unorganisierten Frauen.[26]

Ab 1. März 1924 erscheint die *Frauenwelt* im Verlag J.H.W. Dietz Nachf. in Berlin zum konstanten Preis von 30 Pfennig und einem Umfang von anfangs zwölf Seiten als »Halbmonatsschrift« (einmal im Monat um die vierseitige reich illustrierte Beilage »Kinderland« ergänzt), der sich über die Jahre bis auf 20 Seiten steigert – und ist damit ähnlich ausgelegt wie *Die Schaffende Frau.* Aber auch bezüglich äußerer Aufmachung und inhaltlicher Schwerpunktsetzung scheint es, als ob die Zeitschrift der Aimée Köster Pate gestanden habe, mit dem entscheidenden Unterschied, daß die SPD-*Frauenwelt* aufgrund besserer finanzieller Möglichkeiten ihr Konzept nach der Maßgabe »bunter, größer, schöner« ausgestalten kann. Die *Frauenwelt* bietet als Titel auf festem Umschlag »ein *jedesmal wechselndes* farbiges Bild aus Künstlerhand«,[27] eine etwa fünfseitige Modenbeilage »Selbst ist die Frau«, Artikel im Reportagestil, Tips und Informationen für die (Haus)Frau in zahlreichen Rubriken und ist durch viele Photos und Zeichnungen aufgelockert. Professionell und populär verfaßt, nähert sie sich mit ihrer Aufmachung einer heutigen Zeitschrift.

Die rasch steigenden Auflagenzahlen (1. Halbjahr 1924:

HEFT 4 Frauenwelt FEBRUAR 1926

Der Zug der Millionen

Artikel I:
Das Deutsche Reich ist eine Republik.
Die Staatsgewalt geht vom Volke aus.

Zwei stolze Sätze. Zwei Sätze voll schwerer Verantwortung. Und nie zuvor wog die Verantwortung schwerer als in diesen Tagen, in denen das deutsche Volk zum ersten Male von dem souveränsten aller demokratischen Rechte, vom eigenen „Begehren", vom eigenen „Entscheid" Gebrauch macht.

Fühlen wir alle, fühlen besonders wir Frauen die Macht dieser Verantwortung? — Oft genug haben wir geseufzt über die eigene Not, haben andere, haben die Nachbarin, die Bekannte, die Fremde auf der Straße, im Laden seufzen hören. Wir haben die Fäuste geballt. Keine einzige unter uns, die nicht den Wahnsinn erkannt hätte, der darin liegt, den reichen Machthabern von einst noch ungezählte Millionen hinterher zu werfen, während jede einzelne Frau unter der erdrückenden Schwere der Zeit schier zusammenbricht, während bitterer Hunger in Tausenden und aber Tausenden von Familien täglicher Gast ist, während Tausende und aber Tausende von Erwerbslosen auf der Straße liegen.

Jetzt ist die Stunde, unserer Überzeugung Wucht zu verleihen durch unsere Unterschrift unter das Volksbegehren. — Bangt uns davor? Haben wir Angst, mit unserem Namen für die Sache des Volkes einzutreten? O, wir Frauen rühmten uns doch immer unseres Mutes und unserer Tapferkeit überall da, wo es ums Helfen geht. Leben vernichten, nein, dazu geben wir nie unsere Hand. Aber Leben erhalten, Leben beschirmen, welche Frau, welche Mutter könnte da zurückstehen? Viele tausend Kinder, viele tausend Sieche, viele tausend Hungernde können dem Leben erhalten werden, wenn das deutsche Volk den Raubzug seiner ehemaligen Fürsten erfolgreich abschlägt.

Frauen, Mütter!

Bangt euch da um das offene Bekenntnis zu eurer Sache? Oder wollt ihr gleichgültig in dieser Entscheidungsstunde beiseite stehen? Wollt ihr den kurzen Weg, die knappen Minuten für die Unterzeichnung des Volksbegehrens scheuen? Wollt ihr nicht vielmehr nimmermüde Werberinnen werden für

den Zug der Millionen,

der in diesen Tagen zur Einzeichnung in die Listen wandert? Auf jede einzelne Frau kommt es an. Wir Frauen entscheiden auch diesmal über das Schicksal des gesamten Volkes. Je unaufhörlicher der Zug der Millionen, der Zug der Millionen von Frauen zur Einzeichnung in die Liste des Volksbegehrens hinströmt, um so sicherer ist der Erfolg, um so eher ist es möglich, die Riesensumme, die für die Fürstenabfindung verschleudert werden soll, für soziale Aufgaben, für Unterstützung Erwerbsloser, Kinder, Enterbter, Verwaister zu erhalten.

Volk, hab acht! Schwestern, wacht! Reiht euch ein, reiht alle ein in den Zug der Millionen!

49

Aus: »Frauenwelt«, Nr. 4/1926

67000, 1926/27: ca. 120000 Exemplare) sprechen für das »moderne« Konzept dieser Frauenzeitschrift, deren starker Konkurrenz *Die Schaffende Frau* der Aimée Köster nicht standhalten kann. In Heft 9 des zweiten Jahrgangs 1925 findet sich eine halbseitige Ankündigung, daß das SPD-Frauenblatt die Herausgeberin Aimée Köster als Mitarbeiterin für den neuen Modeteil »Die Schaffende Frau« gewonnen habe (was den Modeteil auf sieben bis zehn Seiten erhöht). Lapidar wird mitgeteilt, daß die Zeitschrift *Die Schaffende Frau* damit ihr Erscheinen einstelle. Nicht zuletzt auf diese »Fusion« ist sicher der Anstieg der Auflage der *Frauenwelt* zwischen 1924 und 1926 zurückzuren.

In der SPD war die Pressepolitik des Parteivorstandes in den ersten Jahren des Erscheinens der *Frauenwelt* und der *Genossin* Gegenstand starker Auseinandersetzungen. Viele Parteifrauen kritisierten die Konzeption der *Frauenwelt* als Konkurrenzprojekt zu bürgerlichen Frauenzeitschriften, sie konnten sich aber nicht durchsetzen – der Erfolg der Zahlen gab ihnen Unrecht. Ihre Proteste jedoch dagegen, daß ein Mann (Richard Lohmann, auf dem Umschlag der Zeitung mit der sein Geschlecht verbergenden Abkürzung R. Lohmann aufgeführt) für die Redaktion der *Frauenwelt* verantwortlich zeichnet, hat Erfolg: Ab Heft 5 von 1928 übernimmt die Schriftstellerin Tony Sender die Redaktion, die ab 1920 zunächst für die USPD und später für die SPD im Reichstag sitzt.

Die Leserinnen der *Frauenwelt,* angesprochen als Freundinnen, Mitkämpferinnen, Schwestern, sind überwiegend berufstätige Frauen aus der Arbeiterschaft und dem Kleinbürgertum. Der Schwerpunkt der Artikel liegt bei Themen, die besonders diese Frauen betreffen. Neben informativen Beiträgen – oft von Fachleuten (Ärztinnen, Juristinnen) beleuchtet – zu Problemen wie der Vereinbarung von Beruf und Mutterschaft, Erziehungs- und Gesundheitsfragen, Geburtenregelung, werden in zahlreichen Rubriken wie »Schmalhans mit Geschmack«, »Zwischen Laube und Siedlung«, »Die nachdenkliche Frau« praktische Tips für Haushalt, Wohnung und Garten geliefert. Auch in der *Frauenwelt* wird Wert auf die Mitwirkung der Leserinnen an ihrer Zeitung gelegt; sie soll kein Blatt *für* die Frau, sondern ein Organ *der* Frau sein. Auch Artikelserien sind üblich wie beispielsweise die der Verfasserin zahlreicher sozialkritischer Schriften Henriette Fürth (SPD): »Die Not der Zeit und die Frauen«, die sich »mit den großen Fragen der Vereinfachung der Hausarbeit beschäftigen« soll.[28]

Tagespolitik findet vorwiegend zu Anlässen wie Wahlen oder Parteitagen der SPD Eingang in die *Frauenwelt,* bei allgemeinpolitischen Themen und der Schilderung sozialer Mißstände wird sozialdemokratische Ideologie in vorsichtigen Formulierungen vorgetragen.

Wiederholt wird in Artikeln auf die Vorteile der Berufstätigkeit für die soziale Lage und das Selbstbewußtsein der Frau, die ihr Unabhängigkeit vom (Ehe)Mann ermögliche, hingewiesen. Henny Schumacher wendet sich in »Beruf und Mutterschaft«[29] gegen konservative Stimmen, die Beruf und Mutterschaft noch immer gleichsetzen wollen und hält ihnen vor, daß sie »in der Frau nur das Sexualobjekt sehen«. Die Verfasserin prangert neben der fehlenden tatsächlichen Gleichberechtigung von Frau und Mann besonders auf wirtschaftlichem Gebiet mit kleinen Seitenhieben auch andere »Symptome« der patriarchalischen Gesellschaft an. Diese werden im selbstbewußt ironischen Ton vorgetragen, der auf eine differenzierte Sichtweise des Geschlechterproblems verweist. Schon 1925 begegnet H. Schumacher der Tatsache, daß die unverheiratete Frau »sich mit der Verkleinerung ›Fräulein‹ begnügen muß« mit den Worten: »Was würde wohl der unverheiratete Mann sagen, wenn man ihn mit ›Männlein‹ anreden würde!«

Blätter des Jüdischen Frauenbundes

Wie der Name *Blätter des Jüdischen Frauenbundes* schon sagt, versteht sich diese erste jüdische Frauenzeitschrift des Jüdischen Frauenbundes (J.F.B., gegründet 1904) als offizielles, monatlich erscheinendes Publikationsorgan für seine 430 Frauenvereine mit über 50000 Mitgliedern. Die erste Nummer wird im Oktober 1924 (nach jüdischem Kalender zum Jahreswechsel) unter der Schriftleitung von Hannah Karminski und Martha Ollendorff (im Vorstand des J.F.B.) mit einem Umfang von acht Seiten zum Preis von 50 Pfennig herausgegeben. Die äußere Aufmachung ist schlicht in schwarz-weiß gehalten, mit der Zeit vergrößert sich der Umfang der *Blätter* bis auf sechzehn Seiten, wozu der stetig anwachsende Anteil an Werbung (bis zu vier Seiten) beiträgt. Die *Blätter des Jüdischen Frauenbundes* drücken in ihrem Untertitel »Für Frauenarbeit und Frauenbewegung« eine Programmatik aus, die sie mit anderen Frauenzeitungen vereint, und verbindet diese »mit einem ausgeprägten Gefühl für die jüdische Identität«.[30] Das Organ des J.F.B. will nicht nur »dem Ausdruck verleihen, was die jüdischen Frauen aller Richtungen und Kreise zu den Gegenwartsfragen zu sagen haben«, sondern diese auch darin bestärken, eine »*eigene* Meinung zu finden und zu vertreten, als *Frauen* in der Zusammenarbeit mit jüdischen Männern, als *Jüdinnen* in der allgemeinen Frauenarbeit.«[31] Mit dieser Erklärung zum Selbstverständnis der *Blätter* beschreibt der J.F.B. zwei Arbeitsfelder und damit zwei Seiten einer spannungsreichen Aufgabe: die Emanzipation als Frau in den jüdischen Gemeinden und die Emanzipation als Jüdin in der deutschen Frauenbewegung. Der Kampf der *Blätter des Jüdischen Frauenbundes,* den die Jüdinnen eher moderat denn radikal führen, ist so von dem Wunsch geprägt, weder die jüdische Herkunft zu verleugnen noch Frauenziele für jüdische Solidarität zu opfern.

Als Leserinnen der *Blätter des Jüdischen Frauenbundes* werden vor allem die jüdischen Mütter und Erzieherinnen angesprochen, die – überwiegend der Mittelschicht angehörend – in der Mehrzahl keiner Erwerbsarbeit nachgingen.

Die reformerische Haltung des J.F.B., der die verschiedenen Strömungen des Judentums (orthodox, liberal, zionistisch) in sich vereint, zeigt sich in Kampagnen für eine Berufsausbildung auch der Mädchen, in der ablehnenden Haltung zu der Ansicht, daß die Frau »nur« ins Haus gehöre und der Forderung nach Anerkennung der Hausarbeit als gleichwertig mit Erwerbsarbeit.

Der J.F.B., der sich durchaus als Alternative zur »Männermacht« und Organisation von Frauen für Frauen versteht, nutzt das Forum der *Blätter,* um Defizite der jüdischen (inter)-nationalen Arbeit zu benennen. Ein Beispiel für die Perspektive der jüdischen Feministinnen auf das männliche Denken in ihren eigenen Organisationen sind die »Bemerkungen zur 2. jüdischen Welt-Hilfskonferenz« von Berta Pappenheim, der Gründerin und langjährigen ersten Vorsitzenden des J.F.B.[32] An der Emigrationshilfe für russisch-jüdische Volksteile kritisiert die Verfasserin, daß die »Matadore der Hilfe« vollkommen unberücksichtigt lassen, »daß die jüdische Masse auch nicht homogen männlich, sondern mindestens zur Hälfte aus weiblichen Individuen besteht« und fordert den Einfluß von Frauen in derartigen Hilfsaktionen und damit die Einbeziehung einer weiblichen Perspektive. Aus dem ganzen Bericht klingt eine leise Ironie über die Art solcher »männlicher« Veranstaltungen. Berta Pappenheim schließt mit dem Hinweis, daß statt der üblichen Glocke dem Versammlungsleiter ein Hammer in die Hand gegeben war: »Und das war richtig so; denn Vieles, das geredet wurde, gehörte unter den Hammer und nicht an die große Glocke.«

Zum Antisemitismus nimmt das Journal nur vorsichtig Stellung und reagiert in erster Linie mit der Betonung des jüdischen Gemeinschaftsgefühls. Vor der Machtergreifung der Nationalsozialisten versucht der J.F.B. durch Aufklärungsarbeit über jüdische Geschichte und Religion und mit Forderungen nach Solidarität zwischen jüdischen und deutschen Frauen dem Anwachsen des Antisemitismus zu begegnen. Nach 1933 verstärkt sich die defensive, reaktive Haltung des Jüdischen Frauenbundes: In »Selbstzucht«-Kampagnen werden die jüdischen Frauen zu Bescheidenheit und Schlichtheit aufgerufen und ermahnt, daß die »Gesamtbeurteilung des Judentums abhängig von jeder Einzelnen« sei. In einem Artikel nennt Hannah Karminski es als Aufgabe der jüdischen Frauen, »Ruhe und Besonnenheit« zu bewahren und die »Unsicherheit der Existenz« auf sich zu nehmen.[33] Der J.F.B. teilt auch nach 1933 mit vielen deutschen Juden die Hoffnung, daß – trotz wachsender antisemitischer Hetze – ein deutsch-jüdisches Zusammenleben weiterhin möglich sei. So wird auch von Hannah Karminski im oben genannten Artikel betont, daß der Glaube an »Deutschen Geist und deutsche Kultur« nicht erschüttert sei. Mit derartigen Bekundungen versuchen die *Blätter des Jüdischen Frauenbundes* ihrer Isolierung entgegenzuwirken – ohne Erfolg, wie die Geschichte der Judenverfolgung und -vernichtung im Nazi-Deutschland zeigt.

Anmerkungen

1 Vgl. Verzeichnis der in Deutschland erscheinenden Frauenzeitschriften und der außerhalb des Bundes deutscher Frauenvereine organisierten Frauenvereine. Hg. vom Propagandaausschuß des Deutschen Frauenstimmrechtbundes, München 1917.
2 Vgl. den anschaulichen Band von R. E. *Geiger*/S. *Weigel:* Sind das noch Damen? Vom gelehrten Frauenzimmer-Journal bis zum feministischen Journalismus, München 1981, der sich in einem Kapitel mit der Frauenpresse in der Weimarer Republik beschäftigt (ebd., S. 163–220). Da keine größere Arbeit speziell über Frauenpublikationen in der Weimarer Republik vorliegt, ist es nicht leicht, über die Masse der Frauenzeitschriften einen Überblick zu bekommen. Neben den erheblichen Problemen der Sichtung und Beschaffung des Materials wird dies auch durch die Tatsache erschwert, daß es oft mehrere Zeitschriften mit demselben Titel gibt.
3 Vgl. für das folgende Zitat die beiden Artikel mit identischem Titel in: *Die Kämpferin* (künftig zit. als K), 2. Jg., H. 1 (Bertha Braunthal) und K, 2. Jg., H. 10 (Martha Arendsee).
4 K, 2. Jg., 1920, H. 9.
5 Vgl. W. *Thönnessen,* Frauenemanzipation. Politik und Literatur der Deutschen Sozialdemokratie zur Frauenbewegung 1863–1933. Frankfurt/M. 1969, hier: S. 134 sowie E. *Kolb,* Die Weimarer Republik. München, Wien 1984, hier: S. 41.
6 *Die Kämpferin* (künftig zit. als K/KPD), 2. Jg., 1927, H. 1. Auch die USPD-*Kämpferin* verstand sich als »Nachfolgerin ... für die uns von der Sozialdemokratischen Partei entrissenen ›Gleichheit‹«, vgl. K, 3. Jg., 1921, H. 1. Damit wird von der USPD auf die Kündigung Clara Zetkins als Herausgeberin durch die SPD 1917 angespielt.
7 K/KPD, 2. Jg., 1927, H. 2.
8 *Die Staatsbürgerin* wiederum ist die Fortsetzung des Organs des Deutschen Verbandes für Frauenstimmrecht, die von 1912–1914 mit dem Titel *Frauenstimmrecht* von Anita Augspurg redigiert wurde.
9 *Die Frau im Staat* (künftig zit. als FiSt), 2. Jg., 1920, H. 2.
10 L. G. *Heymann*/A. *Augspurg,* Erlebtes – Erschautes. Deutsche Frauen kämpfen für Freiheit, Recht und Frieden 1850–1949, hg. von M. *Twellmann.* Meisenheim 2. Aufl. 1977, hier S. 221.
11 FiSt, 1. Jg., 1919, H. 1.
12 Ebd.
13 FiSt, 2. Jg., 1929, H. 7/8.
14 Ebd.
15 *Die Schaffende Frau* (künftig zit. als SchF), 1. Jg., 1919, H. 1.
16 Ebd.
17 SchF, 2. Jg., 1925, H. 50.
18 Ebd. Als Ausnahmen nennt A. Köster die *Neue Generation* von Helene Stöcker, *Die Frau im Staat* und Zetkins *Gleichheit,* die allerdings auch die Behandlung von Mode- und Haushaltsfragen vermissen lassen.
19 SchF, 1. Jg., 1919, H. 1.
20 SchF, 1. Jg., 1919, H. 2.
21 SchF, 1. Jg., 1919, H. 1.
22 SchF, 1. Jg., 1919, H. 11.
23 SchF, 1. Jg., 1919, H. 2.
24 Vgl. SchF, 5. Jg., 1924, H. 48–50.
25 Vgl. E. *Vormschlag:* Inhalte, Leitbilder und Funktionen politischer Frauenzeitschriften der SPD, der USPD, der KPD in den Jahren 1890–1933 und der NSDAP in den Jahren 1932–1945. Diss. Göttingen 1970, hier: S. 129.
26 Vgl. Protokoll über die Verhandlungen des Parteitages der SPD in Heidelberg 1925, S. 334, und in: W. *Thönnessen,* a.a.O., S. 138.
27 *Die Frauenwelt* (künftig zit. als FW), 1. Jg., 1924, H. 1.
28 FW, 5. Jg., 1927, H. 8.
29 Vgl. die folgenden Zitate aus dem Artikel »Beruf und Mutterschafdt«. In: FW, 2. Jg., 1925, H. 1.
30 Vgl. den informativen Artikel von M. *Kaplan:* Schwesterlichkeit auf dem Prüfstand. Feminismus und Antisemitismus in Deutschland, 1904–1938. In: Feministische Studien 3. Jg., 1984, H. 1, S. 128–139, hier S. 129.
31 *Blätter des Jüdischen Frauenbundes* (künftig zit. als BJFB), 1. Jg., 1924, H. 3.
32 BJFB, 1. Jg., 1924, H. 1.
33 BJFB, 9. Jg., 1933, H. 5.

Zitatmontage

MODELL SOWJETUNION

Gegen die Haussklaverei

Im Kapitalismus hat die Arbeiterin eine doppelte Last getragen – die Arbeit in der Fabrik und die Arbeit in der Hauswirtschaft. Sie mußte nicht nur für den Fabrikanten spinnen oder weben, sie mußte auch noch für ihre Familie kochen, waschen und nähen.

Doch die Arbeiterin hat schon seit langem versucht, sich von der unerträglichen doppelten Ausbeutung zu befreien.

Aber die einzelne, die individuelle Wirtschaft entsprach der bürgerlichen Gesellschaftsordnung, und es war außerordentlich schwierig, ja fast unmöglich, sie zu beseitigen.

Jetzt liegen die Dinge anders. Die bürgerliche Gesellschaftsordnung ist abgeschafft. Wir sind in die Periode des sozialistischen Aufbaus eingetreten. Statt der Tausende und Millionen Einzelwirtschaften, statt der früheren primitiven, ungesunden, schlecht ausgerüsteten Küchen, statt des häuslichen Waschzubers sollen öffentliche Küchen, öffentliche Speisesäle, öffentliche Wäschereien eingerichtet werden – sauber und hell, und darin werden keine Hausfrauen arbeiten, sondern Leute, die sich speziell damit befassen.

Und davon haben natürlich alle Gewinn, denn nur unter solchen Bedingungen wird es möglich sein, neue Formen der Verteilung und eine richtige Ernährung durchzusetzen, ganz abgesehen von der Einsparung an Kräften, Brennstoff usw., die dadurch zu erreichen ist...

Die Sowjetmacht hat der arbeitenden Frau die vollständige politische und rechtliche Befreiung gebracht.

Aber das genügt nicht. Unter der früheren Gesellschaftsordnung bestand die Versklavung der Frau nicht nur in diesen oder jenen politischen und rechtlichen Formen, sondern auch in der gesamten familiären und sozialen Lebensweise, die die Frau zur Sklavin machte. Und solange wir diese Lebensweise nicht von Grund auf umgestalten, wird die Frau nicht frei sein.

Nach dem achtstündigen (in der bürgerlichen Gesellschaft zehn- bis zwölfstündigen) Arbeitstag in der Fabrik muß die arbeitende Frau, nach Hause zurückgekehrt, nicht selten bis in die späte Nacht am Kochtopf oder am Waschzuber schaffen. Sie arbeitet also nicht acht, sondern zwölf oder sechzehn Stunden.

Der Kochtopf läßt sie nicht Atem schöpfen, sich vergnügen oder etwas lesen. Seinetwegen kann sie zu keiner Versammlung gehen, sich nicht revolutionär betätigen usw.

Kochtopf und Waschzuber bringen die arbeitende Frau faktisch um den Achtstundentag.

In der Vergangenheit haben sie es ihr unmöglich gemacht, den Kampf gegen den Herrn zu führen, sie bildeten somit eine Art Stütze seiner Macht. Gegenwärtig hindern sie die arbeitenden Frauen, Staatsbürgerinnen und Kommunistinnen zu werden.

Was ist die Hauswirtschaft? Vielen scheint sie eine Lappalie zu sein, über die es sich nicht zu reden lohnt. Indessen ist sie ein Glied der Kette, die die arbeitenden Frauen fesselt.

Zu ändern ist die Lage nicht durch Klagen und Jammern, sondern durch die Schaffung neuer, kommunistischer Wirtschaftsformen, dadurch, daß man die Hauswirtschaft durch neue Formen einer gesellschaftlichen Wirtschaft ersetzt, unter anderem durch öffentliche Speisung.

Jetzt, beim Übergang vom Kapitalismus zum Sozialismus, ist diese Form nicht nur möglich geworden, sondern sie ergibt sich notwendig und unausweichlich aus den Bedingungen der sozialistischen Umgestaltung, die auch der arbeitenden Frau die vollständige Befreiung bringt.

(Jelena Blonina alias Inès Armand, erste Leiterin der 1919 eingerichteten Frauenabteilung beim ZK der Kommunistischen Partei, auf dem Gesamtrussischen Arbeiterinnenkongreß 1919. Zitiert nach: Pawel *Podljaschuk*, Inessa, Berlin/DDR 1987.)

Die neue Ehe und Familie

Man heiratet sehr früh in Sowjetrußland. Da Voraussetzung der Ehe nicht der Besitz, sondern die Arbeitskraft der beiden Gatten ist, erleichtert das Gesetz die Frühehe. Das Ganze ist durchaus kein besonderes Ereignis: »Du bist mir recht, ein Zimmer wird frei, ziehen wir hin«, heißt es in solchen Fällen bei den Jungen. Oder: »Ziehen wir zusammen, fahren wir gemeinsam nach Moskau.« Und die Sache ist erledigt. Die Begriffe Braut und Bräutigam gibt es nicht, auch keinen »Brautstand«, und »Fräulein« war als Anrede unter Bekannten auch früher nicht üblich (nur Name und Vatersname).

Will sich ein Paar registrieren lassen, so begibt es sich in die SAGS. Auch dort ist meistens Hochbetrieb und man muß sich anstellen. Die Wartezeit kann man nebenbei zum Lesen der Plakate an den Wänden benutzen:

»Künftige Frau und Mutter! Bevor du dich registrieren läßt, vergiß nicht, eine Frauenärztin (Gynäkologin) zu konsultieren:
Über Geschlechtshygiene,
Über Präventivmittel,
Über das künftige Kind.
Ärztlicher Rat wird hierselbst erteilt.

Heiratende und Scheidende!
Wendet euch an die Sexualberatungsstelle.«

In der SAGS trifft man die verschiedensten Paare von achtzehn Jahren aufwärts und vom jungen Werkbankarbeiter, dem heutigen »Aristokraten«, angefangen bis zum halbverkommenen »Ehemaligen«. Soweit dies in einem überfüllten Amtsraum möglich ist, herrscht eine gewisse feierliche Stimmung. Die Registrierlustigen haben ihre besseren Kleider an, sind frisch rasiert, frisiert und sehen sauber und frohgestimmt aus.

Wieviel Eheleute in der Sowjetunion jährlich von der leichten Scheidungsmöglichkeit Gebrauch machen, läßt sich allerdings statistisch nicht genau ermitteln, weil die Scheidung ebenso wie die Eheschließung in vielen Fällen nur faktisch stattfindet und standesamtlich nicht eingetragen wird. Immerhin stehen zwei Tatsachen fest: die große Scheidungsepidemie, die der Kriegs- und Revolutionszeit in Rußland wie in allen anderen Staaten folgte, hat hier niemals einen solchen Umfang angenommen, wie ihn noch bis zur letzten Zeit etwa die Vereinigten Staaten aufwiesen. Ferner hat die Rekonstruktionsperiode, das Leben, das allmählich in eine geregeltere Bahn geraten ist, der Scheidungslust entschieden Einhalt geboten. Schließlich scheint durch die täglich wachsende Unabhängigkeit und Selbständigkeit der Frau ein Großteil der Konfliktstoffe ausgeschieden zu sein.

(Aus: Fannina W. *Halle*, Die Frau in Sowjetrußland, Berlin/Wien/Leipzig 1932.)

Rechts: Aus AIZ, Nr. 38/1931

Die Frauen der Familie Filipow

Frau Filipow hat viele Jahre im Betrieb gearbeitet bis die Anforderungen, die Mann und fünf Kinder im Haushalt an sie stellten, sie zur Aufgabe ihrer Tätigkeit veranlaßten. Jetzt sitzt sie gern mit einer Näharbeit am offenen Fenster und lauscht der fröhlichen Stimme ihres Jüngsten, der mit den anderen Kindern des Hauses spielt

Vera, die ältere Tochter, ist Zeichnerin in der Fabrik „Krasni Proletari". Sie ist die vierte der Familie, die vom Betrieb „Krasni Proletari" beschäftigt und ernährt wird

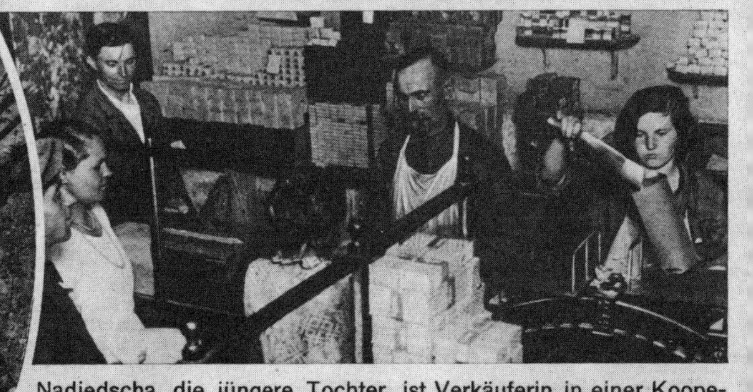

Nadjedscha, die jüngere Tochter, ist Verkäuferin in einer Kooperative. Auch ihre Arbeitszeit beträgt wie die vom Vater und Geschwistern 7 Stunden täglich und jeder fünfte Tag ist ein Ruhetag

Wenn Mutter Filipows große Jungens und Mädels zur Arbeit gegangen sind, bringt sie den kleinen Wolodja in den Kindergarten. Der Häuserblock, in dem die Familie Filipow wohnt, hat einen eigenen großen Kindergarten und die Mütter des Blocks bringen ihre Kinder allmorgendlich hin

Abtreibung

Ich spreche jetzt von der Stellung der Sowjetregierung zur Abtreibung. Wir haben in unserer Arbeiterrepublik eine Verordnung vom 18. November 1920, die die Unterbrechung der Schwangerschaft legalisiert. Natürlich leiden wir in Rußland heute eher unter Arbeitskräftemangel als an Arbeitskräfteüberschuß. Unser Land ist nicht dicht, sondern schwach besiedelt; und wir sind unter diesen Umständen bemüht, alle Arbeitskräfte zu erfassen. Warum konnten wir in einer solchen Situation die Abtreibung legalisieren? Weil das Proletariat keine Politik der Heuchelei und der Scheinheiligkeit duldet. Solange die Existenzbedingungen der Frau nicht gesichert sind, werden auch Abtreibungen durchgeführt.

Es wird heute in allen Ländern abgetrieben, und daran ändern irgendwelche Strafgesetze überhaupt nichts. Für die Frauen gibt es immer einen Ausweg, aber diese »heimliche Hilfe« zerstört die Gesundheit unserer Frauen und verwandelt sie zumindest zeitweilig zu einer Belastung des gesamten Arbeiterstaates und verringert das Arbeitskräftereservoir. Eine Abtreibung durch einen Chirurgen unter normalen Bedingungen ist für die Gesundheit der Frau weitaus ungefährlicher, und außerdem können die Frauen dann auch wieder viel schneller in die Produktion zurückkehren. Die Sowjetregierung ist sich völlig darüber im klaren, daß die Abtreibungen erst dann aufhören werden, wenn wir in Rußland ein weitverzweigtes Netz von Mutterschutzeinrichtungen und anderen sozialen Einrichtungen errichtet haben. Die Sowjetregierung ist sich aber auch darüber im klaren, daß *die Mutterschaft eine soziale Pflicht ist*. Vor diesem Hintergrund haben wir die Abtreibung in hygienisch einwandfreien Kliniken legalisiert. Andererseits ist es aber gleichzeitig unsere Aufgabe, den natürlichen Mutterinstinkt der Frauen zu stärken und zwar einerseits durch den Ausbau der Mutterschutzeinrichtungen und andererseits, indem wir die Funktion der Mutterschaft und der Frauenarbeit fürs Kollektiv in Übereinstimmung bringen. Nur so können wir dafür sorgen, daß die Abtreibungen überflüssig werden. Wir haben auf diese Frage, die für die Frauen in allen bürgerlichen Staaten nach wie vor unbeantwortet ist, eine Antwort gefunden.

In den bürgerlichen Staaten kämpfen die Frauen erbittert gegen ihre doppelte Ausbeutung in dieser furchtbaren Nachkriegsgsperiode: Lohnarbeit im Dienste des Kapitals und Mutterschaft. Im Gegensatz dazu haben in unserem Arbeiterstaat die Arbeiterinnen und Bäuerinnen die traditionellen Lebensbedingungen abgeschafft, die die Frau in eine Sklavin verwandelt hatten. Erst die Mitarbeit der Frauen in der »Kommunistischen Partei Rußlands« hat das Fundament für die Errichtung eines völlig neuen Lebens ermöglicht. Die im Leben aller Frauen so entscheidende Frage kann aber erst dann endgültig gelöst werden, wenn die Frauenarbeit vollständig in unsere Volkswirtschaft integriert ist. In der bürgerlichen Gesellschaft gibt es dagegen für die Frauen keinen Ausweg aus diesem Dilemma, denn die Arbeit im abgeschlossenen Einfamilienhaushalt ergänzt das kapitalistische Wirtschaftssystem.

(Aus: Alexandra *Kollontai*, Die Situation der Frau in der gesellschaftlichen Entwicklung. Vierzehn Vorlesungen vor Arbeiterinnen und Bäuerinnen an der Sverdlov-Universität 1921, 12. Vorlesung.)

Ledige Mütter

Die Zahl der Frauen, die entweder nicht willens oder nicht in der Lage sind, ihr Leben an der Seite eines Mannes zu leben, dabei aber den Mutterfreuden ebensowenig entsagen wollen, nimmt ständig zu. Die immer mehr zur Institution werdende ledige Mutterschaft läßt sich natürlich auf mannigfache Gründe zurückführen.

Sehr oft entschließen sich Frauen, der Not, nicht dem eigenen Trieb gehorchend, dazu, ein schon im Mutterleib zur Vaterlosigkeit verurteiltes Kind auszutragen...

Zur zweiten Kategorie der ledigen Mütter gehören Frauen, die den Männern nicht selten auf Grund reichlicher Erfahrungen Verantwortungslosigkeit in der Erfüllung ihrer Vaterpflichten vorwerfen. So aussichtslos es für den sowjetrussischen Mann auch ist, sich um seine Unterhaltspflicht drücken zu wollen, gehören Vaterschafts- und Alimentationsprozesse neben Wohungsstreitigkeiten doch noch immer zu den häufigsten Gerichtsfällen...

Unter diesen Umständen ist es einigermaßen verständlich, daß die Zahl der Frauen wächst, die auf den Vater ihres Kindes von vornherein verzichten und die ganze Sorge um das Kind, das ungeteilte Leid, aber auch die ungeteilten Freuden, freiwillig auf sich nehmen. So bekommt man gar nicht selten auf die Frage, wer der Vater eines Kindes ist, die nicht mehr überraschende Antwort zu hören: »Das ist doch wohl unwichtig, das Kind gehört mir und wird von mir erhalten.«

(Aus: *Halle*, a. a. O.)

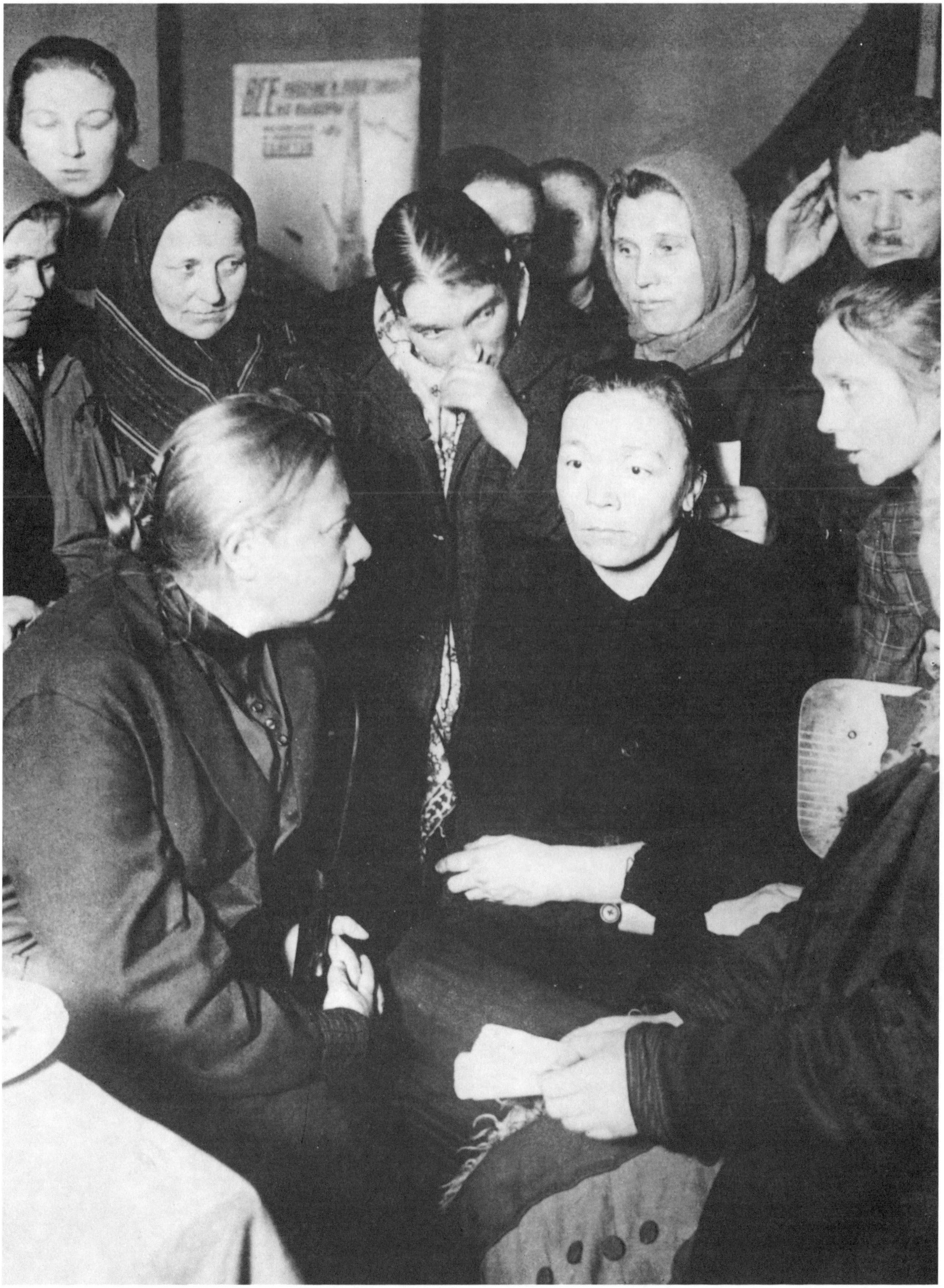

Nadeshda Kruspkaja, die Lebensgefährtin von Lenin, mit Moskauer Arbeiterinnen, 1928

Kommunen

An Stelle der kleinen Gemeinschaftsküchen, die noch vor kurzem in der Überzahl vorhanden waren, baut man jetzt auf große Leistungsfähigkeit berechnete Speisehäuser mit maschinellem Betrieb, »Küchenfabriken« und sogenannte Nahrungsmittelkombinate. Im Jahre 1931 stieg die Zahl der Betriebe für öffentliche Ernährung in der Sowjetunion auf mehr als das Fünffache, und ihre Leistungsfähigkeit auf das Sechzehnfache. Bis Ende 1932 soll die Ernährung von siebzig Prozent der Arbeiter und fünfzig Prozent ihrer Angehörigen in vergesellschafteten Speisebetrieben erfolgen, die schon heute ungefähr eine halbe Million Arbeiter beschäftigen. Ähnlich wie die Klubs, tragen auch diese Einrichtungen für Gemeinschaftsernährung wesentlich zum Abbau des Privatlebens und zur Herausbildung des neuen »Byt« (Sein, Leben) bei. Noch mehr geschieht dies durch das Anwachsen der Kommunen, die die eigentlichen Träger des neuen »Byt« sind, was auch darin zum Ausdruck kommt, daß sie »Bytkommunen« genannt werden... Im übrigen haben Untersuchungen der »Bytkommunen« ergeben, daß deren Entstehung auf die verschiedenartigsten Gründe zurückzuführen ist. Neben Wohnungslosigkeit und der Sorge um bessere Ernährung trägt in vielen Fällen auch ein vorangegangener Aufenthalt in Erziehungs- und Erholungsheimen und die damit verknüpfte Gewöhnung zur Gründung solcher Kommunen bei. In der Regel aber handelt es sich um »Enthusiasten, denen es in erster Linie um die Schaffung ihnen selbst oft noch nicht ganz klarer, neuer menschlicher Beziehungen zu tun ist«.

Wie dem auch sei, gibt es in Sowjetrußland bereits Hunderte von Betriebskommunen, die sich oft schon nach kurzem Bestand zu wahren Wohn- und »Bytkommunen« entwickeln, indem sie immer mehr Voraussetzungen des Gemeinschaftslebens, wie Küchen, Krippen und Wäschereien, ins Leben rufen. Auch wird lebhaft dafür agitiert, daß jede Komssomolzen- oder Parteizelle ihre Mitglieder zur Gründung von Kommunen aneifere.

Die Kommunen, die offiziell als »die höchste bis jetzt bekannte Organisationsform des neuen »Byt« gelten, sind übrigens in der historischen Vergangenheit Rußlands nicht ohne Vorbilder. So waren in den letzten Jahrzehnten vor dem Weltkrieg auf Grund der Tolstojschen Lehre von der »Vereinfachung« an verschiedenen Orten landwirtschaftliche Kommunen entstanden.

Eine besondere Kommune ist nach der Leiterin ds »Shenotdjel«, der Frauenabteilung des Zentralkomitees der Partei, Artjuchina-Kommune benannt... Ende Winter 1929, in der Zeit, da die Frage der Kollektivisierung in Sowjetrußland besonders brennend war, taten sich, der Tagelöhnerarbeit bei fremden Leuten müde, auf Anregung der Taglöhnerin Ssorokina an hundert alleinstehende Frauen aus den umliegenden Dörfern des Ssalsker Kreises, gleichfalls meist Taglöhnerinnen, ganz arme Bäuerinnen, Mütter und Witwen roter Partisanen, darunter viele Kosakinnen und »Chochluschki«, Mischukrainerinnen, mit ihren Kindern zusammen und beschlossen, unterstützt vom zuständigen Dorfsowjet, der ihnen ein Stück Land einräumte, einen eigenen Kolchos zu gründen. So wurde am 1. Mai 1929 die Artjuchina- Kommune offiziell ins Leben gerufen. Als wichtigstes Einlagekapital brachten die Frauen ihre schwielig-kräftigen Hände mit, und außerdem gelang es ihnen, etwa fünftausend Rubel zusammenzutragen. Die sieben dort von früher her ansässigen Familien, denen sich die Kommunardinnen anfänglich anschlossen, zogen bald weg, da sie mit Weibern allein, die obendrein ihrem Kolchos auch noch einen Weibernamen beilegten, nichts zu tun haben wollten.

(Aus: *Halle*, a.a.O.)

Im Laden der Lebensmittelkooperative

Rechts: Aus AIZ, Nr. 38/1931

Frau Filipow hat ihre Haushaltsarbeit beendet und nun sitzt sie mit anderen Hausfrauen ihres Wohnblocks in einem kleinen Zirkel zusammen und lernt richtig lesen und schreiben. Der Zar hat ihr dazu keine Möglichkeit gegeben. Sie mußte jung in die Fabrik. Aber die Sowjetherrschaft hilft ihr, wie allen Analphabeten, auch dieses Erbübel der kapitalistischen Vergangenheit zu beseitigen

Lernen, den Staat zu regieren"

Hier ist die Patenschaftskarte der Anna Iwanowna Filipow, die beweist, daß sie trotz ihrer Jahre keineswegs „Nur-Hausfrau" geworden ist. Sie weiß, daß auch sie lernen muß, den Staat zu regieren, wie Lenin sagte und so wurde sie Mitglied einer Arbeitervereinigung, die die Patenschaft für ein Dorf übernommen hat. Diese Patenschaften helfen dem Dorf in allen wirtschaftlichen und politischen Angelegenheiten mit Rat und Tat und Frau Filipow fährt an manchen freien Tagen mit ihrem Mann ins Dorf, um den Bauerngenossen in jeder Weise beizustehen

Die Kleinwäsche besorgt Frau Filipow selbst. Aber mit der „großen Wäsche" braucht sie sich nicht mehr zu plagen. Sie wird 14tägig in der gemeinsamen Waschküche des Hauses gewaschen und jeder Mieter zahlt dafür monatlich 80 Kopeken. Diese Einrichtung, die die Arbeiterfrauen von einer der schwersten Haushaltslasten befreit, besteht in allen neuen Arbeitersiedlungen

Rechts: Die Arbeiterin Filipow arbeitet auch sonst an ihrer Fortbildung. Sie ist Mitglied des Roten Kreuzes und lernt dort in einem kleinen Zirkel erste Hilfe bei Unfällen und alle Maßnahmen, die für den Gesundheitsschutz in Krieg und Frieden notwendig sind

Dorfschule, 1931

Alphabetisierung

Mein ganzes Leben kann ich nur als einen einzigen harten Kampf um das Lesen- und Schreibenlernen und um die Befähigung zu sozialer Tätigkeit bezeichnen. Schon sehr früh, mit achtzehn Jahren, wurde ich verheiratet und trat in eine überaus gottesfürchtige Familie ein. Nichts Gutes habe ich in meinem Leben erfahren. Nur das Brummen der Alten, die Unterwerfung unter den Willen des Mannes, der Schwiegermutter, des Schwiegervaters, die mein Leben unnachgiebig in ihre Gleise überzuleiten trachteten – das ist es, was ich während meiner Ehe erfuhr.

Obwohl mein Mann Vorsitzender des Dorfsowjets war, ist er mir kein einziges Mal zu Hilfe gekommen. So lebte ich als Analphabetin dahin, kannte nur die Hausarbeit, die Sorge um das Vieh, um die Wäsche und die Kinder. Mein Mann schämte sich meines Analphabetentums, nahm mich weder in die Versammlungen mit noch zu den »Aussprachen« und nicht einmal am Internationalen Frauentag, am 8. März, ließ er mich zur Feier gehen. Vielmehr sagte er: »Dort wird man auch ohne dich auskommen. Du bist ja so schmutzig und dumm. Für dich reicht es gerade aus, dich um die Kuh zu kümmern.«

Viel habe ich an jenem Tage geweint. Nun aber wurde bei uns ein Kolchos aus zwölf Wirtschaften gegründet. Wir traten fast als erste ein. Und beim Kolchos wurde eine Lesehütte eingerichtet, in der ich vieles lernte und die mich auf den Weg der sozialen Tätigkeit geführt hat.

So kam ich auch bald in die »Politschule«, wurde als Frauendelegierte gewählt, auch in den Sowjet der Lesestube. Und vieles, vieles ist mir seither klar geworden und hat mich zur Partei hingezogen.

Ich reichte ein Gesuch an die Partei ein und arbeitete unentwegt in der Öffentlichkeit. So begann man auch, sich bei mir Rat und Auskunft zu holen, und im ganzen Dorfe wurde das Benehmen mir gegenüber ein völlig anderes. Man fing an, auf mich etwas zu halten, und hat es nun schon längst verlernt, sich über mich lustig zu machen.

Jetzt sind es zwei Monate her, daß ich Kandidatin der Partei bin.

S. Lobanowa aus dem Kolchos »Stalin«

(Leserbrief in der Zeitschrift »Krestjanka«, Februar 1931. Zitiert nach: *Halle*, a.a.O..)

Asja Lacis

KINDERTHEATER

und »Konstruktive Spiele«

1918 kam ich nach Orel. Ich sollte im Stadttheater von Orel als Regisseur arbeiten, also ein gebahnter Weg. Doch es kam anders.

Auf den Straßen von Orel, auf den Marktplätzen, auf den Friedhöfen, in Kellern, in zerstörten Häusern sah ich Scharen verwahrloster Kinder: die Besprisorniki. Darunter waren Burschen mit schwarzen, monatelang nicht gewaschenen Gesichtern, zerlumpten Jacken, aus denen die Watte in Strähnen hing, breiten langen Wattehosen, die mit einem Strick festgebunden waren, bewaffnet mit Stöcken und Eisenstangen. Sie gingen immer in Gruppen, hatten einen Häuptling, stahlen, raubten, schlugen nieder. Kurz gesagt, es waren Räuberbanden – Opfer des Weltkriegs und Bürgerkriegs. Die sowjetische Regierung bemühte sich, die streunenden Kinder in Erziehungshäusern und Werkstätten seßhaft zu machen. Aber sie brachen immer wieder aus.

In den städtischen Heimen waren die Kriegswaisen untergebracht. Ich besuchte sie. Diese Kinder hatten zu essen, waren sauber gekleidet, hatten ein Dach überm Kopf, aber sie blickten drein wie Greise: müde, traurige Augen, nichts interessierte sie. Kinder ohne Kindheit... Dagegen konnte man nicht gleichgültig bleiben, da mußte ich etwas tun, und ich begriff, daß Kinderliedchen und Reigen hier nicht genügten. Um sie aus ihrer Lethargie herauszuholen, bedurfte es einer Aufgabe, die sie *ganz* zu ergreifen und ihre traumatisierten Fähigkeiten freizusetzen vermochte. Ich wußte, welche ungeheure Kraft im Theaterspielen steckt. Ich wohnte in einem schönen aristokratischen Haus, wo, wie man erzählt, die Helden von Turgenjews »Adelsnest« gelebt haben sollen. Die Zimmer hatten große gotisch geschnittene Fenster, man sah durch die alten Akazienbäume bis in die Flußniederung. Diese Räume waren wie geschaffen für Kindertheater. Ich ging zum Leiter des städtischen Volksbildungswesens und entwickelte ihm mein Projekt. Dem Iwan Michailowitsch Jurenew gefiel der Plan. Die Zimmer wurden vereinigt. Es entstand ein Saal, die Wände wurden mit Fresken geschmückt. Wir rechneten mit fünfzig Kindern, es kamen hunderte.

Ich war überzeugt, daß man die Kinder durch das Spiel wecken und entwickeln könne. Einfach wäre es gewesen – ein passendes Kinderstück finden, die Rollen verteilen, mit den Kindern proben und die Aufführung fertigstellen. Das hätte gewiß die Kinder eine Zeitlang beschäftigen können, würde aber ihre Entwicklung kaum gefördert haben. Sobald man ein vorgegebenes Stück mit Kindern probt, arbeitet von Anfang an alles auf ein festes Ziel hin – die Premiere. Die Kinder spüren unablässig einen fremden Willen, der sie leitet und zwingt – den Willen des Regisseurs. Auf diesem Weg hätte ich mein Ziel nicht erreichen können – ihre ästhetische Erziehung, die Entwicklung ihrer ästhetischen und moralischen Fähigkeiten. Ich wollte die Kinder dazu bringen, daß ihr Auge besser sieht, ihr Ohr feiner hört, ihre Hände aus dem ungeformten Material

Asja Lacis 1915

Eine Gruppe des proletarischen Kindertheaters für ästhetische Erziehung in Orel, 1919. Leitung Asja Lacis.

nützliche Sachen gestalten. Dazu teilte ich die Arbeit in Sektionen ein. Um das Auge, das Sehen zu entwickeln, malten und zeichneten die Kinder. Diese Sektion leitete Viktor Schestakow, der später als Bühnenbildner mit Meyerhold arbeitete. Ein Pianist leitete die musikalische Erziehung. Dann gab es das technische Training; die Kinder bauten Requisiten, Gebäude, Tiere, Figuren usw. Weitere Sektionen meines Schulmodells in Orel waren Rhythmus und Gymnastik, Diktion und Improvisation. Verborgene Kräfte, die durch den Arbeitsprozeß freigesetzt, die Fähigkeiten, die ausgebildet wurden, vereinigten wir durch die *Improvisation.* So entstand das Spiel. Kinder spielten für Kinder. Das System von Beschäftigungen wurde in eine anspruchsvollere, zugleich kollektive ästhetische Form überführt. Die bürgerliche Erziehung war auf die Entwicklung einer besonderen Fähigkeit, eines besonderen Talents ausgerichtet. Sie fördert den Menschen *einseitig.* Um mit Brecht zu sprechen: sie will den einzelnen und seine Fähigkeiten »verwursten«. Die bürgerliche Gesellschaft verlangt von ihren Mitgliedern, daß sie so bald als möglich Waren produzieren. Dieses Prinzip wird in der Kindererziehung in allen seinen Aspekten offenbar. Wenn z. B. solche Kinder Theater *spielen,* so haben sie *das Resultat* vor Augen – die Aufführung, den Auftritt vor dem Publikum. Dabei geht die Freude am spielenden Produzieren verloren. Der Regisseur steht als Pädagoge fortwährend im Vordergrund und drillt die Kinder. (Ein treffender Witz: Was ist ein Telegrafenmast? Ein redigierter Tannenbaum. – Leider werden auch unsere Kinder sehr oft so redigiert.)

Ziel der kommunistischen Erziehung ist es, auf Grund eines hohen allgemeinen Bildungsniveaus Produktivität freizusetzen, dies bei speziellen wie nichtspeziellen Begabungen. Meine proletarische Herkunft sowie das Studium bei Professor Bechterew in Petersburg verwiesen mich auf dieses Erziehungsprinzip, und ich versuchte, es in Orel auf die proletarisch-ästhetische Kindererziehung anzuwenden.

Ausgangspunkt für Erzieher und zu Erziehende war für uns *die Beobachtung.* Die Kinder beobachteten die Dinge, ihre Beziehungen zueinander und ihre Veränderbarkeit; die Erzieher beobachteten die Kinder daraufhin, was sie erreicht haben und wie weit sie ihre Fähigkeiten produktiv anwenden können. Nicht nur im Studio wurde das Beobachten geübt und durch das Zeichnen, Malen, Musizieren weitergeführt, sondern auch im Freien. Früh am Morgen und wieder am Abend gingen wir mit den Kindern nach draußen und machten sie aufmerksam, wie die Farben durch Entfernung und Tageszeit sich ändern, wie verschieden Töne und Geräusche morgens und abends klingen, und daß die Stille singen kann...

Mit den Kindern, die aus den städtischen Heimen ins Turgenjew-Haus kamen, gab es keine Schwierigkeiten. An die Besprisorniki aber kam ich lange Zeit nicht heran. Als ich sie das erste Mal auf dem Markt ansprach und sie aufforderte, zu uns zu kommen, verhöhnten sie mich, drohten mit Stöcken und schickten mich dorthin, wofür es im Deutschen vielleicht gar kein Wort gibt. Aber ich kam wieder. Sie gewöhnten sich an mich und an unsere Dispute, so daß, wenn ich längere Zeit ausblieb und dann wiederkam, sie mich als alte Bekannte mit Geheul umringten.

Im Turgenjew-Haus ging die Arbeit unterdessen weiter. Wir beobachteten, daß die Kinder schon danach verlangten, Phantasie und erworbene Fähigkeiten an Objekten zu materialisieren. Eine wichtige Etappe, denn dieses Bedürfnis will befriedigt werden, soll die kindliche Phantasie sich nicht verirren. Wir gingen also zu Improvisationen mit konkreten Stoffen über.

Ich hatte ein Kinderstück von Meyerhold gewählt: »Alinur« (nach dem Märchen von Oscar Wilde »Der Sternenknabe«). Die Kinder wußten von meinen Plänen nichts. Ich gab ihnen als Improvisationsaufgabe eine Szene daraus: Räuber sitzen im Wald um ein Feuer und prahlen mit ihren Taten. Mitten in eine solche Szene fiel dann, wenig später, der erste Besuch der Besprisorniki in unserem Haus. Die Kinder sprangen auf und

Freilichtaufführung von Leon Paegle »Die Gesichter der Jahrhunderte« beim Arbeiterkulturfest im Sommerpark von Riga vor 5000 Zuschauern, Regie Asja Lacis.

wollten vor den Eindringlingen flüchten. Diese sahen zum Fürchten aus: Papierhelme auf dem Kopf, gepanzert mit Zweigen und Blechstücken, in den Händen Piken und Stöcke. Ich überredete die Kinder, weiter zu improvisieren und auf die Eindringlinge nicht zu achten. Nach einer Weile trat Wanjka, ihr Häuptling, in den Kreis der Spielenden, gab seiner Gruppe einen Wink – sie drängten die Kinder beiseite und begannen, selber die Szene zu spielen. Sie renommierten mit Mordtaten, Brandstiftungen, Beraubungen, wobei sie sich gegenseitig an Grausamkeiten zu übertrumpfen suchten. Dann standen sie auf und schauten mit höhnischer Verachtung unsere Kinder an: »So sind Räuber!!« Allen pädagogischen Regeln zufolge hätte ich ihre wilden und schamlosen Reden unterbrechen müssen – doch ich wollte Einfluß auf sie gewinnen. Ich gewann das Spiel tatsächlich – die Besprisorniki kamen wieder und wurden später das Aktiv unseres Kindertheaters.

Das improvisierende Spiel war für die Kinder Glück und Abenteuer. Sie begriffen viel, und ihr Interesse regte sich. Es wurde ernsthaft gearbeitet – geschnitten, geklebt, getanzt und gesungen, Texte wurden gelernt. So entstand die Figur vom tatarischen bösen Knaben Alinur, der seine Mutter beleidigte und andere Kinder terrorisierte. Das Stück öffentlich aufzuführen wurde erst dann diskutiert, als die Arbeit der einzelnen Sektionen zur Synthese drängte. Da entstand die Forderung eines kollektiven Tuns – die moralisch-politische Erziehung im sozialistischen Sinne – und der Wunsch, das Spiel auch den Kindern der ganzen Stadt zu zeigen. Die öffentliche Aufführung wurde zu einem Fest. Die Kinder unseres Studios gingen in einer Art Karnevalszug zur Freilichtbühne der Stadt. Sie trugen die Tiere, die Masken, die Requisiten und Dekorationsteile durch die Straßen und sangen dazu. Kleine und große Zuschauer schlossen sich an. Abends folgten uns viele auf dem Rückweg zum Turgenjew-Haus.

Unsere Methode hatte sich bewährt. Wir erhielten den Beweis, daß es richtig war, die Leiter gänzlich zurücktreten zu lassen. Die Kinder glaubten, daß sie alles selber machten – und spielend schafften sie es. Ideologie wurde den Kindern nicht aufgedrängt und nicht eingedrillt, sie eigneten sich an, was ihren Erfahrungen entsprach. Auch wir, die Erzieher, lernten und sahen vieles neu. Wie leicht Kinder sich Situationen anpassen können, wie erfinderisch sie sind und wie empfindlich sie reagieren. Selbst Kinder, die unbegabt und begrenzt schienen, zeigten unerwartete Fähigkeiten und Talente. Bei der Aufführung lösten sich überraschend Spannungen, die die wilde Phantasie ihrer Erfindungen sichtbar machte.

1928 in Berlin erzählte ich von meiner Arbeit Johannes R. Becher und Gerhart Eisler. Das Modell einer ästhetischen Kindererziehung gefiel ihnen, und sie schlugen vor, ein solches Kindertheater im Liebknechthaus zu errichten. Ich sollte das Programm ausarbeiten. Walter Benjamin hatte schon in Capri 1924 von meinem Kindertheater erfahren und ein außerordentliches Interesse daran gezeigt. »Ich werde das Programm schreiben«, sagte er, »und deine praktische Arbeit theoretisch darlegen und begründen.« Er schrieb es wirklich.

Theaterstudio an der Arbeiterhochschule in Riga

Eine für mich entscheidende Etappe war die Arbeit in Riga. (Persönliche Umstände hatten mich hierhin zurückgeführt.) Die Kommunistische Partei war in Lettland verboten, aber sie setzte ihre vor allem propagandistische Tätigkeit fort. Ich arbeitete mit.

In Riga gab es eine Volksuniversität, hauptsächlich junge Arbeiter studierten dort. In der Leitung hatten Kommunisten zeitweilig die Mehrheit. Sie schlugen mir vor, ein Theaterstudio aufzubauen. Ich leitete dieses Studio.

Die Verhältnisse waren ungeheuer schwierig. Die Polizei

verbot unsere Stücke, oft mitten in der Aufführung, es gab Haussuchungen, Verhaftungen. »Verfolgtes Theater« nannte man uns...

Improvisation war ein Lehrfach. Wir luden die Arbeiter aus den Betrieben und über den Club der linken Gewerkschaften ein, an diesen Lehrstunden teilzunehmen. Es spielten junge Arbeiterinnen und Arbeiter. Ich versuchte, sozial eindeutige Charakteristik mit groteskem Schauspielstil zu verbinden. Die Bühne war konstruktiv, Kostüme hatten wir keine, die Schauspieler trugen Trainingsanzüge mit charakteristischen Details...

Wir suchten Wege, ein größeres Publikum zu erreichen, so mit Leon Paegles »Die Gesichter der Jahrhunderte«. Die Aufführung wurde zu einem Ereignis für die Stadt. In einer historischen Revue stellte Paegle den Kampf zwischen Herren und Sklaven dar, den Kampf der Unterdrückten gegen die Unterdrücker – im alten Ägypten, in Griechenland, im Mittelalter und den Bauernkriegen, die Revolution von 1905 bis zu den Kämpfen in unserer damaligen unmittelbaren Gegenwart, 1921. Wir hatten das Stück zur Aufführung unter freiem Himmel angemeldet, erhielten auch die Erlaubnis, da es sich um ein »historisches Stück« handelte. Nur das Singen der Internationale in der Schlußszene hatte die Zensur gestrichen. Dafür haben wir uns etwas anderes ausgedacht: einen großen Zug der Schauspieler und Mitwirkenden durch die ganze Stadt. Auf einigen Wagen saßen Schauspieler mit ihren Requisiten, die meisten gingen zu Fuß. Sie sangen, riefen Losungen, sprachen ihren Part aus dem Stück. So zogen wir in Kostümen und Masken – als Ägypter, Griechen, als Priester, Bauern und Soldaten – zum »Sonnenpark«. Das war eine unerhörte Sache für Riga. Die Leute sammelten sich auf den Straßen, an den Fenstern, sogar auf den Dächern. Sie ergriffen Partei. Einige schrien, es lebe die Freiheit, öffnet die Gefängnisse, Freiheit für die Arbeiterkultur, und warfen uns rote Blumen, rote Stoffetzen, um kleine Steine gewickelt, zu. Von der andern Seite bewarf man uns mit Kartoffeln, Eiern, Unrat und schrie nach der Polizei.

Die Polizei griff nicht ein, da sie einen Aufstand der linken Gewerkschaften vermutete und wohl fürchtete, wir seien bewaffnet. Im Park erwarteten uns an die 5000 Zuschauer, meistens Arbeiter. Sie gingen nicht weg nach der Vorstellung. Sie sangen die Internationale und ein Lied für die Gefallenen (die Erschossenen), das die Polizei besonders haßte.

Die Inszenierung hatte zur Folge, daß im »Sonnenpark« nun jedes Jahr »Konstruktive Spiele« von Linard Laizens aufgeführt wurden. Erst 1928 wurden sie verboten.

...Ich bekam einen Brief von Leon Paegle, in dem er mich einlud, ein politisches Theater beim Klub der linken Gewerkschaften in Riga zu leiten: Ich solle sofort kommen.

Ich fuhr mit Daga nach Riga. Reich wurde nach Moskau eingeladen. In Riga hatte ich sehr viel Arbeit. Ich inszenierte Einakter von Leon Paegle, von Laizens, von Mirbeau, Szenen aus Tollers »Masse Mensch«, »Die Maschinenstürmer«, »Hinkemann«.

Erfinderisch mußten wir sein in unserer Repertoirewahl, um uns die Polizei vom Leibe zu halten. So kamen wir zu den Scharaden, den Rätselspielen. Wir stellten die Silben von Wörtern szenisch dar, die zusammengesetzt dann die Lösung ergaben. So zum Beispiel bedeutet die Silbe ber- (von Berlin) lettisch schütteln. Wir zeigten Getreideschütteln, eine schwere Arbeit, die in unsern Dörfern von Knechten abverlangt wird. Wir zeigten, wie die Knechte von den Kulaken abhängig sind, und wir zeigten die Kleinbauern. So informierten wir das Publikum – über die Kämpfe in Deutschland, den Aufstand von Max Hoelz in Thüringen und vieles andere. Es war eine Art dokumentarische Szenenmontage.

Die jungen Arbeiter, die abends in den Klub kamen, brachten ihre Kinder mit. Ich organisierte sie, und wieder spielten Kinder für Kinder. Leon Paegle und Linard Laizens schrieben spezielle Stücke für die Kinder, so »Knüppel aus dem Sack« und »Die Nähmaschine und die Mühle«. Es wird erzählt von einem Menschen, dem sein letztes Produktionsmittel, eine Nähmaschine, weggenommen wird. Er wird zum Bettler. So wurden elementare ökonomische Tatsachen den Kindern anschaulich und im Spiel beigebracht. Aus diesem Spielen entstand die erste kleine Pioniergruppe in Riga. Die Kinder wurden zu Konspiratoren. Sie kannten die Polizei, vor allem, wenn sie in Zivil kam, besser als wir. Es war der Tag vor einer Premiere. Ich ging zur Probe – den Kopf voller Sorgen, vor mir stand – Walter Benjamin. Er liebte zu überraschen, aber diesmal gefiel mir seine Überraschung nicht. Er kam von einem anderen Planeten – ich hatte keine Zeit für ihn...

Agitationsszene in Riga, 1925

Kinderkino

Im März 1926 war ich mit Daga in Moskau. Man schlug mir vor, im Theater zu arbeiten. Aber ich sah mich in den Moskauer Straßen nach Besprisorniki um. Ich sagte, ich wolle mit Kindern arbeiten. Ich leitete einen Sommerkinderplatz in Sokolniki, in einem Park. Ich setzte durch, daß die Kinder Frühstück, Zeug für Sportkostüme bekamen; die älteren Kinder nähten für alle. Es wurden Bleistifte, Farben, Bücher gesammelt und Spiele organisiert. Die Kinder fühlten sich wohl. Am Anfang waren es dreißig Kinder, am Ende des Sommers zweihundert.

Zum Abschied veranstaltete ich ein theatrealisiertes Fest. Die Komsomolzen des Sokolniki-Bezirkes halfen mit.

Im September bekam ich einen Nervenzusammenbruch und mußte ins Hospital. Reich verständigte Benjamin davon, daß ich gefährlich krank sei. Schon damals war es sehr schwer, eine Einreisebewilligung in die Sowjetunion zu bekommen. Benjamin bekam sie. Als er in Moskau eintraf, befand ich mich schon in der Rekonvaleszenz im Sanatorium Rott, das in der Nähe der Gorkistraße lag. Dort gab's freie Besuchszeit, ich durfte auch ausgehen. Benjamin kam jeden Tag, geduldig spielte er mit mir Domino…

Als ich wieder arbeiten konnte, interessierte sich die Moskauer Abteilung für Volkserziehung für meine Idee, Kino für Kinder zu organisieren. Grigori Roscholl, der damals noch als Methodiker bei der Abteilung für außerschulische Erziehung arbeitete, unterstützte diese Idee.

Der berüchtigte Trödelmarkt – Sucharewka. Tags trieben sich die unbeaufsichtigten Kinder der Gegend dort herum und lernten die Kunst des Verkaufens, des Begaunerns und des Geldherausschlagens. Nachts okkupierten die Besprisorniki das Terrain und errichteten dort ihre Lager. Ganz in der Nähe befand sich ein recht großes Kinotheater – »Balkan«. Das paßte. Im »Balkan« ein Kinderkino organisieren, hieß den Kampf gegen den »Geist« der Sucharewka aufnehmen.

Zu dieser Zeit kam ich oft mit N. Krupskaja, die im Narkompros arbeitete, zusammen. Sie lehnte kategorisch ein speziell für Kinder präpariertes Theater ab, wo Erwachsene sich zu Kindern herablassen, sich »kinderlieb« machen, aber tatsächlich Kinder für dumme Wesen halten. Sie meinte, Kinder seien kleine Menschen, die viel begreifen, und man müsse viel Verstand und Takt haben, um sie richtig zu erziehen. Sie war dafür, im Kinderkino die besten Filme für Erwachsene in verständlicher Auswahl zu zeigen.

Von der Leitung des Sojuskino wurde eine Kommission eingesetzt, die aus den vielen Filmen die besten und interes-

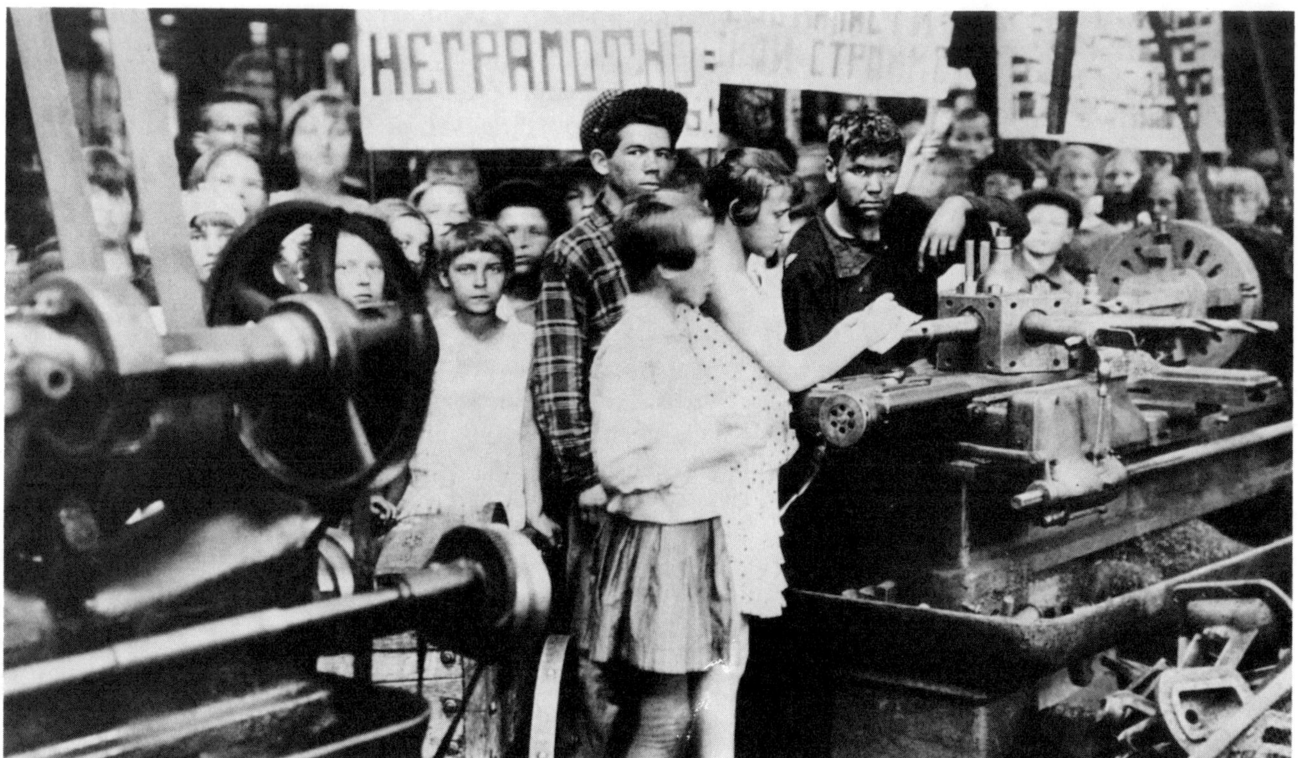

santesten heraussuchte und den Fonds für das Kinderkino zusammenstellte. Den Kindern gefielen »Die Flügel des Knechts«, und »Abrek Saur« am besten. Die kleinen Zuschauer des Kinderkinos waren keine passiven Konsumenten, sie fertigten das Expositionsmaterial: Plakate, Zeichnungen, Gedichte, Auszüge aus der Geschichte und der Literatur für jeden Film an. Sie hatten auch die Ordnung im Vorführungssaal aufrechtzuerhalten.

Ich war in Riga, um eine Freundin zu besuchen, angekommen. Ihr Haus, die Stadt, die Sprache waren mir unbekannt. Kein Mensch erwartete mich, es kannte mich niemand. Ich ging zwei Stunden einsam durch die Straßen. So habe ich sie nie wiedergesehen. Aus jedem Haustor schlug eine Stichflamme, jeder Eckstein stob Funken, und jede Tram kam wie die Feuerwehr dahergefahren. Sie konnte ja aus dem Tore treten, um die Ecke biegen und in der Tram sitzen. Von beiden aber mußte ich, um jeden Preis, der erste werden, der den andern sieht. Denn hätte sie die Lunte ihres Blicks an mich gelegt – ich hätte wie ein Munitionslager auffliegen müssen.

Pharus-Plan. – Ich kenne eine, die geistesabwesend ist. Wo mir die Namen meiner Lieferanten, der Aufbewahrungsort von Dokumenten, Adressen meiner Freunde und Bekannten, die Stunde eines Rendezvous geläufig sind, da haben ihr politische Begriffe, Schlagworte der Partei, Bekenntnisformeln und Befehle sich festgesetzt. Sie lebt in einer Stadt der Parolen und wohnt in einem Quartier verschworener und verbrüderter Vokabeln, wo jedes Gäßchen Farbe bekennt und jedes Wort ein Feldgeschrei zum Echo hat.

Aus: Walter Benjamin, Einbahnstraße, Berlin 1928.

Hildegard Brenner über Asja Lacis

Der Name Asja Lacis hätte von denen, die um die historischen Zusammenhänge wußten, schon vor zwei Jahrzehnten genannt werden müssen. Das geschah nicht. Bei der Herausgabe der benjaminischen »Schriften« 1955 ist die Widmung der »Einbahnstraße« an die »Rigaer Freundin« getilgt worden; der Name

Diese Straße heißt
ASJA-LACIS-STRASSE
nach der
die sie als Ingenieur
im Autor durchgebrochen hat

Widmung der »Einbahnstraße« von Walter Benjamin

Lacis als Mitautor des Essays »Neapel« wurde gestrichen. Als Begründerin des sowjetischen Kindertheaters wurde nur von Natalia Saz gesprochen, die, dem traditionellen Moskauer Künstlertheater verpflichtet, seit 1918 ein Theater von Berufsschauspielern für Kinder leitete.

Erst als mit den die Rekonstruktionsperiode ablösenden sozialen Konflikten die Tradition der Arbeiterbewegung wieder ins Bewußtsein der westdeutschen Öffentlichkeit eingebracht wurde und das politische Interesse sich den Klassenauseinandersetzungen in der Weimarer Republik zuwandte; als Organisationen wie der Bund proletarisch-revolutionärer Schriftsteller, der Arbeiter-Theater-Bund wiederentdeckt, als progressive bürgerliche Intellektuelle nach ihrem damaligen politischen Standort befragt und ihre Aktivitäten aus dem bürgerlichen Überlieferungszusammenhang gelöst wurden, stieß man immer wieder auf den Namen Asja Lacis.

Die Stationen ihres Lebens sind Stationen des proletarischen Theaters. 1918 verzichtete sie auf ihre Karriere als Regisseurin an renommierten Schauspielhäusern und entwickelte mit Waisen- und kriminalisierten Kindern ein Modell politisch-ästheti-

Blaue Blusen, Moskau

Rote Schmiede, Halle

scher Erziehung. Die Entschiedenheit, mit der sie ihren Beruf als revolutionäre Tätigkeit auffaßte, verbunden mit außergewöhnlicher persönlicher Integrität, konnte auch eine zehnjährige politische Haft im eigenen Land nicht brechen. Für uns sind die in den vorliegenden Erinnerungen und Dokumenten gespeicherten Erfahrungen in mehrerer Hinsicht aktuell: Asja Lacis ist Zeugin der künstlerischen Aktivitäten auf der organisierten wie nicht-organisierten politischen Linken in der Weimarer Republik. Sie war für diese Linke, besonders für Brecht und Benjamin, für Piscator, Becher, Kisch, Toller und andere Informantin aus dem Land der Revolution, Zeitgenossin des politischen und künstlerischen Aufbruchs. Sie war als Regisseurin selbst Akteurin des »Theateroktobers« – in der Sowjetunion, in Lettland, in Deutschland.

Der Bruch mit der bürgerlichen Kunstpraxis, den Lacis in den Experimenten von Meyerhold, Majakowski, Bill-Belozerkowski, Tretjakow miterlebt und selbst realisiert hatte – so in ihrer Theaterarbeit mit Kindern, in der Inszenierung dokumentarischer Agitationsszenen unter den Bedingungen politischer Illegalität im »weißen« Lettland (mit zum Teil ganz unkonventionellen Mitteln wie Scharaden) – artikulierte sich in Deutschland in den Versuchen von Piscator, Brecht, Weinert und den Agitproptruppen. Durch ihre Arbeit als Regieassistentin, als Leiterin der Filmabteilung der sowjetischen Handelsmission in Berlin (sie brachte die ersten Streifen von Wertow und Schub nach Deutschland), durch Gespräche und Vorträge zur Propagierung der jungen sowjetischen Dramatik trug Lacis aktiv zur Entwicklung des proletarischen, revolutionären Theaters in Deutschland bei. In der Sowjetunion Mitglied der Gruppe »Proletarisches Theater«, die ein experimentelles und anti-naturalistisches Programm vertrat und dadurch in Gegensatz zur Sammelorganisation der proletarischen Schriftsteller, der Russischen Assoziation proletarischer Schriftsteller (RAPP) geriet, stärkte sie in Deutschland diejenige Rcihtung der proletarischen Literatur- und Theaterbewegung, die den revolutionären politischen Anspruch mit der Absage an den überlieferten bürgerlichen Formenkanon verband.

Das Zeugnis von Asja Lacis war entscheidend bei der Rekonstruktion der marxistischen Position Walter Benjamins. Die sozialistische Kinderladenbewegung bezog sich, neben den Schriften von Vera Schmidt, auf das Kindertheatermodell von Lacis in Orel und Riga. In Folgen wie diesen setzt sich die Traditionslinie des proletarischen Theaters fort, die in der Sowjetunion bis zu Meyerhold, in Deutschland bis zu Piscator zurückreicht.

(Aus: Asja Lacis, Revolutionär im Beruf, Berichte über proletarisches Theater, über Meyerhold, Brecht, Benjamin und Piscator. München 1976.)

Ortsgruppe Berlin-Friedrichshain der ATDB

Christiane Koch

SCHREIBMASCHINE, BÜGELEISEN UND MUTTERTAGSSTRÄUSSE

Der bescheidene Frauenalltag in den zwanziger Jahren

1922, ein stiller Abend zu Hause: Die Frau ist nicht untätig

Zeitgeist

Die zwanziger Jahre waren Nachkriegsjahre!

Dieser Umstand ist, will man den Frauenalltag dieser Zeit beleuchten, von Gewicht, hat doch der Erste Weltkrieg für Ansehen und Selbstbewußtsein der meisten Frauen allerhand Veränderungen mit sich gebracht, mit denen die in den Friedensalltag Zurückgeworfenen umzugehen lernen mußten. Vor allem hatte der Krieg Frauen aus allen Schichten die Pflicht auferlegt, die heimische Kriegsökonomie aufrechtzuerhalten. Das hieß für sie nicht nur, Haushalt und Kinder nun allein zu versorgen; ihres Ernährers verlustig gegangen, mußten sie die Familie durch eigene Erwerbsarbeit unterhalten, was sich in einem Anstieg der Frauenarbeit und vor allem in der Verlagerung der Frauenbeschäftigung in bisherige Männerdomänen bemerkbar machte.[1] Nach Kriegsende ging die Frauenerwerbsquote zwar zurück, blieb allerdings über dem Vorkriegsstand.

Die Einbindung in die Erwerbsarbeit betraf alle Schichten. Selbst bürgerliche Frauen, bislang im sicheren Schoß der Familie, sahen sich genötigt, für den Weiterbestand ihrer Existenz zu sorgen. In der Folgezeit blieb ein Klima erhalten, das getragen war von einem neuen weiblichen Selbstbewußtsein. Bestätigt durch das Frauenwahlrecht, betrachteten viele Frauen sich nun als Staatsbürgerinnen, die geschlechtsspezifisch arbeitsteilig zwar am Leben der Republik Anteil hatten, sei es als Hausfrau und Mutter, sei es als kleine »Tippse« oder Verkäuferin.

Eine solche Atmosphäre der relativen Wertschätzung fraulicher Tätigkeit bildete die ideelle Basis für die disparatesten Umgangsweisen mit den Lebensumständen: Da stand im Extrem der Typus der »neuen Frau«, selbstbewußt, freizügig und aktiv, wie selbstverständlich neben ihrem Gegenpol, dem die herkömmliche Moral pflegenden, Haus, Kinder und Mann hütenden Hausmütterchen. Aber selbst die Letztgenannten standen vor der Eheschließung eine Zeitlang im Erwerbsleben, und immer mehr Frauen durchliefen dafür eine Ausbildung. Vor allem der bürgerliche Mittelstand gab seinen Töchtern eine Qualifikation, aber auch Arbeiter waren um den Aufstieg ihrer Töchter in den »white collar stand« bemüht. Dazu zählte vor allem der expandierende kaufmännische Bereich, der in der Hierarchie der weiblichen Berufe großes Ansehen genoß und weit vor den traditionellen Bereichen der Textilproduktion und der Hauswirtschaft rangierte. Zum Zwecke reinen Geldverdienens gingen Frauen eher in ungelernte Beschäftigungsverhältnisse.[2]

So durchgängig der Trend zur befristeten Berufstätigkeit, so klar war und blieb doch nach wie vor das »eigentliche« Ziel: Die Frauen wollten heiraten und ihren Dienst als Familienfrauen tun.

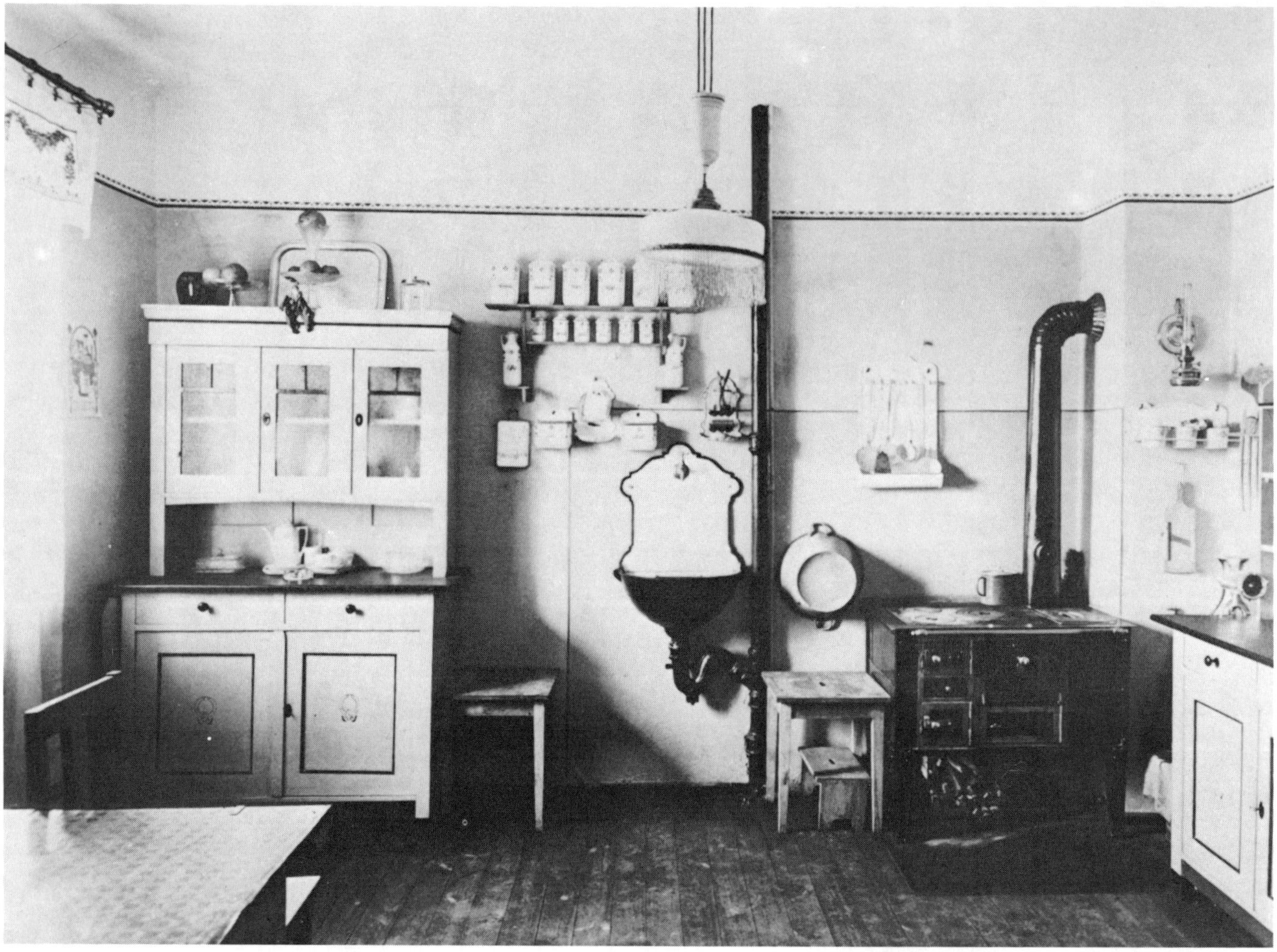

Wohnküche einer Arbeiterwohnung 1925.

Rechts: Die Elektrifizierung der Küche beginnt, 1925

Häuslicher Alltag: Rationalisierung der Hauswirtschaft

Für die heiratswilligen Frauen der Zwanziger ergab sich eine wichtige Veränderung, was Organisation und Ansehen des Hausfrauenalltags anging: Hausfrau, Ehefrau und Mutter, bereits seit einem Jahrhundert das einzige akzeptierende weibliche Lebensziel,[3] wurde zu einer täglichen Beschäftigung, die alle Elemente der Erwerbstätigkeit enthielt, nur daß sie nicht bezahlt wurde: Zum einen wurden die meisten bürgerlichen und kleinbürgerlichen Mädchen, gleichgültig ob ländlicher oder städtischer Herkunft, für die häusliche Arbeit umfassend ausgebildet. Haushaltungsschulen gab es in jedem größeren Ort. Man absolvierte dort eine ein- bis zweijährige Ausbildung zur Hausfrau und Mutter; häufig schloß daran ein Praxisjahr in einem Privathaushalt an. Anschließend war die junge Dame heiratsfähig – und hatte sich meist schon nach einem passenden Bewerber umgesehen.

Wichtiger aber und geradezu revolutionär war die Tatsache, daß die Arbeit der Hausfrau in all ihren Facetten durchleuchtet, arbeitswissenschaftlich analysiert und erneuert wurde.

Rationalisierung der Hauswirtschaft tat tatsächlich not, auch in den gutbürgerlichen Schichten. Erstmals seit der Industrialisierung waren viele der ehemaligen Damen des Bürgertums gezwungen, sich als Arbeitskräfte zu verdingen und anstelle des im Krieg gefallenen oder arbeitslosen Mannes die Familie zu unterhalten. Doppelbelastung durch Familie und Beruf traf viele Frauen. Erleichterungen der Hausarbeit kamen der Nur-Hausfrau allerdings ebenso wie den Berufstätigen zupaß, wurden doch die billigen und willigen Dienstmädchen der Vorkriegszeit nach 1918 immer rarer. Die Fabrik warb sie mit besserer Bezahlung und günstigeren Arbeitsbedingungen (dem geregelten Arbeitstag) ab. Die Konkurrenz mit den Erwerbsalternativen (Fabrik, Büro, Verkauf etc.) trieb die Preise für Dienstmädchen in Höhen, die die meisten Bürger nicht mehr bezahlen konnten.[4] Die Hausfrau sah sich gezwungen, ihre Arbeit alleine zu verrichten. Dazu allerdings waren neue – technische – Hilfsmittel und eine Umstrukturierung der häuslichen Arbeiten vonnöten.

Die veränderten Voraussetzungen und Beurteilungen der Hausfrauenarbeit gingen in die einsetzende staatliche Wohnungsbaupolitik der Zwanziger ein. Man konstruierte Mietswohnungskomplexe nach Funktionalitätsgesichtspunkten. An die Stelle pompöser Vorderhäuser und finsterer Hinterhoflöcher der Gründerzeit traten nun kleine, aber helle Wohnungen, ausgestattet mit bescheidenem Komfort und moderner Hygiene. Die Raumaufteilung sollte nicht repräsentativ, sondern praktisch sein, den Alltagsbedürfnissen einer modernen Familie entsprechen und der Hausfrau Arbeiten und Wege sparen. Die in diesem Sinne veränderten Wohnungsgrundrisse rückten die Küche aus den Außenbezirken ins funktionelle Zentrum der Wohnung. Der Hausfrau war ihre »Fabrik« geschaffen, Indiz dafür, daß diese Tätigkeit der Hausfrau im Renommee zur (unbezahlten!) Arbeit avanciert war.

AEG

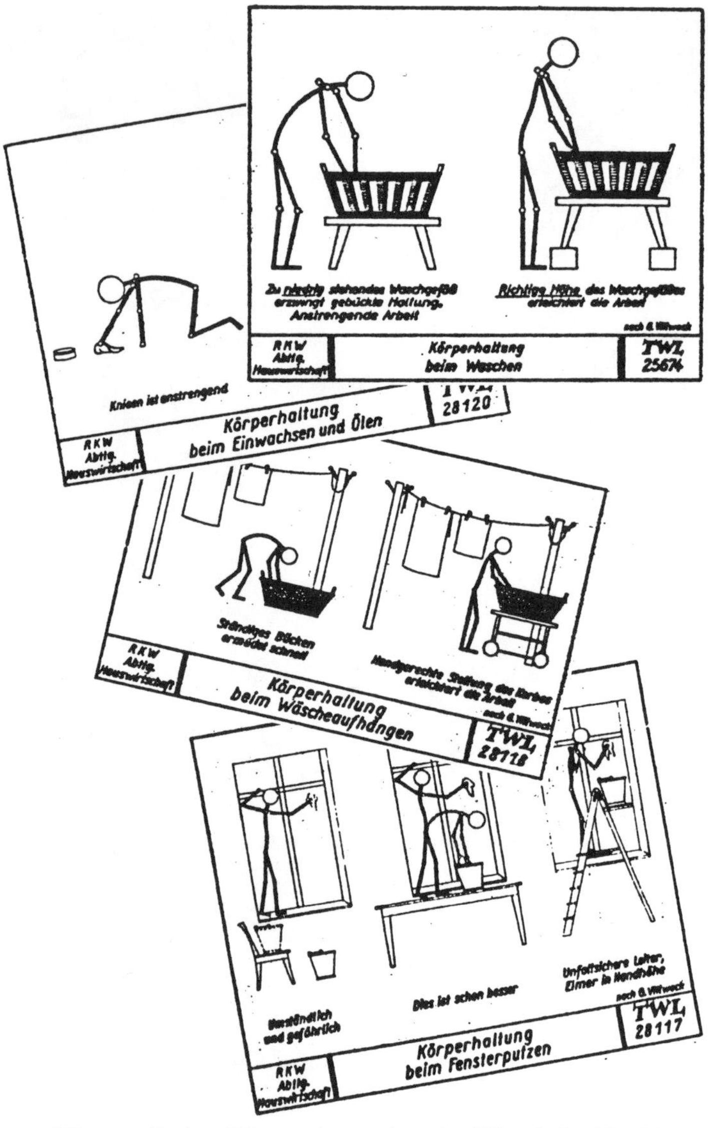

Die vom Rationalisierungskuratorium der Wirtschaft, Abt. Hauswirtschaft herausgegebene Darstellung erschien in den zwanziger Jahren in vielen Frauenzeitschriften, hier: Frauenwelt, Nr. 16/1928

Solche Neubauküchen, darunter erstmals Einbauküchen, für die der Mieter beim Einzug kein Mobiliar brauchte, waren klein und zum Beispiel durch eine Schiebetür an den Wohnraum gekoppelt, so daß Küchenarbeit mit innerfamiliärer Kommunikation verbunden blieb. Jeder Zentimeter war durch Schrankraum und ähnliches genutzt, die Arbeitsgeräte und -flächen den anfallenden Arbeitsgängen entsprechend angeordnet. Tayloristischen Prinzipien der Fließbandarbeit folgend, waren die Konstrukteure emsig bemüht, Arbeitsschritte durch die Art der Einrichtung einzusparen. Beispielsweise verfügte die Arbeitsplatte der »Frankfurter Küche« über »einen Einwurfschlitz, unter dem eine Emailleschublade angebracht war, um Abfälle während der Arbeit aufzunehmen. Die Abfälle wurden von der Küche aus durch eine Klapptür in einen Eimer geschüttet, der vom Flur aus herausgenommen werden konnte.«[5] Neuartige technische Geräte sollten die Hausarbeit erleichtern, etwa der Gas-, später auch der Elektroherd, der umständliche Feuerung überflüssig machte, außerdem das Bügeleisen, das ab Mitte der zwanziger Jahre mit einer Temperaturregulierung versehen war, der Staubsauger und die elektrische Küchenmaschine, später auch der Kühlschrank, der die Vorratswirtschaft erheblich erleichterte.[6] Der Verbreitungsgrad der meisten technischen Haushaltsinstrumente blieb in den Zwanzigern relativ gering, schließlich waren 1933 erst 76 Prozent der Berliner Wohnungen elektrifiziert. Zudem waren die Preise der Geräte für die meisten Familien unerschwinglich hoch; ein Kühlschrank beispielsweise kostete 1922 zwischen 1000 und 2000 Reichsmark. Einzig Bügeleisen, Küchenmotor und Staubsauger waren bezahlbar und konnten sich durchsetzen; immerhin besaßen mehr als die Hälfte aller stromversorgten Berliner Wohnungen ein Plättgerät.[7] Dennoch war mit der Erfindung, Verfeinerung und allmählichen Verbilligung der Haushaltstechnik bereits in der Weimarer Zeit der Grundstein zur Vereinfachung der Hausarbeit gelegt.

Wer nicht das Glück hatte, eine solche nach modernsten Gesichtspunkten erbaute Wohnung zu beziehen, dem gaben einschlägige Ratgeber Hilfestellung, auch traditionelles Mobiliar und Gerät nach funktionalen Maßstäben zu ordnen und zu benutzen. Die Verrichtung der Hausarbeit selbst wurde einer eingehenden Prüfung und Neuorganisation unterzogen. Die Haushaltsratgeber der zwanziger Jahre plädieren explizit dafür, die Prinzipien der Männer- (also der produzierenden) Arbeit in die Organisation des Hauses zu übernehmen und die dort

Frankfurter Küche

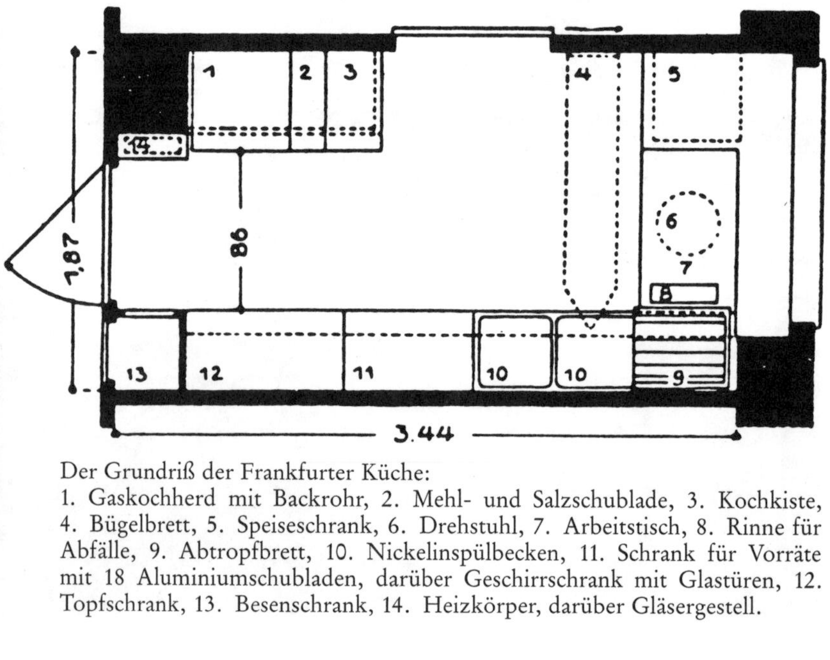

Der Grundriß der Frankfurter Küche:
1. Gaskochherd mit Backrohr, 2. Mehl- und Salzschublade, 3. Kochkiste, 4. Bügelbrett, 5. Speiseschrank, 6. Drehstuhl, 7. Arbeitstisch, 8. Rinne für Abfälle, 9. Abtropfbrett, 10. Nickelinspülbecken, 11. Schrank für Vorräte mit 18 Aluminiumschubladen, darüber Geschirrschrank mit Glastüren, 12. Topfschrank, 13. Besenschrank, 14. Heizkörper, darüber Gläsergestell.

HEFT 16 Frauenwelt JULI 1927

WOHNUNGSREFORM

Wenn es bei uns in Deutschland trotz anerkennenswerter Bemühungen mit der Uebertragung der Grundsätze wissenschaftlicher Betriebsführung auf die Haushaltsarbeit zum Zwecke der Zeit- und Arbeitsersparnis immer noch recht langsam vorwärts geht, so fällt ein gut Teil Schuld daran — neben dem leider noch immer mangelnden Verständnis weiter Frauenkreise — den Architekten und Baumeistern zu, die bei dem Bau der Wohnungen die praktische Frauenerfahrung noch viel zu wenig berücksichtigen. So sind wir mit Küchen beglückt, in denen man sich tagsüber zwischen Kochherd, Schrank und Speisekammer müde läuft, in denen Fenster und Lampen ungeeignet angebracht sind usw. Das Interesse der Frauen an dieser sehr wichtigen Frage ist allerdings im Wachsen begriffen. Wir hören, daß bereits in 60 deutschen Städten Hausfrauenkommissionen beim Wohnungsneubau mitarbeiten. Die Frauen lassen sich Einsicht geben in die Baupläne für Neubauten und Siedlungen und tauschen ihre Meinung mit Architekt und Bauherrn aus. So wie man beim Fabrikbau Ingenieure, beim Krankenhausbau den Arzt hört, so muß man logischerweise beim Wohnungsneubau die Frau hören, deren Arbeitsfeld Küche und Wohnung ist, um ihre besonderen Wünsche berücksichtigen zu können.

Eine für deutsche Verhältnisse sehr begrüßenswerte Neuerung — in Amerika kennt man dergleichen schon lange — ist jetzt in der neuen Großsiedlung Zehlendorf bei Berlin geschaffen worden. Die „Gehag" (Gemeinnützige Heimstätten-Spar- und Bau-A.-G.), eine Gründung der freien Gewerkschaften und der ältesten Berliner Baugenossenschaften, die mit ihren Kleinwohnungsbauten bewußt die Wohnkultur fördern will, hat hier in 80 neu erstellten Mietswohnungen die Kücheneinrichtung fix und fertig mit eingebaut, und zwar nach dem Grundsatze der zeit-, raum- und kräftesparenden sinngemäßen Anordnung. Kochherd, Wasserleitung, Spültisch und Geschirrschrank sind, wie die Abbildung zeigt, so zueinander gestellt, daß jeder überflüssige Schritt und jede unnütze Kraftvergeudung vermieden wird. Küchentisch und Stühle können durch einen Griff an der Wand heruntergeklappt werden, Kochherd und Arbeitstisch befinden sich in unmittelbarer Nähe des Fensters. Alle Flächen sind gut abgekantet und mit leicht abwaschbarem Linoleum überzogen. Der sehr geräumige Küchenschrank hat praktische Schiebetüren. Herd und sämtliche Möbel befinden sich in richtiger Arbeitshöhe für die Frau. Von der Küche führt eine Durchreicheklappe zum Balkon.

Die gesamte Kücheneinrichtung wird von der „Gehag" den Mietern der Wohnung zu einem Mietspreise von 1 Mk. pro Monat berechnet. Die Küche gehört zu einem auch sonst recht glücklichen Kleinwohnungstyp, der in klarer Aufteilung zwei Zimmer, Kammer, Küche und Bad darstellt. E. R.-W.

Oben:
Wohnzimmer in einer 2½-Zimmerwohnung
Möbelentwurf und Herstellung: Haus- und Hausrat-Gesellschaft Gildenhall

Unten:
Der Werkraum der Frau
Die Möbel sind organisch eingegliedert, damit die Hausfrau ohne anstrengende unnötige physische Leistungen arbeiten kann (Entw.: Bruno Taut. Bauherr: Gehag)

Staubsauger und Radio – die neuen Geräte, 1931

anfallenden Tätigkeiten systematisch durchzurationalisieren. Da die Hausfrau den größten Teil ihres Lebens »auf der Walz« zubringe, könne man beispielsweise viel Zeit durch Verkürzung der häuslichen Wegstrecken einsparen.[8]

Der Umfang der häuslichen Tätigkeit verringerte sich durch die Reformierung der Hausarbeit allerdings nicht; es verlagerten sich die Schwerpunkte. Neue Normen des Wohnstandards und der Reinlichkeit entfalteten sich. Man entdeckte die häusliche Hygiene, mit ihr sagte die Hausfrau der Bakterie den Kampf an und trug damit nicht zuletzt zur Bekämpfung ansteckender Krankheiten bei. Gleichzeitig aber nahm auch die bis heute gepflegte innige Zuneigung zu peinlich sauberen Ecken und sorgsam abgezirkelten Knicken im Sofakissen mit der neu gewonnenen Zeit ihren Anfang; die Tendenz zur keimfreien Behausung, Ausweis der guten Hausfrau, kam auf.

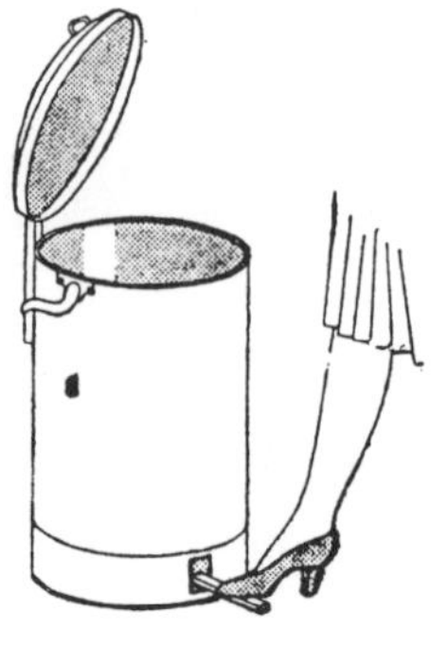

Absorber-Kühlschrank, 1927. Rechts: AIZ, Nr. 14/1928.

Alter und NEUER Haushalt

Die alte Junggesellen - „Küche". Primitiv wie zu Großmutters Zeiten

Großreinemachen. Der Staub wird ausgeklopft, um sich in andere Ecken und in die Lungen der Menschen zu verkriechen

Wäsche: Mit den primitivsten Mitteln wird geschuftet und die Wäsche zerrieben

L. R. Wenn wir die Küchen betrachten, von denen es in unsern Mietskasernen 40 bis 50 in jedem Hause gibt (in jedem dieser Häuser werden 40 bis 50 fast gleiche Mittagessen täglich hergestellt) müssen wir feststellen, daß außer Leuchtgas keine Errungenschaft der modernen Technik oder der modernen Nahrungsmittelwissenschaft bis in die Küche eingedrungen ist. Es wird geschnitten, gehackt, gestoßen, gemahlen, gebraten, gekocht, gewaschen wie in der Zeit der primitivsten Kulturstufe. Frauen, die in den Büros und Fabriken mit den kompliziertesten Maschinen hantieren, kehren in ihrer Küche zum Stadium der Steinzeit zurück. Frauen, die im Autobus und in der elektrischen Bahn fahren, die telephonieren, telegraphieren und Radio hören, sind in der Küche zu einer technischen Primitivität verurteilt, die in krassem Gegensatz zum übrigen Leben steht.

Den primitiven Handwerkzeugen entspricht die unwissenschaftliche, seit hunderten Jahren überlieferte, barbarische Methode der Zubereitung der Speisen. Durch stundenlanges Kochen wird das Fleisch und das Gemüse ausgelaugt, wertvolle Nährsalze gehen verloren, die lebenswichtigen Vitamine werden getötet.

Eine ganze Reihe von Maschinen zum Waschen, Schneiden, Rühren, Mahlen, größtenteils mit elektrischem Antrieb, die die Küchenarbeit bedeutend erleichtern und beschleunigen würden, sind bereits erfunden worden. Doch diese praktischen Maschinen sind so teuer, daß sie für den Einzelhaushalt des Proletariers nicht in Betracht kommen.

Seit einigen Wochen wird z. B. in Berlin eine wertvolle Küchenneuerung vorgeführt und verkauft. Es handelt sich um den sog. „Wundertopf Record". Das „Wunder" dieses Topfes beruht darauf, daß unter Druck gekocht wird, d. h. nicht bei 100 Grad, sondern bei 130 bis 150 Grad, nach einem Prinzip, das in der Industrie längst bekannt und ausgeführt worden ist. (Autoklaven.)

Der kleine verzinnte oder emaillierte „Wunder"-Kochkessel ist luftdicht verschließbar, der Deckel ist mit einem Ventil versehen, das auf verschieden lange Kochzeiten einstellbar ist. Auf Ventil 3 werden die schwer zu kochenden Speisen wie Suppenfleisch, Rotkohl, Sauerkohl usw. gekocht, auf Ventil 2 Blumenkohl und Kartoffel, auf Ventil 1 die weichsten Speisen, Tomaten, Früchte usw. Das Kochen reduziert sich auf einen einzigen Vorgang. Man legt das Fleisch samt Gemüse und Kartoffel in den Topf, schließt ihn zu, stellt das Ventil ein und setzt den Topf auf das Feuer (Gas, Spiritus, Kohlenherd). Man kann dann die Küche verlassen, anbrennen, überkochen ist vollkommen ausgeschlossen. Nach 10 bis 15 Minuten pfeift das Ventil, man hebt den Topf vom Feuer: das Fleisch und das Gemüse ist weich, die Supe ist fertig. — Statt 2½ Stunden hat man ¾ Stunde lang gekocht, man hat Zeit und Gas gespart, die Nährstoffe und Vitamine sind nicht zerstört. Da aber der kleinste Record-Topf 20 Mark kostet, ist er für den Proletarierhaushalt unerschwinglich. Ebenso verhält es sich mit den schönen elektrischen Maschinen zum Schälen, Schneiden, Rühren, Waschen, und mit dem praktischen Staubsauger (Preis 180 Mark). Schon die Mechanisierung der altertümlichen Küche würde den Frauen viel Kraft und Zeit ersparen, noch vorteilhafter wäre es aber, eine einzige Küche für ein ganzes Mietshaus einzurichten, eine Küche mit allen neuzeitlichen technischen Apparaten. In unserer kapitalistischen Welt aber ist an diese Zentralisierung des Küchenbetriebs nicht zu denken. — Im Befreiungskampf der Frau muß auch die Reform der Küche, die Reform des Haushalts, als Forderung erhoben werden. Eine moderne, mechanisierte Zentral-Küche wird viele Kräfte der Frau, die heute von der Küchenarbeit aufgebraucht werden, für Bildungs- und Kulturarbeit, für Politik und Sport freimachen.

Die moderne Junggesellenküche. Sauber, einfach und praktisch. Für den Arbeiter aber zu teuer.

Der Staubsauger ist nicht nur ein praktisches Reinigungs-Instrument, er schädigt auch nicht, wie das Klopfen und Bürsten die Gesundheit. Aber welche Arbeiterin kann die 120 bis 180 Mark für einen Staubsauger bezahlen?

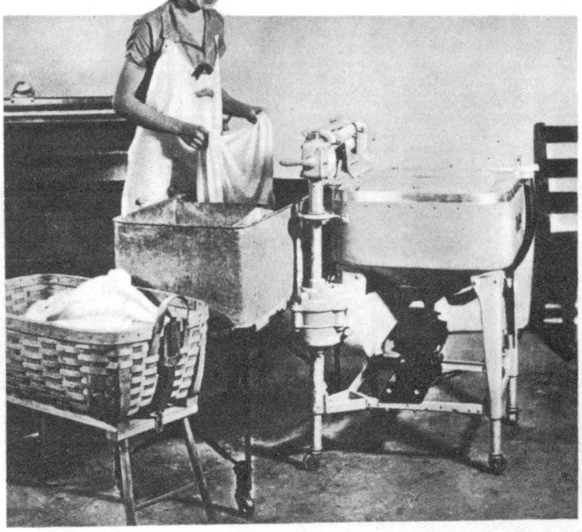

Die elektrische Waschmaschine ist nicht nur ein bequemer, sondern auch ein die Wäsche schonender Haushaltsgegenstand. Aber welche Hausfrau kann sich eine solche Maschine leisten?

Waschmittelwerbung

Bürgerliche Mutter mit Kind, 1927

Gratulanten zur Silberhochzeit, 1930

Mutterseele, Muttertag

Trotzdem blieb vor allem den bürgerlichen Frauen mehr Zeit für andere Aufgaben, etwa für die Kindererziehung. Seit der Industrialisierung sah man die Frau wesentlich als Mutter; die Einübung in die pädagogische Praxis war längst Pflichtfach für Mädchen geworden. Auch die Frauenbewegung propagierte mit der »Mütterlichkeit« die Kinderbetreuung als nationale Verpflichtung jeder Frau und verlieh der Mutterschaft damit eine neue überindividuelle Bedeutung. Der Trend zur kinderarmen Familie ermöglichte eine intensive Konzentration auf das Kind. Häusliche Pädagogik, praktische Pflicht einer jeden Mutter, wurde salonfähig.

Die bürgerliche Welt reagierte auf diese Auswertung der Mutterschaft prompt: Man erfand den Muttertag, die Zelebrierung des mütterlichen Opfers. Die Idee dazu kam aus Amerika. Initiiert hat sie der deutsche Blumenhändlerverband ab dem Jahre 1923 in großangelegten Werbekampagnen, die die Presse mobilisierte und mit Gratis-Sträußchen und Geschenkaktionen in Krankenhäusern und Altersheimen die öffentliche Ehrung der Mutter attraktiv zu machen suchten. Solche Bemühungen waren von Erfolg gekrönt, denn rasch griffen andere, um die Volksgesundheit besorgte Organisationen die Idee einer institutionalisierten Feier der Mutter auf. Bereits 1930 war der Muttertag als deutscher Brauch weitgehend durchgesetzt. Nicht nur die Weimarer Sozialpolitiker, die die niedrigen Geburtenziffern monierten, begrüßten das Mutterfest, auch bei den Frauen fiel die feierliche Anerkennung mütterlich-hausfraulicher Tätigkeiten auf fruchtbaren Boden. Im öffentlichen Streit um Berufs-, ja Karriereinteressen der selbstbewußten »neuen Frau« wider die »Naturbestimmung des Weibes zur Ehefrau und Mutter« hatte man, so scheint es, auf ein Podest für letztere geradezu gewartet. Als »übermenschliche Opfer«, in schillernden und scheußlichen Farben gerne ausgemalt, konnte sich die zu Hause Gebliebene, nunmehr Heldin des Alltags, zufrieden loben lassen.

Für den ersten Muttertag in Hamburg hatte dessen Geschäftsstelle folgende Leitgedanken in einem Flugblatt zusammengefaßt:

Der Muttertag soll am zweiten Sonntag im Mai in Hamburg wie in ganz Deutschland gefeiert werden als ein Tag der Dankbarkeit für mütterliche Liebe und der Ehrfurcht vor der Mutter. Sinnbildlich sei dieser Tag ein lebendiges Bekenntnis zum tiefsten Wesen wahren Frauentums und mahne jung und alt daran, daß ein Volk stirbt, wenn es nicht die schützenden und sorgenden Kräfte der Mütterlichkeit wahrt und pflegt.

Der Muttertag ruft jung und alt auf, der Mutter einen Feiertag zu bereiten, als ein Zeichen der Liebe, die ihr dankt. Dieser leitende Grundgedanke des Tages ist interkonfessionell und überparteilich und ermöglicht die Mitarbeit aller Volkskreise.

Da der Muttertag zunächst ein stilles Fest der Familie ist, wird er vor der Öffentlichkeit nicht in Erscheinung treten. Damit ist auch eine Betonung wirtschaftlicher Interessen von vornherein auszuschalten.

Aus: »Die Frau«, Jahrgang 35, Nr. 9/1928

»An diesem Tag wollen wir unser Heim festlich schmücken. Der Mutter gehört der Ehrenplatz. Er werde bekränzt. Blumengrüße sollen ihr unseren Dank, unsere Liebe kundtun... Im trauten Kreis der Familie wollen wir der Mutter ... geloben, in Treue und Hingebung zu ihrer Freude und zu ihrer Ehre unser Tagewerk zu tun. Aus den Tiefen der Mutterseele soll unser besseres Selbst neue Kraft und neuen Mut schöpfen.«[9]

Vitamine im Rinnstein

Der Haushalt der unteren Schichten

So wichtig die Haushaltsreform für bürgerliche Kreise und für die Anerkennung der Hausfrauenrolle war, so wenig betraf die Entwicklung die gesamte Gesellschaft der Weimarer Republik. Weitere Bevölkerungskreise, Proletariat und das mit der Rationalisierungswelle wachsende Arbeitslosenheer, lebten unter katastrophalen Bedingungen. Der staatliche Wohnungsbau konnte das Defizit an Wohnraum nicht einholen, zumal auch immer mehr Arbeitssuchende in die Ballungszentren strömten. Die Platzverhältnisse und die Ausstattung in den Behausungen der unteren Schichten waren zum Teil unvorstellbar schlecht.

»Und es gab keine Wasserleitung in den zehn Wohnungen. Im Vorderhaus ja, da ging eine Leitung... Und wenn es Winter war, machte mein Großvater – er hatte eine große Glocke – ›bim, bim, bim‹; dann wurde das Wasser für eine halbe Stunde angestellt. In der Zeit kamen diese zehn Familien und holten sich einen oder zwei Eimer voll Wasser. Und jeder hatte in der Küche eine Bank stehen: Das war die Wasserbank. ... Für diese zehn Familien (gab es) nur zwei Klos. ... Und da wurde im Winter auch das Wasser abgestellt. Mußte jeder seinen Wassereimer mit runternehmen.«[10]

Frauen hatten unter diesen Wohnverhältnissen besonders zu leiden. Am untersten Ende der Berufs- und Lohnhierarchie angesiedelt, reichte für viele das Geld nicht einmal für ein möbliertes Zimmer, geschweige denn für eine eigene Wohnung. Die meisten Ledigen mußten daher unter elterlichem Dache, und das hieß: unter elterlicher Fuchtel bleiben. Ein eigenes Zimmer besaßen nur wenige. Junge Paare mußten vielfach jahrelang bei den Eltern unterschlüpfen.

Beschwerlich war auch die Verpflichtung aller Frauen, und das hieß, auch der unverheirateten Töchter, nach Feierabend noch den Haushalt für die Männer zu versorgen – gleichgültig, ob sie sich in Brot und Arbeit befanden oder nicht. Die

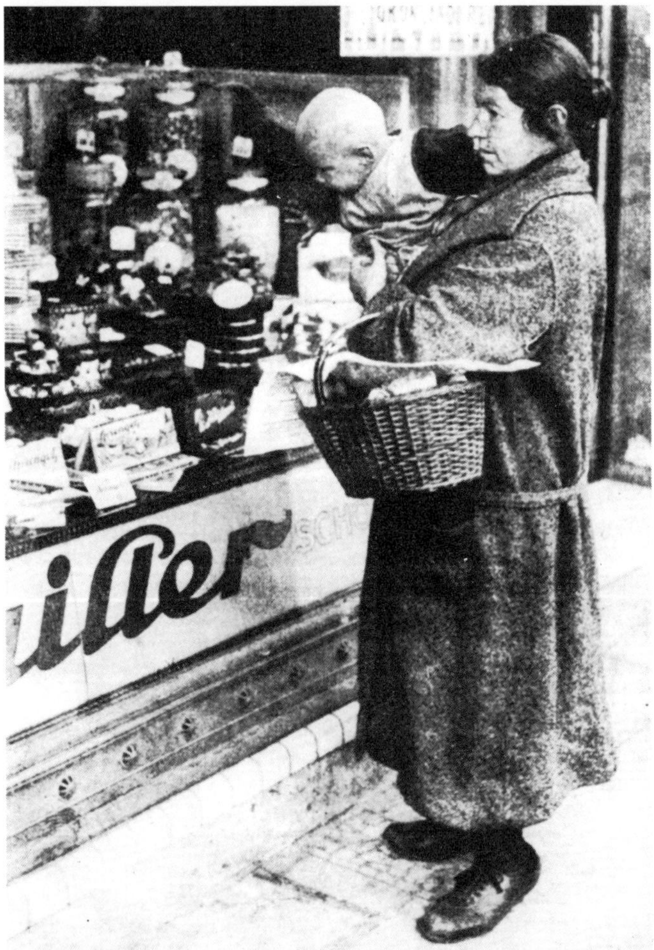

Doppelbelastung durch Erwerbs- und Hausarbeit war durch das 1900 in Kraft getretene Bürgerliche Gesetzbuch auch juristisch kodifiziert; daß die Hausarbeit in jedem Falle Frauensache war, an der sich Männer nicht beteiligen mußten, stand dadurch generell fest.

Die Frau darf ausgehen

So hart der außerhäusliche Arbeitsalltag und seine Bewältigung waren, so vielschichtig gestaltete sich in den Zwanzigern die Freizeitlandschaft. Auch hier waren die Unterschiede zwischen den Geschlechtern ebenso erheblich wie die Schichtdifferenzen. Während viele proletarische und kleinbürgerliche Männer als Ausgleich zur Arbeit gerne Hobbies (Kleintierzucht, Garten und ähnliches) pflegten und mit Vorliebe als Beschließung des Arbeitsalltags ihre Stammkneipe frequentierten, hieß Freizeit für die Frau und Mutter vor allem Hausarbeit.

»In der Freizeit hat (meine Mutter) zu Hause noch genäht... (Sie war) froh, wenn sie sich mal hinsetzen konnte und eine schöne Tasse Kaffee trinken... Das war dann ihre Freizeit.«[11]

Frauen tendierten, wenn sie endlich einmal etwas Zeit fanden, zu kulturellem Engagement. Was während des 19. Jahrhunderts noch den besser gestellten Kreisen vorbehalten war, hielt nun auch Einzug in eher kleinbürgerlichen Schichten. Begünstigt durch die Verbreitung erschwinglicher Abonnements wurde das Theater zum abendlichen Vergnügen auch der Krämersgattin, die zu ihrer Erbauung auch gerne zu Buch und Zeitungsroman griff.

Aus der Tradition der romantischen Salons, der Kulturtreffs des intellektuellen Bürgertums und der nachmittaglichen Repräsentationstees der gründerzeitlichen Großbürgerdame schufen sich die Frauen des kleinbürgerlichen Milieus eine bis heute typisch »weibliche« Freizeit-Institution: den Kaffeeklatsch.

»Meine Mutter hatte regelmäßig – Mittwoch kann es gewesen sein – Kränzchen. Da kamen die Kränzchenschwestern. Dann haben sie Kaffee getrunken... Das ging immer umschichtig. Damals waren es vier, fünf Kränzchenschwestern... Die brachten sich ihren Kuchen natürlich alle selber mit, bloß, daß eine Tasse Kaffee gekocht wurde.«[12]

Für Verheiratete spielten die mit der Familie verbrachten Freistunden wohl die größte Rolle. Man organisierte und gestaltete mühevoll die anfallenden Feste, Weihnachten, Geburtstage, Jubiläen etc. Auch der Sonntagsausflug mit Kind und Kegel und dem großen Picknickkorb war weit verbreitet. Solche preiswerten Freizeitinitiativen waren auch in proletarischen Kreisen beliebt, die mit der Einführung des Acht-Stunden-Tages nun den planbaren Feierabend entdeckten. Abendliches Ausgehen mit dem Ehemann und Freunden dagegen leistete – außer zu speziellen Anlässen, besonders zum Karneval – sich mehr das Bürgertum.

Unverheiratete beiderlei Geschlechts waren in den zwanziger Jahren begeisterte Vereinsmitglieder. Sportliche Betätigung war besonders gefragt. Ausgedehnte Wanderungen und Fahrten, etwa mit den »Naturfreunden«, versprachen Entspannung und Ablenkung vom Streß der Woche, ermöglichten den Austausch mit Gleichgesinnten und Gleichaltrigen, vor allem aber den Kontakt mit dem anderen Geschlecht, unverdächtig und ohne die lauernde Aufsicht der Eltern.

Die Zwanziger waren eine Blütezeit der Vergnügungsindustrie. Das Kino zum Beispiel lockte die Massen an. Hier konnten sich die kleinen »Tippmamselln« und Verkäuferinnen der Illusion hingeben, eines Tages erginge es ihnen wie der »Kollegin« im Film, die schön und unwiderstehlich den betuchten Chef verführt und reiches Glück in reicher Ehe findet. Beliebt waren auch die Tanzcafés. Erstmals mit der Erlaubnis versehen,

Der Badeausflug

sich ohne Observation zu vergnügen, konnten sich hier auch ledige Frauen tummeln. Cafés galten als solide.

Man besuchte diese Etablissements meist, um zu tanzen, das konnte Jeder und Jede. Im Tanzen, gleichgültig, ob in billigen oder in teuren Lokalitäten, konnte sich jeder nach Herzenslust austoben und über die Stränge schlagen.

»Als der Krieg vorbei war, kamen die Soldaten wieder. Da ging sozusagen die verrückte Tanzzeit los... Wir als junge Leute, wenn wir sonntags nicht getanzt haben, dann war das kein richtiger Sonntag.«[13]

Für ledige Frauen aus bescheidenen Verhältnissen war dieses Vergnügen nicht zuletzt darauf abgestellt, »den Richtigen« zu finden, der sie aus der Not schlechtbezahlter stupider Arbeit befreite.

»In der Zeit nach dem ersten Weltkrieg war ich viel tanzen. Mit neunzehn ging ich in die Tanzstunde und danach oft auf Bälle oder zum Tanzen ins ›Bristol‹ oder ins ›Marmorhaus‹. Als die Sozialdemokraten drankamen, konnten wir schon nachmittags um fünf Uhr zum Tanzen gehen, weil die Arbeitszeit geändert wurde... Um fünf Uhr hatten wir frei. Ich ging meistens mit Freundinnen tanzen... Ich hatte viele Freunde, einige hätte ich auch heiraten können. Meinen Mann lernte ich auch bei einem Fünf-Uhr-Tee kennen. Er tanzte sehr gut, das gefiel mir.«[14]

Während die extravaganten Frauen der intellektuellen Avantgarde sich von den Zwängen der Konvention und der bürgerlichen Sexualmoral befreiten und der Zeit das Odium hemmungsloser Verruchtheit verliehen, lebte die Masse der Frauen in gediegenem Anstand und biederer Bescheidenheit. Sie waren die »Heimchen« geblieben, die Siegfried Kracauer treffend zynisch beschreibt:

»Von rührender Winzigkeit sind ihre Erlebnisse im Geschäft. Eine erzählt mir, daß sie nicht addieren könne, wenn draußen eien Drehorgel spiele. Ihre Gefährtin ist darüber beglückt, daß sie neulich im Auftrag der Firma hat Taxi fahren dürfen, und eine dritte erhält mitunter Freikarten für den Lunapark und ein Varieté. Natürlich wissen wir, daß sie bei dem geringen Einkommen einen Freund haben müßten, wenn sie keine Angehörigen besäßen. Aber vorerst haben sie Angehörige, und der Freund ist meist ein Verlobter, mit dem sie sonntags draußen im Zelt lagern. In Lokale gehen sie aus Geldmangel fast nie, und überhaupt sind sie ziemlich solide. Man muß hören, wie Trude, eine Verkäuferin in Moabit, von der geschminkten Kollegin abrückt...; wie sie mit ihrer Freundin zusammen über die leichtfertigen Mädchen urteilt, die abends in Herrengesellschaften feudal bei Kempinski speisen. Später seien diese Mädchen schlecht daran, wenn sie ihresgleichen heiraten, meinen die unreifen Dinger, die sich selber gern das Glück erträumen, einmal Frau heißen zu dürfen. Ihr Ideal ist spießbürgerlich: ein Zukünftiger, der Familiensinn entwickelt und so viel verdient, daß sie nicht mehr zu arbeiten brauchen; nur Kinder wollen sie keine haben.«[15]

Das Gartenhäuschen, selbstgezimmert und mit Dachpappe gedeckt

Anmerkungen

1 Vgl. u. a. Ute *Frevert:* Frauen-Geschichte. Zwischen bürgerlicher Verbesserung und Neuer Weiblichkeit. Frankfurt 1986, S. 146ff.
2 Vgl. z. B. *Frevert,* a.a.O., S. 176.
3 Vgl. zu dieser Entwicklung Christaine *Koch:* Wenn die Hochzeitsglocken läuten... Glanz und Elend der Bürgerfrauen im 19. Jahrhundert. Diss., Marburg 1985.
4 Vgl. dazu neben *Frevert* Ingrid *Wittmann:* »Echte Weiblichkeit ist ein Dienen« – Die Hausgehilfin in der Weimarer Republik und im Nationalsozialismus. In: Frauengruppe Faschismusforschung: Mutterkreuz und Arbeitsbuch. Zur Geschichte der Frauen in der Weimarer Republik und im Nationalsozialismus. Frankfurt 1981, S. 15–48.
5 Eva *Scheid:* Die Küche – die Fabrik der Hausfrau. Diss., Marburg 1985, S. 197.
6 *Scheid,* S. 229ff u. a., Verbreitungsgrad der Geräte ebd. S. 249.
7 Vgl. *Scheid,* S. 249ff.
8 Erna *Meyer:* Der neue Haushalt. Ein Wegweiser zu wirtschaftlicher Hausführung. Stuttgart 1926. Zitiert nach *Scheid,* S. 256 und 259.
9 Karin *Hausen:* Mütter, Söhne und der Markt der Symbole und Waren: Der deutsche Muttertag 1923–1933. In: Hans *Medick* und Sabean *Davis* (Hg.): Emotionen und materielle Interessen. Sozialanthropologische und historische Beiträge zur Familienforschung. Göttingen 1984, S. 486.
10 Stephan *Bajohr:* Vom bitteren Los der kleinen Leute. Protokolle über den Alltag Braunschweiger Arbeiterinnen und Arbeiter 1900 bis 1933. Köln 1984, S. 146f.
11 Ebd., S. 187.
12 Ebd., S. 190.
13 Ebd., S. 196.
14 Irmgard *Weyrather:* »Ich bin noch aus dem vorigen Jahrhundert«. Frauenleben zwischen Kaiserreich und Wirtschaftswunder. Frankfurt 1985, S. 180.
15 Siegfried *Kracauer:* Die Angestellten. Frankfurt 1959, S. 61.

Die große Urlaubsreise nach Venedig

Damenband mit männlicher Begleitung

Kristine von Soden

»Hilft uns denn niemand?«

Zum Kampf gegen den § 218

Am 2. Juli 1920 sorgt ein Antrag der USPD im Deutschen Reichstag für Aufsehen: Ersatzlose Streichung des § 218! Wenige Wochen später, am 31. Juli 1920, fordert die SPD in einem Gegenantrag die Legalisierung der Abtreibung in den ersten drei Schwangerschaftsmonaten. Beide Anträge blieben, wie zu erwarten ist, unerledigt und werden noch einmal 1922 und 1924 gestellt. Doch auch diesmal haben sie keine Chance, erörtert und zur Debatte angenommen zu werden. Zu übermächtig ist das Lager der § 218-Verfechter, zu wortstark sind jene, die zur Bekämpfung des anhaltenden Geburtenrückgangs Neuankömmlinge jeder Art, ob geplante, geduldete oder aus Versehen entstandene, propagieren. Und dazu scheint jedes Mittel recht. Denn um den »Untergang der Nation«, so Deutschnationale, die konservative Volkspartei und das katholische Zentrum, zu verhindern, hält man drastische Maßnahmen zur Anhebung des Bevölkerungswachstums, besonders die Beibehaltung des strikten § 218, für unbedingt erforderlich.

Die Politik des Gebärzwangs wird dann immer wieder hauptsächlich von der KPD in Frage gestellt und in ihrem eigentlichen Kern enthüllt:

»Die Bourgeoisie fürchtet, daß sich die Objekte ihrer Ausbeutung vermindern könnten, daß ihr in den Zeiten der Hochkonjunktur die nötigen Arbeitskräfte fehlen könnten, die ihr auch in den Zeiten der Krise und der Depression als ein Heer von Lohndrückern, als eine industrielle Reservearmee, die auf den Lebensstandard der ganzen Arbeiterklasse drückt, willkommen ist. Noch mehr fürchtet sie, bei ihrem nächsten Krieg um die Aufteilung der Welt zu kurz zu kommen, wenn nicht genügend Kanonenfutter vorhanden ist.«[1]

In verschiedenen Gesetzentwürfen fordert die KPD die völlige Aufhebung des Abtreibungsverbots sowie die Amnestie aller aufgrund des § 218 Verurteilten. Doch auch die KPD-Anträge werden vom Deutschen Reichstag abgelehnt. Auch sie finden kein Gehör, obwohl der § 218 mit seinen Auswirkungen längst eines der brennendsten Alltagsprobleme ist, das nach rascher Lösung drängt. »Einer Kurpfuscherin in die Arme getrieben« – »Fünf Jahre Zuchthaus wegen Abtreibung mit Todesfolge« – »Ein Jahr Gefängnis wegen Beihilfe zur Abtreibung« – »Schwere Gesundheitsschädigungen nach unerlaubtem Eingriff« – »Selbstmord eines Arztes wegen § 218«. Täglich machen solche Meldungen Schlagzeilen. Täglich finden bedrückende Fälle von Abtreibungen und Abtreibungsversuchen statt. Erinnerungen einer 82jährigen ehemaligen Siemensarbeiterin:

»Meine Eltern sind um 1900 nach Berlin gekommen und haben sich eine Hauswartsstelle gesucht, sonst waren sie nicht durchgekommen. Man mußte ja um sein Leben kämpfen, denn so viel gab's damals nicht. Da meine Eltern als Hauswart mit den Dienstmädchen im Haus enge Verbindung hatten, kamen die Mädchen auch oft zu uns. Und als mein Vater mal nicht da war, hat eine auch bei uns geschlafen. Ich war damals neun oder zehn und hörte nachts immer die Gespräche zwischen meiner Mutter und dem Dienstmädchen. Das war denn so, daß sie jesagt hat: ›Der Herr stellt mir nach, ich weiß nicht, was ich machen soll!‹ In der Form liefen die Gespräche meist ab. Denn das war klar. Die Dienstmädchen waren ja völlig schutzlos. Und eines Tages war es auch passiert, daß sie geschwängert war, wie sie jesagt hatte. Sie wüßte nicht, wohin und so. Und dann hat meine Mutter irgendwie 'nen Rat gegeben, sie soll doch zu 'ner Frau sowieso geh'n. Ich kenn' den Namen nicht mehr, Sie ist dann auch dort hingegangen. Ob sie Geld hatte, weiß ich nicht. Anschließend hat sie jedenfalls 'n paar Tage bei uns gewohnt und sich dann 'ne neue Stellung gesucht. Es war so im allgemeinen, die jungen Mädchen waren Freiwild.«[2]

Gleich mehrere Seiten des Abtreibungselends kommen hier zum Ausdruck: Daß Unverheiratete, wenn sie ein Kind zur Welt bringen, mit unerträglicher sozialer Ächtung zu rechnen haben. Daß Frauen in die Hände geschäftstüchtiger Kurpfuscher getrieben werden, weil ihnen der § 218 den Weg zu medizinischer Hilfe und psychischer Unterstützung versperrt. Seit 1871, dem Jahr der Gründung des Deutschen Reichs, steht der § 218 im Strafgesetzbuch und bestimmt mit gnadenloser Härte:

»Eine Schwangere, welche ihre Frucht vorsätzlich abtreibt oder im Mutterleib tötet, wird mit Zuchthaus bis zu fünf Jahren bestraft. Sind mildernde Umstände vorhanden, so tritt Gefängnisstrafe nicht unter sechs Monaten ein. Dieselben Strafvorschriften finden auf denjenigen Anwendung, welcher mit Einwilligung der Schwangeren die Mittel zur Abtreibung oder Tötung bei ihr angewendet oder ihr beigebracht hat.«[3]

Trotz dieser hohen Strafen lassen Frauen Abtreibungen machen. Die Dunkelziffer liegt nach Schätzungen des Deutschen Ärztetages jährlich über einer Million. Nur ein Teil davon gelangt ans Tageslicht: 1920 stehen 2450 Frauen wegen »Vergehens gegen § 218« vor Gericht, im Krisenjahr 1923 sind es 4 230, 1925 mehr als 7800. Bis 1933 werden 60000 »Abtreiberinnen« in der Kriminalstatistik registriert. Die meisten von ihnen stammen aus der Arbeiterschaft. Und Arbeiterfrauen sind es auch überwiegend, die Selbstabtreibungen vornehmen, um jeder Gefahr einer Denunziation zu entgehen. Manche versuchen durch heiße Sitzbäder und Umschläge einen künstlichen Abort herbeizuführen, wie eine 73jährige ehemalige Angestellte erzählt:

»Meine Mutter hat mir immer gesagt, ich soll heiße Umschläge machen, damit die Tage durchkommen. Und manchesmal hat das auch geholfen. Dann weitet sich das durch die Hitze. Das wurde damals den Frauen geraten. Aber das konnte natürlich nur in den Anfangsstadien sein, also wenn man merkte, man bekommt seine Tage nicht durch. Mit heißen Sitzbädern und heißen Tüchern auf den Leib konnte man Glück haben, daß dann die Frucht abging.«[4]

Während hier nur selten Komplikationen auftreten, sind Selbstabtreibungen mit spitzen Gegenständen, alkoholischen Mixturen und Gift höchstgefährlich. Auch mit der sogenannten Mutterspritze. Trotzdem benutzen Frauen dieses mörderische Instrument, oft sogar mehrmals in ihrem Leben. Und auch beim Kurpfuscher liegt die Mutterspritze auf dem Tisch – unsauber, rostig, nicht steril. Erschütternd der folgende Brief einer sechzehnjährigen Schülerin:

»Liebe Mutter! 28.6.29

Wenn Du diese Zeilen erhältst, bin ich nicht mehr unter den Lebenden. Ich fühle, daß mein Ende dicht bevorsteht. Der Arzt tröstet mich zwar und meint, ich käme durch, aber mir ist heute so eigenartig zumute, die Schmerzen haben ganz plötzlich nachgelassen. Ich fühle mich beinahe wohl und doch, es ist mir, als ob meine Seele anfinge, sich vom Körper zu lösen…

Es ist das beste so. Nur nicht wieder diese wahnsinnigen Leibschmerzen der letzten Tage! Diese fürchterliche Glut, die mich beinahe verbrannte, dieser unsinnige Durst, dieses Wühlen im Körper, diese Schüttelfröste, diese rasenden Kopfschmerzen. Glaube mir, Mutter, ich habe schwer für meinen Leichtsinn gebüßt. Nicht nur die letzten Tage waren so schwer, sondern schon die ganzen letzten Wochen und Monate. Bevor ich aber, geliebtes Muttchen, weggehe von Dir, muß ich Dir noch einmal mein Herz ausschütten! Stelle Dir vor, ich kniete vor Dir und legte meinen Kopf in Deinen Schoß, als ob ich noch ein kleines Mädchen wäre, das sich schämt und der Mutter nicht ins Auge blicken kann. Wie kam alles? Du, liebe gute Mutter, hast ja gar nichts gemerkt, und sagen möchte ich es Dir nicht. Ich hatte Angst vor Deinen lieben Augen, die manchmal so streng blicken können. Ich war ja auch wie im Taumel. Frag mich nicht, an wen ich meine Unschuld verloren habe. Du kennst ihn, Du hast ihn gern, er ist der Schlimmste noch nicht. Er hätte mich ja auch gern geheiratet, aber wir sind ja noch so jung und sein Vater… doch was soll ich davon reden, nur wissen sollst Du, wie ich gebüßt habe. Als ich mich Mutter fühlte, durchfuhr mich Entsetzen. Du weißt, ich bin kein leichtsinniges Mädchen. Du weißt doch, Mutter! Nicht wahr? Ich kann nachdenken und habe Verantwortungsgefühl. Mein erster Impuls war, zu Dir zu eilen, doch wenn Du dann so freundlich, zufrieden und glücklich vor mir standest, da schien mir jeder Tag Gewinn, der vorüberging, ohne daß Du teilnehmen mußtest an meinem Unglück. Immer hoffte ich ja auch noch auf eine Wendung!

Und dann fingen die widerwärtigen Wege an zu lichtscheuen Helfern. Mein bißchen Geld wurde ausgegeben ohne Erfolg, bis ich am Ende meiner Kraft war und nicht anders konnte als jenen Menschen aufzusuchen, der schon so vielen in unserer Stadt half, der auch mir helfen sollte gegen hohen Lohn. All mein Schmuck ist draufgegangen. Verzeih mir, Mutter, und suche nicht mehr danach. Du weißt, wer mir half, wen ich meine, wir haben ja einmal ausführlich darüber gesprochen. Nun! – er hat mir geholfen… Die Erniedrigung aber, die Qual, die ich durchmachte, als ich mich von diesen unsauberen, unkeuschen Händen berühren lassen mußte, waren allein schon Vergeltung für meinen Leichtsinn. Du weißt, daß dieser Mensch das nur um des Geldes willen tut, ohne Vorbildung, ohne irgendwelche Vorsicht wagt er die tollsten Sachen. Denkst Du noch an den plötzlichen Tod meiner Mitschülerin Therese? Damals wurde ja alles vertuscht. Heute weiß ich: Sie ist denselben Weg durch die Schuld desselben Mannes gegangen, denselben Weg, den auch ich jetzt gehen werde. Eine Dankesschuld gegen diesen Mann habe ich kaum abzutragen. Ich empfinde nur die Pflicht, ihn unschädlich zu machen. Und doch wollte ich eigentlich alles verschweigen, ich war zu elend und krank. Aber gestern war der Herr Stadtpfarrer bei mir. Ich ließ ihn rufen. Dem habe ich alles gebeichtet. Er hat mir dann klar gemacht, daß ich mich versündige, wenn ich schweige. Du mußt nun selber wissen, was Du tust. Verzeih, daß ich Kummer auf Dein Haupt häufe. Ich finde keine Worte mehr. Ich bin so schwach… mir ist so sonderbar… ich sehe Dich vor mir, Du beugst Dich über mich und gibst mir einen Kuß auf die Stirn… o Gott!!… O Gott… warum… Verzeih mir!«[5]

Die Auswirkungen des § 218 sind wirklich schrecklich: Jahr für Jahr werden 125000 Frauen mit hohem Fieber in Kliniken und Krankenhäuser eingeliefert. Jahr für Jahr tragen 40000 Frauen bleibende Gesundheitsschäden davon. Jahr für Jahr gehen 50000 Frauen an laienhaften Eingriffen zugrunde – Opfer eines Gesetzes, dessen Sinn doch die Erhaltung des Lebens sein soll.

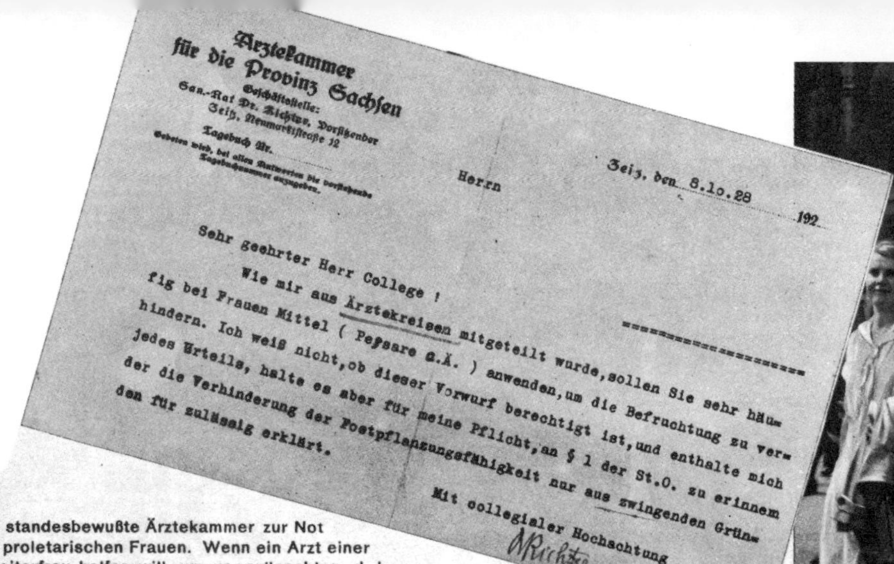

Ärztekammer
für die Provinz Sachsen
Geschäftsstelle:
San.-Rat Dr. Richter, Vorsitzender
Zeitz, Neumarktstraße 12
Tagebuch Nr.
Gebeten wird, bei allen Antworten die vorstehende Tagebuchnummer anzugeben.

Herrn

Zeitz, den 8.1o.28 192

Sehr geehrter Herr College !

Wie mir aus Ärztekreisen mitgeteilt wurde, sollen Sie sehr häufig bei Frauen Mittel (Pessare u.Ä.) anwenden, um die Befruchtung zu verhindern. Ich weiß nicht, ob dieser Vorwurf berechtigt ist, und enthalte mich jedes Urteils, halte es aber für meine Pflicht, an § 1 der St.O. zu erinnern, der die Verhinderung der Fortpflanzungsfähigkeit nur aus zwingenden Gründen für zulässig erklärt.

Mit collegialer Hochachtung

Richter

ie standesbewußte Ärztekammer zur Not er proletarischen Frauen. Wenn ein Arzt einer rbeiterfrau helfen will, um unerwünschten, d. h. us materieller Not untragbaren Kindersegen vorzueugen, bedroht ihn die Ärztekammer mit Vernichtung einer ärztlichen Existenz

Die aufgeklärte Arbeiterin weiß, daß die Freiheit in der Ehe nur möglich ist, wenn sie selbst über ihre Mutterschaft bestimmen kann. Es gibt keine Ehereform ohne Beseitigung des Abtreibungsparagraphen, dem jährlich tausende Proletarierinnen zum Opfer fallen

Aus: AIZ, Nr. 12/1929

»Nieder mit dem Abtreibungsparagraphen!«

Angesichts dieser alarmierenden Zustände sind es vor allem auch Frauen, die für die Abschaffung des § 218 oder für dessen Liberalisierung kämpfen: proletarische Frauen, Frauen aus dem radikalen Flügel der bürgerlichen Frauenbewegung, zahlreiche Ärztinnen. Viele von ihnen engagieren sich in der aufkommenden Sexualreformbewegung, viele sind in den entstehenden Sexualberatungsstellen, in Wohlfahrts- und Fürsorgeeinrichtungen tätig. So auch Dr. Alice Goldmann-Vollnhals, Leiterin der Schwangerenfürsorge der Ambulatorien der Krankenkassen Berlins:

»Auf Grund unserer Erfahrungen müssen wir sagen: Wenn eine Frau ihre Schwangerschaft als unerwünscht betrachtet und von ihr befreit werden will, so wird sie dieselbe auf alle Fälle zu beseitigen wissen, auch dann, wenn sie den Eingriff mit dem Leben bezahlt. Alle gesetzlichen Strafandrohungen sind gegenüber der furchtbaren Notlage illusorisch und halten niemanden von der Abtreibung ab. Das kann nicht stark genug hervorgehoben werden.«[6]

Die klare Absage vieler Ärztinnen an den § 218 findet freilich nicht überall Zustimmung und Anerkennung. Am wenigsten in den eigenen Reihen, wo diese Haltung eher beargwöhnt und zurückgewiesen wird. Nicht ohne Zynismus stellt etwa Dr. Erna Gläsmer, Mitglied der standesbewußten Deutschen Gesellschaft für Gynäkologie, 1932 rückblickend fest:

»Es ist kein Zufall, daß die Köpfe dieser dem Schutze der Frau dienen wollenden Bewegung in erster Linie *Frauen,* die Leiterinnen und Organisatorinnen der neuorientierten Sexualberatungsstellen vielfach *Ärztinnen* sind. Durchdrungen von dem Gefühl der Menschlichkeit, dem Mitleid mit der Geschlechtsgenossin und von der Heiligkeit ihrer Sendung, hypnotisiert von den Erfolgen der anglo-amerikanischen Vorkämpferinnen, fühlen sich diese führenden Frauen als Apostel einer neuen Zeit und sind überzeugt, daß diese neue Zeit für den rückständigen Patriarchalismus, für die in Kinderschuhen stecken gebliebene einseitige Weltanschauung der Deutschen Ärzteschaft und die überlebten Reste einer frühen ›Herrenmoral‹ bald nur mehr ein Lächeln übrig haben wird.«[7]

Die Ärztinnen in den Sexualberatungsstellen – 400 solcher Einrichtungen, getragen von über 30 Sexualreformorganisationen, gibt es bis zum Ende der Weimarer Republik – gehen indes mit sehr viel handfesteren Ansprüchen und außerordentlich ernsthaft an ihre Arbeit heran. Sie wollen die proletarische »Sexualnot«, wie es allenthalben heißt, und das Abtreibungselend durch umfassende Verhütungsberatung und Sexualaufklärung lindern. Diese gewiß nicht leichte Aufgabe stellen sich Dr. Lilly Ehrenfried, Dr. Hertha Nathorff, Dr. Hertha Riese, Dr. Lotte Fink, Dr. Lotte Neisser-Schroeter, Dr. Elisabeth Prinz, Dr. Charlotte Wolff und Dr. Else Kienle – einige der Pionierinnen auf diesem Gebiet.

Einzigartig in politischer Reichweite und Masseneinfluß ist dann die große Solidarität namhafter Wissenschaftler, Schriftsteller und Künstler, die das reformerische Ansinnen jener Ärztinnen unterstützen und in der Protestbewegung gegen den § 218 Anfang der dreißiger Jahre eine führende Rolle einnehmen: Albert Einstein und Sigmund Freud sprechen sich für die Abschaffung des § 218 aus. Die Grafikerin Alice Lex-Nerlinger, Mitglied der »Assoziation Revolutionärer Bildender Künstler Deutschlands (ARBKD)«, entwirft das bekannte Spritzbild »§ 218«. Käthe Kollwitz fertigt für die KPD Auftragsplakate »Nieder mit dem Abtreibungsparagraphen!« an. Bertolt Brecht, Erich Kästner und Kurt Tucholsky attackieren den § 218 in Gedichten und Artikeln. Lion Feuchtwanger unterzeichnet den Aufruf für ein Selbstbezichtigungskomitee. Im Erfolgsstreifen »Der Kreuzzug des Weibes« (1926) wird das Abtreibungsproblem erstmals auf die Leinwand gebracht. Die Arbeiter-Illustrierte-Zeitung veröffentlicht regelmäßig Reportagen über § 218-Prozesse. Der satirische »Eulenspiegel« bringt 1931 eine Sondernummer zum § 218 heraus. Und im selben Jahr macht die große Berliner Ausstellung »Frauen in Not« Tausende auf den »Mordparagraphen« aufmerksam. Auch zahlreiche Ärzte sind bei den Kundgebungen und Demonstrationen zur Abschaffung des § 218 dabei. Viele von ihnen, darunter Dr. Magnus Hirschfeld, Gründer und Leiter des weltweit berühmten Instituts für Sexualwissenschaft in Berlin (1919), in dem

auch die erste Sexualberatungsstelle des Deutschen Reichs eröffnet wird, sowie der Berliner Stadtarzt und Sexualpädagoge Dr. Max Hodann, stehen der Arbeiterschaft und der Arbeiterbewegung nahe. Viele gehören dem Verein Sozialistischer Ärzte (VSÄ) an, den Dr. Karl Kollwitz, Ehemann von Käthe Kollwitz, zusammen mit anderen sozialistischen Ärzten vor dem Ersten Weltkrieg gegründet hatte. Auch der Lüneburger Arzt Dr. Carl Credé ist Mitglied im VSÄ. Auch er setzt sich für die Abschaffung des § 218 ein. Auch er leistet aktive Hilfe. 1926 wird er deswegen verhaftet. Im Gefängnis zeichnet er seine Erfahrungen mit Patientinnen aus proletarischen Kreisen auf:

»Die Arbeiterfrauen sind heute noch in einem meist sehr elenden Zustande, ihre Entwicklungszeit haben sie während des Krieges und der auf diesen folgenden Teuerungsjahre durchgemacht, dadurch ist ihr Körper zurückgeblieben. Sie kränkeln an Bleichsucht, an leichten tuberkulösen Erscheinungen, an allgemeiner Schwäche und haben es schon im nichtschwangeren Zustand oft schwer genug, auf den Beinen zu bleiben. Kommt dann für sie noch – über Nacht – die Aufgabe hinzu, in ihrem welken Leibe, der seinen eigenen Körperhaushalt kaum decken kann, ein neues Lebewesen aufzubauen, so geht das über ihre Kraft. Der denkende Arzt, geschweige denn der mitfühlende Mensch, kann an so etwas nicht vorübergehen! ... Ich habe zahlreiche Frauen vor Siechtum und Tod retten können. Dennoch wurde ich zugleich mit zwei befreundeten Ärzten verurteilt, obwohl wir alle unsere Unschuld beteuerten und unbescholten waren. Wir hatten aus ärztlichen Gründen Schwangerschaften unterbrochen, immer im festen Glauben, dazu berechtigt, ja verpflichtet zu sein. Nun bin ich im elften Monat in Haft, meine Körperkraft, meine Gesundheit ist dahin, ich bin an den Füßen gelähmt und herzkrank. Solange der Geist aber noch klar bleibt, will ich ihn nützen, damit mein bitteres Leid wenigstens anderen zum Segen werde! Ich will beweisen, wie überlebt und schädlich der § 218 unseres Strafgesetzbuches ist, wie grausam er unser armes Volk plagt, und wie wir Ärzte heute unseren Beruf in innerem Zwiespalt und steter Gefahr ausüben müssen. Für mich selber arbeite ich dabei gewiß nicht mehr. Ich will nur dazu beitragen, daß bessere Verhältnisse geschaffen werden.«[8]

Bessere Verhältnisse sind wahrlich vonnöten – und das zunächst und in erster Linie wirtschaftlich, sozial. Denn die Mehrheit der Arbeiterfamilien fristet ein trostloses Dasein: Ihre Wohnungen sind eng, dunkel, feucht – Brutstätten der Tuberkulose. Beim Essen reicht es meist nur für Brot, Mehlspeisen, Malzkaffee, Kartoffeln. Viele Kinder sind chronisch unterernährt. Groß dann die Belastung im Hungerwinter 1923/24 durch die Inflation. 1,5 Millionen Männer und Frauen erwerbslos. In Massen drängen sie sich vor Wohlfahrtsämtern und überfüllten Fürsorgestellen in der Hoffnung auf einen bescheidenen Mietzuschuß. Doch die meisten gehen mit leeren Händen nach Haus. Schnell aufeinanderfolgende Schwangerschaften verschlimmern die Existenzsorgen in den Arbeiterfamilien dramatisch. 1928 heißt es in einer kommunistischen Frauenzeitschrift:

»Wenn das zweite und dritte Kind kommt, dann beginnt das Elend. Der Lohn reicht nicht mehr aus, all die Münder zu füllen, die Leiber zu bekleiden, die Füße zu beschuhen. In der Wohnung kann man sich kaum noch umdrehen; man schläft zu

zweit und zu dritt in einem Bett. Vor allem leidet die Frau unter den häufigen Geburten. Überarbeit und Unterernährung während der Schwangerschaft, keine Schonung nach der Entbindung, immer steigende Belastung durch Haushalts- und Erwerbssorgen. Und die Kinder? Bereits im Mutterleib hungert der kleine Proletarier. Luft und Licht, Sauberkeit und Pflege fehlen dem Säugling; blutarm und rachitisch wächst er auf – wenn er überhaupt aufwächst. Denn die Säuglingssterblichkeit ist ungeheuer in den Proletariervierteln, drei- bis fünfmal so groß wie in den Bezirken der Wohlhabenden. Bei diesen Verhältnissen ist es begreiflich genug, daß auch das Proletariat daran geht, die Familie klein zu halten.«[9]

Doch das ist leichter gesagt als getan, denn auf dem Weg zur Geburtenregelung gibt es eine Menge Hindernisse zu überwinden: Die mangelhafte Sexualaufklärung besonders unter Frauen, den vielfach rohen sexuellen Umgang mit ihnen durch Männer und schließlich den dürftigen Empfängnisschutz. Dies alles trägt eher zu ungewollten Schwangerschaften und damit immer auch zu den gefährlichen Abtreibungen bei, als daß es die Geburtenregelung fördern würde. Erschwerend kommt für die verheiratete Frau hinzu, daß sie ihrem Mann jederzeit sexuelle Dienste zu leisten hat – ob sie will oder nicht. So zumindest verlangt es seit 1900 das Eherecht nach dem Bürgerlichen Gesetzbuch (BGB). Und dieses wird darum auch vor allem von Frauen aus der bürgerlichen Frauenbewegung in Frage gestellt. Zum Beispiel von Hedwig Dohm, einer der herausragenden Denkerinnen:

»Es ist das Recht des Mannes, von der Frau die eheliche Pflicht zu fordern, auch wenn ihr diese Pflicht widerstrebt. Eine keusche, sensitive Frau empfindet diese Pflicht, ohne den hinreißenden Impuls zur Hingabe, als etwas Widriges, ihre Schamhaftigkeit tödlich Verletzendes. Ja, es gibt Frauen, die diesen Anspruch des Mannes als eine Vergewaltigung empfinden. Bei exzentrischen, leidenschaftlichen Frauen kann dieser Widerwille sich bis zum Haß, bis zur Vorstellung von Mord oder Selbstmord steigern.«[10]

Verhütung – Frauensache

Das Recht des Mannes, von der Frau die »eheliche Pflicht« zu fordern, macht jede sexuelle Verweigerung im Zweifelsfall zum juristischen Streit und die Verhütung zur reinen Frauensache. Welchen Schutz bietet hier die pharmazeutische Industrie? In Hülle und Fülle meist teure und wenig nutzbringende Zäpfchen, Tabletten, Pulvermischungen und klebrige Salben. Außerdem Stifte, Pilze und andere Gegenstände aus Hartgummi oder Silber zur Einführung in den Gebärmutterhals. Umständlich, wiewohl weit verbreitet, sind Ausspülungen mit lauwarmem Wasser und einem desinfizierenden Zusatz aus essigsaurer Tonerde oder flüssiger Seife. In einer Gebrauchsanweisung wird erklärt:

»Der einfachste und billigste Ausspülapparat ist der Irrigator. Er ist ein zwei bis drei Liter fassendes Gefäß aus Blech, Emaille oder Prozellan, Glas oder Gummi. Am unteren Ende befindet sich ein Ausfluß, an dem ein 1,50 bis 2 Meter langer Gummischlauch angebracht wird, der in ein Röhrchen mit erbsengroßen Öffnungen ausläuft. Der Behälter ist mit lauwarmem Wasser mit einem Zusatz von Zitronensäure, Chlorzink, Holzessig, Lysoform, Kalipermanganat oder Formol zu füllen. Am besten wechselt man mit den Zusätzen monatlich. Formollösung aber gilt als das beste samentötende Mittel. Gummischlauch und Röhre bleiben im Irrigator liegen. Dann hängt man diesen 1,50 Meter hoch an die Wand oder stellt ihn in gleicher Höhe auf einen Tisch oder ein Konsolbrett. Nun preßt man den Gummischlauch am unteren Ende um, so daß das Wasser nicht auslaufen kann, setzt sich auf ein Becken, zieht die Knie an, daß die Füße flach aufliegen und lehnt sich mit dem Rücken an eine Wand. Jetzt lockert man den Schlauch, läßt ein wenig Wasser in das Becken einlaufen, um die Luft aus dem Schlauch zu entfernen und führt das Röhrchen so tief in die Scheide, bis es auf Widerstand stößt. Dann geht man ein wenig zurück, damit das Wasser frei eindringen kann. Es empfiehlt sich, die Schamlippen fest zusammenzupressen, mit der Hand noch behilflich zu sein, so daß das Wasser nicht abfließen kann. So dehnt das Wasser die Scheide und dringt in alle Falten. Dann spreizt man die Beine und läßt das Wasser abfließen. Wenn dieser Vorgang mehrere Male wiederholt wird, so wird der Samen völlig weggespült.«[11]

Das Dilemma mit der Verhütung beschäftigt die Medizin: Es finden Tagungen und Kongresse dazu statt. Es erscheint dazu eine Flut an Büchern, Broschüren und Heften. In der einschlägigen Fachpresse werden laufend neue Verhütungsmittel – über 100 Präparate sind bereits auf dem Markt – vorgestellt. Für Vortragszwecke gibt es Dias und Filme. Bemerkenswert in diesem breiten Fachdialog ist die Position namentlich der Ärztinnen aus Sexualberatungsstellen. Auffallend häufig heben sie hervor, daß der § 218 ein »Männergesetz« und jedes Gericht in dieser Angelegenheit ein »Gericht der Männer«, so Dr. Else Kienle, ist. Mehr als andere beschäftigen sie sich mit Problemen der praktischen Handhabung und möglichen Nebenwirkungen von Verhütungsmitteln. Mehr als andere auch distanzieren sie sich vom zunehmenden Forschungseifer, der selbst massive Eingriffe in den weiblichen Körper sowie Schmerzen, verursacht etwa durch die soeben erfundene Spirale, bagatellisiert. Und die Ärztinnen aus Sexualberatungsstellen sind es schließlich, die das mangelnde Verantwortungsbewußtsein von Männern in Sachen Verhütung kritisieren. Dr. Alice Goldmann-Vollnhals, die eng mit ihren Kolleginnen aus den Sexualberatungsstellen der Ambulatorien der Krankenkassen Berlins zusammenarbeitet:

»Die Frau hat die Last der Fortpflanzung. Sie hat die Schemrzen der Geburt, die Gefahren des Wochenbetts, die Anstrengung des Stillens. Dazu wird ihr eine neue und nicht ungefährliche Last von dem Manne aufgebürdet. Die Frau soll es nun auch übernehmen, die Folgen des Sexuallebens abzuwenden.«[12]

Links: Informationsbroschüre aus den zwanziger Jahren
Rechts: Aufklärungsbroschüre aus dem Jahr 1929, verfaßt von dem Berliner Arzt Dr. Max Hodann, die sich vor allem an die Arbeiterjugend richtete. Versuche der Staatsanwaltschaft, die Schrift in mehreren Städten zu beschlagnahmen, trugen zu ihrer Popularisierung bei.

Hamburger Ortsgruppe des Deutschen Bundes für Mutterschutz und Sexualreform e. V.
Hamburg 26, Diagonalstr. 4, I

In unsern

Ehe- und Sexualberatungsstellen

erteilen wir Rat
in Fragen des Geschlechtslebens
mit allen seinen Auswirkungen
und Folgeerscheinungen

Sprechstunden:
Bezirk Zentrum:
Montags 7–8 Uhr abends, Kaiser-Wilhelm-Str. 95
Bezirk Eimsbüttel:
Donnerstags 7–8 Uhr abends, Bismarckstraße 79

das bekannte Tubenpräparat

in den Größen von 40–75 mm mit je 5 mm Abstand lieferbar.

MESSRINGE
zur Größen-Feststellung

FrommsAct

Fromms Act Transparent
Fromms Act Heißvulkanisiert

Jahrzehnte bewährt.

Das warmvulkanisierte Präs. mit seiner jahrelangen Lagerfähigkeit.

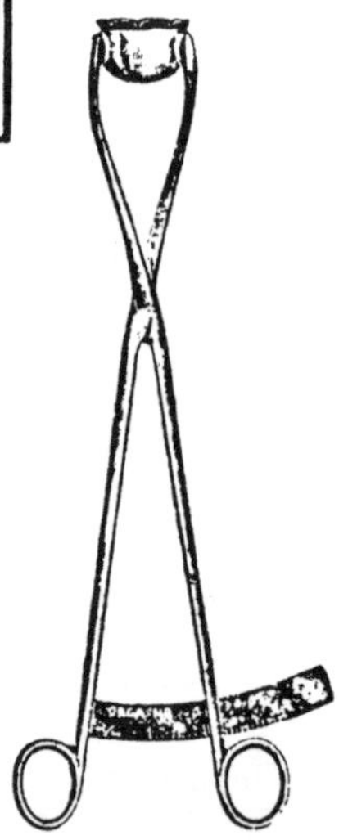

MESSZANGE
für Portio Kappen

Zu beziehen durch die Fachgeschäfte. Wenn am Platze nicht erhältlich, durch

„PEYSOL" Sanitäts-Manufaktur
Inh. Wilhelm Jansen

BERLIN S 42
Ritterstraße 114

Fernsprecher:
F 1 Moritzplatz 0295

Eine Familie, die die Gebärpropaganda befolgt hat: zehn Kinder

Der »Wille zur Mutterschaft«

So fortschrittlich und streitbar die Ärztinnen einerseits sind, so wenig können sie sich andererseits vom traditionellen Leitbild der Frau lösen. Fast alle sprechen vom weiblichen »Naturinstinkt«, Kinder zu gebären, und vom angeborenen »Willen zur Mutterschaft«. Für fast alle liegt der eigentliche Sinn weiblichen Daseins in der Ehe und Familie. Speziell für die proletarische Frau, deren Wohlergehen den Ärztinnen besonders am Herzen liegt, verspricht das häusliche Leben jedoch kaum Glück. Und das umso weniger, je größer der Kinderreichtum und je geringer das Verhütungswissen sowie die Möglichkeit, Verhütungsmittel zu kaufen, ist. Beratung und Aufklärung für proletarische Ratsuchende dient neben der wichtigen Einzelfallhilfe hinaus daher immer auch dem allgemeinen Ziel, die proletarische Ehe zu stabilisieren, die Gesundheit der Frau durch Geburtenregelung zu schützen und damit den »Willen zur Mutterschaft« auf ein solides Fundament zu stellen. Nur vereinzelt wird die Ehe als Institution der bürgerlichen Gesellschaft von den Ärztinnen in Frage gestellt. Und nur vereinzelt auch treten Ärztinnen für die Abgabe von Verhütungsmitteln ein, um Frauen ein unbeschwerteres und lustvolles Sexualleben zu gewähren. Meist werden Verhütungsmittel nur als Übergangslösung für noch nicht verheiratete Frauen akzeptiert. Und Ehefrauen verschreibt man solche lediglich bei bestimmten Indikationen – dieser Begriff wird schon 1910 von dem Berliner Gynäkologen Dr. Max Hirsch geprägt. Die Praxis der Sexualberatungsstellen, ob von Ärztinnen oder Ärzten geführt, zeigt 1928 ganz typisch eine Auswertung von Dr. Kurt Bendix, Chefarzt der Berliner Ambulatorien:

»Bei den Besucherinnen, die wegen Verhütung der Empfängnis kamen, also bei dem Gros, wurde versucht, festzustellen, ob eine wirtschaftliche, eugenische oder medizinische Indikation vorlag. War dies nicht der Fall, so wurde zunächst versucht, die Frau zu überreden, von Verhütungsmaßnahmen Abstand zu nehmen.«[13]

Das ungebrochene Festhalten am Mutterschaftswillen und an der Mutterschaftspflicht findet seinen indirekten Niederschlag auch in der Auseinandersetzung mit dem § 218. Keineswegs nämlich – und das gilt besonders für Sozialisten und Kommunisten – wird um das Selbstbestimmungsrecht der Frau grundsätzlich und für alle Zeiten gekämpft. Diese Forderung bleibt vielmehr an die Klassengesellschaft mit ihrer Klassenjustiz gebunden. 1922 schreibt die KPD: Nur solange die Gesellschaft die Versorgung der Mutter und die Pflege der Kinder nicht übernehmen will, muß man den Frauen das Recht zugestehen, selbst zu urteilen, ob sie imstande sind, ein Kind großzuziehen. Grundlegend anders gestalten sich die Verhältnisse im Sozialismus. Dieser wird umfassenden gesetzlichen Mutterschutz gewähren und genügend Kinderversorgungseinrichtungen zur Verfügung stellen. Der »Arbeiterstaat« wird darüber hinaus, so auch die kommunistische Ärztin Dr. Martha Ruben-Wolf in ihrer Schrift »Abtreibung oder Verhütung?« (1931), die »proletarische Auffassung« verwirklichen, daß die Mutterschaft die »soziale Funktion« der Frau bildet. Nicht länger müssen Frauen dann unter dem »Unsegen der schrankenlosen Fortpflanzung« leiden und zur Abtreibung greifen, weil jede Schwangerschaft in das »Glück der gewollten Mutterschaft« verwandelt wird.[14]

Die Konfrontation mit der proletarischen »Sexualnot« und dem Abtreibungselend in der täglichen Beratungspraxis ist es hauptsächlich, die sozialistische und kommunistische Ärzte am traditionellen Leitbild der Frau festhalten läßt und sie immer wieder erneut in ihrer Auffassung bestärkt, daß die Klassengesellschaft den »Willen zur Mutterschaft« unterdrückt und schmälert. In Beratungsgesprächen über Abtreibung und Verhütung wird daher auch nicht etwa angestrebt, die Existenz jenes Willens selbst einmal in Zweifel zu ziehen, sondern Frauen die gesellschaftlichen Ursachen ihrer Lage möglichst anschaulich nahezubringen. »Wir mobilisieren damit die Frauen zum Kampfe gegen die ganze Gesellschaftsordnung des Kapitalismus.«[15]

Richtungsweisend in dieser politisch gewiß notwendigen, subjektiv aber oft abstrakt bleibenden Herangehensweise – allein schon das proletarische Sexualleben mit all seinen Brutalitäten bleibt so völlig unberührt – wirkt der Arzt und Schriftsteller Dr. Friedrich Wolf. Er wird 1920 Stadtarzt in Remscheid. 1921 zieht er nach Worpswede in die Barckenhoff-Siedlung von

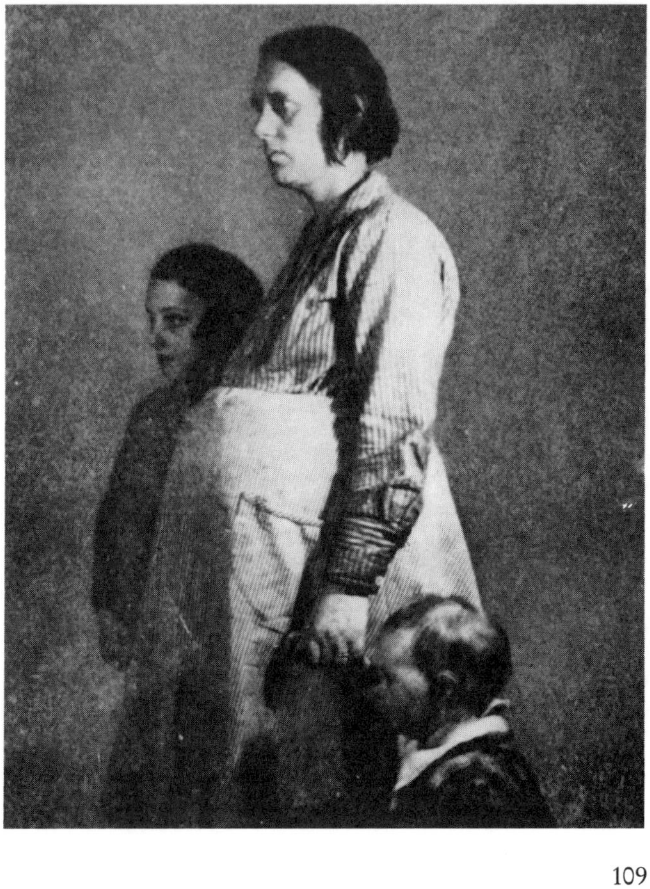

Heinrich Vogeler. 1927 läßt er sich in Stuttgart als Kassenarzt nieder. Inzwischen auch der KPD beigetreten, hilft Wolf vor allem seinen mittellosen Patientinnen, von denen er traurige Fälle des Abtreibungselends erfährt. Zum Beispiel auch jenen des Arbeitermädchens Hete, das an einem Abtreibungsversuch mit Cyankali zugrunde geht, und dem Wolf sein Drama »Cyankali« widmet. Am 29. September 1929 wird es am Berliner Lessingtheater von der »Gruppe Junge Schauspieler« – sie stammen aus dem Umkreis des international anerkannten Regisseurs Erwin Piscator – mit großem Erfolg uraufgeführt. Anschließend geht es an viele, auch ausländische Bühnen. Und überall macht es die Zuschauer betroffen, als das Arbeitermädchen Hete am Ende im Sterben liegt und noch verzweifelt fragt: »Hilft... uns... denn... niemand?«

Zur Zerschlagung der Protestbewegung

Durch »Cyankali« erhält die Protestbewegung gegen den § 218 zunächst einen ungeahnten Aufschwung: Hunderttausende ziehen auf die Straßen, vielerorts finden Kundgebungen statt, eine der eindrucksvollsten 1930 mit Friedrich Wolf und seiner Stuttgarter Kollegin Dr. Else Kienle im Berliner Sportpalast. Unmittelbar nach diesem Auftritt werden die beiden Ärzte vom Vorsitzenden der Württembergischen Ärztekammer denunziert und in der Hoffnung, die Spitze der Bewegung brechen zu können, am 19. Februar 1931 verhaftet. Doch mit dieser Aktion wird das genaue Gegenteil erzielt. Innerhalb weniger Tage schon entstehen 800 »Kampfausschüsse zur Verteidigung von Wolf und Kienle«, die Internationale Arbeiterhilfe (IAH) organisiert Aufgebote, über 1500 Agitationsveranstaltungen, organisiert vielfach von Mitarbeitern aus Sexualberatungsstellen, finden statt. Unter diesem öffentlichen Druck müssen die württembergischen Behörden Wolf und Kienle wieder freilassen. Danach klingt die Bewegung rapide ab. Entscheidenden Anteil daran haben Demonstrations- und Versammlungsverbote, verhängt vom Regierungskabinett Brüning, sowie die Mehrheitsentscheidung der SPD, dem nunmehr letzten KPD-Antrag auf Aufhebung des § 218 keine Stimme zu schenken. Zusammen hätten es die Arbeiterparteien 1931 geschafft, den § 218 zu Fall zu bringen. Und was geschieht dann?

»Von da an wurde den Frauen nicht mehr geholfen, wenn sie ungewollt schwanger wurden. Die Ärzte gingen 1933 aus Deutschland weg oder kamen in Konzentrationslager. Den Frauen wurde dann der Gedanke, Kinder in die Welt zu setzen, wieder schmackhaft gemacht. Denn Hitler brauchte Menschen. Doch die meisten Frauen durchschauten nicht, was das bedeutete, daß sie nämlich Kinder für den Krieg gebären sollten. Mir selbst ist das auch so gegangen. Ich war zwar keine Anhängerin von Hitler, aber ein unpolitischer Mensch und dachte, naja, Kinder, das ist etwas Schönes. Was uns in der Zukunft bevorstand, ahnte ich überhaupt nicht.«[16]

»Die Probleme der Abtreibung durften nach 1933 überhaupt nicht mehr erörtert werden. Man hatte sein Kind zu kriegen und Schluß. So bin ich auch damals von Siemens weggekommen. Also ich wurde freigestellt, weil ich eben ein Kind bekam. Das war damals bei den Nazis so. Kinder sollten ausgetragen werden, alles andere wäre undeutsch gewesen.«[17]

Doch noch mehr ereignet sich nach 1933: Im Interesse einer völkisch-rassistischen Politik wird der § 218 verschärft. »Arische« Frauen, die ungewollte Schwangerschaften abbrechen lassen, drohen hohe Freiheitsstrafen. »Erbkranke« und »minderwertige« Frauen müssen zwangsabtreiben, werden zwangssterilisiert. Bei »rasseschänderischem Verkehr« gestattet ab 1940 ein Geheimerlaß, die »Leibesfrucht auch gegen den Willen der Schwangeren zu vernichten«. Die Entscheidung über all solche Eingriffe besorgen »Erbgesundheitsgerichte« und spezielle »Gutachterstellen«. Zuarbeit leisten ihnen Beratungsstellen für »Erb- und Rassenpflege«, so das neue Etikett der Sexualberatungsstellen, die die Nazis in den Dienst ihrer Ideologie stellen. Die meisten Menschen, die Zeugen dieses besonderen Kapitels der deutschen Geschichte sind, leben nicht mehr. Umso wichtiger ist es, die Erinnerungen derer aufzuzeichnen und zu bewahren, die dazu beitragen können, die weithin verschütteten Bemühungen um Aufklärung und Beratung und Hilfe bei ungewollter Schwangerschaft zu dokumentieren.[18]

Anmerkungen

1 Die Stellung der KPD zu den §§ 218 und 219 des Strafgesetzbuches, in: Die Internationale, Heft 20, S. 462.
2 Pers. Gespräch mit Gerda P. (Jg. 1904) am 20.8.87 in Berlin.
3 Strafgesetzbuch von 1871.
4 Pers. Gespräch mit Gerda A. (Jg. 1914) am 30.9.87 in Hamburg.
5 Drei Briefe, in: Carl *Credé:* Frauen in Not. § 218, Berlin 1929, S. 111–112.
6 Jahrbuch 1926/27 der Ambulatorien des Verbandes der Krankenkassen Berlins, Berlin 1928. S. 83.
7 Erna *Glässmer:* Eheberatungsstellen und Geburtenverhütung, Stuttgart 1932, S. 7–8.
8 Carl *Credé:* Volk in Not! Das Unheil des Abtreibungsparagraphen (§ 218), Dresden 1927, Vorwort.
9 Die Kommunistin, Heft 4/1928.
10 Hedwig *Dohm:* Über Ehescheidung und freie Liebe, in: Sozialistische Monatshefte, Bd. 2, 1909.
11 Werbeprospekte zu einem Irrigator, Berlin 1930.
12 Jahrbuch der Krankenversicherung 1929, Berlin o. J., S. 182.
13 Kurt *Bendix:* Die Praxis der Berliner Beratungsstellen für Geburtenregelung, in: Geburtenregelung. Vorträge und Verhandlungen des Ärztekurses vom 28.–30. Dezember 1928, Berlin 1928, S. 47.
14 Vgl. Martha *Ruben-Wolf:* Abtreibung oder Verhütung?, Berlin 1931, S. 15.
15 Die Stellung der KPD..., a.a.O., S. 464.
16 Pers. Gespräch mit Erika R. (Jg. 1915) am 21.8.87 in Berlin.
17 Pers. Gespräch mit Gerda P.
18 Vgl. Kristine *von Soden:* Die Sexualberatungsstellen der Weimarer Republik, Berlin 1988, S. 146 ff.

Rechts: Aus AIZ, Nr. 30/1928

Dr. Max Hodann, Berlin, der Vorkämpfer der Sexualpädagogik

Dr. Magnus Hirschfeld, Berlin, der Führer der deutschen Sexualforschung

Dr. Helene Stöcker, Berlin, die Gründerin des Bundes für Mutterschutz und Sexualreform

Dr. Heinrich Meng, Stuttgart, Herausgeber einer neuen Art gemeinverständlicher Literatur über Heilkunde und Psychoanalyse

Havelock Ellis, der Senior der internationalen Sexualforschung

Sexualforschung / Gebärzwang und Massenelend

Im preußischen Landtag wurden jüngst Mitteilungen über den gegenwärtigen Stand der Volksgesundheit in Preußen gemacht, die ein erschreckendes Zeugnis für die Verelendung breiter werktätiger Massen ablegen. Die niedrigen Löhne zwingen vielfach zum Kauf minderwertiger Nahrungsmittel. Beweis dafür das Ansteigen der Fleischvergiftungsfälle, im letzten Jahre von 1671 auf 3595. Unzureichende Ernährung ist auch die Ursache für die Ausbreitung vieler Krankheiten und Seuchen namentlich unter den Kindern. So hat z. B. die heimtückische Diphterie 24140 Kinder gegen 30 336 im Vorjahre heimgesucht. Ein Drittel aller Tuberkulosefälle in Preußen entfällt auf Kinder im ersten Lebensjahr. Auch die gefährliche Kropfkrankheit, die zu geistiger Verkümmerung, oft zu Verblödung, führt, nimmt immer mehr zu. Die Säuglingssterblichkeit beziffert sich trotz starken Geburtenrückganges wieder wie im Vorjahre auf 10,1 v. H. Die allgemeine Sterblichkeit ist um 1,2 auf 12,8 pro Tausend gestiegen. Der Geburtenüberschuß verminderte sich von 8,0 im Jahre 1926 auf 6,1 im ersten Halbjahr 1927.

Diese Zahlen reden eine eindringliche Sprache. Sowohl die Zunahme der Sterblichkeit wie das Sinken der Geburten sind auf die allgemeinen schlechten Arbeits- und Wohnungsverhältnisse zurückzuführen. Trotzdem wehrt sich der preußische Wohlfahrtsminister Dr. h. c. Hirtsiefer gegen den geforderten Ausbau der Eheberatungsstellen zu Volks-Sexualberatungsstellen, die der grassierenden lebens- und gesundheitsmordenden kurpfuscherischen Fruchtabtreibung durch eine verständige Propagierung der gesundheitlich einwandfreien Schwangerschaftsverhütung wirksam zu Leibe rücken könnten. Für ihn ist jede künstliche Geburtenbeschränkung ein „Verbrechen am Staate" und sie fördern, hieße „der Unmoral die Hand bieten". Darum ist er um jeden Preis für die Aufrechterhaltung des Gebärzwanges mittels des Paragraph 218 ohne Rücksicht darauf, daß bereits heute unzählige Kinder schon im Mutterleibe hungern, siech werden und, wenn lebend geboren, infolge mangelnder Pflege, Unterernährung und Raumnot einen frühen Tod sterben.

Wie auf allen Gebieten wird sich auch hier die Arbeiterklasse nur selbst helfen können. Die aus ihrer Welt erwachsene, unabhängige Wissenschaft bietet ihr die Waffen der Erkenntnis gegen das verlogene Moralaposteltum der herrschenden Klasse, die für den Gebärzwang eintritt zur dauernden Sicherung einer großen Reservearmee von Proletariern als Lohndrücker und als Kanonenfutter für den kommenden Krieg. Der im Juli stattgefundene Kongreß der Weltliga für Sexualreform gewährte in 40 Vorträgen einen umfassenden Ueberblick über Stand und Forderungen der Sexualreform. Sexualpädagogik, Geburtenregelung und Sexualgesetzgebung. Es wurden Länderausschüsse für die aktive Arbeit gewählt. Dem deutschen Ausschuß gehören Max Hodann, Helene Stöcker und Heinrich Meng an. Von den Mitgliedern der Ausschüsse anderer Länder seien genannt: Kolontai und Pasche-Osserski-Rußland, Mayreder - Oesterreich, Marguerite-Frankreich, Sanger-Amerika.

Der Kongreß nahm mit Befriedigung davon Kenntnis, daß Sowjetrußland als einziger aller Staaten eine Reihe von Gesetzen durchführt, die dem modernen Stand der Sexualbiologie und Psychologie entsprechen.

Als auf eine praktische Maßnahme sei auf die in Berlin von dem Chefarzt der Berliner Krankenkassen Dr. Benedix, Dr. Hodann und Dr. Schmincke sowie Dr. Stöcker gegründete Sexualberatungsstelle in Neukölln hingewiesen. Eine gründliche Aufklärung über das ganze Problem gibt das in zweiter Auflage erschienene Buch „Gegen den Gebärzwang! Der Kampf um die bewußte Kleinhaltung der Familie" von Emil Höllein. (Verlag E. Höllein, Berlin-Charlottenburg 5, Horstweg 5, Preis kart. 3,— Mark, gebunden 4,50 Mark zuzüglich Porto.)

Der Typus der gewerbsmäßigen Abtreiberinnen, beide mehrmals bestraft. Ihr schmutziges Handwerk wird erst verschwinden, wenn die Geburtenregelung, wie in der Sowjetunion, den Ärzten freigegeben wird. —

Eine Drahtbürste, die von den „Engelmacherinnen" zur Abtreibung verwendet wird

Die Mitglieder des internationalen Kongresses der Weltliga für Sexualreform, begründet von Ellis, Hirschfeld und Forel, der vom 1.—5. Juli in Kopenhagen stattfand

Zeichnung von Zille.

Ins Wasser

„Mutta, ist's ooch nich kalt?"

„Sei ruhig, mein Kind, die Fische leben immer drin!"

Das Wartezimmer der neueingerichteten Sexualberatungsstelle Berlin-Neukölln, Schönstedtstraße 13

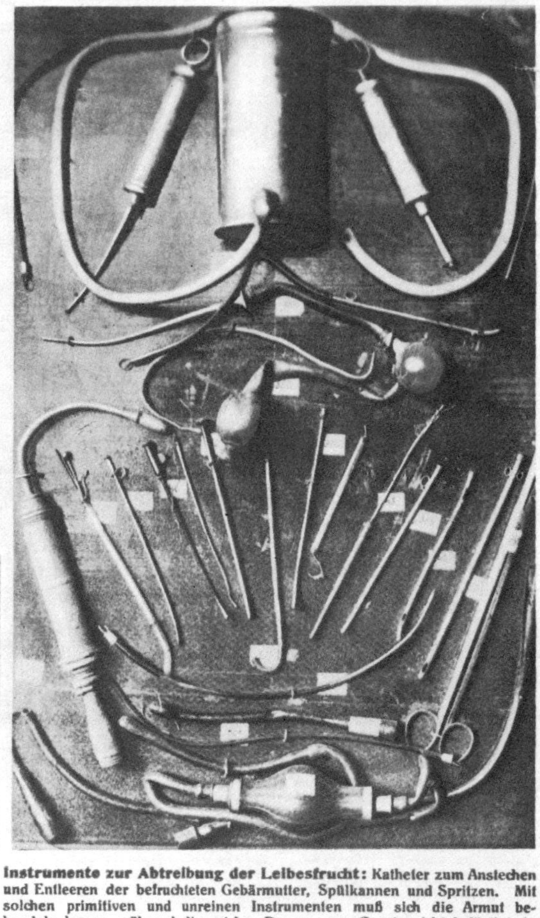

Instrumente zur Abtreibung der Leibesfrucht: Katheter zum Anstechen und Entleeren der befruchteten Gebärmutter, Spülkannen und Spritzen. Mit solchen primitiven und unreinen Instrumenten muß sich die Armut behandeln lassen, während die reichen Damen, vom Gesetz nicht belästigt, in den Sanatorien abtreiben, soviel sie wollen

Was verbittert die Ehe?
Links: Der Wohnstubenmonarchist in der Republik: „Zum Donnerwetter, ist das Essen noch nicht fertig?!“ — **Rechts:** Keine gemeinsamen Interessen – er liest seine Zeitung, sie strickt. Zu sagen haben sie sich schon lange nichts mehr . . .

Die Liebe im Film. Diese verlogene und kitschige Darstellung menschlicher Liebesbeziehungen, wie sie in 99% aller Kinos gezeigt werden, sollen über die Misere der bürgerlichen Ehe täuschen und die erbarmungslose Wirklichkeit durch die „schöne Lüge“ ersetzen. Leider fallen noch immer Viele auf diesen Schwindel herein!

„KAMERADSCHAFTS-EHE“?

VON
DR. MAX HODANN-BERLIN

Suche für Verw., äußerst tücht., pas-
sioniert., gebild. Landwirt, sehr zu-
rückgez., nur d. Beruf lebend, eine
durch und durch
tüchtige Frau
von reichem Innenleben u. wirkl. deut-
schem Gemüt. Es kommen nur Damen
i. Fr., die rein arischen Blutes sind,
v. tadellos. Ruf u. Lebenswandel, erfüllt
v. d. Wunsch, einem echt deutschen
Menschen wahrhafte Lebenskameradin
zu w., d. vorwärtsstreb. Mann pflicht-
bew. schaffensfrohe Gehilfin, die ihm
Sonnenschein in sein einf tes Leben
bringt u. v. d. heiligen Drang erfüllt
ist, mit solchem ein echt deutsch-christ-
liches Eheleben, aufgeb. auf unver-
brüchlicher Tr. u. voller Hingabe, z. f.
Damen von anspr. Aeußern, vollsch.
Figur, ferngef. u. a. Famil. stam-
mend, i. d. k. erbliche Krankheit vorh.,
im A. v. 28—38 J. (Witwe wie schuld-
los gesch. Fr. n. ausgesch.), mit gr.
Barverm. o. Grundbes. w. um vertrsv.
Zuschr. gebeten. Gew. Verw. Papier-
korb, v. Verw. erw. Betone jedoch
nochmals, daß sich nur wahrhaf
charakterv. u. in jeder Bez. tücht. Per
m. w., die sp. Anspr. darauf erheb
durch einen musterh. gef. Hausstand
glückl. Eheleben a. d. gr. Werk d.
Gesundung wie d. moralischen Neuauf-
bau v. Volk u. Vaterland mitgeh. z-
hab. Streng verbeten s. Zuschr. von
solchen Wesen, d. d. Bubikopf, Tabak-
qualmen, Negertänze u. andere un-
deutsche Tollheiten deutsches Frauentum
schänden, u. die i. Salonlöwen, Sport-
fex u. Modeaffen das Ideal des Man-
nes sehen u. gleich solchen Drohnen
ein Leben des Müßigg. zu leb. Zuschr.
unt. L. Y. 39132ab an d. Verlag d. Z.

Der Liebessehnsüchtige von „wirklich deutschem Gemüt“ bedient sich mit Vorliebe der Heiratsannonce. Großes Barvermögen, Grundbesitz, rein arisches Blut, sind ihm das sicherste Unterpfand für ein „echt deutsch-christliches Eheleben“. Die Kinder kommen schon mit einem Hakenkreuzstempel auf dem xxx zur Welt . . .

Durch die Uebersetzung des Buches von Jugendrichter Lindsay, den die amerikanische Bourgeoisie wegen seiner Schriften seines Amts enthob, ist das neue Schlagwort „Kameradschaftsehe“ in weite Kreise gedrungen. Ist das Programm Lindsays eine Lösung aus der Liebesnot unserer Tage?

Lindsay weiß: Zwischen Erreichung der Geschlechtsreife und Heiratszeitpunkt liegen bei den meisten Menschen viele Jahre, die erfahrungsgemäß nicht ohne geschlechtliche Erlebnisse bleiben. Dazu schreit die Natur zu mächtig nach Erfüllung. Die bürgerliche Gesellschaft erlaubt aber Geschlechtsverkehr einzig in der von ihr konzessionierten Form — in der „Ehe“. Alles andere wird geflissentlich entwertet, „unmoralisch“ gescholten und sozial verfolgt. Dieser Belastung vornehmlich junger Menschen will der Richter Lindsay abhelfen dadurch, daß er eine „Probe-“ oder „Kameradschafts“-Ehe fordert, die von der Gesellschaft genau so anerkannt werden soll, wie die übliche Ehe, aber leichte Scheidungsmöglichkeit bietet und so dem Sich - Erprobenwollen jugendlicher Menschen dienen soll, solange diese Eheform — — — kinderlos bleibt.

Das Statistische Jahrbuch für das Deutsche Reich, 1928, gibt an, daß in den 483 198 Ehen, die 1926 in Deutschland geschlossen wurden, nur 63 854 Männer unter 23 und 57 567 Frauen unter 21 Jahren waren. Das heißt, die übergroße Mehrzahl heiratete wenigstens fünf Jahre nach Erreichung der Geschlechtsreife, vielfach erheblich später. Dazu kommt, daß es nach der Volkszählung von 1925 im Alter zwischen 15 und 45 Jahren 1 445 699 Frauen mehr als Männer in Deutschland gab. Nach der Spruchpraxis des Reichsgerichts ist nun jede geschlechtliche Betätigung außerhalb der Ehe „Unzucht“. „Auch der Beischlaf zwischen Verlobten gehört hierher“ (Entscheidung von 1927). Wer also vor der Erwerbung der ehelichen Konzession Geschlechtsbeziehungen hat, treibt Unzucht, und jene nahezu 1½ Millionen Frauen haben auf Liebe zu verzichten. So unsere Richter. So unsere „bürgerliche Moral“. — Seit indessen der Krieg alle bürgerlichen Werte hat zweifelhaft werden lassen, seit — schon weitaus länger — die Frau durch ihre Einbeziehung in die moderne Produktionstätigkeit begann, sich vom bequemen und verhältnismäßig billigen Haustier und Haushaltstier zur Staatsbürgerin zu entwickeln, fängt diese „Unzuchts“-Bezeichnung an, mehr und mehr ungläubiges Staunen, überlegenes Lächeln und nicht zuletzt Empörung hervorzurufen. Denn: Ist denn Heirat eine Frage der Moral oder der Liebe? Sie ist ein Vertragsabschluß auf Grund gewisser wirtschaftlicher Voraussetzungen, die man einigermaßen erfüllen muß und heute, bei steigender Existenzunsicherheit innerhalb der kapitalistischen Wirtschaftskrisen, unter dem Druck keineswegs gemilderter Wohnungsnot in immer späterem Alter zu erreichen Aussicht hat. Immer größer wird also die Spanne zwischen dem Alter der Erreichung der Geschlechtsreife und dem der Heiratsmöglichkeiten.

Und in den Jahren der Spanne? Was wird? Der Verkehr der „Verlobten“ ist „Unzucht“. Die nicht verheirateten Liebenden sind heimatlos. In der warmen Jahreszeit drücken sie sich auf den Bänken der Parks herum — — der „Bankverein“, wie es der Mund des Volkes in zehrender Selbstverspottung genannt hat. In Hotels, zu deren Besuch meist das Geld fehlt, droht die Fremdenpolizei. Vermieterinnen nehmen Wucherpreise als Risikoprämie für „sturmfreie“ Zimmer, als Entgelt für ihr Entgegenkommen, sich Kuppelei- und Aergernisprozessen auszusetzen. Und doch setzt sich die Liebe durch. In Formen neuer und würdigerer Kameradschaft zwischen Mann und Weib, fern der Prostitution, die früher vielfach und in weit höherem Maße als heute Auspuff für gestaute männliche Geschlechtsnot war. Die Tatsache vorehelicher Beziehungen ist gewiß für behäbige Spießer und Mucker mit schlechtem Gewissen nicht immer Anlaß, „Anstoß“ zu nehmen. Trotzdem verliert der Trauring immer mehr von seiner ehemals sinnbildlichen Kraft.

Dabei wächst die Schätzung der Frau als Genossin. Nur eine Sorge bleibt in diesen Lebensgemeinschaften neuer Form: Die wirtschaftlich und immerhin vielfach auch noch sozial Katastrophen bedeutende Schwangerschaft. Hier kann der moderne Arzt durch Verhütungsberatung helfen, hier können die Krankenkassen den andernfalls provozierten Abtreibungen durch Lieferung der Schutzmittel vorbeugen. Aber wo sind die helfenden Aerzte? Es gibt welche. Aber es gibt auch die anderen, die jene noch wenigen Helfer geplagter Frauen terrorisieren, indem sie ihnen klarzumachen suchen, daß die „Verringerung“ deutschen Volksbestandes mit den Standespflichten des deutschen Arztes in Widerspruch steht. Nur „dringende“ Gründe lassen nach der Standesordnung der Aerzte (sowas gibt es 1929!) Ausgabe von Verhütungsmitteln angebracht erscheinen, und dazu rechnen allenfalls Tuberkulose und Herzfehler etc. in vorgeschrittener Form. Wohnungsmangel, Erwerbslosigkeit und so weiter sind für die „Standesordnung“ keine „wichtigen“ Gründe. Wie lange läßt sich das Proletariat diese Gruppe von Aerzten noch gefallen?

Nehmen wir jedoch an, die Frage der Verhütung untragbarer Schwangerschaft sei in jedem Falle gelöst, so bleibt doch das wesentliche Problem gerade für die junge

Die neue Zigarette!
ROTE SORTE
2 1/2 PFENNIG
KOLLEKTIVE
3 1/3 PFENNIG
AUS DEN EDELSTEN ORIENTALISCHEN UND KRIM-TABAKEN!
SOLIDARITÄT ZIGARETTENFABRIK G.M.B.H. BERLIN SO 16

Susanne Zeller

VOLKSMÜTTER

Fürsorgerinnen in der Weimarer Sozialbürokratie

»Als ich durch meinen Fürsorgebezirk ... an all den schlafenden Häusern vorüberschritt, war mir fast wie einer Mutter, die durchs Schlafzimmer ihrer Kinder geht.« (Aus einem Bericht einer Fürsorgerin, Karlsruhe 1927)

Alice Salomon (1872–1948) hatte 1908 in Berlin-Schöneberg die erste überkonfessionelle zweijährige Soziale Frauenschule gegründet. Diese Sozialen Frauenschulen sind die Vorläuferinnen unserer heutigen Fachhochschulen für Sozialarbeit und Sozialpädagogik. Das Preußische Wohlfahrtsministerium erließ 1918 die erste staatliche Prüfungsordnung für Soziale Frauenschulen. So waren die zwanziger Jahre eine programmatische historische Etappe in der Geschichte der sozialen Arbeit zum staatlich organisierten Berufszweig. Diese Entwicklung läßt sich aber ohne die Frauenbewegung nicht denken. Alice Salomon war unter den Führerinnen der bürgerlichen Frauenbewegung jene herausragende Persönlichkeit, die den Prozeß von der caritativen Liebestätigkeit des 19. Jahrhunderts zur sozialen Berufsarbeit entscheidend prägte. Salomon lag eine Synthese zwischen der Frauenbewegung und Fürsorgearbeit am Herzen. Sie war der Überzeugung, daß gerade Frauen aufgrund ihres »weiblichen Wesens« besondere Elemente zur Verbesserung gesellschaftlicher Verhältnisse beitragen sollten. Dementsprechend entwickelte sie eine Berufs-Ethik für die »Mütterlichkeit als Beruf« und etablierte somit die Fürsorgearbeit in Deutschland als »Frauen«-Beruf. Salomon hatte damals noch nicht an eine geregelte Bezahlung für die Fürsorgerinnen gedacht. Sie befürchtete einen Verlust der ethischen Berufsprinzipien bei der materiellen Entlohnung. Nachdem aber nach und nach der Fürsorgeberuf bezahlt wurde, glaubte Salomon dann auch den Verlust an Idealismus bei »ihren« Fürsorgerinnen beobachten zu können. Bei den existierenden Lebens- und Arbeitsbedingungen im Fürsorgewesen wurde eine Aufrechterhaltung idealistischer Prinzipien auch fast unmöglich gemacht.

Die Fürsorgerinnen als »Volksmütter«

Die gesellschaftliche Stellung der Fürsorgerinnen war äußerst zwiespältig. Einerseits waren diese Frauen, die überwiegend aus dem Bürgertum kamen, mit den Idealen einer weiblichen »Normal«-Biographie aufgewachsen – nämlich Mutter und Hausfrau zu werden. Andererseits verfügten nach Krieg und Inflation viele bürgerliche Töchter nicht mehr über die notwendige existentielle Absicherung durch Familie und Ehe-Männer. So mußten sie eine ideelle Neuinterpretation ihres weiblich geprägten Lebens vornehmen, indem sie ihre soziale Berufstätigkeit als »geistige Volksmütterlichkeit« – eine vielzitierte Redewendung der bürgerlichen Frauenbewegung um die Jahrhundertwende – bezeichneten. Zu dieser »geistigen Volksmütterlichkeit« gehörten hohe berufsethische Ziele. Alice Salomon forderte die Fürsorgerinnen beispielsweise auf, durch ihre Fürsorgearbeit zur »Versöhnung« der Volksklassen beizutragen und eine »Schuld« der Begüterten an den zu kurz Gekommenen der Gesellschaft »abzutragen«:

Die in der Weimarer Reichsregierung verantwortlichen Sozialpolitiker wußten solche weiblich-aufopfernden Arbeitshaltungen von Fürsorgerinnen durchaus zu schätzen. Denn die Arbeit dieser Frauen war volkswirtschaftlich durch solche ethischen Zielsetzungen und durch die äußerst niedrigen Gehälter in hohem Maße kostensparend. Fürsorgerinnen schlugen sich unter der schlechten Bezahlung dann auch stets mit Existenzsorgen herum, selbst wenn sie mit einem durchschnittlichen Monatsgehalt von 250 Reichsmark mehr verdienten als weibliche Handels- und Büroangestellte mit einem Durchschnittseinkommen von 146 Reichsmark. Über die täglichen Lebensmittel (Wohnung, Ernährung, Kleidung, Fahrgeld, Unterstützung

Nach einem kürzlich gefaßten Beschluß der schlesischen Landräte ist ein Abkommen getroffen worden, nach dem Kreisfürsorgerinnen nicht mehr als Beamte, sondern nur im Privatkontrakt verpflichtet werden sollen, während gleichzeitig männliche Wohlfahrtspfleger als Beamte eingestellt werden können.

Aus: Deutsche Zeitschrift für Wohlfahrtspflege 1/1925.

Rechts: Gemeindeschwester 1929.

Angehöriger) hinausgehende Bedürfnisse konnten sich Fürsorgerinnen genausowenig leisten wie weibliche Angestellte anderer Berufszweige auch. Die eigene kleine Wohnung blieb ein Traum. Noch zum Ende der zwanziger Jahre lebte knapp die Hälfte der Fürsorgerinnen als erwachsene Frauen bei ihren Familien oder möbliert bei Zimmer-Wirtinnen.

In den Sozialbehörden, in denen die kommunalen Fürsorgerinnen beschäftigt waren, herrschte eine klare Arbeitsteilung zwischen den Fürsorgefachkräften und den Verwaltungsbeamten. Die Fürsorgerinnen arbeiteten überwiegend im Außendienst. Sie besaßen über Art und Höhe der beantragten Fürsorgeleistungen keine Weisungsbefugnisse. Die Verwaltungsbeamten entschieden allein, ob und wieviel Geld- und Sachleistungen bewilligt wurden. Diese fachlich fragwürdige Arbeitsteilung in den Sozialbürokratien führte zu großen Spannungen zwischen den Fürsorgerinnen und ihren männlichen Kollegen der Sozialverwaltung. Der noch junge Berufstypus der ausgebildeten Fürsorgerin blieb noch lange ein »Fremdkörper« im Weimarer Verwaltungsapparat. Die Fürsorgerinnen als Fachkräfte blieben Ermittlerinnen des Massenelends und »durften« lediglich über die Fälle im Bezirk berichten. Die Amtsstellen fühlten sich an Vorschläge dieser Frauen nicht gebunden. Der 1916 gegründete »Deutsche Verband der Sozialbeamtinnen« forderte deshalb bereits 1921, daß die Fürsorgerinnen in den Sozialverwaltungen als Berufsfachkräfte voll anerkannt werden sollten. Diese Forderung stieß aber auf wenig Resonanz in der Verwaltung. Die Fürsorgerinnen blieben weisungsgebundene, meist als »Laufmädchen« betrachtete Berufskräfte der Weimarer Sozialbürokratie.

Der Artikel 14 der Personalbbauverordnung von 1923 verfügte die Entlassung zahlreicher verheirateter Beamtinnen und Angestellten der Reichsanstalten. Fürsorgerinnen waren in der Regel unverheiratet und nicht verbeamtet oder fest angestellt. Die Verordnung traf aber viele Hilfsfürsorgerinnen bei den Kommunen, die noch keine soziale Fachausbildung vorweisen konnten. Die angespannte Arbeitsmarktlage verbesserte sich für die Fürsorgerinnen erst wieder ab 1924. Aber bereits schon vier Jahre später forderte der preußische Volkswohlfahrtsminister die Sozialen Frauenschulen ausdrücklich auf, nicht mehr so viele Fürsorgerinnen auszubilden, da es kaum noch Stellen gäbe. Wie immer in Zeiten wirtschaftlicher Rezession wird trotz des Elends der Bevölkerung an den Sozialausgaben gespart. Auch ausgebildete Fürsorgerinnen fanden kaum noch Arbeitsplätze oder wurden nach langjähriger Dienstzeit häufig entlassen, um Personalkosten zu sparen. Teilweise kamen sie dann ab 1931 als Siedlungsfürsorgerinnen im »Freiwilligen Arbeitsdienst« unter. Somit gab es geregelte Berufsverhältnisse für die Fürsorgerinnen aufgrund dieser allgemein schwierigen Rahmenbedingungen der zwanziger Jahre nur etwa zwischen 1921 und 1928. Während dieser wenigen Jahre gestalteten sich die konkreten Arbeitsbedingungen für die Fürsorgerinnen in den einzelnen Ländern des Deutschen Reichs sehr unterschiedlich.

Nach einer Untersuchung zur sozialen Stellung der kommunalen Fürsorgerinnen waren nur fünf Prozent fest verbeamtet. Die meisten Frauen waren Angestellte oder überwiegend Hilfsangestellte mit kurzen Kündigungsfristen. In der freien Wohlfahrtspflege gaben sogar noch 1929 nur knapp 20 Prozent der befragten Wohlfahrtspflegerinnen an, überhaupt einen verbindlichen Arbeitsvertrag abgeschlossen zu haben. Dienstverhältnisse wurden dort in der Regel durch private Absprachen vereinbart.

Was die Bezahlung dieser Frauen betraf, herrschte allgemein die Überzeugung vor, daß sie als »höhere Töchter« kaum auf Besoldung angewiesen seien. Außerdem stellte eine jahrzehntelange Berufstätigkeit für Frauen auch während der zwanziger Jahre noch keine wirklich akzeptierte Lebensform dar. Ab 1920 gab es durch die preußische Besoldungsordnung Richtsätze für die tarifrechtliche Entlohnung der Fürsorgerinnen. Der »Deutsche Verband der Sozialbeamtinnen« mußte diese aber erst durch mühselige Verhandlungen erkämpfen. Aber auch nach der Einführung von Richtlinien waren sie in den einzelnen Ländern des Deutschen Reiches nicht allgemeinverbindlich. So konnten die Gehälter von Fürsorgerinnen zwischen den Ländern bis zu vier Lohnstufen voneinander abweichen. Zu einer befriedigenden Lebensführung reichte aber das Einkommen kaum aus. Aus Schilderungen von Fürsorgerinnen wird deutlich, daß über eine karge Existenz hinausgehende persönliche Bedürfnisse selten befriedigt werden konnten. Die Mietbelastung betrug für ein möbliertes Zimmer mit Frühstück durchschnittlich 40–50 Prozent des monatlichen Gehaltes. Dies mag ein Grund dafür gewesen sein, daß viele Fürsorgerinnen noch bei ihren Familien lebten und damit auch Angehörige mitunterstützten.

Berlin 1922: Suche nach Heizmaterial auf Schuttplätzen

Arbeitsalltag

Der Arbeitsalltag spielte sich überwiegend im Außendienst bei Wind und Wetter ab. Eine 48-Stunden-Woche war obligatorisch, die 60- bis 80-Stunden-Woche keine Seltenheit.

Das Arbeitsausmaß wurde nach Einwohnern bemessen. Auf eine Fürsorgerin konnten bis zu 30000 Einwohner-Gebiete kommen. Als Maßstab galt eigentlich eine Einwohnerzahl bis zu 5 000. Auf dem Lande kamen für die Kreisfürsorgerinnen große Strecken in kleine Ortschaften hinzu, die mit dem Rad zurückgelegt werden mußten. Nur Kreisärzte und Landräte hatten Anspruch auf einen Dienstwagen. Der unregelmäßige Außendienst ließ auch die Ernährungsfrage ein Problem werden. Die Fürsorgerinnen konnten preiswerte Speisegaststätten während ihrer Arbeit nicht aufsuchen. So mußten sie in der Regel auf eine warme Mahlzeit verzichten. Darüber hinaus bekamen viele Fürsorgerinnen keine Aufwandsentschädigung für Bahnfahrten im Winter, Übernachtungen in Dörfern oder Verpflegungsgelder zurückerstattet. Bei tuberkulösen Familienmitgliedern steckten sich die Frauen häufig an. Diese Infekte

und allgemeinen Erschöpfungszustände machten über die Hälfte aller Erkrankungen aus. Die Berufsverbände klagten immer wieder über den miserablen Gesundheitszustand ihrer Mitglieder. Fürsorgerinnen waren in der Regel zwar krankenversichert, aber nur selten unfallversichert. Im Krankheitsfall wurde auch nicht automatisch Krankengeld gewährt. Das Gehalt wurde ab der sechsten Krankheitswoche nicht mehr weitergezahlt. Hier mußten die Berufsverbände der Fürsorgerinnen harte Auseinandersetzungen mit Versicherungen und Arbeitgebern führen. Der Verschleiß der körperlichen und psychischen Kräfte war aufgrund der Arbeitsbedingungen, existentieller Unsicherheiten und bei den kurzen Urlaubszeiten nicht verwunderlich. Hinzu kam der tägliche Einblick in die Not der betreuten Menschen. Fürsorgerinnen wurden deshalb schneller dienstunfähig. Nur wenige arbeiteten länger als 20 bis 25 Jahren in ihrem Beruf. Über 45jährige Fürsorgerinnen waren bei den Kommunen nur selten anzutreffen.

Im Alter oft selbst ein »Fall«

Bei den freien Wohlfahrtsverbänden war es eher möglich, ehemalige Fürsorgerinnen aufzunehmen, indem unbare Altershilfen in Form von freier Station und Verpflegung gewährt wurden. Insgesamt verfügten bei den kommunalen Fürsorgerinnen nur etwas über die Hälfte über eine feste Altersversorgung durch Ruhegelder. Die anderen Kolleginnen waren auf die äußerst niedrigen Sätze der Angestelltenversicherung angewiesen, die zum Leben nicht ausreichten. Bei früher Erwerbsunfähigkeit oder Arbeitslosigkeit wurden viele Fürsorgerinnen vor allem zum Ende der zwanziger Jahre selbst zum »Fall« der Krisenfürsorge. Fehlende finanzielle Reserven, die geringen Gehälter und die häufige Unterstützung naher Angehöriger ließ die Vorsorge für die nichtberufstätigen Jahre zum bedrükkenden Problem werden. Fürsorgerinnen wurden von den Sozialbürokratien mit ihrem »weiblichen Arbeitsvermögen« kostensparend während ihrer Berufsjahre *verwertet* und danach schlicht sich selbst überlassen.

Stadt- und Landräte setzten willkürlich die Arbeitsbedingungen für die Frauen fest. Es existierten lediglich grobe Richtlinien für die Regelungen der Dienstverhältnisse kommunaler Fürsorgerinnen. Die Berufsverbände forderten durch Eingaben bei Städten und Gemeinden immer wieder verbindliche Regelungen. Es herrschte aber immer noch die Illusion bei den männlichen Vorgesetzten der Fürsorgerinnen vor, daß Frauen ja grundsätzlich durch Ehe und Familie existentiell abgesichert seien. Nachdem die Klagen und Eingaben über die Lage dieser Kommunalangestellten nicht abrissen, debattierte im Februar 1925 sogar der Reichstag darüber. Das preußische Volkswohlfahrtsministerium ließ daraufhin ab Juli eine Befragung über die Berufslage der Fürsorgerinnen durchführen. Auch der preußische Landtag erörterte die Besserstellung der Angestellten der Wohlfahrtspflege. 1926 unterbreitete die »Arbeitsgemeinschaft der drei Berufsverbände der Wohlfahrtspflegerinnen Deutschlands« Forderungen zur Aus- und Weiterbildung, Besoldung, Arbeitszeit, gesundheitlichen Versorgung, zu Dienstregelungen, Aufwandsentschädigungen und zu verbindlichen Urlaubszeiten. Diese Forderungen kamen aber entweder gar nicht oder nur punktuell in einzelnen Regionen des Deutschen Reichs zur Geltung. Angesichts der damals hinreichend bekannten Arbeitswirklichkeit der Fürsorgerinnen können die ab 1927 vom preußischen Volkswohlfahrtsministerium durchgeführten Turnkurse zur körperlichen und seelischen »Ertüchtigung« nur als Zynismus gewertet werden.

In dieser Personalpolitik der Kommunen zeigte sich die allgemeine Einstellung einer als beliebig disponibel eingeschätzten weiblichen Arbeitskraft gegenüber. Die Berufsverbände der Fürsorgerinnen waren zu schwach, Ansprüche wirksam geltend zu machen. Gewerkschaftlich wollten sich die Fürsorgerinnen mit Ausnahme der Kolleginnen in der Arbeiterwohlfahrt nicht organisieren. Die überwiegend bürgerlichen Frauen fürchteten in den »Klassenkampf« hineingezogen zu werden. Die soziale Berufsethik dieser Frauen schloß zwar auch Forderungen nach Verbesserungen der Arbeitsbedingungen ein. Vorherrschend blieb aber die Durchsetzung des »Versöhnungs«-Gedankens zwischen den gesellschaftlichen Schichten. Fürsorgerinnen waren als Angehörige des Bürgertums der festen Überzeugung, daß vor allem eine »geistige Erneuerung« der Menschen soziale Veränderungen in Gang setzen könne. Dies bedeute, immer wieder an das Gewissen der Wohlhabenden zu appellieren. Persönliche Schilderungen in Tagebuchaufzeichnungen und in den Berufsorganen zeigen in bedrückender Deutlichkeit zum Ende der zwanziger Jahre indes eine allgemeine Resignation der Fürsorgerinnen. Sie konnten das Massenelend in der Regel nur feststellen und verwalten. Aufgrund der großen Überbelastung im Berufsalltag fanden Fürsorgerinnen keine Kraft mehr, sich die eigentlichen Ursachen dieses täglich erlebten Elends der Menschen vor Augen zu führen. Ihre subalterne dienstliche Stellung in den Wohlfahrtsbehörden und ihre idealistischen Vorstellungen von einer weiblich aufopfernden Berufshaltung versperrten zudem auch offensiv politische Handlungsstrategien in Parteien und Berufsorganisationen.

Literatur zur Auswahl

Rolf *Landwehr* / Rüdiger *Barum* (Hg.): Geschichte der Sozialarbeit. Hauptlinien ihrer Entwicklung im 19. Jahrhundert

Alice *Salomon:* Charakter ist Schicksal. Lebenserinnerungen. Herausgegeben von R. *Baron* und R. *Landwehr*, Weinheim 1983

Susanne *Zeller:* Volksmütter. Frauen im Wohlfahrtswesen der zwanziger Jahre, Düsseldorf 1987.

Alice Rühle-Gerstel

STIEFKIND DER ERZIEHUNG

»Das Frauenproblem der Gegenwart«, 1932

...In der Tat versagt die Erziehung der Frau, wie sie heute üblicherweise noch gehandhabt wird. Statt den Mädchen Selbstvertrauen und Mut einzuflößen, pflanzt sie ihnen die Blickrichtung auf die traditionelle Frauenrolle ein. Da diese aber eine zweitrangige Rolle ist, bewirkt die Erziehung zur Weiblichkeit Angst vor der Weiblichkeit oder Revolte gegen die Weiblichkeit. Anstatt die Umwelt kritisch zu interpretieren oder die Ungerechtigkeit, welche sie den Frauen erweist, als vorhanden, aber als überwindbar darzustellen, befleißigt sich die Erziehung vielmehr, die vorhandene Umwelt ideologisch umzufälschen und gleichzeitig als unverrückbar zu dekretieren. Anstatt den Mädchen das Leben als eine Stätte der Gemeinschaft der Menschen zu verheißen, legt sie es als Ort der Geschlechterkonkurrenz und Männervormacht aus. Anstatt jene Eindrücke, die das Mädchen von seiner körperlichen, sozialen und familialen Rolle empfängt, zu klären und in ermutigendem Sinne richtigzustellen, vertieft und verstärkt sie dieselben.

Ein traditionelles Weiblichkeitsideal, eine unbestimmte Vorstellung von dem verschiedenen Wesen der Geschlechter schwebt als Leitstern über dem Erziehungswerke. Sein Ziel ist: Einordnung der Frauen in jene Position des zweiten Geschlechts, welche ihnen von der derzeitigen Menschenordnung und scheinbar von der Natur zugewiesen ist. Es ist bewußt und unbewußt orientiert an der gewohnten Ideologie von der Artverschiedenheit und Machtverteilung der beiden Geschlechter und wirkt als Erhaltungsmittel dieser Ideologie.

Solche Erziehung wird dort erfolgreich sein, wo sie Frauen in die herrschende Norm einpassen kann, wo Menschen und Verhältnisse der Tradition gemäß funktionieren. Widerstrebt jedoch der Mensch – die Frau – individuell oder gruppenmäßig gegen ihre persönliche Zweitrangigkeit – oder haben die Lebensverhältnisse da oder dort bereits den herkömmlichen Rahmen gesprengt, so muß die Erziehung mißlingen. Erziehung zur Unterordnung gelingt entweder, dann sind jedoch ihr Resultat untergeordnete Menschen. Oder sie bringt trotz ihrer vollwertige Menschen hervor, dann werden diese gegen die Unterordnung ihrer Person oder ihres Geschlechts Einspruch erheben. Die Aufgabe der Erziehung ist, Menschen lebenstüchtig zu machen. Die Frau lebenstüchtig zu machen, das heißt aber unter den gegenwärtigen Verhältnissen, sie lebensuntüchtig machen, unangepaßt, im Widerstreit zu dem, was Herkommen und Gegenwartsgesinnung von ihr verlangt. Die Frauenerziehung trägt durchaus den Charakter dieses logischen Zwiespalts...

Knabenschulen – Mädchenschulen – Koedukation

Die ersten Lebensjahre bestimmen entscheidend die künftige Apperzeptionsform des Kindes. Wenn es dann mit sechs Jahren zur Schule kommt, geht es schon mit dem vorher erworbenen Erlebnisschema an die neuen Erlebnisse heran, und mit dem Ton der früheren Erfahrungen färbt es sie um. Das »unbeschriebene Blatt« ist in Wirklichkeit mit sympathetischer Tinte beschrieben. Wer freilich darauf mit einer entgegengesetzten Tinktur zu wirken wüßte, der könnte die »geschlechtliche Unschuld« der Kinder wiederherstellen: sie neu fähig machen zu allgemeiner Menschlichkeit, ohne die Scheuklappen der Geschlechtsnormierung. In Ausnahmefällen mag das ja auch wohl geschehen. Im großen ganzen jedoch sind Schulen, Erziehungsstätten und Lehrer selbst eine komplette Ausdrucksform der geltenden Geschlechtsideologie. Knabenschulen – Mädchenschulen, bis vor noch nicht langer Zeit nicht nur räumlich, sondern auch stofflich und didaktisch getrennt. Schüchterne Versuche in Koedukationsschulen haben die weitaus zahlreicheren Anhänger des getrennten Systems nicht zu überzeugen vermocht. Tiefste Weltanschauungsgegensätze wirken sich aus im Kampf um die Koedukation, die Zusammenschulung von Knaben und Mädchen. Die katholische Kirche, die in Deutschland auch auf das nicht konfessionelle Schulwesen entscheidenden Einfluß hat, erklärt (im Programm der Zentrumspartei): »Die allgemeine Durchführung der Gemeinschaftserziehung der Geschlechter wird aus psychologischen, erziehlichen und sittlichen Gründen abgelehnt.« Ob die Tatsache des gemeinsamen Schulunterrichts über ihre prinzipiell ideenkämpferische Bedeutung hinaus praktisch einen Ausgleich zwischen den Geschlechtern schaffen könnte, ist fraglich. Von einer Institution allein ist dies wohl kaum zu erwarten. In der Dorfschule ist die Koedukation schon seit jeher vorhanden, als ein Notprodukt des Lehrer- und Raummangels. Aber in der Dorfschule sitzen die Knaben auf der einen Seite der Klasse, die Mädchen auf der andern; fortwährend werden beide Parteien vom Lehrer gegeneinander ausgespielt. »Die Mädchen können bald besser rechnen als ihr Jungen, schämt euch«, sagt er, als ob es nicht anders denn selbstverständlich wäre, daß Jungens alles besser können sollen.

Klasse einer Berliner Mädchen-Gemeindeschule, 1929

Gemeinschaftsschule kann ein wichtiges institutionelles Hilfsmittel zur Annäherung und Entspannung der Geschlechter sein, mehr nicht. Solange sie nicht obligatorisch ist, werden in der Hauptsache jene Kinder dort zu finden sein, deren Eltern Anhänger einer freieren Lebensauffassung sind und infolgedessen die Geschlechtsermutigung schon zu Hause empfangen haben. Die andern Eltern, die streng auf die Verschiedenheit von Mann und Weib eingeschworen sind, bekreuzigen sich und lassen ihre Kinder lieber weite Schulwege machen und ungeschickte Lehrer in Kauf nehmen, ehe sie sie den »Gefahren« einer gemischten Erziehung aussetzen. Für den Großteil der Jugend gilt auch heute noch: räumliche, oder wo dies nicht möglich ist, wie auf dem Dorfe, wenigstens moralische Trennung der Geschlechter.

In Lehrstoff und Behandlungsmethode wurde noch bis vor kurzem (und vielfach heute noch) ein verschiedener Maßstab an die Geschlechter angelegt, ausgehend von der Meinung, der Geist und der Verstand sei recht eigentlich die Domäne der Männer. In aller Unschuld glauben die Lehrer, ihre guten und begabten Schülerinnen zu fördern, wenn sie sie wegen ihres »fast männlichen Verstandes« beloben.

Die ganze Schule ist ja ursprünglich eine nur oder vorwiegend für Männer getroffene Einrichtung, unter den Frauen wurden ehemals nur die hohen Standesdamen des Vorzugs der Bildung teilhaftig, noch im 19. Jahrhundert gab es reichliche Anhängerschaft für den Gedanken, den Frauen die Kenntnis des Lesens und Schreibens zu verwehren. Und über die Elementarkenntnisse, die im modernen Leben nun einmal unerläßlich sind, hat man die Frauen bis zu dieser Generation ja auch nicht hinausdringen lassen. Ein erbitterter, zäher und oft mit grotesker Kleinlichkeit geführter, Kampf um die Frauenbildung hat allmählich zum Erfolg geführt. Eine seiner Etappen verdient Erwähnung. Um dieselbe Zeit, als die Frauenbewegung, Helene Lange an der Spitze, um die höhere Mädchenbildung kämpfte, stellte eine Oberlehrerversammlung den Satz auf:

»Es gilt, dem Weibe eine der Geistesbildung des Mannes in der Allgemeinheit der Art und der Interessen ebenbürtige Bildung zu ermöglichen, damit der deutsche Mann nicht durch die geistige Kurzsichtigkeit und Engherzigkeit seiner Frau an dem häuslichen Herde gelangweilt und in seiner Hingabe an höhere Interessen gelähmt werde, daß ihm vielmehr das Weib mit Verständnis dieser Interessen und der Wärme des Gefühls für dieselben zur Seite stehe.«

Die Frauen um vierzig herum wissen sich noch zu erinnern, wie sie als einzige oder mit noch ein oder zwei Leidensgenossinnen in das Knabengymnasium einzogen, dort allein, abseits von den Jungen in einer eigenen Bank sitzend, mit roten Ohren und verwirrtem Gemüt die schadenfrohe Erwartung der Kameraden und das herablassend-skeptische Wohlwollen des Lehrers in Empfang nahmen. Die erste Generation der Akademikerinnen denkt noch dran, wie sie vor Belegung eines Kollegs den Professor um Hörerlaubnis bitten mußten, und wie oft die Vertreter männlicher Geistigkeit den schüchternen Aspirantinnen auf Frauengeist ihr selbstgerechtes Nein entgegenwarfen. Diese Generation trägt noch im Geist den Stachel der Demütigung, den Ansporn, nur ja ebensogut in Integralrechnung und in der consecutio temporum zu bestehen wie die männlichen Altersgenossen... Noch 1918 war, wie der Kultusminister Boelitz im »Jahrbuch der Erziehungswissenschaft und Jugendkunde« 1927 berichtet, »keineswegs die Mädchenschulbildung als der Knabenbildung gleichwertig zu bezeichnen. Für die Mädchenschulen erschien der Partei (scil. der Deutschen Volkspartei) notwendig, die bisher bestehenden Schulen für die weibliche Jugend so auszugestalten, daß sie wie die Schulen für die männliche Jugend eine volle wissenschaftliche Ausbildung mit der Möglichkeit des Zugangs zur Universität gewährleisteten.«

Klassenausflug, 1929

Die Leistungen der Töchter

Nach dem Krieg hat sich schnell vieles ausgeglichen. Aber doch hauptsächlich in den intellektuellen Schichten und in den höheren Schulen. Die Fortbildungsschule z.B. ist erst neuerdings auch für Mädchen Pflichtschule geworden; sie zeigt aber noch ein teilweise geschlechtsgespaltenes Bild. Neben den Fachabteilungen für gelernte Arbeiter oder Angestellte, Handwerker oder Verkäufer gibt es eine Abteilung für Ungelernte. Die Knaben lernen darin Bürgerkunde, Werkunterricht usw., die Mädchen statt dessen Nähen, Kochen und Säuglingspflege. Es ist gut, daß sie das lernen, sie werden es eher brauchen als die Knaben; aber es geht daraus doch hervor, daß schon in der Kindheit und auch rein institutionell auf die Verschiedenheit der Interessen und Lebensbezirke hingearbeitet wird. Im übrigen sind heute fast alle Lern- und Ausbildungsmöglichkeiten für Frauen erschlossen. Aber in Anspruch genommen werden vor allem doch die, welche leichter erreichbar sind. Der Ausbildungsweg einer Richterin, einer Elektromonteurin, einer Maurermeisterin oder einer Inspektorin der Kanalisation wird auch heute noch selten begangen. Bevorzugt werden noch immer die »weiblichen« Berufe, dort nämlich, wo eine Berufswahl überhaupt in Frage kommt...

Das kleinbürgerliche Elternhaus steht eben auf dem Standpunkt: »Ein Mädchen braucht kein Gelehrter zu werden.« Seelisch ist dies für die Mädchen in gewisser Hinsicht ein Vorteil, weil sie nämlich weniger mit dem Ehrgeiz der Eltern geplagt werden; Schulzeugnisse, Aufsatznoten, Tadel- oder Lobzettel fallen bei den Knaben mehr ins Gewicht; unter anderm hat dies zur Folge, daß unter den Schülerselbstmördern viel mehr Knaben sind. Aber diese seelische Erleichterung wird aufgewogen durch eine Erschwernis anderer Art. Für den Jungen gilt die Schule als die Hauptsache. In die Schule gehen, für die Schule lernen, das scheint den Eltern die Hauptaufgabe des Knaben. Für das Mädchen erscheint die Schule eher nebensächlich, berücksichtigenswert in erster Linie als Übungsplatz für Pflichterfüllung und Sittsamkeit. Den geistigen Leistungen der Töchter wird höchstens soweit Wert beigemessen, als ein auffälliges Versagen etwas Spott und Kritik von Verwandten und Bekannten heraufbeschwören könnte. Dieser Einstellung entsprechend wertet man in den Schulzeugnissen der Jungen vor allem die Leistungen, unter diesen wieder besonders das Rechnen, das als typisch männliche Intelligenzleistung gilt und als solche kultiviert wird; bei den Mädchen aber legt man mehr Wert auf die Note für »Fleiß« und »sittliches Betragen«.

Die Schule steht also für die Tochter nicht wie für den Sohn im Mittelpunkt des von den Eltern abgesteckten Lebensbereichs; und deshalb wird das Mädchen viel weniger als Schulmädchen, denn der Junge als Schuljunge angesehen. Das Mädchen erhält neben der Schule als Lebensbereich das Haus angewiesen. Im Mittelpunkt des Mädchenlebens steht eine sonderbar gemixte Anwartschaft auf die künftige Rolle der Dame, Hausfrau und Mutter. Dies ist auch dort, ja merkwürdigerweise besonders dort der Fall, wo die Eltern der Tochter keinesfalls das Leben einer Dame, nur ungewiß das der Hausfrau und Mutter in Aussicht stellen können. Traditionsgebundene Instinkte schieben hier die Kulissen des Neuzeitlebens verwirrend durcheinander...

Das zweite Geschlecht

Erziehung im Elternhaus, Erziehung in der Schule. Erziehung durch die allgemeine Atmosphäre, welche jedes einzelne Mädchen in der Welt umgibt, »Tyrannei der Norm«. Davon kann sich keine Frau ausschließen. Auf Schritt und Tritt findet sie Anschauungsmaterial dafür, daß die Frauen als das zweite Geschlecht gelten...

Die Erziehung hat also ihre erste Aufgabe: die Mädchen zur Bejahung ihrer Rolle, zum Selbstvertrauen zu befähigen, schlecht angepackt. Sie wirkt vielmehr als Erzeugerin von Angst, Mißtrauen und Ablehnung gegen die Geschlechtsrolle, als Erziehung zu Minderwertigkeitsgefühlen und kleinmütiger Resignation; oder als Züchterin leerer Eitelkeit, verantwortungsscheuer Schwäche und dem Streben nach umwegigen Erfolgen. Die zweite Aufgabe der Erziehung, die Vorbereitung auf die Lebensaufgaben, erscheint teils geglückt, teils mißlungen, je nachdem, was man als Lebensaufgaben der Frau ansieht: die Ausfüllung des ihr von alters her abgesteckten Platzes, die Erduldung des über sie verhängten Lebens, eine blasse Kopierung des Idealbegriffs der Weiblichkeit? Dann wäre die Erziehung geglückt. Oder aber eine selbstvertrauende, verantwortliche und gemeinschaftssinnige Auseinandersetzung mit dem Leben? Dann muß man sie als mißlungen bezeichnen.

Diese Doppelsinnigkeit der Lebensvorbereitung zeigt sich an jedem einzelnen der großen Lebensprobleme. Vieles z.B., was zur Arbeit günstige Bereitschaft schafft, lernt das Mädchen (ausgenommen das verzärtelte, das ist ganz schlecht vorbereitet) in dem ihm vorgezeichneten Kinderleben. Es lernt Fleiß, es lernt Hausarbeit, es lernt geben, ohne wieder zu verlangen, es lernet hin und her rennen, warten und parat sein. Aber sehr vieles, was zu erfolgreicher Arbeit ebenfalls nötig ist, lernt das Mädchen nicht. Da es stets unter Kommando arbeitet, lernt es nicht disponieren, da sein Arbeitsfeld die Familie war, findet es sich später »draußen« nicht oder schwerer als der Knabe zurecht. Da es mit täglich wiederkehrenden Dingen umgehen mußte, fehlte ihm Blick und Mut zum Ungewohnten und Erstmaligen. Deshalb ergibt die Betrachtung arbeitender Frauen jene oft bekrittelte oder zumindest konstatierte Kleinlichkeit, die sich je nachdem als Genauigkeit vorteilhaft oder als Kurzsichtigkeit nachteilig bemerkbar macht. Jenen Mangel an Horizont, Überblick und Initiative, jener Welteigenschaften, welche das Mädchen weder in der Schule noch im Elternhaus gezeigt oder auch nur gestattet bekam.

Nicht nur in Bezug auf die Arbeit ist die Vorbereitung der Mädchen halbschlächtig und unzugänglich. Horizont, Überblick, Initiative, Großzügigkeit, Selbständigkeit, Mut – sie fehlen ihr auch im Umgang mit Menschen. Der Radius war kleiner gezogen als beim Jungen. Die Auswahl der Menschen, kleiner und großer, mit denen das Mädchen zusammentreffen durfte, war sorgfältiger, oder es war jedenfalls überhaupt irgendeine Auswahl getroffen, dem Knaben dagegen die eigene Wahl gelassen. Der Begriff vom sittsamen Betragen und bescheidenen Gebaren hat die Entwicklung vielseitiger menschlicher Kontaktfähigkeit gehemmt, anstatt sie zu entfalten.

Bastelkarte für Mädchen

Bastelkarte für Jungen

Sexuelle Aufklärung

Und die Beziehungen zum andern Geschlecht? Hier versagt die Erziehung fast völlig. Allerdings sind auf diesem Gebiet die Knaben nicht besser dran, auch ihnen wird keine geschlechtliche Erziehung zuteil. Beim Mädchen erscheint dieser Mangel aber um so merkwürdiger, als doch die ganze Ideologie von der Mädchenerziehung auf dem Kernsatz steht: Das Mädchen soll heiraten, soll eine gute Frau und Mutter werden! Die Mädchenerziehung müßte also eigentlich ganz durchtränkt sein von der Richtungnahme auf das andere Geschlecht und auf die künftige Vereinigung mit ihm! Sie hat sich allerdings erwiesen als eine geschlechtliche, d.h. als eine nach Geschlechtsgesichtspunkten verfahrende, Geschlechtsdifferenzen in den Mittelpunkt stellende Erziehung. Sollte man aber unter geschlechtlicher Erziehung nicht vielmehr eine Erziehung verstehen, die im Hinblick auf die Funktion der Geschlechter – Liebe, Fortpflanzung, Sexualverkehr usw. – erfolgte? Was aber sich als das Geschlechtliche in der heutigen Mädchenerziehung darstellt, das ist lediglich das Geschlechtsunterschiedliche: die Herauswendung und Betonung, notfalls Erzeugung des sogenannten »weiblichen Wesens«, der seelisch-geistigen sekundären Geschlechtsmerkmale. Das »weibliche Wesen« – eine zweitrangige Abart der Gattung homo sapiens.

Eigentlich ist also die Mädchenerziehung unweiblich, denn sie lehrt keine Kenntnis des Mannes. Weder verfügt sie über das theoretische Rüstzeug in bezug auf Wesen und Charakter der Menschen, sondern meist nur über allgemeine Schlagworte und Geschlechtsfabeln, noch bietet sie dem Mädchen Gelegenheit, selbst praktische Erfahrungen mit dem andern Geschlecht zu sammeln. Der Vater und die Brüder, als das nächste Anschauungsmaterial, das ist für die meisten Mädchen der Ausgangspunkt ihrer Beziehung zum andern Geschlecht. Nicht in dem von der Psychoanalyse gemeinten Sinn, als ein blutsgebundenes Sexualattachement hinüber und herüber. Sondern viel allgemeiner. Der werdende Mensch schafft sich aus dem Nächsten seine Modelle: Der Vater wird das Vorbild des Mannes schlechthin. Was später kommt, ist durch das Wesen des Vaters präjudiziert, im guten und bösen Sinn. Die Aufgabe einer wirklichen geschlechtlichen Erziehung wäre hier gerade, falsche Verallgemeinerungen am Zustandekommen zu hindern, das Mädchen wissen und erleben zu lassen, daß keineswegs alle Männer so und so sind, nämlich so wie der Vater, sondern vielmehr sehr »so und anders«, nämlich wie vielfältige und vielspältige Menschenwesen.

Einen besonderen Teil in dem Ensemble der geschlechtlichen Erziehung nimmt die sexuelle Aufklärung ein. Es ist eine Errungenschaft neuester Zeit, daß man auch die Mädchen in die sexuelle Aufklärung einbeziehen will. Bis vor kurzem bezog sich das, was man so nannte, auf ein kurzes Zwiegespräch zwischen Vater und halberwachsenem Sohn über Verhütungsmittel und Geschlechtskrankheiten. Die Tochter wurde am Hochzeitstage von der errötenden Mutter beiseitegenommen und verschämt in die Handhabung eines Spülapparates eingeweiht. Das war alles. Es ist heute nicht viel anders. Von 155 befragten Frauen und Mädchen haben bloß drei (!) ihre geschlechtliche Aufklärung von den Eltern empfangen. Die allermeisten empfingen ihre ersten Kenntnisse von andern Kindern, fremden Leuten, durch Beobachtung oder am eigenen Leibe. Nicht einmal das Physiologische ist schon gesicherter Bestand der Erziehung. Über diese primitive Aufklärung hinaus das Sexualleben organisch und seelisch aufzufassen und es in dieser Weise den Kindern darzustellen, gilt auch heute noch dem Großteil der Eltern für absurd, unanständig, verderblich.

Und absurd, unanständig, verderblich, diese Attribute werden in der Mädchenerziehung allem Sexualleben abschreckungshalber beigelegt. Keuschheit und Unschuld gehören ja zum Inventar der weiblichen Charakterzüge! In sexualibus wirkt also die Erziehung bewußt auf Unkenntnis, gröbliche Ahnungslosigkeit und Distanz von der Wirklichkeit hin. Ahnungslos und wirklichkeitsfremd sind sie selbst, diese Mädchenerzieher, den wirklichen Zusammenhängen gegenüber blind oder sich blind stellend. Sie schmücken ihre kleinen Mädchen zur ersten Kommunion und vergessen die Wirrnis und Bedrängtheit, mit der die weißgekleideten Jungfrauen auf die Frage antworten werden: »Hast du Unkeusches getan? wie oft? mit wem?« Unkeusches... geheimnisvoll umnebelt von Ahnungen, halben Wörtern, tastenden Vorversuchen, von ängstlichen »Pst, Pst!« und empörtem »Pfui« – so ist die sexuelle Mädchenerziehung.

Die Erziehung hätte es in der Hand: Sie könnte die weibliche Minderwertigkeitsposition im Körperlichen, Sozialen und Familialen abmildern oder verstärken. Sie könnte auf Gleichheitlichkeit und Gleichkräftigkeit der Lebenspläne bei beiden Geschlechtern hinarbeiten; aber sie betont die traditionellen Verschiedenheiten. Verschiedenheit der Geschlechter aber, das bedeutet Geringergeltung der Frauen. So erlebt das Mädchen sich als minderwertig, die Umwelt als feindliches Land. Die Erziehung wirkt auf die Mädchen als Entmutigung. Sie ist eine Erziehung zu Minderwertigkeit und Minderwertigkeitsgefühlen.

(Aus: Alice *Rühle-Gerstel*, Das Frauenproblem der Gegenwart, Leipzig 1932. Zwischenüberschriften durch die Herausgeberinnen.)

Kristine von Soden

FRAUEN IN DER WISSENSCHAFT

Erster Aufbruch

»Es gibt nun schon in vielen Städten weibliche Ärzte, es gibt sogar weibliche Rechtsanwälte, weibliche Apotheker, weibliche Verwaltungsbeamte, weibliche Fabrikinspektoren, Statistiker, Nationalökonomen, weibliche Professoren, weibliche Naturforscher, Geologen, Paleontologen, Zoologen, Botaniker, Mineralogen, weibliche Zahntechniker, weibliche Direktoren großer gelehrter Institute und auch weibliche Vorsitzende von Wohlfahrtsanstalten... Viele von ihnen gehören zur Elite nach Fleiß und Lebensweise. Manche promovierten mit Auszeichnung, und einige holten sich den Lorbeer des Sieges im Wettbewerb um die Lösung von schweren wissenschaftlichen Aufgaben. Und weiterhin müssen wir konstatieren: die Ergebnisse unserer langjährigen wissenschaftlichen Erfahrungen sind solcher Art, daß wir sagen müssen – die Anwesenheit und Mitarbeit studierender Damen hat auf die Haltung und den Lebens- und Lernernst der männlichen Studentenschaft nicht allein nicht schädigend, sondern eminent fördernd gewirkt.«[1]

Diese Worte eines Züricher Professors kurz vor der Jahrhundertwende gewähren Einblick in die Anfänge des Frauenstudiums und den offensichtlich gelungenen Versuch etlicher Hochschulabsolventinnen, sich einen Platz in der akademischen Berufswelt zu erobern. Und tatsächlich gibt es in der aufgeschlossenen Schweiz, ähnlich wie in Bologna, der europäischen Hochburg der Wissenschaften, zu dieser Zeit eine erste nennenswerte Studentinnengeneration. Aus über zwanzig Nationen ziehen die wißbegierigen, auf Eigenständigkeit und Gleichberechtigung bedachten jungen Frauen in die sechs Landesuniversitäten ein. Die meisten von ihnen sind Russinnen, darunter auch Alexandra Kollontai. Viele kommen aus dem benachbarten Deutschland wie Helene Stöcker, die 1902 in Bern den Doktortitel der Philosophie erwirbt. Dem Beispiel der Schweiz und Italiens, wo Frauen schon seit jeher studieren können, folgen dann von den 1880er Jahren an Frankreich, England, Belgien, Holland, Skandinavien und die USA.

Nur die deutschen Universitäten bleiben für Frauen weiterhin verschlossen. Von einigen historischen Ausnahmen abgesehen: 1754 promoviert die zielstrebige Arzttochter Dorothea Christiane Erxleben, Verfasserin auch einer 250 Seiten umfassenden Untersuchung über »Ursachen, die das weibliche Geschlecht vom Studieren abhalten« (1742), an der Universität Halle zum ersten weiblichen Doktor der Medizin. 1787 wird die vom Vater geförderte Dorothea Schlözer an der Universität Göttingen zum ersten weiblichen Doktor der Philosophie gekrönt. Der Laudatio darf die begabte Siebzehnjährige indes nicht beiwohnen, weil sie unverheiratet ist. Und so muß sie denn an diesem großen Ehrentag mit einem schmucklosen Platz hinter einem Bibliotheksfenster vorliebnehmen.

Die angestrengten Bemühungen deutscher Professoren, möglichst ohne weibliche Konkurrenz in den Tempeln der Wissenschaft schalten und walten zu können, sollen noch jahrzehntelang den Geist an den almae matres prägen. Denn immer nur sind es ungewöhnliche, mit meist schmerzhaften Ausgrenzungen und Demütigungen bezahlte Einzelfälle, in denen Frauen der Zutritt in die Gelehrtenzimmer gestattet wird: Die Physikerin Lise Meitner beginnt im Institut des Nobelpreisträgers Emil Fischer, der Frauen in seinem Hause nicht duldet, als »das Fräulein im Keller« 1907 ihre dreißigjährige Zusammenarbeit mit Otto Hahn, bevor sie 1922 Professorin der experimentellen Kernphysik an der Berliner Universität wird. Emmy Noether, Pazifistin und Jüdin, muß auf andere Weise lange im Schatten stehen. An der Universität Göttingen, wo die »Mutter der Algebra« seit 1915 aufsehenerregende Formeln entwirft, kann sie nur unter der Obhut ihres Entdeckers und Bewunderers David Hilbert, zu Lebzeiten schon als »der große Mathematiker unseres Jahrhunderts« gefeiert, Übungen und Seminare durchführen. Erst 1923 erhält sie eine Professur, durch die sie, wie sie spöttelnd anmerkt, zur »selbständigen mathematischen Größe« wird.[2]

Der Aufbruch von Frauen in die Universitäten ist nicht denkbar ohne die bürgerliche Frauenbewegung, die seit Mitte des 19. Jahrhunderts hartnäckig und mit Nachdruck für die Zulassung von Mädchen zu höheren Schulen und zur akademischen Berufsausbildung kämpft. Immer wieder formulieren der Allgemeine Deutsche Frauenverein (1865), der Frauenbildungsverein (1869) und der Frauenverein-Reform (1888) Eingaben an den Deutschen Reichstag. Immer wieder geben sie Schriften und Blätter zur Frauenbildung und zum Frauenstudium heraus. Doch erst 1891 werden ihre Forderungen erstmals im Reichstag angehört und, wie zu erwarten ist, schon allein deshalb für indiskutabel erklärt, weil auch die gefürchtete SPD die Emanzipationsansprüche unterstützt. 1896 dann, anläßlich der zweiten Reichstagsdebatte über das Thema, sieht es schon günstiger aus. Besonders durch die Hochschulentwicklung im Ausland kommt niemand mehr am Frauenstudium auch an den wilhelmischen Universitäten vorbei. Daher der vorläufige Kompromiß: Zulassung zu einigen ausgewählten Fächern wie Medizin und Geisteswissenschaften. Allerdings unter vereinfachten Studienbedingungen. Schließlich würde den Frauen die natürliche Gabe fehlen, so die Argumentation, Zusammenhänge systematisch zu analysieren, Gesetzmäßigkeiten zu erkennen, Probleme klar und präzise zu benennen.

Von solcherart offener Diskriminierung, die freilich nicht erst in den Sitzungssälen des Reichstages geboren wird, hebt sich eine Reihe wohlwollender Stimmen ab, wie sie zum Teil

auch in den bekannten »Gutachten hervorragender Universitätsprofessoren, Frauenlehrer und Schriftsteller über die Befähigung der Frau zum wissenschaftlichen Studium und Berufe« (1897) zum Ausdruck kommen. Und wie die Ausführungen eines Theologen zeigen, werden hier sogar Posen männlicher Selbstherrlichkeit in Frage gestellt.

»Die Frage nach der ›Berechtigung des weiblichen Geschlechts zum akademischen Studium‹ verwandelt sich für mich in die Frage nach der Berechtigung des männlichen Geschlechts, der Frau, die nach wissenschaftlicher Bildung verlangt, die Befriedigung dieses Bedürfnisses in dafür geebneten und bewährten Wegen zu versagen, während wir unbedenklich auf öffentliche, also auch auf Kosten der Frau, auch dafür sicher unbefähigten Elementen unseres Geschlechts die Gelegenheit zu wissenschaftlicher Bildung in vollstem Umfang darbieten.«[3]

Die Reichstagsdebatten gehen in den folgenden Jahren nur schleppend voran. Unterdessen wird im politisch fortschrittlichen Baden am 28. Februar 1900 per Ministererlaß erklärt: »Frauen, welche ein anerkanntes Reifezeugnis vorzulegen vermögen, seien versuchs- und probeweise zur Immatrikulation an beiden Landesuniversitäten zugelassen.«[4]

Bereits im Wintersemester (WS) 1899/1900 immatrikulieren sich daraufhin fünf Studentinnen in Freiburg und im Sommersemester (SS) 1901 vier in Heidelberg. Das Abitur haben sie, nachdem die »Realkurse für Frauen« unter dem Druck der Frauenbewegung 1893 in »Gymnasialkurse« umgewandelt wurden, erfolgreich abgelegt. Dem Vorstoß Badens schließen sich bald Bayern (1903), Württemberg (1904), das Königreich Sachsen (1906), Sachsen-Weimar (1907), Hessen, Elsaß Lothringen und Preußen (1908) sowie Mecklenburg (1909) ohne irgendwelche Einschränkungen an. Jedoch wird überall das patriarchalische Hausrecht reklamiert, daß kein Professor gezwungen werden kann, wider seinen Willen Frauen in seinen Veranstaltungen sehen zu müssen. Nicht eben selten kommt es daher vor, daß man Studentinnen mit schnöden Worten abweist. »Der schrecklichste aller Schrecken ist die Wissenschaftlichkeit der Weiber.«[5] Auf diese Formel eines gewissen Dr. Lasson scheint sich ein Großteil der wilhelminischen Professorenschaft eingeschworen zu haben.

Von der Hospitantin zur ordentlichen Studentin

Mit der Gründung der Weimarer Republik ist die Zeit willkürlicher Ausnahmebestimmungen und Sondergenehmigungen vorläufig vorbei. Frauen erhalten, nun auch als gleichberechtigte Staatsbürgerinnen, den Status ordentlicher Studentinnen. Und gegenüber 1908, als ihr Anteil an der Studentenschaft noch nicht einmal die Fünf-Prozent-Marke erlangt, sind sie im WS 1918/19 schon mit 9,5 Prozent vertreten. In den kommenden Jahren steigt ihr Anteil kontinuierlich an und erreicht im WS 1932/33 mit 18,8 Prozent – absolut sind das 17 192 Studentinnen – seinen höchsten Stand.[6]

Die meisten Studentinnen studieren Medizin. Schon im SS 1919 sind es 27,2 Prozent aller eingeschriebenen Kommilitoninnen. Und mit geringfügigen Schwankungen bleibt dieser Prozentsatz bis zum WS 1932/33 bestehen. Die besondere Vorliebe für Medizin hat verschiedene Gründe: Im Unterschied zu anderen akademischen Berufen für Frauen genießt die Ärztin in der Gesellschaft ein hohes Ansehen. Daneben fühlen sich die Frauen auch selbst zu diesem Pflegeberuf hingezogen, weil er Einfühlungsvermögen, Geduld und Opferbereitschaft verlangt, also jene weiblichen Tugenden, die das kleine Mädchen schon in der Kinderstube erlernt und die Erwachsene dann perfekt beherrscht. Viele Medizinstudentinnen erhoffen sich von ihrem späteren Beruf, namentlich für die Belange von Frauen im Rahmen von Schwangerenfürsorge, Geburtshilfe und Sexualberatung eintreten zu können. Und für nicht wenige ist die Möglichkeit attraktiv, auch im Falle einer Heirat weiter berufstätig bleiben zu können. Anders nämlich als die Lehrerin, die ja als Beamte seit der Personalabbauverordnung (PAV) vom 27. Oktober 1923 dem Zölibat unterliegt, sind Ärztinnen keinen solchen staatlichen Eingriffen in die Privatsphäre unterworfen. Und vielleicht erklärt dies, daß es 1933 mehr Ärztinnen als Lehrerinnen gibt. Doch ganz ohne äußere Hindernisse läuft auch der Weg zum Beruf der Ärztin nicht ab. Das beginnt schon mit der Eröffnung einer Kassenpraxis. Ein solches Vorhaben setzt eine dreijährige Krankenhauserfahrung voraus. Doch da Medizinalassistentenstellen nur selten und in geringer Zahl

Was Französinnen schon 1930 möglich war, erreichten die Deutschen erst 1922: Die Zulassung zur Rechtsanwältin

mit jungen examinierten Ärztinnen besetzt werden, müssen die meisten als Angestellte in Behörden und Wohlfahrtsverbänden oder aber freiberuflich ihren Lebensunterhalt verdienen. Andere teilen sich mit dem Ehemann eine Praxis oder arbeiten, weil sie zugleich die gemeinsamen Kinder großziehen, dort zumindest tageweise mit. Die Zahl dieser Ärztinnen beträgt nach einer Erhebung 1931, die in der Zeitschrift »Die Ärztin«, Organ des 1924 gegründeten Bundes Deutscher Ärztinnen, veröffentlicht wird, schätzungsweise 1 000 und macht damit ein Drittel der insgesamt 3 000 approbierten Ärztinnen aus, die es in diesen letzten Jahren der Weimarer Republik gibt.[7]

Was für das Medizinstudium gilt, trifft im umgekehrten Sinne für die Theologie zu. Ein weiblicher Pfarrer wird von beiden Kirchen strikt abgelehnt und daher auch vom Bürger als undenkbar empfunden. Warum also die Mühsal auf sich neh-

Konkurrentin Frau, Titelbild der »Woche«, Juli 1925

Lino Salini, Porträt von Grete Schütte-Lihotzky, der ersten Frankfurter Architektin im Hochbauamt

men und hebräische Bibelverse entziffern, wenn am Ende doch keine Anstellung winkt? Nur zwei Studentinnen sind seit dem SS 1924 in katholischer Theologie immatrikuliert. Und mehr sollen es bis zum WS 1932/33 auch nicht werden. Einen Abschluß machen sie freilich nicht, weil ein akademischer Grad an die Priesterweihe gebunden und jedes geistige Amt in der katholischen Kirche ausschließlich Männern vorbehalten ist. Auch die evangelische Kirche läßt keine Frauen zu geistigen Ämtern zu. Jedoch vergibt sie den dem Doktortitel vergleichbaren Grad eines Lizentiaten und erlaubt Frauen darüber hinaus das Oberlehrerexamen für Religion. Immerhin 240 Studentinnen sind denn auch zwischen dem SS 1924 und dem WS 1932/33 in evangelischer Theologie immatrikuliert.[8]

Weit unter dem Reichsdurchschnitt liegt der Anteil der Studentinnen in jener Disziplin, die stärker noch als die Theologie gerade auch von den Frauen selbst als eine Männerdomäne angesehen und verstanden wird: die Rechts- und Staatswissenschaft. Bis zum WS 1927/28 registriert hier die Statistik nicht einmal 3 Prozent. Und die Berufsperspektiven dieser Studentinnen sind wahrhaft miserabel. Sei es als Fabrik- oder Wohnungsinspektoren, sei es als Rechtsanwältin oder gar Richterin. Erst ab 1922 können Frauen Ämter der Rechtspflege bekleiden. Bis dahin hat Gültigkeit, was eine Sofie Reis im ersten Band der Reihe »Das Frauenbuch« (1913) beschreibt:

»Die Juristin wartet auf einen der ganz wenigen besoldeten Plätze als Leiterin einer gemeinnützigen Rechtsauskunftsstelle, als Geschäftsführerin einer Zentrale für Jugendfürsorge oder vielleicht bei einem Genossenschafts- oder Syndikatssekretariat... Wo die Juristin auch arbeitet, überall darf sie von der Tätigkeit eines Juristen nur Teilfunktionen ausüben: an den Rechtsschutzstellen die beratende, aber nicht die vor Gericht verteidigende, an den Jugendfürsorgezentralen die nachforschende, aufsichtführende und organisierende, doch nicht die Tätigkeit des Jugendrichters selbst.«[9]

Staats- und Rechtswissenschaftlerinnen sind auch nach 1922 immer nur punktuell auf einflußreichen Positionen zu finden. Und mit dem »Gesetz zur Rechtsstellung der weiblichen Beamten« vom 30. Mai 1932 wird ihnen die Richter- und Verwaltungslaufbahn beinahe vollständig versperrt. Sichtbarster Ausdruck dieser verfassungsfeindlichen Praxis ist, daß 1933 allein in Preußen nur fünf Amts- und Landgerichtsrätinnen tätig sind, obwohl der Anteil der Jurastudentinnen inzwischen auf sechs Prozent angewachsen ist.[10]

Werkstudentin, 1926

Fast Utopie: Ein weiblicher Lehrstuhl

Die Benachteiligung von Frauen in der Berufszulassung und Berufsausübung – hier sind lediglich einige typische Beispiele skizziert[11] – bekommt vor allem auch die Akademikerin zu spüren, der eine Hochschulkarriere vorschwebt und damit der Einbruch in jene Region, die seit der Gründung der ersten Universitäten im Mittelalter wie eine Festung männlichen Geistes gegen Frauen hermetisch abgeriegelt wird. Zwar dürfen sich Frauen seit dem 21. Februar 1921 endlich habilitieren, erwerben sie die Venia legendi und sind somit befugt, Vorlesungen zu halten. Und zu den ersten Frauen, die diesen kühnen Aufstieg wagen, gehören neben Lise Meitner und Emmy Noether die Anatomin Adele Hartmann, die Archäologin Margarete Bieber und die Germanistin Agathe Lasch.

10595 Frauen promovieren zwischen 1908 und 1933. Doch nur 54 von ihnen werden Dozentinnen, lediglich 24 Professorinnen, einen eigenen Lehrstuhl erhalten nicht einmal zwei: Margarethe von Wrangell, die Botanikerin und Ernährungswissenschaftlerin, und Mathilde Vaerting, die Pädagogin. Sie gehen 1923 als die ersten und einzigen ordentlichen Professorinnen in die Geschichte des Frauenstudiums der Weimarer Republik ein.[12]

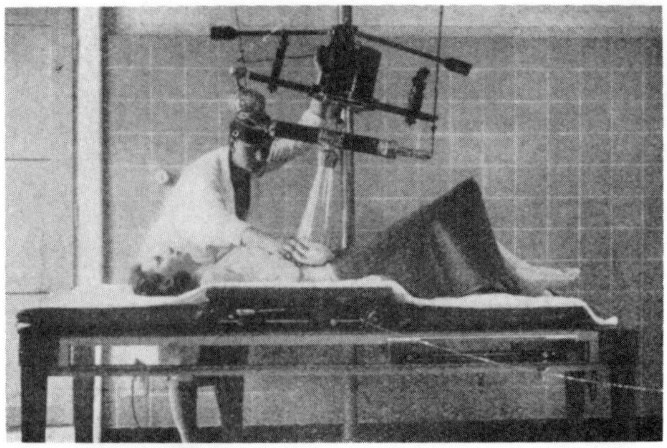

WEIBLICHE GELEHRTE

Prof. Rahel Hirsch, die bekannte Berliner Spezialärztin für innere Krankheiten.

Dr. Ermentrude v. Ranke, Dozentin der Geschichte an der Universität Kiel. Atlantic.

Prof. Dr. Agathe Lasch, die eine Professur für niederdeutsche Philologie an der Universität Hamburg inne hat.

Prof. Emmy Noether, außerord. Prof. der Mathematik an der Universität Göttingen.

Anneliese Wittgenstein, Privatdozentin der Medizin an der Berliner Universität. Becker & Maaß.

Da heute niemand mehr über den „physiologischen Schwachsinn des Weibes" dozieren könnte, ohne daß man ihn entweder für einen üblen Spaßmacher oder für einen gemeinschädlichen Narren halten würde, — da es also keine Frage mehr ist, ob die Frau, an deren Befähigung zur schwersten körperlichen Arbeit man niemals gezweifelt hat, wenn man vom „schwachen Geschlecht" sprach, auch zu geistiger Arbeit taugt: ist bloß noch festzustellen, welche Arbeit gegenwärtig die höchste geistige Betätigung von Frauen, also die Frauenarbeit auf wissenschaftlichem Gebiet, ist. Der weibliche Gelehrte ist auch heute noch eine seltene Erscheinung. Aber es ist wohl klar, daß die Seltenheit der wissenschaftlichen Betätigung von Frauen nicht sowohl ein Vorurteil gegen die Fähigkeiten des weiblichen Geschlechts als vielmehr ein Vorurteil zugunsten seiner wenigen Vertreterinnen auf Gebieten begründet, zu denen man ihnen den Schritt sicherlich nicht leicht gemacht hat. Denn es steht außer Zweifel, daß bis in die jüngste Zeit selbst in alten Gelehrtenfamilien die Töchter alle die Ermunterung entbehrt haben, die die Söhne auf den Weg der wissenschaftlichen Arbeit geradezu drängte. Die wenigen Ausnahmefälle der gelehrten Töchter von Gelehrten sind ziemlich allgemein bekannt. Namen wie v. Harnack, Masaryk oder Curie fallen wohl einem jeden ein. Gewöhnlich haben aber Frauen hier Widerstände zu überwinden gehabt. Dazu finden meistens nur diejenigen die Kraft, die vom stärksten Zug der Zeit mit fortgerissen werden. So erklärt es sich, daß die Frauen von hoher geistiger Begabung sich vorwiegend den sozusagen modernsten Wissenschaften, den Naturwissenschaften, und namentlich den Gebieten der angewandten Wissenschaft, wie zum Beispiel Medizin, zugewendet haben.

Prof. Rhoda Erdmann, Bakteriologin an der Berliner Universität.

Prof. Anna Tumarkin, die einen Lehrstuhl für Literatur in Bern inne hat.

DIE FRAU ALS ATMOSPHÄRENWERT

STRUKTURELLE GRUNDLAGEN WEIBLICHER BILDUNGSZIELE

VON FRITZ GIESE

PRIVATDOZENT FÜR PSYCHOLOGIE U. PÄDAGOGIK AN DER TECHNISCHEN HOCHSCHULE STUTTGART

DELPHIN-VERLAG / MÜNCHEN

Der tägliche Argwohn

Welches Fach auch immer Studentinnen belegen, und welches Studienziel sie anstreben – in allen Ecken und Winkeln des patriarchalisch geordneten Universitätsalltags zerreiben sie sich an zähen Vorurteilen und Vorbehalten, werden ihren intellektuellen Entfaltungsmöglichkeiten enge Grenzen gesetzt. Hinzu kommt ein oft rüder, aus herablassender Gestik und sexistischer Kränkung gespeister Umgangston seitens der Mehrheit der Studenten. Erinnerungen einer 85jährigen Hamburgerin, die 1922 in Breslau ihr erstes Semester erlebt:

»In Breslau war ich sehr ungern, weil die Studenten dort ausgesprochen unfreundlich waren. Die meisten von ihnen stammten aus Schlesien und waren Söhne von Großgrundbesitzern, die die Auffassung vertraten, daß Mädchen an der Universität nichts zu suchen haben. Ich war damals eine der ganz wenigen, die Staatswissenschaft studierten. Und mir gegenüber verhielten sich die Studenten unangenehm. Richtig scheußlich. Da gab es zum Beispiel auf den Fluren große Schwingtüren, die die Studenten einem aufhielten. Doch jedesmal, wenn man gerade an der Schwelle angelangt war, gaben sie der Tür einen Schubs, so daß sie einem an den Kopf flog. Solche Verhaltensweisen waren durchaus üblich. Das habe ich x-mal erlebt. Und dann besuchte ich natürlich auch eine Übung. Da waren wir zwölf Leute. Der Professor fragte nach unseren Namen, woher wir kamen und so und sagte dann: ›Nun betrachten Sie sich bitte als vorgestellt, daß Sie auch miteinander reden!‹ Nur einer hat sich später mal mit mir unterhalten. Alle anderen haben mich nicht einmal begrüßt.«[13]

Das Gegenstück zu solcher Überheblichkeit ist ein Gehabe, das eine Jurastudentin 1930 treffend beschreibt:

»Eine Studentin braucht nur den Mund aufzutun, ganz gleich, ob zu guter oder schlechter Antwort, und es wird nach deutsch-akademischer Sitte getrampelt, gescharrt oder blöd gelacht. Ist im Kolleg die Rede von den vorsintflutlichen Bestimmungen unseres Frauenrechts und von vergangenen herrlichen Zeiten, als die Frau noch ganz unter ehelicher Gewalt stand, zeigen die Jünger am Geiste auf ebenso höfliche Weise begeisterte Zustimmung. Moderne Reformbestrebungen mißbilligen sie aufs schärfste. Als einmal ein Professor sagte, die Frauen könnten jetzt auch Handelsrichterinnen werden, war das ganze Kolleg so tief entrüstet, daß der Dozent erst nach zehn Minuten fortfahren konnte.«[14]

Unter dem täglichen Argwohn leiden Studentinnen besonders in kleineren Universitätsstädten. Und außer ihren Kommilitonen sind es hier vor allem auch Wirtinnen, die wenig Hilfsbereitschaft zeigen. Solche Erfahrungen sammelt auch die erwähn-

te Hamburgerin, als sie im zweiten Semester an die Universität Tübingen wechselt.

»Die Zimmersuche war äußerst schwierig, weil die meisten Tübinger Hausfrauen nicht sonderlich erfreut waren, wenn Studentinnen kamen. Ein Zimmer, das mich interessierte, lag über einer Kneipe und gehörte den Kneipenbesitzern. Und da sagte die Wirtin, die eigentlich noch ganz nett war: ›Hier oben können sie nicht wohnen. Das ist unmöglich!‹ Dabei hatte ich gar nichts irgendwie Unmoralisches vor. Eine andere Wirtin, deren Adresse mir jemand vermittelt hatte, erklärte ziemlich entrüstet: ›Also, Herrenbesuch dürfen Sie nicht haben, und Damenbesuch möglichst auch nicht. Denn ich möchte nicht, daß meine Töchter durch Sie verdorben werden!‹ Da hab' ich mich auf dem Absatz umgedreht, obwohl ich wirklich dringend ein Zimmer brauchte.«[15]

Weil einfache Zimmer eher an Studenten vermietet werden und man großzügig ein Auge zudrückt, wenn sich der angehende Herr Doktor mit einem Fräulein auf seiner »Bude« vergnügt, bleiben Studentinnen in der Regel nur die teureren Semesterunterkünfte. Diese Ungleichbehandlung ist doppelt schlimm, wenn man an den schmalen Geldbeutel selbst bei Töchtern aus »gutem Hause« denkt, ganz zu schweigen von jenen, deren Eltern einfache Angestellte oder Arbeiter, was gelegentlich vorkommt, sind. Im Zuge der Inflation 1923 und später während der Weltwirtschaftskrise wird in das Studium einer Tochter noch weniger als in das eines Sohnes investiert, was ein Beispiel verdeutlicht: Ein Viertel aller Studentinnen erhält laut Umfrage des Deutschen Akademikerinnenbundes im WS 1927/28 einen Monatswechsel von bloß 120 RM und ist auf ständigen Nebenerwerb angewiesen – liegen doch die Lebenshaltungskosten um mehr als das Dreifache höher. Studenten wird die erforderliche Geldsumme gewöhnlich ganz oder annähernd gezahlt. Und so erklärt es sich denn, daß sie zumeist recht sorglos leben: Sie können sich Bücher kaufen. Sie schaffen sich Kleidung an. Sie leisten sich abends im Lokal Wein und Bier. Wenig romantisch nimmt sich dagegen das Dasein vieler Studentinnen aus. Und wohl manch einer spricht es aus dem Herzen, wenn sie in Vicki Baums Roman »Stud. chem. Helene Willfüer« (1928) liest:

»Es sind die kleinen Tragödien, die mutlos machen können, die Lächerlichkeiten, die unsereinen treffen wie Schicksalsschläge. Es sind die Zahnschmerzen, die man nicht behandeln lassen kann, weil es Geld kostet, die zerrissenen Sohlen, die nicht zum Schuster kommen, weil man nur ein Paar Schuhe besitzt, das Mantelfutter: zerrissen, geflickt, zerrissen, geflickt – und schließlich herausgetrennt. Die Nähte, die nachlassen, die Ärmel, die dünn werden, die zerfaserten Handschuhfinger, die leere Tintenflasche, die Seife, die gespart werden soll. Heute ist ein elender Tag, Nordwind, Schnee mit Regen, es pfeift durch das Triangel, eine trostlose Melodie. Frieren ist schlimmer als hungern, das kann ich aus genauer Erfahrung sagen.«[16]

Bedingt durch eine oft andauernde materielle Notlage führen Studentinnen ihr Studium nicht immer in der vorgeschriebenen Semesterzahl durch, sondern brauchen etwas länger. Doch dies bringt ihnen nicht etwa Sympathie und Verständnis bei Professoren und Kommilitonen ein. Vielmehr wirft man ihnen mangelhafte Fähigkeiten, fehlende Planung und Disziplin vor. Im übrigen würden sie, eben weil sie mehr Kraft und Anstrengung für ein Studium benötigten, ihrer »natürlichen Bestimmung« entgegenwirken, ja diese gar gefährden. Denn, ob Studium oder keines, Frauen müßten und sollten in erster Linie Mutter sein. Mit einer solchen eindeutigen Aussprache für das alte Weiblichkeitsbild bleibt am Ende der Weimarer Republik von ungebrochener Aktualität, was Ernst Bumm in seiner vielzitierten Rektoratsrede anläßlich der Gedächtnisfeier der Berliner

Abiturientin, 1928

Universität am 3. August 1917 »Über das Frauenstudium« erklärt:

»Die Mehrzahl der Frauen, und gerade der Frauen der mittleren Stände, die der Anreiz zum Studium am ehesten trifft, muß ihrer natürlichen Bestimmung erhalten bleiben. Unsere Kinder sollen von Müttern geboren werden, die ein ausgeruhtes Gehirn und genug Zeit zur Aufzucht einer zahlreichen Nachkommenschaft haben. So leistet die Frau sich, der Familie und dem Staate den höchsten Dienst.«[17]

1933 erfährt das hart erkämpfte Frauenstudium einen empfindlichen Rückschlag: Dozentinnen und Professorinnen werden »aus weltanschaulichen Gründen«, wie es offiziell heißt, aus dem Lehrkörper »entfernt«. Abiturientinnen wird durch einen geschlechtsspezifischen Numerus Clausus der Zugang zur Universität erheblich erschwert – fortan fallen die Studentinnenzahlen auf das Niveau der Vorkriegszeit. Und den wenigen, die es schaffen, aufgenommen zu werden, macht man Auflagen: Ab 1934 ein hauswirtschaftliches Jahr zur Vorbereitung auf die künftigen »nationalen Aufgaben«. Ab 1937 eine Prüfung über die gesammelten Haushaltskenntnisse. Denn oberstes Wunschziel der »deutschen Frau«, so 1933 in einem »ABC des Nationalsozialismus«, sei ein »trautes Heim«, ein »lieber Mann« und eine »Schar glücklicher Kinder«. Sehnsucht nach dem Büro, dem Ladentisch, der Universität habe die Frau im NS-Staat nicht mehr.[18]

Anmerkungen

1 Wanda *von Baeyer:* Die Frau in der Wissenschaft, in: Die Frau in unserer Zeit, Hamburg 1954, S. 210.
2 Renate *Feyl:* Der lautlose Aufbruch. Frauen in der Wissenschaft, Darmstadt/Neuwied 1983 (Berlin/DDR 1981), S. 162 ff. und S. 175 ff.
3 Zit. n. Helene *Lange,* Die akademische Frau, in: Die Frau, Bd. 4, Berlin 1897, S. 195.
4 E. *Nauck:* Das Frauenstudium an der Universität Freiburg i. Br., Freiburg 1953, S. 21.
5 Zit. n. Helene *Lange:* Die akademische Frau . . ., a.a.O., S. 195.
6 Zu allen in diesem Beitrag genannten Zahlen vgl. Michael *Kater:* Krisis des Frauenstudiums in der Weimarer Republik. in: Vierteljahresschrift für Sozial- und Wirtschaftsgeschichte, hrsg. von O. *Brunner* u. a., Bd. 59, Wiesbaden 1972, S. 207–255.
7 Vgl. hierzu Cornelie *Usborne,* Abtreibung: Mord, Therapie oder weibliches Selbstbestimmungsrecht? Der § 218 im medizinischen Diskurs der Weimarer Republik, in: Johanna *Geyer-Kordesch*/Annette *Kuhn* (Hg.), Frauenkörper, Medizin, Sexualität, Düsseldorf 1986, S. 207 ff.
8 Vgl. Michael *Kater:* Krisis . . ., a.a.O., S. 215.
9 Sofie *Reis:* Die Juristin, in: Das Frauenbuch, Bd. 1, hrsg. v. Eugenie *von Soden,* Stuttgart 1913, S. 91.
10 Vgl. Michael *Kater:* Krisis . . ., a.a.O., S. 219.
11 Eine umfassende Bestandsaufnahme des Frauenstudiums in den verschiedenen natur- und geisteswissenschaftlichen Fächern sowie an Technischen Hochschulen steht noch aus.
12 Vgl. Kristine *von Soden:* Zur Geschichte des Frauenstudiums, in: Kristine *von Soden*/Gaby *Zipfel:* 70 Jahre Frauenstudium. Frauen in der Wissenschaft, Köln 1979, S. 25.
13 Pers. Gespräch am 23. 10. 87 in Hamburg.
14 Vgl. Michael *Kater:* Krisis . . ., a.a.O.
15 Pers. Gespräch.
16 Vicki *Baum:* Stud. chem. Helene Willfüer, Berlin 1928, S. 219.
17 Ernst *Bumm:* Über das Frauenstudium. Rede zur Gedächtnisfeier des Stifters der Berliner Universität König Friedrich Wilhelm III. in der Aula am 3. August 1917, Berlin 1917, S. 20.
18 Vgl. C. *Rosten:* Das ABC des Nationalsozialismus, Berlin 1933, S. 198 f.

Birgit Gatermann

»MALWEIBER«

Bildende Künstlerinnen in den zwanziger Jahren

»Nur in den seltensten Fällen drang die Frau, ..., in jene Regionen vor, in der die schöpferischen Urkräfte wirken. Das Allerhöchste aber hat eine Frau als gestaltende Künstlerin noch nie erstrebt, geschweige denn erreicht. Und es fragt sich, ob sie es je erreichen wird.«[1]

Dieses Urteil stammt aus der Feder des Stuttgarter Kunsthistorikers Hans Hildebrandt. Mit seinem 1928 erschienenen Buch »Die Frau als Künstlerin« wollte er den Malerinnen und Bildhauerinnen einen Platz in der Kunst- und Kulturgeschichte einräumen. Doch nach traditionellem Rollenverständnis wies er ihnen nur die »zweite Stimme im Orchester« zu,[2] machte sie zu »Nachahmerinnen«, »Damen« und umschiffte geschickt die damals gängigen Reizwörter von »Dilettantin« und »Malweib«. Typisch Mann?! – Der Tonus in den verschiedenen Medien der zwanziger Jahre von der Tagespresse über Kunstzeitschriften bis hin zum »Simplicissimus« war kein anderer. Die Äußerungen reichten von wohlwollender Kritik bis hin zur scharfen Ablehnung, immer jedoch blieben die Grenzen weiblichen Kunstschaffens klar gesteckt.

Ausstellungskataloge aus den Jahren 1919 bis 1933 geben eine Fülle von Frauennamen sowie Verweise auf deren Werke, doch das Schaffen und Leben der meisten dieser Künstlerinnen gehört schon lange der Vergessenheit an. Lediglich zwei Persönlichkeiten leuchten aus dem Wissensdunkel heraus: Paula Modersohn-Becker, die nach ihrem frühen Tod 1907 in den zwanziger Jahren fast zu einer Kultfigur verklärt wurde, und Käthe Kollwitz, 1919 bereits 52 Jahre zählend. Beide wurden für die jüngere Generation von Malerinnen und Grafikerinnen zu Leitfiguren. Geschickt griff die Kunstkritik diese weibliche Traditionslinie auf, um sie für ihre – zum Teil deutlich antifeministischen – Zwecke zu mißbrauchen. Die Individualität der einzelnen ging unter in einem allzu schnellen Vergleich mit der Modersohn oder Kollwitz. Parallelen zu männlichen Künstlern, die unbedingt relevant gewesen wären, unterließ man.

Höhere Töchter

Politisch, soziologisch und kulturell stellten die zwanziger Jahre in ihrer Vielschichtigkeit ein Novum dar. In der Kunst reichte die Spanne vom Spätimpressionismus über Expressionismus, Dada, Neuer Sachlichkeit bis zum Konstruktivismus. Künstlerinnen unterschiedlichen Alters und Schicksals versuchten, sich in dieser breitgefächerten Formenwelt zurechtzufinden und einen Platz auf der engen Kunstbühne zu erkämpfen. Ihre Herkunft und Erziehung, die sie im Wilhelminischen Reich, im zaristischen Rußland, in Frankreich oder in der Schweiz genossen hatten, zeigte dabei auffällige Übereinstimmungen. Über 80 Prozent stammte aus dem gehobenen Bürgertum und führte zunächst ein typisches »Höhere-Töchter-Dasein«. Man erwartete, daß sie als Muse, spätere Ehefrau und Mutter die tradierten Wertvorstellungen des Elternhauses fortführten. Die drei »Ks« (Kinder-Küche-Kirche) als Lebensziel!? Klavierunterricht, Lektüre der Klassiker, Mal- und Zeichenübungen bestimmten den Tagesrhythmus der Mädchen, konnten aber nicht über Eintönigkeit und Langeweile hinwegtäuschen. Der Historiker und Soziologe Theobald Ziegler schrieb 1891 über diesen Mißstand: »Unsere Töchter verlassen die Schulen in dem Moment, wo bei den Jungen das Interesse und die Freude an geistiger Beschäftigung eben erst erwacht. Und dann schleppt man sie durch das wilde Leben, die flache Unbedeutendheit unserer Gesellschaft, läßt sie pflichtlos als Schmetterlinge in der Welt herumflattern, sich putzen und zieren, kokettieren...«[3]

Erst nach dem Ersten Weltkrieg wandelte sich das Bild der jungen Mädchen deutlich. »Aus einem Zimmer- und Treibhausgewächs ist eine Freiluftpflanze geworden«, schrieb der Kunsthistoriker und -kritiker Max Osborn.[4] Der abgeschnittene Zopf, der Bubikopf wurde zum Symbol einer neuen Generation, die kritische Fragen zu stellen wußte.

Ella Bergmann-Michel (rechts) mit Mutter und Schwester

Schockiert standen die Eltern dem Wunsch ihrer Tochter nach einem Kunststudium gegenüber. Bilder vom großstädtischen Sündenpfuhl und lasterhaften Bohèmeleben an den Kunstschulen, Schreckensvisionen von Mädchen als »Malweiber« tauchten vor dem inneren Auge auf. »Daß du mir nicht etwa eine von den überspannten, unweiblichen Frauenzimmern wirst«,[5] hörte man manch ängstlichen Vater sagen. Man begegnete dem Ehrgeiz der Töchter mit Gleichmut, man schimpfte, verwarf, verstieß. Einige Familien brachen den Kontakt zur Tochter gänzlich ab. Als die Berliner Bildhauerin Renée Sintenis dem Drängen des Vaters nach einer Ausbildung zur Sekretärin nicht nachgab, kam es zur vollständigen Entzweiung. Vater und Tochter sahen einander nie mehr. Ein ähnliches Schicksal erlebte die Kölner Künstlerin Angelika Hoerle, die zum Dadakreis von Heinrich Hoerle, Wilhelm Seiwert und Max Ernst gehörte. Die Entscheidung, sich dieser Gruppe anzuschließen, führte bei dem Vater zu dem folgenschweren Ausspruch: »Ich habe keine Tochter mehr.«[6] Erst kurz vor dem Tod der tuberkulosekranken jungen Frau kam es zur Versöhnung.

Die meisten Malerinnen und Bildhauerinnen lebten in ständiger Spannung zum Elternhaus, immer auf Anerkennung und Integration hoffend. Viele junge Talente blieben aufgrund dieser frühen schmerzlichen Erfahrungen ein Leben lang künstlerisch gehemmt, geplagt von der Scheu des öffentlichen Auftritts und ständig wiederkehrenden Selbstzweifeln und Depressionen. Das Beispiel der Hamburger Malerin Anite Rée mag stellvertretend für andere stehen. Zögernd richteten ihr die Eltern ein kleines Atelier im Hause ein, beschäftigten sich jedoch niemals mit der Arbeit der Tochter. Nur die engsten Freunde erhielten Zugang zu diesen Räumlichkeiten. Kaum einem zeigte sie ihre Bilder. Ihr ganzes Leben über blieb Anita Rée ausgesprochen schwierig und hochsensibel, was die Kontaktaufnahme mit der Außenwelt betraf. Das Werk der alleinstehenden Frau ist geprägt durch große stilistische Sprünge und mangelnde Kontinuität, die eindeutig von psychischen Belastungen herrühren.

Ausbildung

Bis 1919 war den Künstlerinnen der Zugang zu den staatlichen Akademien verwehrt. Sie mußten auf Privatinstitutionen oder Kunstgewerbeschulen ausweichen. Was den Männern lediglich als Sprungbrett für die akademische Karriere diente, war für die Frauen die einzige Ausbildungsmöglichkeit: Paris vivant! Die französische Kunstmetropole wurde Hoffnungsschimmer und Magnet für viele junge Malerinnen und Bildhauerinnen. Die Privatakademien Julian und Colarossi sowie der Unterricht bei Henri Matisse oder Fernand Léger boten eine relativ gute Schulung und vor allem den Kontakt mit der künstlerischen Avantgarde. Regelmäßig traf man sich im Café du Dôme, fühlte sich endlich befreit von elterlicher Aufsicht und moralischen Zwängen der konservativ-bürgerlichen Heimat. Louise Breslau berichtete 1925 rückblickend:

»In Paris galt eine Frau, die malte, weder als größenwahnsinnig noch übergeschnappt. Man betrachtete sie als von der Natur begünstigt, ja als begnadet. Man liebte sie und feierte sie. Hier ist alles leicht und heiter, hier ist das Paradies!«[7]

Die Gleichberechtigung von Mann und Frau (1919 in der Weimarer Verfassung verankert) öffnete endlich auch für weibliche Bewerberinnen die Tore der staatlichen Akademien. Doch die Vorurteile gegenüber Künstlerinnen hatten Krieg, Novemberrevolution und Inflation überlebt. Akademieleitung und Professoren kultivierten weiterhin das Bild der »heiratswütigen« Schülerinnen mit mangelndem Talent. Alles wurde darangesetzt, ihre Zahl möglichst gering zu halten. Am 25.7.1919 schrieb das Dresdner Akademiesekretariat an das Ministerium des Innern: »... auch wird darauf hingewirkt werden, die Zahl der weiblichen Studierenden tunlichst zu beschränken.«[8] Der Anteil der Schülerinnen überstieg während der gesanten zwanziger Jahre kaum die Siebzehn-Prozent-Marke, und die schich-

Hilde Goldschmidt

»Tanzskizzierabend«, 1929

Louise Rösler, »Café in Paris«, 1925

tenspezifische Zusammensetzung der angehenden Künstlerinnen blieb identisch mit den Verhältnissen vor 1914. Weiterhin stammte der überwiegende Anteil der Auszubildenden aus dem gehobenen Bürgertum der Beamten, Offiziere und Akademiker – sprich einer Gesellschaftsgruppe, die vorwiegend konservativ geprägt war. Der klägliche Rest verteilte sich auf junge Mädchen aus dem unteren Mittelstand. Aus der Arbeiterschaft kam keine einzige.[9] Die Schülerinnen blieben »die Mädchen aus gutem Hause«, die sich deutlich von männlichen Klassenkameraden und Studentinnen an den Universitäten unterschieden. Dennoch normalisierte sich das Bild in den Kunstklassen zusehends. Die männlichen Mitschüler gewöhnten sich nicht nur an den Anblick der jungen Mädchen im Unterricht, sondern lernten es auch, sie zu akzeptieren.

Häusliche Bindungen

Die Jahre des Studiums bedeuteten für viele Künstlerinnen die erste wirkliche Chance, sich ganz der eigenen Person und dem bildnerischen Schaffen zu widmen. Es entstanden Arbeiten, die auf eine hoffnungsvolle Karriere deuteten. Hanna Nagel aus Karlsruhe, Erna Dinklage aus München, Louise Rösler aus Berlin, sie alle wurden von ihren Lehrern und Freunden gefördert und erhielten rosige Zukunftsprognosen. Was blieb davon? Gesellschaft und Erziehung zogen vielen ehrgeizigen Wunschvorstellungen einen Strich durch die Rechnung. Obwohl die Zahl erwerbstätiger Frauen seit der Jahrhundertwende beständig anwuchs, verboten die Konventionen des gehobenen Bürgertums den Gelderwerb für ihre eigenen Töchter. Finanziell blieben diese somit ans Elternhaus gebunden und vergaben die Chance, durch den Verkauf von Bildern in Kontakt mit der Öffentlichkeit zu kommen. Erst die Folgen des Ersten Weltkrieges und der Inflation von 1923, die zahlreiche Familien in den Ruin trieben, erzwangen hier einen allmählichen Umdenkungsprozeß. Hinzu kam, daß die Angst vor der Rolle als Außenseiterin, vor der Unabhängigkeit mit ihren finanziellen Risiken, manche Künstlerin, kaum, daß sie sich einen Freiraum erkämpft hatte, wieder in eheliche und familiäre Bindungen zurückdrängte. Sonia Delaunay heiratete ihren ersten Mann, um ihre gesellschaftliche Stellung zu sichern und um die Angehörigen zu beruhigen. In ihrer zweiten Ehe mit Robert Delaunay gab sie sogar über Jahre hinweg die freie Kunst auf. Die Bilder von Hanna Nagel geben beredt Auskunft über das Leben dieser Frau, die Kunst als Berufung verstand und sich dennoch in den Pflichten und Aufgaben der Haus- und Ehefrau verzettelte. Einen ganz anderen Aspekt schildert der Fall Gabriele Münters, die während der langjährigen Beziehung zu Kandinsky immer auf eine Heirat gehofft hatte. Die Trennung 1916 führte zum psychischen und künstlerischen Zusammenbruch. Die darauffolgende Zeit war geprägt durch zahlreiche Reisen durch Skandinavien und Deutschland, durch Aufenthalte in Kopenhagen, Berlin und Frankreich. Ihre äußere Rastlosigkeit ging einher mit dem inneren Verlust an Kreativität und künstlerischer Ausdruckskraft. Ihr zaghafter Neubeginn in der zweiten Hälfte der Weimarer Republik als »Gabriele Münter-Kandinsky« scheiterte. Nur sporadisch beteiligte sie sich an großen Gruppenausstellungen. – Eins von vielen Schicksalen alleinstehender Künstlerinnen?

Verheiratet oder unverheiratet, immer wurde ihnen die Unvollkommenheit des Lebens bewußt und hemmte den Schaffenseifer. Die Arbeit ging nur langsam voran, wurde durch

Hanna Nagel, »Ehe«, 1930

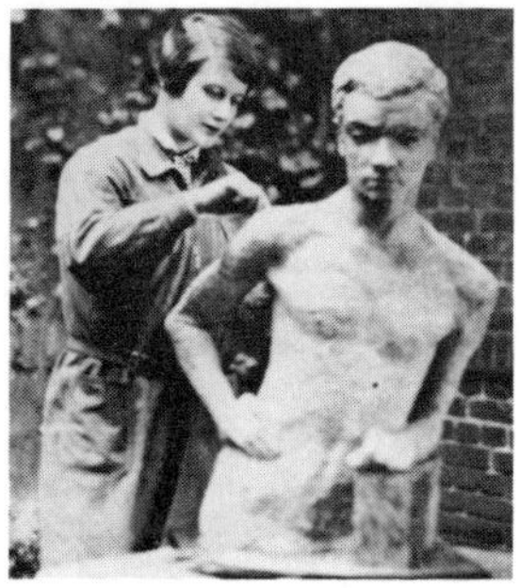

Ilse Fehling, 1929

andere Tätigkeiten unterbrochen und gestört. Die Hand blieb ungelenk, der Pinselstrich wirkt stockend und zeigt von der Angst vor der leeren Leinwand. »Ich bin trotz Fleißes nur sprunghaft vorangekommen«, schrieb Charlotte Berend-Corinth 1926, »denn ich durfte nur einen Teil meiner Seele für mich klingen lassen, nur ein Teil meiner Kraft für mich brauchen.«[10] Nur wenigen herausragenden Talenten mit dementsprechender Durchsetzungskraft – wie Käthe Kollwitz, Paula Modersohn-Becker oder Renée Sintenis – gelang es, sich intensiv dem eigenen Schaffen zu widmen.

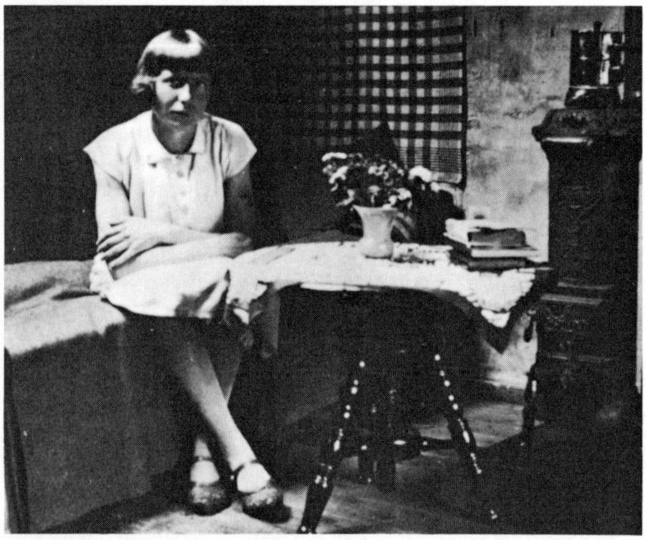

Grethe Jürgens in ihrem Atelier in Hannover, 1928

Alexandra Exter, »Tänzerin«, 1921

Renée Sintenis

Die neue Frau

Die bildnerische Welt der meisten Künstlerinnen bestand hauptsächlich aus Porträts des Familien- und Bekanntenkreises, aus Blumenstilleben und Interieurs. Stilistische Anregungen holte man sich aus den gängigen Kunstzeitschriften. Diese inhaltliche und formale Beschränktheit resultierte aus der Enge des Alltags, in dem diese Frauen lebten. Nur wenige besaßen den Mut wie die Berlinerin Jeanne Mammen, in Kneipen, Bars und auf der Straße sich ihre Motive zu holen.

Das Bild, das die Medien der zwanziger Jahre von der »neuen Frau« entwarfen, war – nimmt man es ganz wörtlich – ein Kunstprodukt, die Illusion einer »Hyperfrau«, die es verstand, Familie und Beruf, traditionelles Rollenverständnis und Emanzipation in Einklang zu bringen. Vieles hatte sich gewandelt, vieles mußte differenzierter betrachtet werden als noch zehn Jahre zuvor, doch das Bild der »goldenen Zwanziger«, der Glamourgirls und des Charleston hatte seine Brüche, konnte die weitverbreiteten konservativen Moralansätze nicht vertuschen. Wenigen gelang der Durchbruch, als moderne Frau und Künstlerin das pulsierende Leben der Zeit künstlerisch umzusetzen bzw. selbst ein Teil dieses neuen Lebens zu werden. Tamara de Lempicka in Paris entwickelte in ihrer Malerei eine Bildsprache, die dem modernen technologischen und gesellschaftlichen Dasein entsprach. In Berlin wurde Renée Sintenis – weniger durch ihre Kunst als kraft ihrer Persönlichkeit – zu einer Schlüsselfigur der zwanziger Jahre. Mit ihren 1,80 m, dem strengen kantig-schönen Gesicht und der auffällig schlicht-männlichen Kleidungsweise konnte man sie auf den zahlreichen Veranstaltungen, denen sie beiwohnte, kaum übersehen. Sie zählte zu den Stamm-Künstlern des Berliner

Jenny Wiegmann, Kopf, 1920

Galeristen Alfred Flechtheim, über dessen Soirées folgendes »Rezept« aufgelistet wurde:

»Man nehme sehr viele schöne Frauen, fünf Mitglieder der Haute-Banque, mehrere andere Bankiers, je fünf prominente Schauspielerinnen, Schauspieler, Tänzerinnen und mehrere berühmte Rechtsanwälte, Dichter, Parlamentarier, Frauenärzte, Boxer, etwas von der Konfektion, Matrazen, die Sintenis und Hatvany, ...«[11]

Renée Sintenis besaß Kontakte zu bedeutenden Intellektuellen der Zeit wie Albert Einstein. Ihr Konterfei zeigte sie sogar in Werbeannoncen für Schweizer Uhren.

Jeanne Mammen, ebenfalls in Berlin lebend, eroberte sich einen festen Platz als Grafikerin und Illustratorin führender Zeitschriften. Hannah Höch fand mit ihren Collagen in nationalen und internationalen Avantgardekreisen breite Anerkennung und wurde eine der wenigen, die stilinnovativ hervortrat. Berlin bot als neue Kulturmetropole, als pulsierende Großstadt die besten Möglichkeiten zur Selbstverwirklichung von Frauen und insbesondere von Künstlerinnen. In den konservativen Zentren Karlsruhe oder München waren es meist nur wenige, die mit Hilfe von Beziehungen in der Öffentlichkeit bekannt wurden.

Prof. Dr. Waetzold, Generaldirektor der Museen, die Malerin Frau Prof. Berend-Corinth, der Kunstkritiker Dr. Max Osborn, Frau Röhricht, die Gattin des Malers Dr. Röhricht. (Bild und Bildunterschrift aus: »Die Dame«, Heft 14, Jahrgang 1929/30)

»Ausnahmepersonen«

Viele Malerinnen und Bildhauerinnen, die den Durchbruch schafften, hatten dem Mutterideal abgesagt, die Außenseiterposition und damit das antibürgerliche Leben akzeptiert. Dafür mußten sie es sich gefallen lassen, von der Presse und breiten Masse als häßliche Intellektuelle und Zwittergestalten dargestellt zu werden.

Wie eng das äußere Bild der Frau auch in anderen Fällen das künstlerische Schaffen überlagerte, zeigt beispielhaft das 1931 geschriebene Vorwort zur Gedenkausstellung von Maria Slavona:

»Sie war eine seltene, in aller Kultiviertheit dämonische Farbenbegabung, tief geordnet und nobel durchgeistigt, aber nicht intellektualisiert und spezialisiert, sondern ebensoviel Interesse zeigte sie für ihr Kind, ihre Wohnung, für die letzten Fragen des Lebens, für die ungemalten und unmalbaren Dinge, die ihr begegneten und sie entzückten. Sie war eine umfassende, geniale Frauenseele, die unter anderem auch wunderbar malte, und deshalb nicht zu machen, nicht zu merkantilisieren, ein großmütiger Luxus, den die Natur sich leistete.«[12]

Künstlerinnen als Luxusgeschöpfe, die besser nicht am harten Kampf auf dem Kunstmarkt teilnahmen, so hatten es die männlichen Kollegen gern und nur allzu leicht fügten sich die Frauen in diese Rolle. Daß ihnen damit die finanzielle Grundlage und die Chance auf öffentliche Anerkennung genommen wurde, erkannten die meisten viel zu spät. Eine Studie aus dem Jahre 1922 fand heraus, daß – sofern keine anderen Erwerbsquellen vorhanden – 87,5 Prozent der Malerinnen gegenüber 34,5 Prozent der Maler unter dem Existenzminimum lebten.[13]

Wirtschaftliche Not und gesellschaftliche Ausgrenzung begünstigten das Einzelkämpfertum unter den Künstlerinnen. Man hoffte, als »Ausnahmeperson«, als »männliches Talent« den Weg nach oben leichter zu schaffen. Die verschiedenen Künstlerinnenvereine, die sich in den zwanziger Jahren wie ein Netz über Deutschland ausbreiteten, versuchten, dieser Tendenz entgegenzuwirken. Der Verein der Künstlerinnen zu Berlin, schon Mitte des 19. Jahrhunderts gegründet, besaß 1924 über 500 Mitglieder, ähnlich der Künstlerinnen-Verein in München. Der Frauenkunstverband von 1913 mit dem Vorsitz von Käthe Kollwitz besaß in zahlreichen großen Städten Ortsgruppen, genauso wie die dreizehn Jahre jüngere Vereinsgründung der Gedok (Gemeinschaft deutscher und österreichischer Künstlerinnen). Diese Zusammenschlüsse gaben bildnerisch tätigen Frauen ein Forum des geistigen und künstlerischen Austausches und sorgten für finanzielle Unterstützung. Der von Männern dominierten Kunstlandschaft standen sie trotzdem relativ machtlos gegenüber. Die Jurien der bedeutenden Ausstellungen zeigten weiterhin das bekannte »Gruppenbild mit Dame«, die regelmäßigen Frauenausstellungen erhielten nur spärliche Notiz in den Medien. Lediglich die großen thematischen Überblickspräsentationen wie »Die Frau von Heute« (1929) oder »Die Gestaltende Frau« (1930) fanden größere Aufmerksamkeit. Doch die Medaille hatte ihre Kehrseite. »Frauenverbände«, »Frauenausstellungen« etc., alle diese Wortpaare mündeten zwangsläufig in die Gleichung »Kunst von Frauen = Frauenkunst« ein. Ein gefährlicher Automatismus, der von damaligen Künstlerinnen scharf abgelehnt wurde. Die Weste saß zu eng. Man spürte, daß hiermit der eigenen schöpferischen Individualität nicht genug Rechnung getragen wurde.

Die Situation bildender Künstlerinnen in den zwanziger Jahren muß sehr differenziert beurteilt werden. Errungenschaften waren sicherlich in dem Bereich der Ausbildung erzielt worden. Die moderne Großstadt – und hier insbesondere Berlin – bot eine bisher nicht gekannte Offenheit und Toleranz jungen Frauen und bildenden Künstlerinnen gegenüber. Selbst die Alleinstehende oder Lesbierin fand hier Wege der Integration. Die lebendige Galerienlandschaft mit führenden Persönlichkeiten wie Alfred Flechtheim, Ferdinand Möller, Paul Westheim etc. gab Malerinnen und Bildhauerinnen die Chance, ein Forum zu finden. Doch daneben hatten viele konservative Strukturen überlebt. Jurien und Vereine waren immer noch von Männern dominiert, die Rezensionen wurden immer noch vorwiegend von Männern geschrieben, die wirtschaftlichen Depressionen der zwanziger Jahre verschärften den Konkurrenzkampf der Geschlechter, und die traditionsorientierten Klein- und Mittel-

Varvara Stepanova und Alexander Rodtchenko in Moskau, 1925

städte sowie Karlsruhe und München wehrten sich vehement gegen das neue Bild der Frau. Die Zeit war insgesamt zu kurz und zu oft von innenpolitischen und wirtschaftlichen Miseren erschüttert, um durchgreifende Veränderungen bezüglich der Situation der Künstlerinnen zu bewirken. Und – das darf nicht vergessen werden – ein Großteil der Frauen selbst war auf ein unabhängiges, eigenständiges Leben noch nicht vorbereitet.

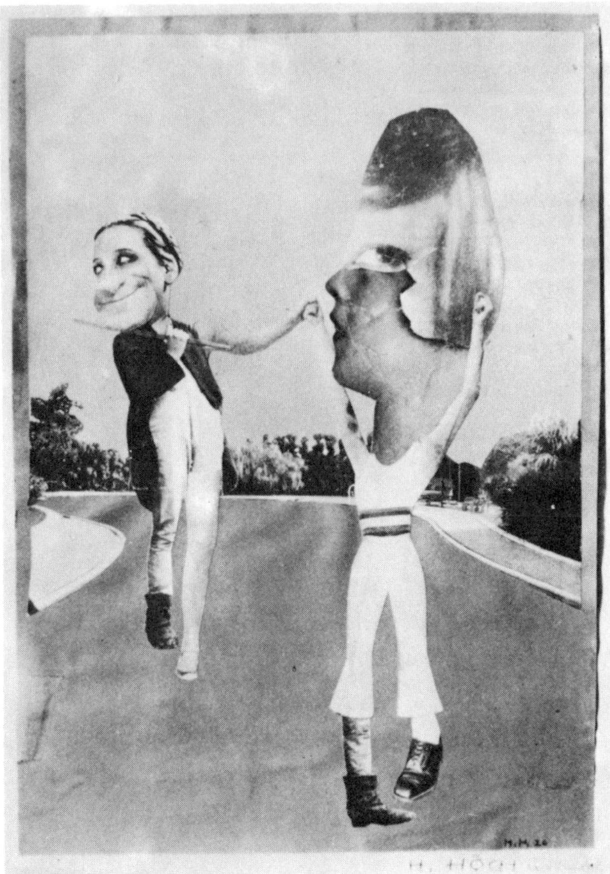

Hannah Höch, 1926

Anmerkungen

1 Hans *Hildebrandt*, Die Frau als Künstlerin. Berlin 1928, S. 8.
2 Ebenda, S. 109.
3 Theobald *Ziegler*, Die soziale Frage eine sittliche Frage. 1891. Zitiert nach: Renate *Berger*. Malerinnen auf dem Weg ins 20. Jahrhundert. Kunstgeschichte als Sozialgeschichte. Köln 1982, S. 39.
4 Max *Osborn*, Frauenporträts. Ausstellungs-Katalog: Georg Schicht-Preis für das schönste deutsche Frauenporträt. Fritz Gurlitt. Berlin 1928.
5 Elfriede *Dieckmann*, Innere Probleme des Studentinnenlebens. In: Die Frau. Bd. 27, 1919/29, S. 37.
6 Heinrich *Hoerle*, Leben und Werk. Köln 1981, S. 291.
7 Louise *Breslau*, Eine Rede von 1925. Zitiert nach: Renate *Berger*, »Und ich sehe nichts, nichts als die Malerei«. Frankfurt/M. 1987, S. 165.
8 Werner *Reimann*, Über den Kampf der Frauen in Deutschland um akademische Ausbildung auf dem Gebiet der bildenden Kunst. In: Studien zur Geschichte der Hochschule für Bildende Künste Dresden, Heft 1. Dresden 1983, S. 13.
9 Ebenda, S. 13.
10 Charlotte *Berend-Corinth*, Mein Leben mit Lovis Corinth. Hamburg 1984, S. 91.
11 1921 für die Marée-Gesellschaft. Zitiert nach: Renée *Sintenis*, Plastiken. Zeichnungen. Druckgrafik. George-Kolbe-Museum Berlin 1984, S. 18.
12 Maria Slavona Gedenkausstellung, Berlin 1931, S. 6.
13 Fritz *Hellwag*, Die derzeitige wirtschaftliche Lage der bildenden Künstler. Sonderdruck aus Band 152 des Vereins für Sozialpolitik »Die geistigen Arbeiten«. Berlin 1922, S. 156.

Renate Seydel

STARS DER ZWANZIGER

Asta Nielsen

Asta Nielsen wurde am 11. September 1881 als Tochter einer Waschfrau und eines einfachen Arbeiters in Kopenhagen geboren. Sie verlebt ihre Kindheit in Malmö, besucht die Königliche Schauspielschule in Kopenhagen und spielt 1902 im Dagmar-Theater. 1910 holt sie Urban Gad zu ihrem ersten Film »Abgründe«, bis auf einige wenige spielte sie alle Filme in Deutschland, 1932 in ihrem einzigen Tonfilm.

Wer Geburtsstunde und Triumphzug des Films beschreibt, nennt ihren Namen an erster Stelle. Sie ist unablässig bemüht, die stumme Sprache des Films zu vervollkommnen, und Gebärde und Mimik sind von ihr ausgeprägt und von einmaliger Präzision, Ausdruckskraft und Überzeugung. Sie gestaltet die Ausgestoßenen und Gestrauchelten, die Mondänen und Lasterhaften, Landstreicherinnen und Waisenmädchen, Emanzipierte, Bankiersgattinnen und Generalstöchter. In Rollen von Shakespeare, Dostojewski, Strindberg, Ibsen und Wedekind tritt sie gegen die Welt des Scheins auf der Leinwand auf. Sie filmt mit den bedeutendsten Schauspielern ihrer Zeit: Greta Garbo, Paul Wegener, Eduard von Winterstein, Albert Bassermann, Conrad Veidt, Käthe Dorsch. Als Asta Nielsen auf dem Höhepunkt ihrer Karriere Nazi-Deutschland verläßt, tut sie das, weil sie unter der Diktatur nicht leben will und kann. Nur noch einmal steht sie in Kopenhagen auf der Bühne, dann widmet sie sich dem Schreiben und der Gestaltung von Collagen.

Mit ihrem ersten Mann, dem Maler, Bühnenbildner und Regisseur Urban Gad lebte Asta Nielsen seit 1910 in der Kaiserallee in Berlin. Statuen und Heiligenfiguren zierten die Räume, Gobelins, Riesenleuchter, schwere Teppiche, Säulen und Spiegel. Sie war befreundet mit Paul Wegener, Joachim Ringelnatz, Gerhart Hauptmann, mit dem russischen Schauspieler Grischa Chmara; sie machte Theatertourneen und spielte die »Kameliendame« auf der Bühne. In den zwanziger Jahren erlebte sie ihre produktivsten Arbeitsjahre, und es entstanden in dieser Zeit nahezu 30 Filme mit tragenden Rollen. Sie starb am 25. Mai 1972.

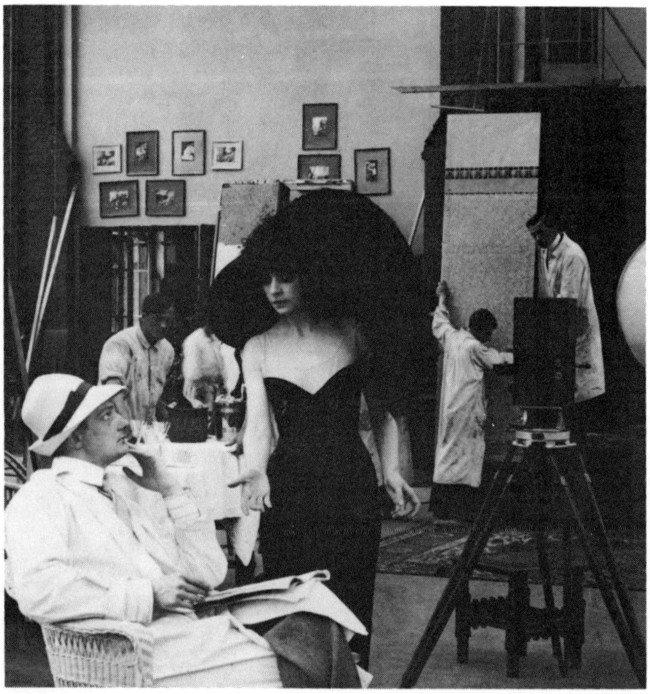

Urban Gad mit Asta Nielsen, 1912

Ringelnatz und Asta Nielsen, 1930

Mein erster Film nach dem Krieg wurde Strindbergs »Rausch«. Regie führte der neu aufgetauchte Ernst Lubitsch, dessen späterer Weltruf damit seinen Anfang nahm. Lubitsch und Kräly, der später auch in Hollywood landete, schrieben das Drehbuch, und dabei entstanden manche Meinungsverschiedenheiten zwischen ihnen und mir. Alles, was meiner Ansicht nach ausgeprägt filmisch und dazu für Strindberg bezeichnend war, wurde verworfen und im Drehbuch durch ganz alltägliche Einfälle ersetzt, die Strindbergs Geist und Stil so fern lagen wie nur möglich.

Die gesamte deutsche Presse setzte nun hinsichtlich der Weiterentwicklung des künstlerischen Films große Hoffnungen auf mich. Bedeutende Regisseure hatten ihn schon ein gutes Stück weitergebracht, in erster Linie Paul Wegener, Deutschlands größter Strindbergdeuter. Wir lernten uns bei den Aufnahmen zu dem Stummfilm »Steuermann Holk« kennen. Er spielte die Titelrolle, ich seine verführerische, oberflächliche und treulose Geliebte, die ihn in den Tod treibt. Wir waren ein höchst ungleiches Paar, aber gerade dieser Unterschied war wie geschaffen für die Zusammenarbeit in Filmen, deren Handlung und Figuren sich von den alltäglichen, billigen unterscheiden. Aus unserem gemeinsamen Wirken entwickelte sich eine enge, unverbrüchliche Freundschaft, und sooft wir Zeit hatten, besuchten wir uns in unseren Wohnungen. Er und Alfred Abel waren meine liebsten Partner.

Die Reihe großer Filmregisseure setzte sich in Deutschland mit Fritz Lang, Ludwig Berger und Murnau fort, wozu als bedeutender Experimentator noch Leopold Jessner kam. Chaplin begeisterte mit seinem »Goldrausch«, Rußland mit Eisenstein und Pudowkin, und Frankreich machte mit dem Meisterwerk »Die Passion der heiligen Johanna von Orleans« von dem dänischen Regisseur Carl Theodor Dreyer aufmerksam, wo das ganze Drama ausschließlich in Nahaufnahmen gedreht wurde, und eine Zeitlang führte Schweden mit den Regisseuren Victor Sjöström und Mauritz Stiller. Aber auch große Schauspieler hatten sich ernsthaft dem Film verschrieben. Dem Pionier Wegener folgten Bassermann, Emil Jannings und Werner Krauß, um nur einige zu nennen, und der weibliche Anteil wurde bald von keinen Geringeren als Käthe Dorsch, Lucie Höflich, Elisabeth Bergner, Tilla Durieux und Maria Orska bestritten.

Hatte man in Europa wohl die besseren Schauspieler, so fehlten die Geldmittel, um den Kampf mit Amerika aufzunehmen, das sich während der Kriegsjahre den ersten Platz auf dem Weltmarkt sichern konnte. Den behielt es dank seiner einmaligen Regisseure und seines technischen Niveaus aus gutem Grund. Wie lange man die künstlerisch hohe Stufe in Berlin noch halten konnte, war darum nur eine Frage der Zeit.

Die Inflation in Deutschland griff in einem Maße um sich, wie es sich selbst die blühendste Phantasie nicht ausmalen kann. Leute verkauften Haus und Hof für Summen, die wenige Tage später nur noch zu einem Mittagessen langten. Sie verließen große Villen und zogen in möblierte Zimmer, die auch bald zu teuer wurden. Die Jugend konnte eben noch mit dem Leben klarkommen, aber die Älteren und die Alten hatten nichts mehr zu investieren. Selbstmorde waren an der Tagesordnung.

Die Trabanten des Krieges – Hunger, Elend und Versehrte – beherrschten Stadt und Land. Blinde ließen sich von Führhunden durch die Straßen zerren, und gelähmte Krüppel lehnten an Mauern und reckten den Vorübergehenden flehend die zitternden Finger entgegen. Das Vaterland ehrte die »Helden« des Krieges mit einem Orden auf der zerlumpten Uniformjacke und mit einer Erlaubnis zum Betteln.

Aber Schritt für Schritt arbeitete man trotz allem am Wiederaufbau Deutschlands. Landwirtschaft und Industrie hatten kaum Schaden genommen und warteten nur darauf, daß man die Hand an den Pflug legte und die Räder wieder in Gang setzte. Und ein Freiheitshauch, der Berlin sonst nicht auszeichnete, wehte plötzlich durch die Stadt.

Maler breiteten auf den Fußsteigen ihre Leinwände zum Verkauf aus, man verweilte bei ihnen und diskutierte ihre Werke. In allen Sprachen stand man mit Berlin auf du und du, man unterhielt sich mit wildfremden Menschen über alles, von der Kunst bis zu den Marktpreisen. Ein Bückling kostete, ebenso wie die Ortsgebühr für einen Brief, Millionen. Die Gemüsefrauen schleppten mit Banknoten gefüllte Kartoffelsäkke auf den Markt, der Wind wirbelte die Scheine davon, Millionen flogen einem buchstäblich um die Ohren: Wer machte sich die Mühe, nach Millionen zu greifen? Die Preise stiegen unaufhörlich. Sah man etwas, was man kaufen wollte, mußte man es umgehend tun, denn nur wenig später konnte man es sich vielleicht nicht mehr leisten.

Die Milliarden und Billionen, die als Tagesgagen in den Ateliers ausgezahlt wurden, waren am nächsten Tag oft nichts mehr wert. Darum sauste man unmittelbar aus dem Atelier in die Geschäfte, um das Geld in Kleidung oder Viktualien umzusetzen. Man lebte von einer Stunde zur anderen, ohne daß die Arbeitsfreude vermindert wurde: Solange man arbeitete, liegt man mit im Rennen.

Und in den deutschen Filmateliers wurde unter Hochdruck gearbeitet. Ich selber erhielt Gelegenheit, Shakespeare, Dostojewski, Strindberg, Ibsen und Wedekind zu spielen, aber, wie es immer geht, der goldene Mittelweg lag am fernsten. Die Firmen, die sich jetzt Ambitionen leisteten, versuchten sich gegenseitig in künstlerischen Experimenten zu überbieten. Man wählte die ungeeignetsten Stoffe und überließ sie örtlich berühmten Theaterregisseuren, die nicht die leiseste Ahnung vom Film hatten. Eine dünkelhafte intellektuelle Wichtigtuerei griff um sich.

Der Film, der es auf ein breites Publikum abgesehen hat, kann und darf aber nicht auf übertriebenen Experimenten beruhen. Man will begreifen, was man sieht. Tut man das nicht, wendet man sich davon ab.

Das bedeutete natürlich Wasser auf die Mühlen jenes Teils der Branche, der sich dem Fortschritt des künstlerischen Films schon immer in den Weg gestellt hatte. Das alte und ewig junge Schlagwort der Produzenten, es lohne sich nicht, künstlerische Filme zu drehen, gewann die Oberhand. Der künstlerische und wirtschaftliche Erfolg wirklich guter Filme wurde als reiner Zufall gewertet, sooft sie das Gegenteil bewiesen. Man retirierte in die Hintertreppenunterhaltung der Vergangenheit, was natürlich mehr Geld in die Kasse brachte als die mißglückten Experimentalfilme.

Nach drei glanzvollen Jahren löste ich aus privaten Gründen meine eigene Gesellschaft auf. Sie hatte mir die beste Gewähr gegeben, mein erreichtes Prestige zu bewahren. Nun war ich nur noch freischaffend tätig und erwarb bald den Ruf, die einzige Filmschauspielerin zu sein, die fast alle Angebote ablehnte.

(Quelle: Asta Nielsen: Die schweigende Muse)

Henny Porten

Henny Porten wurde am 7. Januar 1890 als Tochter des Sängers und Regisseurs Franz Porten in Magdeburg geboren. Bereits 1907 posiert sie in »Tonbildern«, einer pantomimischen Illustration zu Opernarien. Später wird sie Star der Meßter-Film, meist unter der Regie ihres Ehemannes und Partners Curt Stark, der 1915 im ersten Weltkrieg fällt. Henny Porten stellt tragische und komische, robuste und warmherzige Frauenrollen gleichermaßen emotionell und überzeugend dar. Sie spielt in bürgerlichen Lustspielen und Heimatfilmen, in Melodramen und verkörpert Rollen aus der Weltliteratur. Anfang der zwanziger Jahre heiratet sie den Arzt Wilhelm von Kaufmann, der 1924 die Produktionsleitung ihrer Filme übernimmt. Sie wohnen in einer Villa in Berlin-Dahlem, Parkstraße 74. Von 1920 bis zum Beginn des Tonfilms entstehen nahezu 40 Filme. Als sie ihre Ehe mit ihrem jüdischen Mann nicht lösen will, wird sie künstlerisch kaltgestellt und ist nur noch in wenigen Filmen zu sehen. Nach dem Krieg erhält sie im westdeutschen Film kein akzeptables Filmangebot. Die DEFA bietet ihr 1954 zwei Charakterrollen an, und sie erfährt damit ihr Comeback. Henny Portens Typus war entfernt von Glamour und Raffinesse der zwanziger Jahre, sie war kein Idol weiblicher Emanzipation, zu nahe einem Bild blonder Mütterlichkeit. Die Ausrichtung auf typisch deutsche Rollen war charakteristisch für ihre Filme. Sie war die erste beim Publikum bekannte deutsche Schauspielerin, und sie beeinflußte den Film dieser Jahre nicht nur als Publikumsliebling, sondern setzte sich ein für alles, was ihm mehr Seriosität verlieh und für ein bürgerliches Publikum akzeptabel machte: die Nähe zum Theater, zur Literatur, bildenden Kunst. Daß sie 1919 Gerhart Hauptmanns Rose Bernd sein durfte, war ihr höchste künstlerische Erfüllung. Viele ihrer stummen Filme der folgenden Jahre richten sich gegen gesellschaftliche Vorurteile und Mißstände. Sie trug mit ihrem Engagement für den ernst zu nehmenden Film wesentlich zur sozialen Anerkennung des Filmschauspielers bei. Sie starb am 15. Oktober 1960.

Im Frühjahr 1930 entschloß ich mich, meinen ersten Tonfilm »Skandal um Eva« zu spielen. An die Vorarbeiten, besonders an die Mitarbeit am Manuskript, ging ich mit wahrem Feuereifer heran, weil es doch wirklich etwas ganz Neues für mich war – und welcher ernst schaffende Künstler suchte nicht immer nach neuen Wegen und Möglichkeiten, um das zu gestalten, was er in seinem Inneren fühlt, um den Menschen immer wieder etwas Neues zu geben!

Es kam dann noch einmal ein Rückschlag, und zwar war das in den allerletzten Tagen vor Beginn der Aufnahmen: da hatte ich plötzlich das Gefühl, nein es geht nicht, du hast deine Kräfte überschätzt, du wirst mit dieser neuen Sache nicht fertig werden. Aber dann habe ich mich zusammengerissen, und in dem Augenblick, da ich im Atelier stand und die ersten Sätze sprach, hatte ich eine ganz merkwürdige Empfindung: es war wie eine Erlösung für mich; ich kam mir fast wie Dornröschen vor, das aus hundertjährigem Schlaf erwacht. Nach diesen ersten Anfängen war ich in ganz kurzer Zeit mit dem Neuen so vertraut, als hätte ich nie etwas anderes gemacht. Als ich dann bei der Uraufführung des Films fühlte, wie meine Stimme und Sprache auf die Menschen wirkten, war ich völlig besiegt. Ja, ich ertappte mich sogar bei dem Gedanken, ob nicht manche Szenen meiner früheren Filme einen viel stärkeren Eindruck gemacht hätten, wenn diese Filme schon Tonfilme gewesen wären. Denn das war vielleicht beim stummen Film für uns Künstler alle ein großer Nachteil: die geschriebenen Titel, die selbst im besten Fall nur Ersatz und Notbehelf sein konnten.

(Quelle: Henny Porten: Vom Kientopp zum Tonfilm)

Henny Porten beim Boxtraining, 1918

Henny Porten während einer Rundfunkaufnahme, 1924

Tilla Durieux

Tilla Durieux wurde am 18. August 1880 in Wien als Tochter eines Universitätsprofessors geboren. Nach einer Ausbildung als Klavierlehrerin besucht sie die Theaterschule in Wien. Das Kgl. Städtische Theater in Olmütz und das Lobe-Theater in Breslau sind ihre ersten Stationen. 1910 kommt sie nach Berlin an Max Reinhardts Deutsches Theater, später ist sie am Lessing-Theater und am Schauspielhaus am Gendarmenmarkt fest engagiert. 1910 schließt sie die Ehe mit dem Kunsthändler und Verleger Paul Cassirer, der sich 1926 das Leben nimmt. 1930 heiratet sie den Generaldirektor von Schultheiß-Parzendorfer, Ludwig Katzenellenbogen, mit dem sie 1933 emigriert. Sie schließt sich in Jugoslawien der Widerstandsbewegung an. 1952 kehrt sie als 72jährige nach Deutschland zurück.

Steil war Tilla Durieux' Aufstieg verlaufen, an den Berliner Bühnen feierte sie große Triumphe. Ihre unpathetische, realistische Darstellung und ihr Äußeres beeindruckten das Publikum stark, und sie verhalf neuen Autoren und Stücken zum Erfolg. Ihr Haus in Berlin, in der Victoriastraße 35, im Tiergartenviertel, wurde zum kulturellen Treffpunkt in der Weimarer Republik. Es waren künstlerisch beglückende Jahre in ihrem Leben, prominente Kunstschaffende, Kritiker, Schauspieler, Dichter, Maler trafen sich in dem Salon. Die geistig-politischen Auseinandersetzungen der zwanziger Jahre wurden deutlich spürbar. Nach mehreren Emigrationsorten und nach der Verschleppung Ludwig Katzenellenbogens durch die Gestapo war sie vollkommen auf sich selbst gestellt. Sie arbeitete aktiv im Widerstand und später als Näherin in einer Staatlichen Puppenbühne in Zagreb. Für sie gab es nur ein Ziel: wieder auf einer deutschen Bühne zu stehen. Nach dem Aufbau einer zweiten Karriere bedeutete 1970 die Ehrenmitgliedschaft im Deutschen Theater Berlin ihre höchste Anerkennung und Auszeichnung. Sie starb am 21. Februar 1971.

In den ersten Jahren meines Zusammenlebens mit Paul Cassirer lernte ich Leo Kestenberg kennen. Er war ein Schüler von Busoni, gab aber seine Konzertlaufbahn auf zugunsten anderer Interessen. Er beschäftigte sich viel mit Arbeiterfragen. Ich wollte damals mein Klavierspiel noch nicht aufgeben und erbat von ihm Stunden. Im Verlauf dieses Unterrichts fragte er mich, ob ich ihn bei Vorträgen für Arbeiter unterstützen wollte, und ich sagte sofort zu. Der einzige probenfreie Vormittag war Sonntag. Ich fuhr mit ihm nun Sonntagvormittag in die Hasenheide, eine Arbeitergegend, und nach anderen Vororten Berlins, wo sich die großen Versammlungssäle befanden. Das Programm stellten wir sehr sorgfältig zusammen, in dem Bestreben, nur das Beste zu bieten. Zuerst war ich sehr befangen, mehr als im Theater, als ich aber sah, mit welcher Dankbarkeit und mit welchem Interesse die Arbeiter unsere Leistungen aufnahmen, machte es mir bald ein großes Vergnügen. Kaum einen Sonntag ließ ich ohne einen Ausflug in die Arbeiterviertel vergehen. Das dauerte an, bis der Krieg diese Veranstaltungen unterbrach. Paul war mit diesen Vorträgen sehr einverstanden, aber seine Familie war außer sich. Wir wählten Melodramen, und Kestenberg begleitete mich, ich rezitierte Goethe, Schiller, Dehmel, Herwegh, Chamisso. Dazwischen spielte Kestenberg klassische Musik. Nach einem solchen Vortrag kam eine unscheinbare Frau auf mich zu und fragte mich: »Warum tun Sie das?« – Ich war erschrocken, denn meine Kollegen ließen es nicht an bissigen

Tilla Durieux auf Starpostkarte

Tilla Durieux in einer Bühnenrolle, 1925

Bemerkungen fehlen, so daß ich wieder Vorwürfe befürchtete. Als ich sagte, daß es mir eben Spaß mache, lächelte sie mich an und sagte: »Ich bin Rosa Luxemburg.« Das war der Anfang einer Reihe von Zusammenkünften mit dieser großen Frau, die ich allerdings geheimhielt, um nicht noch mehr auf mein schuldiges Haupt zu laden. Einmal lernte ich durch sie auf einer Versammlung flüchtig Karl Liebknecht kennen. Während des Krieges konnte ich sie im Gefängnis über Kestenberg unterstützen, und ihr schreckliches Ende war ein großer Schmerz für mich.

Im Jahre 1927 sah ich im Staatstheater eine Aufführung von Schillers »Die Räuber« und lernte dabei einen für mich neuen Mann kennen, Erwin Piscator. Seine Regie gefiel mir so sehr, daß ich seine persönliche Bekanntschaft suchte. Er erzählte mir von seinen Plänen, die mich so fesselten, daß ich mich entschloß, ihm das Geld für ein Theater zu verschaffen. Ich gab ihm vierhunderttausend Goldmark, und er mietete das »Theater am Nollendorfplatz«, eines der größten Theater in Berlin. Es wurde mit »Hoppla, wir leben!« von Ernst Toller am 3. September 1927 eröffnet. Erst in der folgenden Aufführung übernahm ich eine Rolle, und zwar die Zarin in dem Stück »Rasputin«. Piscators Begabung ist unbestreitbar, er war der erste, der nach Max Reinhardt neue Wege in der Inszenierung ging. Er versuchte, den Film mit der Sprechbühne zu verbinden, und kam dabei zu erstaunlichen Resultaten. Auch als er Pallenberg in der epischen Satire »Die Abenteuer des braven Soldaten Schwejk« am laufenden Band marschieren ließ und Landschaften und künstliche Menschen an ihm vorbeizogen, gab es eine Wirkung, die neu und fesselnd war. In »Konjunktur« von Leo Lania verkörperte ich die südamerikanische Erdölagentin, als Partner hatte ich Curt Bois, während in »Rasputin« Wegener und Erwin Kalser an meiner Seite standen, nicht zu vergessen der zu früh verstorbene Alexander Granach als Lenin. Aber alle diese Einrichtungen kosteten so viel Geld, daß sie mit dem Eintrittsgeld des zahlreich hinströmenden Publikums des großen Hauses nicht gedeckt werden konnten. Nach kurzem Bestehen mußte das Theater schließen. Der Tumult in der Presse über die Aufführung war ungeheuer. Die heftigsten Angriffe hagelten auf das Unternehmen herab. Der Kaiser ließ aus Doorn seinen Einspruch geltend machen gegen mein Erscheinen in »Rasputin«. Ich hatte mich nun wieder einmal in die Nesseln gesetzt.

(Quelle: Tilla Durieux, Meine ersten neunzig Jahre)

Marlene Dietrich

Marlene Dietrich wurde am 27. Dezember 1901 als Tochter eines Polizeileutnants in Berlin-Schöneberg geboren. Ihre Kindheit und Jugend verlebt sie in Berlin. Nach einem abgebrochenen Musikstudium in Weimar beginnt sie 1922 an der Schauspielschule des Deutschen Theaters in Berlin Unterricht zu nehmen. Bis 1930 spielt sie in fünfzehn Theaterstücken und sechzehn Filmen kleinere und umfangreichere Rollen, außerdem steht sie in den beliebten Revuen der zwanziger Jahre im Großen Schauspielhaus, sowie in Komödien und Lustspielen auf der Bühne. Ihre Partner sind Elisabeth Bergner, Harry Liedtke, Willi Forst, Fritz Kortner, Hans Albers, Margo Lion, Oskar Karlweis, Heinz Rühmann und andere, bis sie 1930 von Josef von Sternberg für den Film »Der blaue Engel« engagiert wird. Unter der Leitung dieses Regisseurs beginnt im gleichen Jahr ihre Hollywood-Karriere, die sie mit so bedeutenden Regisseuren wie Jacques Feyder, Ernst Lubitsch, René Clair, William Dieterle, Alfred Hitchcock, Billy Wilder, Fritz Lang, Orson Welles, Stanley Kramer fortsetzt und zum Leinwand-Idol wird. In den fünfziger Jahren baut sie sich eine Karriere als Sängerin auf.

In den zwanziger Jahren stand Marlene Dietrich in Berlin am Beginn ihrer Laufbahn und lernte die Wirklichkeit der Bühne kennen, sowohl als Statistin wie als Darstellerin von Halbwelt-Damen im Film. Die musikalische Unterhaltung stand hoch im Kurs, sie war Komparsin, Tanzgirl, Choristin in großen Ausstattungs-Revuen und Nummern-Varietés. Die Rezensenten bemerkten bereits in Kritiken »ihre sanft gefährliche Weiblichkeit«, die »delikate Haltung und müde Eleganz«, die »überzeugende Körperlichkeit«, man sprach von der »Beredsamkeit ihrer Beine«, der »somnambulen Art der Bewegung«, von der »Fähigkeit, Unschuld und Laster andächtig zu vereinen«, vom »Zauber ihrer halb geschlossenen, verschleierten Augen«, von »einem Beinpaar, das über die Mittelklasse hinausging«. Sie fiel durch extravagante Kleidung auf, durch das Tragen eines Monokels und dem Spiel auf der »Singenden Säge«. Im Kollegenkreis hieß sie »Das Girl vom Kurfürstendamm«.

Die Tatsache, daß man uns in die Reinhardt-Schule aufgenommen hatte, war schon ein Schritt vorwärts. Wir hatten uns eine »gefährliche« Karriere ausgesucht, wie man uns sagte, aber uns reizte gerade die Herausforderung.

Gefährlich oder nicht, es war wunderbar. Die Arbeit wurde uns nie zuviel. Wir bemühten uns, auch den schwierigsten Anweisungen der Lehrer gerecht zu werden und uns ihre Kenntnisse anzueignen. Wir studierten.

Jeden Tag berichtete ich meiner Mutter, was wir erreicht oder versucht hatten zu erreichen, und sie hörte mir geduldig zu. Zu jener Zeit war Rudolf Sieber Regieassistent in dem Joe-May-Film »Tragödie der Liebe«. Er hatte den Einfall, mit der Gewohnheit zu brechen, für die Komparserie die »professionellen« Statisten zu engagieren. Er wollte sie lieber durch unbekannte Gesichter ersetzen. So wandte er sich an die Reinhardt-Schule und erbat sich angehende Schauspielerinnen, denen es nichts ausmachte, nur ein »Gesicht in der Masse« zu sein. Er wurde wie ein König empfangen.

So kam es, daß meine Freundin Grete Mosheim und ich, zusammen mit anderen Schülerinnen, eines Tages zum Studio gingen, um uns bei ihm vorzustellen. Er sagte uns, er suche »demi-mondaines« (Damen der Halbwelt), ein damals geläufiger Ausdruck. Er fand, daß Grete Mosheim zu unschuldig aussah. Aber ich sollte am nächsten Tag ins Studio kommen, und daraus läßt sich schließen, wie ich auf ihn gewirkt haben muß. Ich war stolz, daß er mich gewählt hatte, und stolz darauf, daß ich nicht zu jung und unschuldig aussah – obwohl ich es in Wirklichkeit war. Grete Mosheim bekam später die Hauptrolle, von der wir alle träumten: in »Alt-Heidelberg«,

Marlene Dietrich in »Ich küsse Ihre Hand, Madame« mit Harry Liedtke, 1928

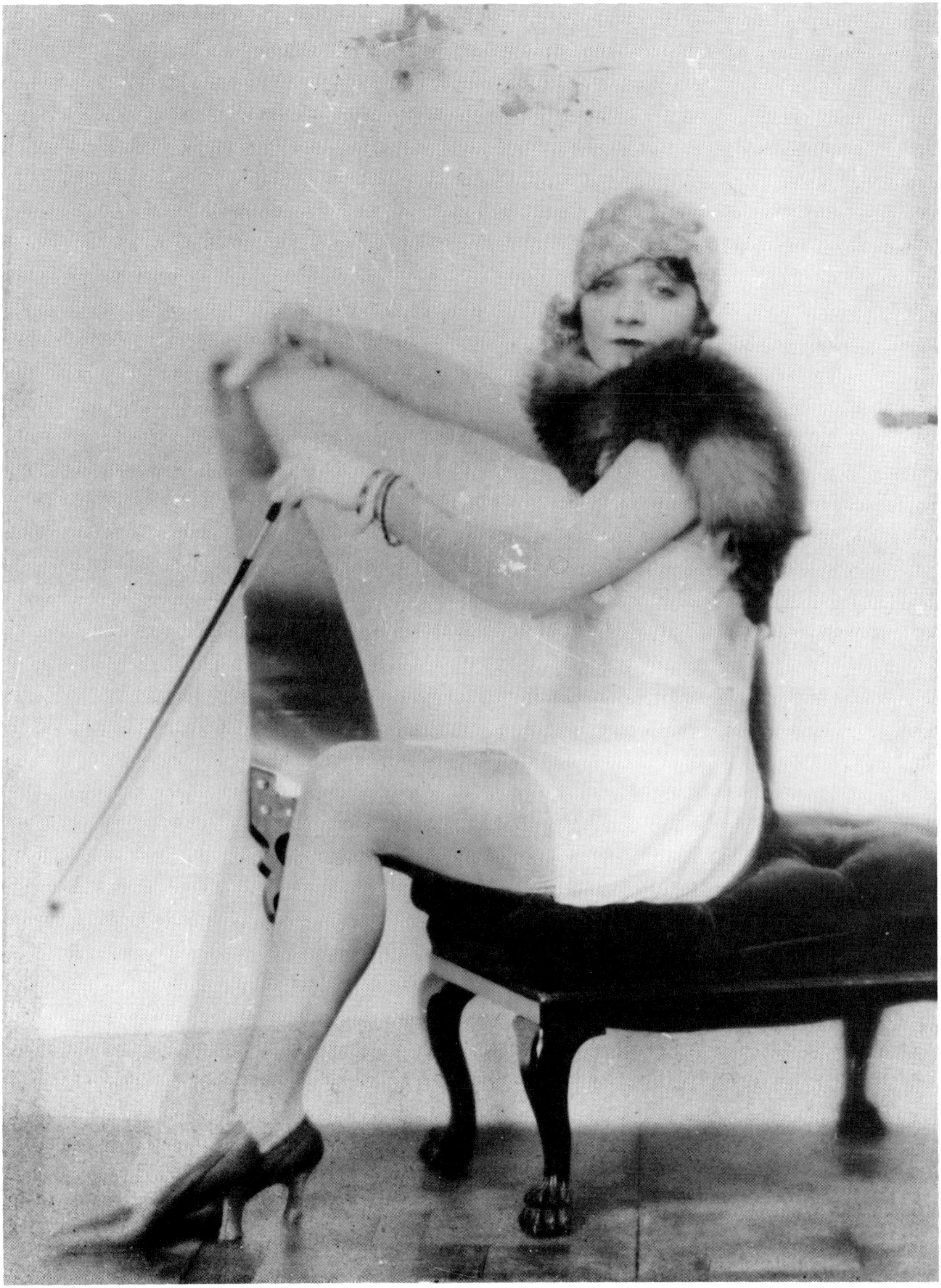

Marlene und die »Singende Säge«

einem kitschigen, erfolgreichen Stück. Sie war nun mal ein unschuldig aussehender Typ – und ich war es nicht. Wir begleiteten sie alle zu ihrer ersten Probe und weinten und wünschten ihr Glück.

Wir spielten weiter, bekamen immer wieder kleine Rollen in allen Arten von Stücken. Da war eine Schauspielerin, Anni Meves, die mich mehrmals in der Woche anrief. Sie fragte mich: »Kannst du meine Rolle spielen? Es ist nur ein Satz, mein Kleid wird dir passen. Aber sage niemandem etwas davon, geh einfach hin, mach deinen Auftritt auf folgendes Stichwort, nimm einen Bleistift und notiere es!«

Ich tat ihr den Gefallen.

Anni Meves amüsierte sich irgendwo, während ich für sie einsprang. Man kann sich leicht vorstellen, wie unwichtig diese Rollen waren – niemand bemerkte, daß sie nicht da war.

Ich erinnere mich an eine Situation bei einem Stück in den »Kammerspielen«, die auch zu den Reinhardt-Theatern gehörten. Der Star des Abends war Elisabeth Bergner.

Eine breite Treppe verschaffte ihr einen imposanten Auftritt. Unten befand sich ein Tisch, an dem vier Personen Bridge spielten, darunter auch ich. Alles, was ich zu sagen hatte, war »Ich passe«. Ich trug ein helles, graues Kleid, das – wie es damals Sitte war – nach Maß angefertigt wurde. Ich ging zur Anprobe und sah zu meinem Erstaunen, daß das Kleid nur auf dem Rücken wunderschön bestickt war. Ich erkundigte mich, wann die Stickerei auf der Vorderseite fertig würde. Man sagte mir, da ich mich nicht umdrehen müsse, sei es unnötig, das Kleid auch vorne zu besticken.

Ich erzähle diese Geschichte nur, weil sie deutlich zeigt, wie unwichtig jede meiner Rollen und wie unwichtig ich war. Aber die Stellung mit dem Rücken zum Publikum verschaffte mir einen wundervollen Ausblick auf den Auftritt der Bergner oben auf der Treppe. Ihr erstes Wort war »Verflucht!«. Ich war so fasziniert von ihr und der Art, wie sie dieses »Verflucht!« sagte, daß ich wiederholt vergaß, meine zwei Wörter »Ich passe« zu sagen. Und das war auch nicht wichtig. Das Stück ging weiter, und niemand hat je mich oder meinen Satz vermißt. Ich war mehr oder weniger, was man eine »Statistin« nennt.

Nicht etwa, daß ich »frustriert« war oder etwas Ähnliches. Ich tat das, was von mir erwartet wurde, egal, was es war. Ich »befolgte die Regeln« – wie ich es dann auch weiterhin getan habe, in meiner Arbeit und in meinem Leben.

Die einzige richtige Rolle, die ich spielte, war in Bernard Shaws »Eltern und Kinder«. Ich hatte ein paar Sätze zu sagen und erzielte den ersten Lacher in meiner sogenannten Bühnenkarriere. Der Satz hieß: »Kauf mir den, Daddy – den Mann!«

Ich nahm weiter Sprechunterricht, ging zur Theaterschule und lernte alle nur denkbaren Rollen, obwohl ich wußte, daß ich sie nie spielen würde. Ich studierte die Rollen aller »Naiven«, sogar aus modernen Stücken. Wenn wir Examen hatten, wurden die Texte, die ich mir vorgenommen hatte, meistens abgelehnt – mit der Begründung, diese Monologe seien nicht dazu geeignet, mein Talent zu beweisen.

Nun begann eine Zeit, in der ich die Rolle der »anderen Frau« lernen mußte. Mir gefielen diese Frauen nicht. Aber ich lernte brav alles, was sie zu sagen hatten, auch wenn es mir noch so sehr mißfiel.

Als die nächsten Examen heranrückten, war ich bereit, sie mit meiner Darstellung der »femme fatale« siegreich zu bestehen. Aber wieder fiel ich durch.

Jetzt hieß es, ich sei zu jung für diese Art von Rollen. Ein neues Hindernis. Mit dem Prinzip erzogen, niemals aufzugeben, mußte ich mein Studium fortsetzen. Das fiel mir nicht sehr schwer. Meine Mutter war eher erleichtert, weil ich zu Hause blieb und las und lernte. Es war ihr gleichgültig, was ich lernte, solange ich nur die Nase in einem Buch hatte. Sie liebte weder das »Theater«, noch die »Filmerei«, aber sie nahm all das gütig in Kauf, wahrscheinlich in der Hoffnung, daß jemand kommen würde, um mich endgültig zu entmutigen, ein für allemal!

Ich lebte so dahin.

Inzwischen bemühte ich mich, älter und erfahrener auszusehen. So versuchte ich zu Hause, in einem Kleid meiner Mutter, mich wie ein Nachtfalter aufzuführen und entsprechend die Hüften zu schwingen. Jeden Tag meldete ich mich zur Arbeit bei jenem Regieassistenten, in den ich mich auf den zweiten Blick Hals über Kopf verliebt hatte, und den ich nicht aufhörte zu lieben, all die Jahre und Jahre hindurch, die folgten.

Rudolf Sieber hatte vorgeschlagen, ich solle, um noch verdorbener auszusehen, ein Monokel tragen. Das war zu der damaligen Zeit der Gipfel des »Makabren«. Trotzdem gab mir Mutter dieses Augenglas: das Monokel meines Vaters, das sie während vieler Jahre aufbewahrt hatte.

Im Kleid meiner Mutter, mit dem Monokel meines Vaters, das Haar von irgendeinem müden Friseur, dem wir Neulinge gleichgültig waren, in Hunderte von kleinen Löckchen gedreht, so erschien ich im Studio und stand meinem zukünftigen Mann gegenüber. Ich war blind wie eine Fledermaus, aber das Monokel blieb an seinem Platz. Er muß heimlich gelacht haben, als er mich in dieser Aufmachung sah, aber er zeigte es nicht.

Er verschaffte mir sogar noch eine kleine Rolle. Ich liebte ihn – nicht deswegen. Ich liebte ihn, weil er schön war, blond, groß, klug. Er besaß alles, was ein junges Mädchen sich wünschen konnte.

Um auf mein lächerliches Aussehen zurückzukommen: Man führte mich zu dem Spieltisch, und Rudolf Sieber und seine Assistenten zeigten uns, was wir tun sollten. Er zeigte mir, wie ich mich bewegen sollte, und manchmal kam er in aller Eile wieder vorbei und sah mich an.

Hoffnungslos verliebt, wartete ich auf diese kurzen Begegnungen. Ich arbeitete drei Tage im »Spielkasino«.

Als ich nach Hause kam, sagte ich: »Ich habe einen Mann getroffen, den ich heiraten möchte.«

Meine Mutter fiel nicht in Ohnmacht, sie war ganz ruhig. »Wenn das dein Wunsch ist, wollen wir sehen, was da zu machen ist.« Aber sie erlaubte mir nie, Rudolf Sieber außerhalb des Studios zu treffen, wie oft er mich auch anrief, wie oft er versuchte, mich zum Essen einzuladen oder zu einer Autofahrt.

Wir verlobten uns, und nach einem Jahr heirateten wir. Während der Verlobungszeit waren wir niemals allein. Immer war eine »Gouvernante« dabei, immer ein Auge, um uns zu überwachen. Rudolf Sieber muß Hiobs Geduld gehabt haben, um all diese Einschränkungen durchzustehen. Er beklagte sich nie.

Reinhardt hatte vier Theater in Berlin. Ich spielte manchmal ein Dienstmädchen im ersten Akt eines Stückes, fuhr dann mit der Straßenbahn oder dem Autobus ins nächste Theater, spielte dort im zweiten Akt eine Amazone, und am Ende des Abends war ich in einem anderen Stück im dritten Akt vielleicht als Hure verkleidet.

Jeden Abend war etwas anderes. Wir alle waren da, wohin man uns schickte, und wir taten das, was man uns sagte. Bezahlung gab es nicht. All das gehörte zu unserer Ausbildung.

Von Sternberg sah mich in »Zwei Krawatten«. Ich wußte nicht viel mehr von dem Stück, als daß ich eine amerikanische Dame spielte, die einen einzigen Satz zu sagen hatte: »Darf ich Sie alle bitten, heute abend mit mir zu speisen?«

Marlene Dietrich in »Gefahren der Brautzeit«, 1929

Was auch immer behauptet wurde – dort sah mich von Sternberg zum ersten Mal.

Am nächsten Tag ließ er mich zur UFA kommen. All diese UFA-Gewaltigen hielten offenbar nichts von mir, aber bald drohte von Sternberg, er werde nach Amerika zurückgehen, ohne den geplanten Film zu drehen, wenn es ihm nicht gelinge, seine Ideen durchzusetzen. Und – wie man weiß – er gewann. Er beschloß, eine Probeaufnahme mit mir zu machen – am gleichen Tag, an dem er auch die aussichtsreichste Bewerberin für diese Rolle, Lucie Mannheim, vor die Kamera stellte.

Lucie Mannheim war eine anerkannte Schauspielerin. Sie wollte die Rolle um jeden Preis, obwohl sie dafür vollkommen ungeeignet war. Allerdings hatte sie – außer ihrem unbestreitbaren schauspielerischen Talent – auch ein ziemlich großes Hinterteil, und Emil Jannings, der große Star, der die Hauptrolle spielte, liebte dicke Hinterteile. Ich hatte trotz meinem Babyspeck niemals ein dickes Hinterteil. Ich war überall gut gepolstert, nur nicht da. Da war ich zwar rund und, meiner Meinung nach, gerade »richtig«, aber vermutlich nicht so, wie es Jannings liebte.

Um seine Bereitwilligkeit zu zeigen, machte von Sternberg also eine Probeaufnahme mit Jannings' Favoritin, wobei er die Kamera besonders langsam über den auffallendsten Teil ihrer Anatomie gleiten ließ.

Dann war ich an der Reihe. Ich fühlte mich völlig hilf- und hoffnungslos, ohne deswegen unglücklich zu sein, denn ich war nicht unbedingt auf diese Rolle versessen. Als man mich dann auch noch in ein viel zu enges Kleid steckte und meine Haare mit einer Brennschere bearbeitete, bis der Dampf an die Decke stieg, bekam ich fast ein bißchen Heimweh. Aber als echte Berlinerin nahm ich alles mit Galgenhumor und ging auf die Bühne, als man mich rief.

Mein »Filmleben« begann mit dem Film »Der blaue Engel«.

(Quelle: Marlene Dietrich: Nehmt nur mein Leben)

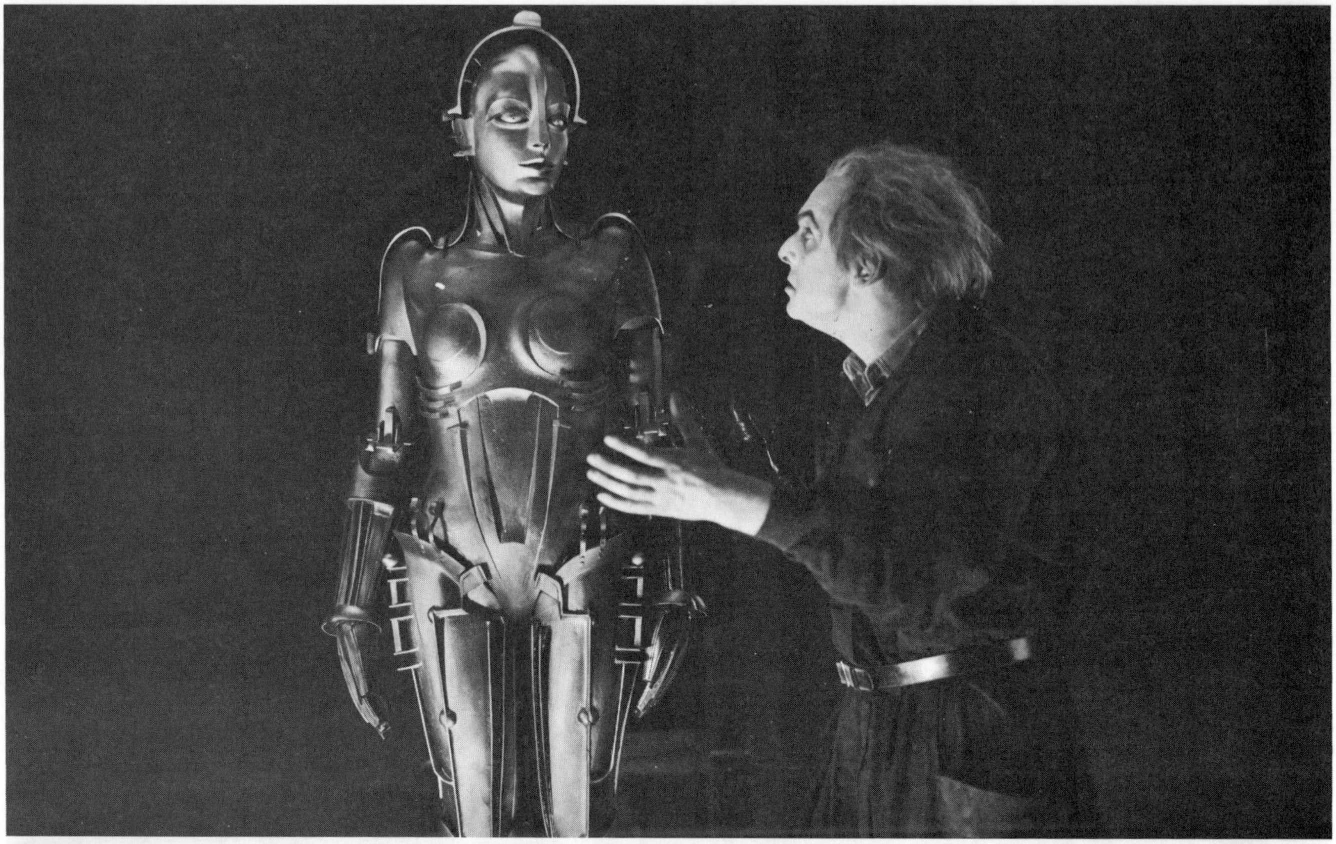

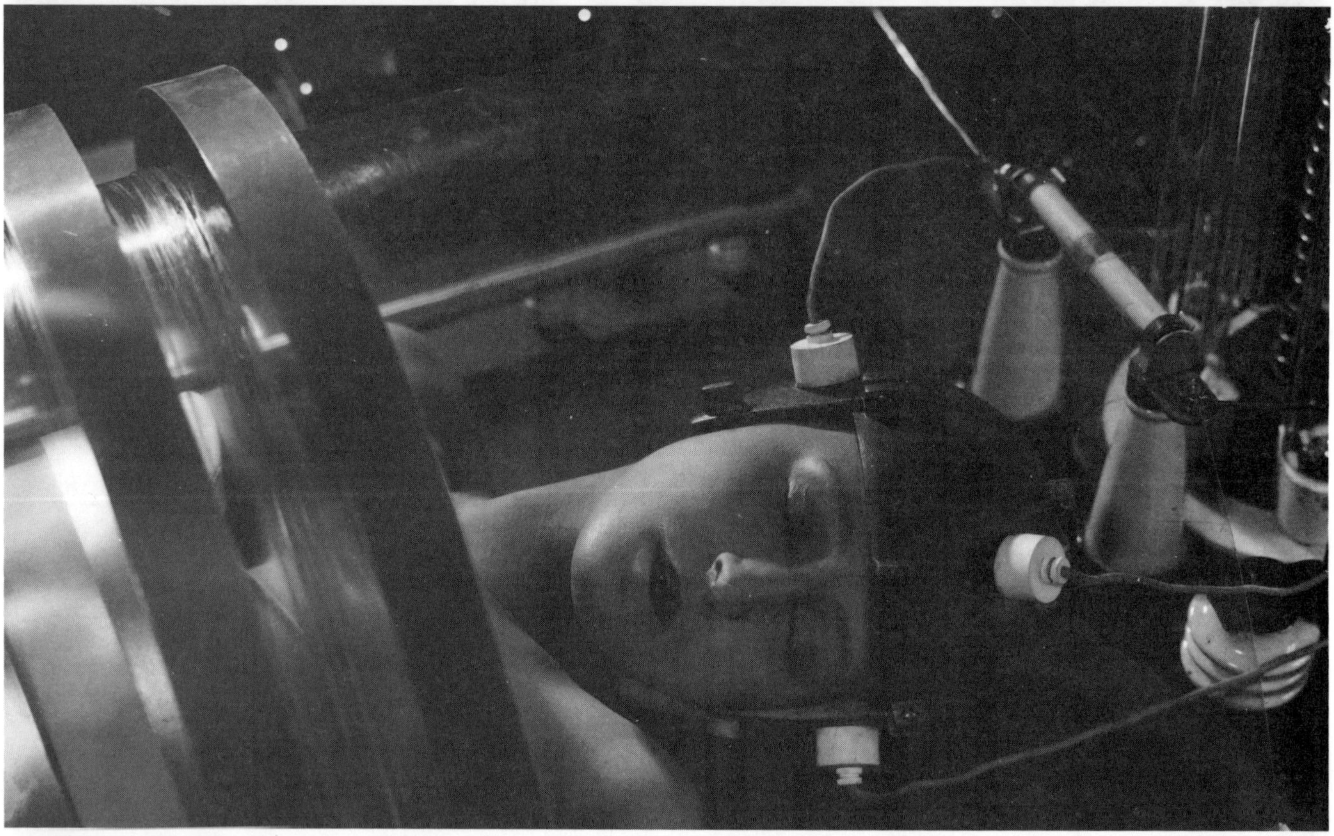

Künstliche Menschen als Verkörperung des »Bösen« waren ein beliebtes Trivialmotiv der zwanziger Jahre. In Fritz Langs faszinierendem und gleichwohl problematischen Monumentalfilm »Metropolis« nach dem gleichnamigen Boulevardroman seiner Ehefrau Thea von Harbou schafft ein schurkischer Wissenschaftler eine mechanische Nachbildung der engelhaften Maria, die sich beim »Herrn von Metropolis« für die Erlösung der versklavten Massen einsetzen will. Die falsche Maria wiegelt die Arbeiter zu blinder Zerstörungswut auf, die ihre eigenen Familien umzubringen droht. Erst in allerletzter Minute gelingt es der echten Maria und dem Sohn des »Herrn von Metropolis« die falsche Maria zu entlarven und die Arbeiter zu besänftigen. In der Schlußszene reicht der »Herr« dem Anführer der Arbeiter die Hand, es erscheint die Texteinblendung »Mittler zwischen Hirn und Hand muß das Herz sein«.

Mit seinem Aufstieg zur Weltherrschaft in den zwanziger Jahren vollzog sich im amerikanischen Film auch eine bedeutsame Veränderung des Frauenbildes: An die Stelle der kindhaften Unschuldsengel der Vorkriegsjahre wie Lilian Gish und Mary Pickford trat mit Schauspielerinnen wie Gloria Swanson und Joan Crawford immer mehr das elegante Luxusgeschöpf, der männermordende Vamp, kurz der Inbegriff des Hollywood-Stars.

Gloria Swanson

Joan Crawford

Greta Garbos Karriere als »Mythos« begann mit der weiblichen Hauptrolle in dem Film »Gösta Berlings Saga« des schwedischen Regisseurs Mauritz Stiller. Kurz danach gingen sie zusammen nach Berlin, wo Greta Garbo in Georg Wilhelm Pabsts »Die freudlose Gasse« spielte, und weiter nach Hollywood, wo sie zum Weltstar wurde.

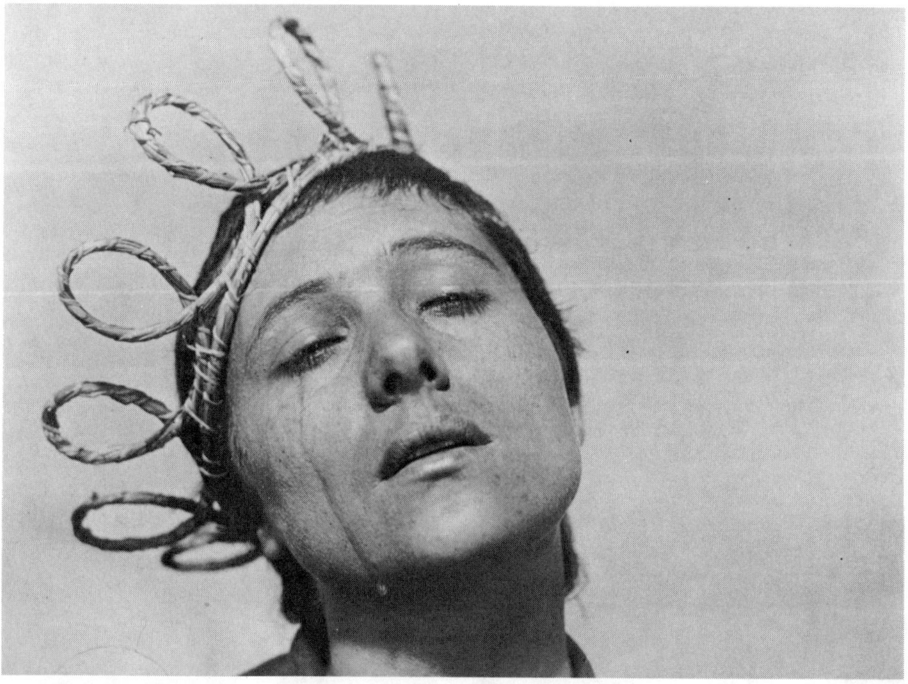

Der Film »Die Passion der Heiligen Johanna« des dänischen Regisseurs Carl Theodor Dreyer setzte 1928 neue Maßstäbe für die Aussagekraft von Gesichtern und Gebärden im Stummfilm. Dreyer wählte für die Hauptrolle nicht eine erfahrene Bühnen- oder Filmschauspielerin, sondern die unbekannte Tingeltangel-Aktrice Maria Falconetti, deren Gesicht ihn faszinierte und den Film zu einem Meisterwerk werden ließ.

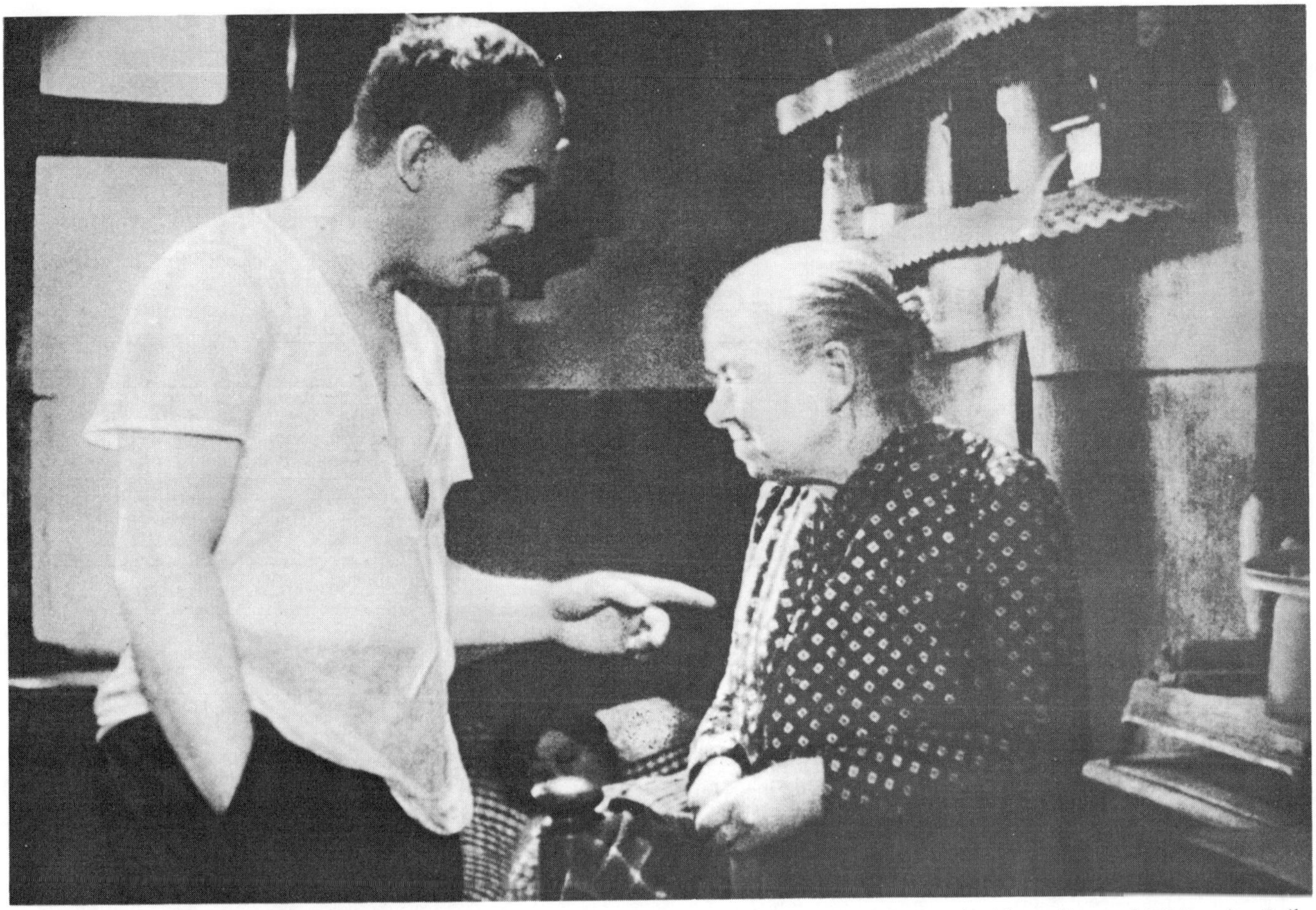

Zu Ende der zwanziger, Anfang der dreißiger Jahre entstanden in Deutschland – wie auch in Frankreich, Italien und USA – eine Reihe von vielbeachteten sozialkritischen Filmen, die sich mit den Folgen der Weltwirtschaftskrise auf die einfachen Menschen auseinandersetzten, darunter Piel Jutzis »Mutter Krausens Fahrt ins Glück«. Bis auf »Kuhle Wampe« von Slatan Dudow hatten diese Filme meistens eine pessimistische Grundhaltung – Mutter Krausens Fahrt ins Glück ist der Selbstmord.

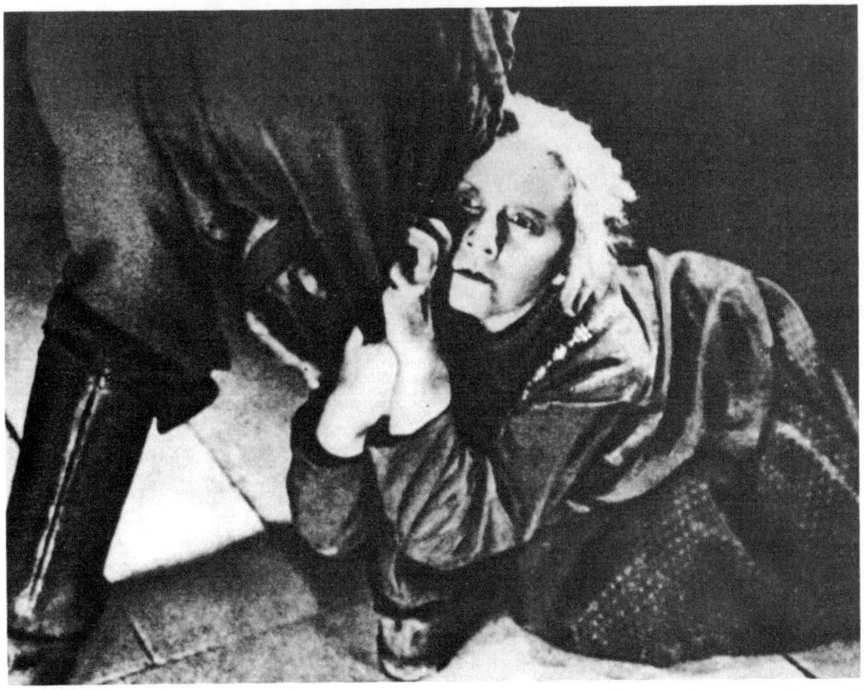

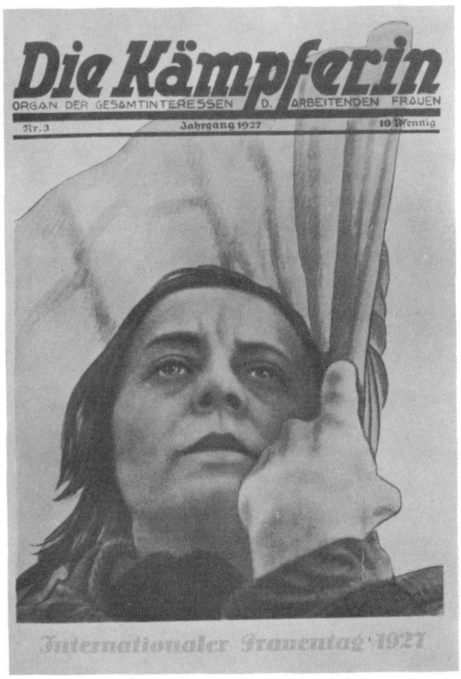

Wsewolod Pudowkins »Die Mutter« von 1926 nach dem berühmten Theaterstück von Maxim Gorki ist eins der herausragenden Beispiele der großen Zeit des sowjetischen Revolutionsfilms. Er handelt von der Zeit um die Revolution von 1905, in der eine Mutter aus Liebe zu ihrem Sohn selbst zur Revolutionärin wird und die Fahne weiterträgt, mit der er gefallen ist. Die Hauptdarstellerin Wera Baranowskaja kam aus der Schule von Stanislawski, die der Darstellung des Gefühls erste Priorität beimaß. Wie viele der frühen sowjetischen Filme wurde auch »Die Mutter« zu einem internationalen Erfolg.

Hedwig Müller

IM TAUMEL DER SELBSTERFAHRUNG

Die Tänzerinnen des Ausdruckstanzes

Es paßt zu den zwanziger Jahren, daß auch von ihrem tänzerischen Geschehen kein einheitliches Bild zu zeichnen ist, nicht einmal eins, das in der Verschiedenheit Anspruch auf annähernde Vollständigkeit erheben könnte. Nie zuvor und nicht wieder danach waren die tänzerischen Aktivitäten so zahlreich, innovativ und auch kontrovers wie in dieser Zeit. Vom Charleston, der zum Gesellschaftstanz einer ganzen Epoche wurde, reicht die Skala bis zu den makellosen Reihen der Revuegirls. Und im Kunsttanz stehen die Tänzerinnen des expressionistisch orientierten Ausdruckstanzes – allen voran Mary Wigman – den Individualistinnen des Berliner Nachtlebens gegenüber.

Die Explosion der Körperlichkeit in den wenigen Jahrn der Weimarer Republik brachte einen Bewegungskult und eine Tanzkultur hervor, die alle politischen und ästhetischen Richtungen einschloß und die faszinierendsten Tänzerinnenpersönlichkeiten formte. Ihre Namen müßten als biographische Geschichten lebendig gemacht werden, wollte man ihrem Platz in der deutschen Tanzgeschichte gerecht werden. Von Frauen müßte berichtet werden, die sich auf den Weg machten, ihr persönliches Empfinden und Befinden nach den Erlebnissen des zerstörerischen Krieges in die Welt hinauszutanzen. Es müßte berichtet werden über:

– *Niddy Impekoven*, die lyrisch Kindhafte, die mit ihren romantisch spielerischen Tänzen den Zusammenbruch des Kaiserreiches begleitete und im Lärm der zwanziger Jahre still wurde.

– *Vera Skoromel*, das »enfant terrible« des Ausdruckstanzes, das vielversprechende Talent, die mit ihren Gruppenchoreographien neue Sachlichkeit tänzerisch konkret machte.

– *Anna Pawlowa*, ein Feenwesen aus der fernen russischen Ballettwelt, die auf ihren Tourneen einen Hauch St. Petersburg in die deutschen Theater brachte.

– *Ruth Abramowitsch*, die im Ensemble der Städtischen Oper die »Rote Zelle« der KPD mitorganisierte und 1933 nach Polen emigrierte.

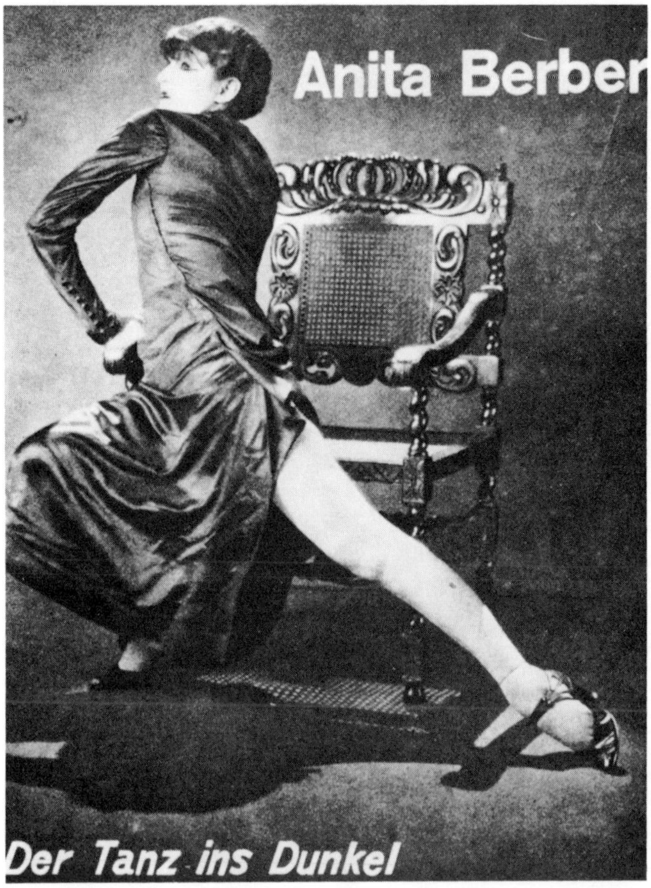

– *Anita Berber*, die Exotin der Nachtbars, die zwischen Körper und Kokain an der eigenen Ekstase zugrunde ging.

– *Gret Palucca*, die bei Mary Wigman in die Lehre ging, sich selbständig machte, mit ihren gewaltigen Sprüngen den Raum für die tanzenden Frauen eroberte, in der Nazizeit zwischen Anpassung und Widerstand lavierte und bis auf den heutigen Tag das Tanzleben in der DDR, das sie mit aufgebaut hat, bestimmt.

– *Tatjana Barbakoff,* die dekorativ bewandete indische Tempeldienerinnen darstellte und deren Spur sich in Auschwitz verliert.

– *Leni Riefenstahl,* die als Tänzerin den körperlichen Ausdruck innerer Bilder kennenlernte und ihn als verklärende Filmerin der nationalsozialistischen Masseninszenierungen feierte.

– *Margarete Wallmann,* Leiterin der Wigman-Schule in Berlin, die den Schritt über den Atlantik wagte, den amerikanischen *modern dance* mit dem Ausdruckstanz vertraut machte, emigrierte und nach dem Krieg als eine der ganz wenigen weiblichen Opernregisseure erfolgreich war.

– *Trudi Schoop,* die fröhliche Kecke, die vor den Nazis in die USA auswanderte und dort die Tanztherapie mitgründete.

Auf sie und auf die Hunderte anderer Tänzerinnen, deren Namen auf den Litfaßsäulen der Reichshauptstadt und im ganzen Land von der Blüte der tänzerischen Kultur inmitten der kulturellen Vielfalt der Weimarer Republik kündeten, auf sie kann hier nur hingewiesen werden. Für sie alle stellvertretend sollen zwei Tänzerinnen vorgestellt werden, deren künstlerische Arbeit das breite Spektrum der tänzerischen Aktivitäten im neuen deutschen Tanz der Weimarer Republik umreißt: Mary Wigman und Valeska Gert. Doch zuvor ist ein Rückblick nötig.

Isadora Duncan

1902 war schon einmal eine Tänzerin nach Deutschland gekommen, die mit fanatischer Besessenheit daran ging, die deutsche Tanzwelt für einen natürlichen, nicht-klassischen Tanz einzunehmen: Isadora Duncan, eine Amerikanerin, die mit unerschütterlicher Selbstüberzeugung die Körperideale der Griechen ausgegraben und zum Vorbild ihrer künstlerischen Theorien erkoren hatte. Und dieses Ideal des schönen, harmonisch gebildeten Körpers, der eine ebenso schöne und harmonische Seele widerspiegelte, war ihr Ziel. In ihrem 1903 veröffentlichten Manifest »Der Tanz der Zukunft« schrieb sie:

»Die Tänzerin der Zukunft wird ein Weib sein müssen, deren Körper und Seele so harmonisch entwickelt sind, daß die Bewegung des Körpers die natürliche Sprache der Seele sein wird. Die Tänzerin wird nicht einer Nation, sondern der ganzen Menschheit angehören. Sie wird keine Feentänze zu tanzen suchen, noch Nixen darstellen oder kokette Frauen, sondern sie wird als das Weib in seiner größten und reinsten Erscheinung tanzen. Sie wird die Mission des weiblichen

Isadora Duncan, Tanzpose, 1927

Körpers und der Heiligkeit aller seiner Teile versinnlichen... Sie wird die Freiheit des Weibes in ihrem Tanz ausdrücken... Sie wird den Frauen eine neue Erkenntnis der möglichen Kraft und Schönheit ihrer Leiber bringen.«

Als Isadora Duncan dieses Manifest verkündete, wandelten die Frauen in Korsetts einher, waren ihre Körper eingebunden in den Kleiderpanzer, der ihrer gesellschaftlichen Verschnürung entsprach. Duncan warf ihre Kleider von sich, proklamierte die Schönheit des nackten Körpers – und ließ sich, weil sie sonst nie eine Auftrittsgenehmigung erhalten hätte, dazu überreden, wenigstens leicht wallende Gewänder um ihren Körper zu werfen. Dem Anstand war Genüge getan, dem tänzerischen Ideal dadurch kein Abbruch entstanden, ihr Körper war noch immer in seinen fülligen weiblichen Formen erkennbar, und wenn sie tanzte, blieb keine Rundung unbewegt. Für die Zuschauer der ausgehenden wilhelminischen Epoche, in der man sich für einen Seitenblick auf eine verheiratete Frau duellierte und in der Zucht und Ordnung den Kommandoton der Moral bestimmten, war Isadora Duncan ein Skandal – und eine Prophetin gleichermaßen. Junge Frauen strömten in die Vorstellungen, die ihre unbestimmte Sehnsucht nach Freiheit teilten.

Isadora Duncan nutzte ihren Tanz und ihre Popularität für die Propagierung weiblicher Emanzipation. In ihren Memoiren sagt sie unmißverständlich:

»Jede intelligente Frau, die einen Heiratskontrakt gelesen hat und sich dareinfügt, verdient alle daraus entstehenden Konsequenzen. Meine persönliche Ansicht sei, daß die Frauenbewegung erst dann völlige Unabhängigkeit bedeutete, wenn jede Frau geschworen hat, die Ehe abzuschaffen.«

Sie forderte das Recht jeder Frau, selbst zu bestimmen, wann, von wem und wie viele Kinder sie haben wollte. Sie gab ein Tanzkonzert, als sie mit ihrem zweiten unehelichen Kind schwanger war, und niemand konnte diese Tatsache übersehen.

Ihr Funke zündete. Überall regte sich das Interesse der jungen Frauengeneration an körperlicher, künstlerischer Betätigung. In den Vereinen der »Wandervögel«, die 1901 entstanden, fanden sie sich wieder, in den ersten Schulen der neuen Gymnastik, in den Tanzschulen des beginnenden Ausdruckstanzes.

Mary Wigman Maskentanz, 1926

Mary Wigman

Als Mary Wigman 1919 nach Deutschland kam, hatten der Militarismus und die Not der Weltkriegsjahre diese Ansätze einer selbstbewußten Körperkultur und Tanzkunst verschüttet. Allerdings nicht zerstört, denn sie wurde, noch während die Kritiker sie verhöhnten und als »Gräßlichkeit mit dicken Beinen« lächerlich zu machen suchten, von den Frauen der jungen Generation begeistert aufgenommen. Fernab des Theaterbetriebs mit seiner Spitzenschuh-und-Tüllröckchen-Idylle entstand der moderne Tanz des 20. Jahrhunderts, der »Ausdruckstanz«.

Mary Wigman hatte während der Kriegsjahre in der Schweiz gelebt, hatte bei dem Tanzpädagogen Rudolf von Laban in der heute legendären Lebensreformerkolonie des Monte Verità am Lago Maggiore die Anregungen für das erhalten, was als deutscher Ausdruckstanz in die Geschichte eingehen sollte. Im Künstlerzirkel der Zürcher Dadaisten, wo Sophie Taeuber ihre Freundin und ebenfalls Tänzerin bei Laban war, hatte sie ab 1916 ihre Tänze der Öffentlichkeit vorgestellt: »Götzendienst«, »Satans Tochter«, »Das Gebet« und andere. Rezitierend tanzte sie das »Tanzlied« aus Nietzsches »Also sprach Zarathustra«.

Mit missionarischem Eifer rüstete sie sich 1919 zur Eroberung ihres heimatlichen Deutschlands. Ihr englisch klingender Name war nicht ganz echt: Eigentlich hieß sie Mary Wiegmann und kam ganz bürgerlich aus Hannover. Dem bürgerlichen Leben hatte sie aber schon vor dem Krieg abgeschworen, zwei Verlobungen gelöst, das behütete Elternhaus verlassen und sich der »liederlichen« Kunst des Tanzes verschrieben. Sie kehrte nach Deutschland zurück, um die deutsche Tanzwelt vom falschen Glitzer des klassischen Balletts zu befreien. Das Ballett hatte für sie mit Tanzen nichts mehr zu tun, war Relikt einer längst überholten feudalen Epoche und Sinnbild der Vergewaltigung des Menschen durch Drill. Mary Wigman wollte die Seele des Tanzenden zum Maßstab des Tanzes machen, seine Lieben, seine Leiden und Lüste.

Mary Wigman selbst wurde als Tänzerin zum Synonym für den künstlerischen Tanz in Deutschland. Sie setzte auf ihre

Weise fort, was Isadora Duncan begonnen hatte, nämlich die Natürlichkeit zum Wesentlichen des Tanzes zu machen. Keine akademisch erklügelten Bewegungen mehr, keine intellektuell erfundenen Körperhaltungen, wie sie für den Bewegungskodex des klassischen Balletts mit seinen exakt kodifizierten Standardformen typisch sind, sondern freie, an keine Regel gebundene Bewegungen, die aus der Alltagswelt übernommen und zur stilisierten Tanzbewegung umgeformt wurden. Sie nahm die Kraft und Dynamik in Anspruch, die im Tanz und in der Gesellschaft bis dahin den Männern vorbehalten war, sie zeigte herrische, gewalttätige, aggressive Bewegungen, wie man sie nie zuvor auf der Tanzbühne gesehen hatte, wagte ihr Seelenleben in symbolischer Formulierung vor das Publikum zu stellen. Sie tanzte die »Hexe«, das animalisch gierige Triebwesen, das sie in sich fühlte ebenso wie die »Trauer«, das »Leid«, den Kult der erhabenen Gefühle. In ihren Tänzen suchte sie den Kern des Menschlichen zu ergründen. Sie erzählte keine Geschichten wie die Choreographen der Opernballette, sondern gab Anhaltspunkte des Miterlebens. Ihre Tänze waren nicht zum Anschauen, sondern zum Durchleben getanzt.

Mit Isadora Duncan hatte der Wandel von der Ballerina, der fremdbestimmten Interpretin, zur Tänzerin, der Choreographin ihrer eigenen künstlerischen Produkte begonnen. Mary Wigman verankerte das Bild der selbstbestimmten Tänzerin in den Köpfen der Zuschauerinnen und Zuschauer und zog darin ihr Publikum in ihren Bann. Helene Jung fragte in der von Gertrud Bäumer herausgegebenen Zeitschrift »Die Frau«:

»Warum nun strebt nicht die heutige, die moderne, gegenwartsnahe Jugend im gleichen Maße wie zur Wigman zu Niddy Impekoven, bei der sie doch auch wahre Kunst, echten Tanz findet? Diese neue Jugend, die nicht an Lebensalter gebunden ist, führt den Kampf weiter, den die vorige Generation unter Opfern begonnen hat: den Kampf um die Rechte der Frau, den Kampf um Gleichberechtigung, um Zugang zu allen Arbeiten sozialer und kultureller Art. ... Doch am überzeugendsten, am eklatantesten zeigt sich die Emanzipierung der Frau im weitesten Sinne des Wortes im neuen Tanz. Aus den Werken einer Wigman spricht ein Geist, den man sonst gewohnt war als männlich zu bezeichnen, sie hat die Grenzen zersprengt und den Blick freigemacht bis zur Unendlichkeit. Die Frau hat im neuen Tanz die Führung übernommen, bei ihr liegt die große, starke, die männliche Geste, sie hat Wege gezeigt, die die Welt durch ihre Kühnheit und Großartigkeit überraschte. In diesem Sinne sind unsere großen modernen Tänzerinnen Kämpferinnen für die Zukunft der Frau.«

Seit 1920 leitete Mary Wigman ihre Tanzschule in Dresden, ein selbständiges Unternehmen mit mehreren Filialschulen in anderen Städten und zeitweise bis zu vierzehn Angestellten. Die Pädagogik, die sich in dieser Schule entwickelte, entstand nicht nach einem festen Plan, sondern wuchs mit und in der Arbeit mit den Schülerinnen (und den wenigen Schülern, die sich zu ihr verirrten). Es war eine Pädagogik, die sich ihre Schülerinnen zueigen machen und bis in die heutige Gegenwart hinein weitertragen konnten. Im Mittelpunkt stand die Persönlichkeitsentwicklung des einzelnen. Keine sollte tanzen lernen wie Wigman, sie sollten vielmehr zu ihrer eigenen, individuellen Ausdrucksweise finden, ihren eigenen Stil entwickeln. Mary Wigman bot Hilfe zur Selbstfindung, Anregungen für den Weg zu sich selbst. In einem Artikel »Weibliche Tanzkunst« schrieb sie:

»Sie wollen alle tanzen, die Mädchen der Gegenwart. Drängen sich dazu, ohne zu überlegen, wissen gar selten, warum. Die Aussicht auf den Beruf, der einem die Existenz sichert, ist fast niemals ausschlaggebend. Viel öfter ein Suchen, ein Tasten, ein

Valeska Gert in der Tanznummer »Gruß aus dem Mumienkeller«

Sich-Sehnen, das den Namen Tanz erhält und irgendein Erträumtes, Unbestimmtes zu erfüllen scheint. ... Ich glaube, daß in all den jungen weiblichen Menschen heute eine starke, gesunde Freude am reinen Sich-Bewegen lebendig ist. Ich glaube auch, daß ein großer berechtigter Egoismus in all den jungen Frauen ist, der erst einmal sich selber sucht, ehe er sich mit Welt und Umwelt auseinandersetzt. Sich selber suchen, sich selber fühlen, sich selbst erleben!«

Der letzte Satz dieses Zitats war das Stichwort der tanzenden zwanziger Jahre. So fremd die Demokratie als Staatsform nach dem strengen Monarchismus war, so fremd waren noch Individualitäts- und Selbstwertdenken nach der Autoritätsherrschaft der Kaiserzeit. Mary Wigmans Pädagogik des Individualismus kam der gesellschaftlichen Entwicklung der einzelnen zur demokratischen Bürgerin entgegen. Zugleich barg sie auch eine Gefahr, der viele Ausdruckstänzerinnen und -tänzer erlagen: Die bedingungslose Ausrichtung auf die Entwicklung der individuellen Persönlichkeit trübte vielen den Blick für die soziale Realität. Sie verloren sich im Selbsterleben ihres Tanzes, fanden sich in den Schulen zusammen wie in verschworenen Gemeinschaften und übersahen, was an politischen Ereignissen um sie her geschahen. Das machte es den Nationalsozialisten leicht, die Ideologeme der gesunden Körperkultur aufzugreifen, für sich zu vereinnahmen und zur »Kraft durch Freude«- und »Glaube und Schönheit«-Ideologie zu pervertieren.

Valeska Gert

Der Ausdruckstanz, wie ihn Mary Wigman für die Tänzerinnen der zwanziger Jahre präsentiert, ist nur *ein* Teil, wenn auch der überwiegende und prägende im tänzerischen Geschehen der zwanziger Jahre. Ihm stand eine Tänzerin wie Valeska Gert mit ihrer scharfen Bissigkeit gegenüber. Das Ergründen der Psyche und die von Nietzsche stark beeinflußte Suche nach einem neuen Lebens- und Weltensinn lagen ihr fern. Valeska Gert war Mary Wigmans heftige Gegnerin und künstlerische Antagonistin in der Weimarer Republik. Warum, hat sie in einem Artikel »Mary Wigman und Valeska Gert« selbst charakterisiert:

»Eine Tanzdarbietung muß nach saurem Schweiß riechen, ethisch sein, wirrgeistig und langweilig. Genialität ist weniger erwünscht als Solidität. Weil der Durchschnittsdeutsche kein Selbstvertrauen hat, hält er nur die Kunst für groß, die er nicht versteht und die ihn langweilt. Mary Wigman erfüllt als einzige Tänzerin alle diese Bedürfnisse des deutschen, gebildeten Mittelbürgers und ist darum zur Nationaltänzerin geworden. ... dagegen, Valeska Gert, werde bei allem Ruf, den ich habe, sehr unterschätzt. Ich habe in meinen Tänzen alle Zeiterscheinungen und Auswüchse, die sich durch den Körper darstellen lassen, ausgedrückt. Ich habe Dirnen, Kupplerinnen, Zirkus, Varieté, alle Sportarten komprimiert und im Einminutentempo auf die Bühne gestellt. ... Meine Ethik aber, die darin besteht, daß ich nicht unter allen Umständen wahr sein will, wird lange nicht so geschätzt wie die bürgerliche Ethik, die vor allen Dingen moralisch sein will.«

Auch Valeska Gert begann ihre Karriere nach Kriegsende, hatte aber schon in den letzten Kriegsjahren ihre ersten Auftritte in Nachtclubs hinter sich gebracht und war bei Max Reinhardt als Schauspielerin vorstellig geworden. Die expressionistische Suche der Ausdruckstänzerinnen nach dem alles bewegenden »Urgrund des Seins« à la Nietzsche konnte sie nicht nachvollziehen, sie *suchte* nicht nach dem Leben, sie sprang mitten hinein. Dort, wo die Betriebsamkeit hektisch, die Lebendigkeit fühlbar, die Lust hautnah war, in den Künstlerbars, Cabarets und Kaschemmen. In die Tanzgeschichte ist sie eingegangen als die unnachsichtige Karikaturistin der sozialen Zustände und Mißstände. Wo Mary Wigman in symbolischen Gebärden die philosophische Existenz des Menschen begründen wollte, forschte Valeska Gert nach den konkreten Bildern sozialer Realität. In einer Mischung aus Pantomime, expressiver Körperdarstellung, clownesker Übertreibung, kabarettistischer Pointierung und schauspielerischer Groteske porträtierte sie ihre Figuren aus dem sozialen Abseits. Sie zeigte die von der Gesellschaft Vergessenen, die im Trubel der »goldenen« zwanziger Jahre auf der Strecke geblieben waren, die Nutte, die Kupplerin, das gefallene Mädchen, die Betrogene, die geschundene Kreatur der Straße. Ihre Exaltiertheit, ihre Scheulosigkeit vor der bürgerlichen Meinung und ihre Bösartigkeit gegenüber allem Verlogenen machten sie zur skurrilen Figur. Sie diskutierte mit Brecht über »epischen« Tanz, hatte ein Verhältnis mit Pudowkin, legte Meyerhold ihre ästhetischen Ansichten auseinander, filmte mit Greta Garbo und führte nebenher ihr eigenes Kabarett, das immer wieder an Geldmangel zusammenbrach, aber ein künstlerisches Zentrum Berlins war.

Zwei Tänzerinnen, Mary Wigman und Valeska Gert, stellvertretend für die ungezählten Tänzerinnen der zwanziger Jahre. Stellvertretend auch in ihrem Umgang mit dem Nationalsozialismus. Während der zwanziger Jahre hatten sie sich beide wenig darum gekümmert, was politisch, in den Straßen vor sich ging.

Mary Wigman ließ sich von der nationalsozialistischen Propagierung eines neuen schönen Deutschland, in dem alle unter Führung einer starken Hand in glücklicher (Volks)gemeinschaft leben könnten, einfangen. Sie glaubte, darin ausdruckstänzerische Elemente wiederzufinden. Hatten doch Laban und mit ihm weite Teile der Ausdruckstanz- und Gymnastikbewegung das Ideal der gemeinschaftlich und harmonisch miteinander lebenden neuen Gesellschaft als Utopie vor Augen gehabt. Sie blieb in den ersten Jahren nach der Machtübernahme ambivalent, schwankte zwischen Unterstützung und Ablehnung, aber wie auch ihr Tanz ein nach innen gekehrter war, blieb es auch ihre politische Haltung. Weil sie sich mit der konkreten Politik der Nazis nicht identifizieren wollte, verhielt sie sich stumm und wandte den Blick ab.

Valeska Gert wollte lange Zeit nicht wahrhaben, was geschah. Ihre Liebe zu Deutschland, zum aufgeregten Leben Berlins ließ sie mit ganzer Verzweiflung alle Wege suchen, in Deutschland leben zu können. Ihr Bild, der Jüdin, erschien im »Stürmer« mit dem von Josephine Baker als das einer typisch »entarteten« Künstlerin. 1938, nach der sogenannten »Reichskristallnacht«, gelang ihr schließlich doch die Flucht. Der Kunsttanz der zwanziger Jahre verlor sich im Gleichschritt der Faschisten.

CABARET/KABARETT

Blandine Ebinger

Dann kommt ein junges Mädchen dran, die kann auch so. Aus dem Stegreif. Ein fast zu schlankes Mädchen, mit einem Gesicht bleich – bleicher – am bleichsten unter dem dunklen Bubenschopf. Sie sieht aus wie der Geist von einem Geist. Mimt eine Barnutte. Setzt sich auf einen Barstuhl, der gar nicht da ist, kreuzt die Beine, zupft sich den Rock bißchen hoch – gebt mir schnell mal'n Cognacglas, und flötet sich einen von der Seele, so aus dem Metier, was da so für Kunden aufkreuzen, hat man das nötig, klar hat man das nötig, und es sprudelt aus ihrem Mund, mit einem Witz, einer Beobachtungsgabe, so müßte man schreiben können. Einer schreibt auch gleich. Mehring. Knackfuß schreibt gleich mit, das muß man ja festhalten. Aber die kann noch viel mehr, das spürt man, Barometer geht den Rücken runter. Wie heißt denn das Wesen? Blandine? So heißt man doch nicht. Doch, so heißt man: Blandine Ebinger.

(Aus: Friedrich Hollaender, Von Kopf bis Fuß)

Claire Waldoff

Zu einem Kabinettstück kabarettistischer Persiflage geriet ihr in jenen Jahren das Porträt der »Hannelore vom Halleschen Tore«, in der die Volkssängerin Waldoff in kritischer Sicht auf den von der Neuen Sachlichkeit kreierten Frauentyp, das Mann-Weib mit dem Bubikopf, das »boxt und foxt und golft und steppt/und unter uns gesagt auch neppt«, die scheinmondäne Welt ins Visier nahm. Solche und andere parodistische Typen-Chansons, von Schriftstellern fürs literarische Kabarett und die kabarettistische Revue geschrieben, verblieben zumeist in diesem Rahmen, wurden selten »Schlager« im landläufigen Sinne, während Claire Waldoff in der Urwüchsigkeit ihrer Sprache, der Drastik ihres Humors und der mit Komik geimpften Berliner Diktion »kein Feigenblatt vor den Mund nahm« (Alfred Polgar) und als Pflanze oder Type, wie man sagte, ein Massenpublikum erreichte, an das die Diseusen des literarischen Kabaretts mit ihren anspruchsvoll pointierten Texten nicht heranreichten.

(Aus: Helga *Remman*, Wer schmeißt denn da mit Lehm? Eine Claire-Waldoff-Biographie, Berlin 1982)

Ilse Kokula

FREUNDINNEN

Lesbische Frauen in der Weimarer Zeit

Berlin war neben Paris in den zwanziger Jahren ein Zentrum der lesbischen Welt. Trotz aller Massenarmut pulsierte lesbisches Leben. Die Zeitschriften für lesbische Frauen berichteten in jeder Ausgabe von Veranstaltungen und Festlichkeiten in den Bars und Clubs, von denen es in Berlin zur Weimarer Zeit etwa 50 gab. Diese Lokale und Clubs, die oft auch männliche Besucher zuließen, bildeten neben den Vereinigungen und Zeitschriften die Kommunikationsnetze lesbischer Frauen. Die lesbische Schriftstellerin Ruth Margarete Roellig stellte in ihrem Buch »Berlins lesbische Frauen« (1928) vierzehn Berliner Bars und Clubs vor. Ruth Margarethe Roellig, die von 1887 bis 1969 in Berlin lebte, war in der Weimarer Zeit eine populäre Schriftstellerin. Neben zahlreichen Romanen, die auch als Fortsetzungsromane in Berliner Tageszeitungen abgedruckt wurden, verfaßte sie den Artikel »Lesbierinnen und Transvestiten«, der in dem Buch »Das lasterhafte Weib« (1930) erschien und arbeitete an den beiden Zeitschriften »Die Freundin« und »Garçonne« mit. Ruth Margarete Roellig stammte aus einem Hoteliershaushalt und arbeitete auch in jungen Jahren im Hotel ihrer Eltern. Später arbeitete sie freiberuflich und lebte von den Einkünften ihrer schriftstellerischen Tätigkeit. Sie besuchte mit ihrer Freundin Eri und ihren Freundinnen die Bars und Clubs. Als »Prominente« führte sie auch Freundinnen in das feudale »Mali und Igel« ein, zu dem man nur durch Protektion Zutritt hatte. Ruth, wie sie von ihren Freundinnen genannt wurde, hatte ein gastfreundliches Haus, in dem auch Liederabende und spiritistische Sitzungen stattfanden. Bei ihr verkehrten Schauspielerinnen, Lesben, homosexuelle Männer, Transsexuelle und Transvestiten.

Lokale

Das kleine Buch »Berlins lesbische Frauen« verfolgte den Zweck, »der breiten Öffentlichkeit Aufklärung zu bringen über die Wesensart, den Charakter und die Gewohnheiten dieser Menschengruppe, teils um eingewurzelte Vorurteile auszurotten, teils um gedankenlose Ungerechtigkeiten und Härten gegen Andersfühlende zu zerstören«. – Im »Café Domino« waren »viele schicke Frauen mit eleganten Allüren … Stammgäste«, während in der »Taverne« eine »fast fühlbare Atmosphäre von Derbheit und Urwüchsigkeit« herrschte. Hier trafen sich Frauen, die über wenig Geld verfügten. In den einzelnen Lokalen trafen sich auch Vereine, zum Beispiel im »Café Prinzess«, wie ein Sparverein, ein Lotterieclub oder ein Skatclub, die nur lesbische Frauen als Mitglieder hatten. Eine besondere Stellung nahm der »Damenclub Violetta« ein, der im Nationalhof in der Bülowstraße seine Abende veranstaltete. Zur Weimarer Zeit gab es in Berlin zwei Zentren der lesbischen Welt. Die eher mondäne war im Westen der Stadt, im Norden des Bezirkes Schöneberg und um die Friedrichstraße. Im Osten, um den Alexanderplatz, war die eher proletarisch orientierte Subkultur.

Von der Faszination der mondänen lesbischen Welt finden wir heute viel eher Zeugnisse als von den Kneipen und Hinterzimmern im Osten der Stadt.

»Der ›Topkeller‹ war in der Schwerinstraße, im Hinterhaus, man kam zu ebener Erde rein, und der Tanzraum war noch zwei Stufen tiefer. Der Inhaber, ein älterer Mann, hatte eine

Jeanne Mammen, Im Damen-Spielclub, 1930

Jeanne Mammen, Maskenball

Drehorgel und hat alle Lieder gespielt. Wenn die Frauen genügend besoffen waren, kamen sie rauf und sagten: Nun laß mich mal spielen... Da waren die Kleider in erster Linie Damenkleidung, denn der wichtigste Tanz war der Wäschetanz. Der Rock war ziemlich tief, und darunter kamen die Unterröcke, die waren meistens entweder selbstbestickt oder gekaufte Spitzen. Jeder dritte, vierte Tanz war der sogenannte Wäschetanz. Es wurde also getanzt und sie durften den Rock so ein bißchen anheben und das war furchtbar sexy. Dann kam die Polonaise, dabei mußte man auf die Stühle klettern, die in dem Kellergang standen, und wieder runter. Das war so aufregend, daß Frauen aus allen Klassen dahinkamen, Schauspielerinnen. Die Frau Sandmann, die noch zur Gruppe L 74 gehört hat, war ganz empört, als ich ihr vom Wäschetanz erzählt habe, da sie immer dagewesen sei, aber sie hatte den Wäschetanz ganz vergessen. Mit 88 vergißt man eben manches. So ging das jeden Abend, immer war es voll, und freitags kam man kaum noch rein.«

Die Hamburger Hilfsarbeiterin Gerda M. (1904–1984), Tochter eines gräflichen Dieners, lebte 1930 und 1931 in Berlin. Sie war mit ihrer Freundin und Lebensgefährtin nach Berlin gezogen, da diese ihre Eltern hier hatte. Beide waren arbeitslos – wie so viele Menschen in dieser Zeit – und hatten sich in Berlin bessere Verdienstmöglichkeiten erhofft. Gerda M. erzählte mir einmal, daß sie sich beim Arbeitsamt in die bekannte lange Schlange einreihen mußte, weil sie einen Gutschein zum Besohlen ihrer Schuhe brauchte. Vor Hunger wurde sie ohnmächtig. Damit die beiden Freundinnen keine Miete zahlen mußten – die sie auch gar nicht zahlen konnten – lebten sie anfangs in einer Laubenkolonie, in der der Vater ihrer Freundin eine Art Sommerwohnung hatte. Später konnten sie in der Küche eines schwulen Bekannten unterkriechen. Wenn sie die öffentlichen Verkehrsmittel benutzen mußten, mogelten sie sich immer durch und fuhren schwarz. Sie kochten nicht, sondern gingen für 20 Pfennige in eine Wohlfahrtsküche essen. Um Geld zu sparen, aßen sie nur zweimal am Tag. Ende 1930 fanden sie eine Aushilfsarbeit. Zuerst beseitigten sie Malerdreck in einem Filmbüro in der Friedrichstraße, arbeiteten in vier Nächten als Statistinnen im Film, und dann konnten sie sich auch die Vergnügungen leisten, nach denen sie sich gesehnt hatten. Gerda M. schilderte in einem Brief ihr Eintauchen in die lesbische Subkultur:

Rudolf Schlichter, Damenkneipe

»Nun hatten wir ein paar Groschen; etwas Kleidung wurde gekauft und dann mein sehnlichster Wunsch – wir konnten einmal ›ausgehen‹. Ganz, ganz bescheiden! Ich kaufte, sooft (selten) ich konnte, ›Die Freundin‹. Darin waren Inserate, wo und was los war. So haben wir einen Weihnachtsball eines Vereins lesbischer Frauen für ein paar Stunden besucht. Ein ganz großer Saal mit Bühne. Musikkapelle (ich weiß nicht mehr, ob Männer- oder Frauenkapelle). Kinder waren auch dabei, die beschert wurden. Man sprach uns auch an. Doch ich war sehr, sehr zurückhaltend, wußte, es ging nur dieses eine Mal. Sonst fehlte uns das Geld.

Wir sind dann noch einmal in der Bülowstraße in einem schwulen Lokal gewesen. Für ein bis zwei Stunden. Das war alles.«

1931 kehrte Gerda M. nach Hamburg zurück und traf sich wieder mit ihrer Clique, die aus neun Frauen bestand. Es waren Pärchen, und sie war die einzige »Junggesellin«. 1933, als die Nazis an die Macht kamen, verkroch sie sich, wie sie sagte. Sie war in der »Roten Hilfe« aktiv gewesen und hatte Hausdurchsuchungen erlebt und überlebt. 1934 fand sie endlich in der Provinz eine Arbeit. Sie verlor den Kontakt zu anderen lesbischen Frauen; einige kamen während des Krieges bei Bombenangriffen auf Hamburg um.

Vereine

Berlins lesbische Frauen trafen sich nicht nur in den Clubs und Tanzlokalen, sondern auch in Vereinen und Gruppierungen, die politische Zielsetzungen hatten. Hier wurde dafür gekämpft, daß lesbische Frauen gesellschaftlich anerkannt werden und daß sie selbstbewußt auftreten. In den Verbänden, die sowohl Frauen als auch Männer als Mitglieder hatten, waren die Frauen in der »Damenabteilung« häufig in verschiedenen Unter- und Aktivitätsgruppen organisiert und lasen »ihre« jeweilige Zeitschrift. So war der Damenclub »Monbijou« (des Ostens – es gab auch einen im Westen Berlins) Mitglied des »Deutschen Freundschaftsbundes«, hier wurde die Zeitschrift »Garçonne« gelesen. Der »Damenclub Violetta« mit seinen mehr als 400 Mitgliedern war dem »Bund für Menschenrecht« angeschlossen, hier war die Zeitschrift »Die Freundin« das Verbandsblatt. Beide Verbände hatten eine gemeinsame Wurzel, sie erwuchsen aus dem 1897 gegründeten »Wissenschaftlich-humanitären Komitee« (WhK), dessen Ziele die Abschaffung des berüchtigten § 175 Reichsstrafgesetzbuch sowie eine allgemeine Aufklärung der Bevölkerung waren. Seit 1871 kriminalisierte der § 175 homosexuelle Handlungen zwischen Männern. Lesbische Frauen wurden strafrechtlich nicht verfolgt, doch gab es bei Strafrechts»reformen« um 1910 und 1929 Versuche, auch eine Art § 175 für Frauen zu schaffen. Der Arzt und Sexualwissenschaftler Magnus Hirschfeld, der das WhK initiiert und mitbegründet hatte, wollte für die »Rehabilitation der Homosexuellen mit den Waffen des Geistes und der Wissenschaft kämpfen«. 1920 kam es mit Unterstützung des WhK zur Gründung des »Deutschen Freundschaftsverbandes«, von dem sich 1923 wiederum der »Bund für Menschenrecht« (BfM) abspaltete.

Der BfM war die größte Massenorganisation von Homosexuellen, die es jemals gegeben hat. Nach eigenen Angaben hatte er zeitweilig 48 000 Mitglieder in Deutschland, darunter rund 1 500 Frauen. Darüber hinaus gab es zahlreiche Gruppen und Clubs von lesbischen Frauen, die mit dem BfM assoziiert waren. In fast jeder Stadt gab es Gruppen dieser Verbände, allerdings war die Anschrift der Gruppe oft nur per Postfach bekannt. In den Städten Berlin, Breslau, Düsseldorf, Frankfurt am Main, Hamburg, Leipzig, Dresden, Stettin und Weimar sollten sogar nach einem Beschluß auf dem Bundestag des BfM 1927 Geschäftsstellen mit besoldeten Geschäftsführern eingerichtet werden. In den Publikationen des BfM wird auch berichtet, daß der Verband im Jahr 1926 einen Rechtsschutz einrichtete, den man nach einjähriger Mitgliedschaft kostenlos in Anspruch nehmen konnte. Zeitschriften wie »Das Freundschaftsblatt« vom 14. 1. 1927 informierten, daß in diesem Jahr von organisierten homosexuellen Frauen und Männern erwogen wurde, eine »homoerotische Freiheitspartei« zu gründen. Vermutlich zerschlugen sich während der Inflation diese Pläne, aber sie zeigen, wie selbstbewußt die lesbischen Frauen (und homosexuellen Männer) damals dachten. Die Verbände mit ihren »Damenabteilungen« schufen ein politisch-kulturelles Angebot. Vorträge, Literaturvorlesungen, Diskussionen zu politischen Themen, Sportveranstaltungen, Ausflüge, Beratungen und Hilfe woben ein dichtes Netz zwischen den Frauen.

Kollektiv-Klage junger Mädchen

Inhalt von heute / Von Tillrot

Soll ich nur Kinder zeugen, kochen und ein ganzes Leben
Einen Mann lieben?
Hat man mir dazu Lindsay, Anquétil gegeben,
Und mich zum Abitur getrieben?
Soll ich andrerseits nur streben, denken und ein ganzes Leben
Experimente, Studien machen?
Hat man mir dazu ein von Freud beglaubigtes Gefühl gegeben?

Alle verdrängten Gefühle unserer Ahnen
Sind in uns und möchten schrein.
Wir möchten kalt sein, brennen, zerstören, bahnen,
Predigen Kollektivismus und sehnen uns sehr,
Und nachdem wir's verneinen, immer mehr,
Nach Courts-Mahlerschem Glück zu zwein.
Wir passieren Stationen vom Sportgirl bis Gretchen,
Studentin Helene bis Lesbosmädchen.
Und — bei welchem Typ wir bleiben

Ist schwer zu entscheiden — wir lassen uns treiben.
Wir lieben, sporteln, schaffen — weinen dann von Zeit zu Zeit
Über die eigene Unfertigkeit.
Wir wagten einen Sprung und wußten nicht wohin.
Wir kennen ein „ich war" — „ich werde sein" — noch kein „ich bin".

So kommt's, daß wir am Arbeitsorte
An Küsse manchmal denken und an Liebesworte
Und wünschen in des Mannes Arm uns weit
Fort in Arbeit oder Einsamkeit.

Aus: Der Uhu, Mai 1931

Zeitschriften und Romane

Ein sichtbarer Ausdruck des lesbischen Kommunikationsnetzes waren die Zeitschriften. Durch größere Pressefreiheit und die allgemeine Politisierung, die von der Revolution 1918 ausgingen, konnten während der Weimarer Republik viele Zeitschriften für ein homosexuelles Publikum erscheinen. Sie waren sensationell aufgemacht wie »Das dritte Geschlecht« oder seriös wie die »Mitteilungen des Wissenschaftlich-humanitären Komitees«. Es gab Zeitschriften, die sich nur an homosexuelle Männer wandten, wie »Der Eigene«, von Adolf Brand herausgegeben, aber auch viele, die sich an homosexuelle Männer *und* Frauen richteten; das waren vor allem die Publikationen aus dem Umfeld des »Bundes für Menschenrecht«, dessen Vorsitzender über viele Jahre Friedrich Radszuweit war. Diese Zeitschriften (darunter »Blätter für Menschenrecht«, »Die Insel«, »Die Freundschaft«, »Das Dritte Geschlecht«) erschienen im Friedrich-Radszuweit-Verlag mit einer Gesamtauflage in Millionenhöhe. Einige Zeitschriften wandten sich nur an lesbische Frauen: »Ledige Frauen«, »Frauenliebe«, »Garçonne«, »Die Freundin«, »BIF« (Blätter für ideale Frauenfreundschaft). Die meisten dieser Zeitschriften wurden von männlichen Verlegern herausgegeben, nur BIF war von Frauen für Frauen; die Herausgeberin war Selli Engler, die später in der Zeitschrift »Die Freundin« mitarbeitete. Die Zeitschriften waren teils Kampfblatt, teils Erbauungslektüre. Sie konnten in Berlin an den Zeitungskiosken gekauft werden, und die Sittlichkeitsvereine wetterten dagegen.

»Die Freundin, Wochenblatt für ideale Frauenfreundschaft« (1924–1932) behandelte häufig die Themen Homosexualität und Emanzipationskampf der homosexuellen Frauen und Männer, jedoch überwogen die Informationen über Veranstaltungen, Clubs sowie der erbauliche Teil mit Kurzgeschichten und Romanfortsetzungen, in denen es hauptsächlich um die Liebe ging, Gedichten und belehrenden Artikeln über berühmte lesbische Frauen in der Geschichte. »Garçonne« war die Nachfolgerin von »Frauenliebe«. Sie erschien von Oktober 1930 bis Oktober 1932 und war eher das Sprachrohr der mittelschichtorientierten Frauen, die mit der Frauenemanzipation sympathisierten. »Garçonne« hatte eine Auflage von 10 000. Wie hoch die Auflage der »Freundin« war, ist unbekannt; aber sie war die meistgekaufte Zeitschrift für lesbische Frauen in der Weimarer Zeit. Diese Zeitschriften waren vielen ein Dorn im Auge. 1926 wurde ein Jugendschutzgesetz erlassen, demzufolge Publikationen auf eine »Liste für Schand- und Schmutzschriften« gesetzt werden konnten. 1928/29 wurde »Die Freundin« für die Dauer von zwölf Monaten verboten, und 1931 erhielt die »Garçonne« ein Aushangsverbot.

Institut für Sexualwissenschaft

(Dr. Magnus Hirschfeld - Stiftung)

Berlin, In den Zelten 10 und 9a

Psychobiologischer Fragebogen

herausgegeben
mit seinen Mitarbeitern
von

Sanitätsrat Dr. Magnus Hirschfeld
Leiter des Instituts

VII. Auflage

BERLIN 1930

Psychobiologischer Fragebogen.

Vorbemerkungen: Die Fragen bitten wir auf den nebenstehenden leeren Seiten so zu beantworten, daß jeder Antwort die entsprechende Nummer der Frage vorgesetzt wird. Nach Bedarf sind Blätter möglichst gleichen Formates einzulegen. Es wird gebeten, mit Tinte zu schreiben.

Wir bitten, Zeit und Mühe nicht zu scheuen, die folgenden Fragen streng wahrheitsgemäß, recht genau und, wenn es irgend geht, persönlich zu beantworten. Die Beantworter erweisen damit vor allem sich selbst einen Dienst, ebenso dem Arzte, der ihnen raten und helfen soll.

Auf strengste Verschwiegenheit dürfen Sie sich verlassen. Wer Bedenken trägt, den Fragebogen mit seinem vollen Namen, dessen Geheimhaltung unter das ärztliche Berufsgeheimnis fällt, zu unterzeichnen, möge denselben mit irgendeiner Zahl oder beliebigen Buchstaben versehen. Bei einigen Fragen, wie z. B. denen, die sich auf die Abstammung und Kindheit beziehen, ist vorherige Rücksprache mit älteren Angehörigen empfehlenswert. Fragen, deren Beantwortung man nicht weiß, lasse man einfach unausgefüllt oder schreibe: „unbekannt" Erwünscht ist Beifügung der eigenen Photographie (ev. aus verschiedenen Lebensaltern), sowie solcher Personen, die den ungefähren Typus wiedergeben, auf die sich Ihre Neigung erstreckt. Der ausgefüllte Fragebogen bleibt ausschließlicher Besitz des Instituts für Sexualwissenschaft.

Wann begannen Sie mit der Ausfüllung des Fragebogens (genaue Zeitangabe)?

I. Personale:

a) Name oder Chiffre. b) Geburtstag und Alter. c) Geschlecht. d) Rasse (rein oder gemischt?). e) Beruf. f) Wohnort. g) Geburtsort. h) Religion. i) Ledig, verheiratet, verwitwet, geschieden?

II. Abstammung:

1. Leben Ihre Eltern noch, sind dieselben gesund oder woran leiden sie, bzw. woran und in welchem Alter starben sie?
2. Waren die Eltern oder Großeltern blutsverwandt (falls ja, in welcher Weise, Vetter und Base, Onkel und Nichte usw.)?
3. Kamen Ehen zwischen Blutsverwandten in Ihrer Familie häufiger vor (heirateten z. B. Geschwister von Ihnen Verwandte)? Wissen Sie etwas über Mischehen (Rassen- oder Standesunterschiede) bei Ihren Vorfahren?
4. Wie alt waren die Eltern, als Sie geboren wurden? Wie war der Altersunterschied zwischen Vater und Mutter?
5. Sind Sie in der Ehe geboren? Wurden Sie von der Mutter, von einer Amme oder mit der Flasche genährt?
6. Sind Sie mehr dem Vater oder der Mutter oder einem anderen Verwandten ähnlich (körperlich und geistig)? Wie war der Charakter von Vater und Mutter? Welchen Beruf hatte Ihr Vater?
7. Wie groß ist die Anzahl der Schwestern und Brüder? Welches ist die Reihenfolge und das Alter der Geschwister (z. B. Bruder, Schwester, ich, Bruder)?
8. Ist Ihnen bekannt, ob sich die Eltern vor Ihrer Geburt mehr einen Knaben oder ein Mädchen wünschten?
9. War das Zusammenleben der Eltern glücklich oder unglücklich? Heirateten die Eltern aus Neigung oder aus äußeren Gründen (Fortpflanzung eines Stammbaums, Geldinteressen usw.)?
10. Wie war Ihr Verhältnis zu den Eltern in der Kindheit? War die Erziehung streng oder zärtlich? Wer war energischer, Vater oder Mutter? Wen hatten Sie lieber? Waren in Ihrem Gefühl für Vater oder Mutter zärtliche Regungen, die nicht verstanden wurden, die Sie unterdrücken mußten? Waren feindselige Regungen darin, die Ihnen verwerflich erschienen? Wie gestaltete sich Ihr Verhältnis zu den Eltern weiterhin?
11. Wie standen Sie zu Ihren Geschwistern als Kind? Wie standen Sie als Kind zu Ihrer sonstigen Umgebung? Welches sind die stärksten Eindrücke Ihrer ersten Kindheit?
12. Litten nähere Verwandte an nervösen oder geistigen Störungen (wie Neurasthenie, Krämpfe, Veitstanz, Hysterie, Geistesschwäche, Schwermut, Paralyse, Lähmungen), an Syphilis oder an mangelhafter körperlicher Entwicklung (wie Bruch, Hasenscharte, Ohrmißbildungen, Kropf usw.), und zwar
   a) Eltern und Voreltern?
   b) Geschwister?
   c) Sonstige Verwandte? (Verwandtschaftsgrad und -seite [mütterliche, väterliche] genau bezeichnen).
13. Wie verhielten sich die Eltern und Verwandten geistigen Getränken (Bier, Wein, Schnaps) gegenüber? Rauchte einer der Eltern stark?
14. Kamen in der Verwandtschaft Selbstmorde oder Selbstmordversuche vor? Bei welchen Verwandten und aus welchen Gründen? Ist frühes Altern in Ihrer Familie erblich?
15. Gerieten Verwandte in bemerkenswerter Weise mit den Gesetzen in Konflikt? Waren Auswanderer, Fremdenlegionäre, eigentümliche Existenzen, Sonderlinge, Erfinder, Hellseher, religiöse Sektierer, verbummelte Genies, Sammler unter ihnen? Gab es unter ihnen auffällige Begabungen, abnorme Charaktere und Neigungen?
16. Befinden sich in Ihrer Verwandtschaft viele Unverheiratete über 30 Jahre (namentlich unter den Geschwistern)? Wissen Sie, aus welchen Gründen? In welchem Alter befinden sich dieselben? Wieviel und welche Ihrer Geschwister sind verheiratet?
17. Findet sich männliches Aussehen und Benehmen weiblicher und weibliches Aussehen und Benehmen männlicher Familienmitglieder, besonders bei Geschwistern?
18. Sind Ihnen in Ihrer Verwandtschaft (Eltern, Geschwister, Seitenverwandte) Fälle von nicht normalen geschlechtlichen Neigungen bekannt?

III. Kindheit und Jugend:

19. Wann lernten Sie Gehen und Sprechen? Wie und wann war die erste und zweite Zahnung? Bestanden Zahnungskrämpfe? Sind Sie rasch aufgeschossen?
20. War Ihr körperliches Befinden stets ein befriedigendes oder litten Sie an Gehirnentzündungen, Schädelverletzungen, Anschwellen der Schilddrüse (Kropf), Veitstanz, Schielen, Zahnabnormitäten, an chronischer Stuhlverstopfung, Würmern oder andern Krankheiten, ev. in welchem Alter? Kamen in der Kindheit Ohnmachten, Schwindelanfälle, Krämpfe, Kopfschmerzen vor? Litten Sie an nächtlichem Zähneknirschen, Sprechen im Schlaf, Alpdrücken, Aufschreien, Schlafwandeln? Stotterten oder lispelten Sie?
21. Waren Sie ängstlich und schreckhaft? Waren Sie als Kind mehr still, für sich allein, schüchtern, verlegen, empfindlich, fügsam oder wild, lustig, lebhaft, unfolgsam? Waren Sie jähzornig, schwer erziehbar, eigensinnig? Hatten Sie in Ihrer Jugend Selbstmordgedanken, machten Sie selbst Selbstmordversuche?
22. Litten Sie an sog. Kinderfehlern, wie Kauen an den Fingernägeln, Lutschen am Daumen, Bohren in der Nase, Spielen am After, Hang zum Herumtreiben, zum Lügen, zum Naschen, zum Stehlen, zum übermäßigen Weinen? Trat eine dieser Eigenschaften periodisch stärker hervor? Wenn ja: auf Grund äußerer Ursachen oder ohne bekannte Ursache? In welchem Alter traten die Kinderfehler zurück?
23. Spielten Sie lieber mit Knaben oder Mädchen? Liebten Sie mehr Jungenspiele, Schneeballwerfen, Raufen, Steckenpferde, Soldaten usw., oder zogen Sie weibliche Kinderspiele vor, Puppen, Kochen, Häkeln, Stricken usw.? Wann verlor sich die Spiellust in Ihrem Leben?
24. Merkten Sie, daß Sie anders waren als andere Kinder? Liebten Sie die Einsamkeit? Zogen Sie sich vom Verkehr mit Altersgenossen zurück?
25. Sahen Sie vor Ihrer Reife auffallend mädchenhaft bzw. sehr knabenhaft aus? Wurden Bemerkungen gemacht, wie „er ist wie ein Mädchen" oder „sie ist der reine Junge"?
26. Besinnen Sie sich auf Träume aus Ihrer Kindheit, namentlich auf solche, die sich häufig wiederholten? Welchen Inhalt hatten solche?
27. Erlitten Sie als Kind einmal einen seelischen Schreck oder Chok?
28. Wie lernten Sie und wofür waren Sie am besten beanlagt? Für welche Fächer interessierten Sie sich in der Schule am meisten? Wie beurteilten die Lehrer Sie und wie beurteilten Sie Ihre Lehrer?
29. Wurden Sie von Eltern oder Lehrern häufig körperlich gezüchtigt oder sonst empfindlich bestraft? In welcher Weise?
30. Wie war Ihre Erziehung? Wurden Sie mit vielen anderen zusammen in Pensionsanstalten, Klöstern, Kadettenhäusern oder im Hause Ihrer Eltern erzogen? Wie war das Leben in den Anstalten? Fanden dort geschlechtliche Verführungen durch Altersgenossen oder durch jüngere oder ältere Personen statt, von weiblicher oder männlicher Seite? Wuchsen Sie in der Großstadt, Kleinstadt oder auf dem Lande auf?
31. Bestanden schwärmerische Freundschaften zu Kameraden, zum anderen Geschlecht oder eine ungewöhnlich innige Verehrung erwachsener Personen? Auf wen erstreckte sich diese?
32. Fand ein Zusammenschlafen mit erwachsenen oder nicht erwachsenen Personen (Vater, Mutter, Geschwister, Dienstboten oder andern) statt? (Im gleichen Bett oder im selben Zimmer?) Badeten Sie mit ihnen gemeinsam? Wie verlief bei Ihnen die „Sturm- und Drangzeit" (Flegel- oder Backfischjahre)? Stürmisch oder kaum merklich? In welche Jahre fiel sie?
33. Wann und durch wen hörten oder wo lasen Sie zum erstenmal von geschlechtlichen Dingen? Wie wurden Sie darüber aufgeklärt?
34. Hatten Sie geschlechtliche Erlebnisse bereits in Ihrer Kindheit, vor der Pubertät, und welcher Art? Sahen Sie als Kind Geschlechtsakte (menschliche oder auch solche bei Tieren)?
35. Trieben Sie Ipsation (= Selbstbefriedigung oder Onanie)? Wann begannen Sie damit? Wie kamen Sie dazu? Fanden Verführungen dazu durch gleichaltrige oder andere Personen desselben oder des anderen Geschlechts statt? Bis zu welchem Alter, in welchen Abständen, in welcher Weise (bei Frauen z. B. durch äußeres Reiben oder inneres Einführen) und mit welchen Vorstellungen wurde die ev. Ipsation vollzogen. Kämpften Sie gegen die Selbstbefriedigung und wie (Gelübde, Gebete usw.)?
36. Wann etwa trat die Geschlechtsreife ein bzw. die erste Pollution oder Menstruation?
37. Wann entwickelten sich anderweitige Zeichen der Geschlechtsreife (wie tiefere Stimme, Bartwuchs beim männlichen, Anschwellen der Brüste beim weiblichen Geschlecht)? Hat Ihre Stimme nach der Geschlechtsreife später noch einmal gewechselt (ist wieder höher geworden)? Bemerkten Sie, falls Sie männlich sind, in dieser Zeit auch ein leichtes Anschwellen der Brüste, falls Sie weiblich sind, auch ein Tieferwerden der Stimme oder die Entwicklung eines leichten Bartflaums?
38. In welchem Alter fand der erste Geschlechtsverkehr statt und unter welchen Umständen geschah dies?

IV. Gegenwärtiger Zustand:

Bei den unterstrichenen Fragen ist unter b möglichst hinzuzufügen, welche Eigenschaften Sie in derselben Hinsicht bei anderen Personen lieben (also z. B.: bin selbst groß; b) liebe kleinere Frauen).

A. Körperliche Eigenschaften und Zustände:

39. Wie ist Ihre Körperlänge und Ihr Gewicht (ungefähre Angaben, wie klein, mittel, groß, genügen)? Wenn möglich, wird gebeten, genaue Maße über Verhältnis der Beinlänge zur Rumpflänge, des Brust- und Beckenumfanges und des Gewichts im Institut vornehmen zu lassen.
40. Sind die Muskeln kräftig oder schwach entwickelt? Ist das Fleisch weich oder hart (fest)?
41. Welche körperliche Tätigkeit sagt Ihnen am meisten zu, sei es beruflich, sei es als Sport, Spiel usw.? Neigen Sie mehr zu kräftiger Muskelarbeit, Rudern, Reiten oder zu graziösen Bewegungen, wie Tanzen, oder sind Sie jeder körperlichen Tätigkeit abhold, ev. aus welchen Gründen? Können Sie gut turnen, Klimmzüge machen oder ist die Kraft der Beine stärker entwickelt als die der Arme?
42. Sind Ihre Schritte klein, langsam, trippelnd oder groß, fest? Wird der Rumpf beim Gehen ruhig und gerade gehalten, oder findet ein Drehen in den Schultern oder Hüften statt? (Besser von Dritten zu beurteilen.)
43. Können Sie pfeifen?
44. Ist Ihre Haut (der Teint) mehr hell oder dunkel, rein oder unrein?
45. Ist das Haupthaar lang, dicht, mehr weich oder hart? Wie ist die Körperbehaarung (Arme, Beine, Bauch, Rücken usw.)? Wie ist die Haarfarbe und Haartracht (gescheitelt, ungeordnet, lockig usw.)? Ist schwacher oder starker Bartwuchs oder nur Bartflaum vorhanden?
46. Haben Sie Herzklopfen? (Angabe der Pulszahl erwünscht.) Erröten oder erblassen Sie leicht?
47. Ist die Schmerzempfindlichkeit groß oder klein?
48. Sind Hand und Fuß klein oder groß (ev. Handschuh- und Schuhnummer)? Wie geben Sie gewöhnlich die Hand (mit kräftigem, leisem oder fehlendem Druck)?
49. Wie ist Ihre Schrift? Ist sie stets gleich oder wechselnd? Falls Sie den Fragebogen nicht selbst ausgefüllt haben, bitten wir hier um eine Probe Ihrer Handschrift.
50. Sind die Linien des Körpers mehr schlank, eckig oder rund, besonders an den Schultern?
51. Erscheinen Ihre Hüften breiter oder schmaler als die Schultern (Taillenweite)? Wie ist Ihr Schädel? (Größe, ob länglich oder rund; Hutnummer erbeten.)
52. Wie sind die Brüste? Voll, rund, mager oder platt? Sind die Brustwarzen oder der Warzenhof besonders groß? Finden sich überzählige verkümmerte Brustwarzenreste, bzw. wo?
53. Sind die Ohren groß, klein, zierlich oder irgendwie auffallend (abstehend, angewachsen, oben spitz oder abgerundet)?
54. Wie ist das Auge? Welche Farbe hat es? Ist der Blick mehr fest oder unruhig, sanft, innig oder schwärmerisch, kokett oder bietet er sonst Eigentümlichkeiten?
55. Haben Sie Vorliebe für besondere Gerüche? Lieben Sie Parfüms?
56. Haben Sie Vorliebe für süße oder bittere, saure, salzige oder stark gewürzte Speisen?
57. Ist der Gesichtsausdruck mehr männlich oder weiblich, bzw. wie finden ihn andere? Entspricht er einem bestimmten Rassetypus? Photographie erbeten (ev. auch das Bild derjenigen Person, die Ihrem Geschmack entspricht).
58. Wie ist der Bau des Kehlkopfes? Tritt der Adamsapfel wenig, stark oder gar nicht hervor? Wie groß ist der Halsumfang (Kragennummer)? Ist die Stimme hoch oder tief, laut oder leise? Ist die Sprache natürlich oder geziert? Sind bei Ihnen Schwellungen der Schilddrüse (Kropf) aufgetreten?
59. Können Sie singen? Welche Stimme? Besteht Neigung in Fistel- oder Baßstimme zu sprechen oder zu singen?
60. Sind Sie linkshändig?
61. Bestehen oder bestanden Störungen des Nervensystems, wie Kopfweh, Migräne, Schlaflosigkeit, große Mattigkeit, Unruhe, Zittern, Schwindel, Sammlungsunfähigkeit, Vergeßlichkeit, Angstgefühle, Luftmangel, Zwangsvorstellungen, Platzangst, Vorliebe oder Abneigung gegen bestimmte Sitzplätze, Skrupelsucht, Errötungsfurcht? Treten anfallsartige Störungen auf, wie Ohnmachten, Krämpfe, vorübergehende Geistesabwesenheit, grundlose reizbare oder traurige Verstimmungen bei sonst heiterem Charakter? Erlitten Sie einen Unfall, Chok, Verschüttung oder ähnliche plötzliche Schädigung des Nervensystems? Wie verlief dieselbe (Bewußtseinsverlust, Blutung aus Mund, Nase, Ohren, Erbrechen, Lähmungserscheinungen oder dgl.)? Haben Sie Herzbeschwerden? Hat sich Ihr Gewicht plötzlich geändert?

62. Sind an den Genitalien oder ihrer Umgebung äußerliche Bildungsfehler vorhanden (etwa Hodenbruch, Phimose, abnorme Kleinheit oder Größe usw.)? Litten Sie jemals an einer Geschlechtskrankheit (an welcher, in welchem Alter, wie verlief sie)? Tritt Ihre Menstruation regelmäßig auf? Ist sie zu schwach oder zu stark? Ist sie von körperlichen oder seelischen Beschwerden begleitet? Litten Sie an einer Unterleibskrankheit?

B. Geistige Eigenschaften und Zustände:

63. Wie ist Ihre Gemütsart, mehr weich oder hart?

64. Besteht starke Empfänglichkeit für Freude und Schmerz? Ist besonders Neigung zum Weinen oder Lachen vorhanden (ev. auch bei nicht entsprechenden Gelegenheiten, wie Weinen vor Freude, Lachen vor Schmerz oder bei Trauer)? Steigert sich das Weinen oder Lachen zu krampfhaften Anfällen?

65. Ist Ihr Wesen mehr gleichmäßig ruhig, oder sind Sie von Launen abhängig, oft sehr niedergedrückt, oft ausgelassen heiter („himmelhochjauchzend, zu Tode betrübt")? Leiden Sie an inneren Hemmungen, an der Unfähigkeit, Ihren Gefühlen einen entsprechenden Ausdruck zu geben? Gelten Sie als gefühlskalt?

66. Sind Sie zeitweise, z. B. jede Woche oder jeden Monat, für einige Tage nervöser, deprimierter, mehr oder weniger arbeitsfähig als sonst? Sind Sie längerdauernden Perioden nervöser Schwermut im Wechsel mit erhöhter nervöser Erregbarkeit unterworfen gewesen?

67. Sind Sie leicht heftig, zornig, erregt, überschwänglich (exaltiert)?

68. Ist Familiensinn stark oder schwach ausgeprägt? Hängen Sie sehr an Vater oder Mutter? An Häuslichkeit, Heimat, Vaterland?

69. Besitzen Sie Gutmütigkeit, Liebenswürdigkeit, Selbstaufopferung, Menschenliebe, Liebebedürftigkeit?

70. Ist starker Ehrgeiz, Ueberschätzung der Persönlichkeit oder Unterschätzung, Empfänglichkeit für Bewunderung und Beifall, Hang aufzufallen, Herrschsucht vorhanden?

71. Sind Sie redselig, neugierig, verschwiegen? Haben Sie Gefallen an Klatsch? Sind Sie mehr mißtrauisch oder leichtgläubig?

72. Wie halten Sie es mit der Religion (fromm, gleichgültig, ungläubig, zu einer Sekte gehörig)? Wie stellen Sie sich zum Uebersinnlichen, Wunder- und Aberglauben, Spiritismus, Geistererscheinungen, Ahnungen, Mystik? Haben Sie eigene Erlebnisse zu verzeichnen, auf die sich Ihre Ansicht darüber stützt, ev. welche? Haben Sie Ihren Glauben gewechselt oder sind Sie aus Ihrer Kirche oder Ihrer angestammten Religionsgemeinschaft ausgetreten, ev. warum?

73. Besteht Abenteuersucht, Hang zur Romantik, Hang zum Herumtreiben?

74. Sind Sie ordentlich (pedantisch) oder unordentlich, pünktlich oder unpünktlich, sparsam oder verschwenderisch? Sammeln Sie etwas, ev. was?

75. Leiden Sie unter zwangsmäßigen Antrieben, Vorstellungen, Hemmungen oder Unterlassungen, ev. unter welchen?

76. Sind Sie nachtragend oder versöhnlich?

77. Haben Sie starken oder schwachen Willen, Energie, Furchtsamkeit oder Mut?

78. Haben Sie einen größeren Hang zum Wohlleben oder zur Anspruchslosigkeit, zu geistiger oder körperlicher Arbeit oder zur Bequemlichkeit?

79. Wie halten Sie es mit dem Trinken und Rauchen? Können Sie alkoholische Getränke vertragen? Welches alkoholische Getränk bevorzugen Sie (Bier, Wein, Sekt, Likör)? Besteht eine Neigung zu einem anderen Nervengift (Morphium, Kokain und dgl.). Wie sind Sie dazu gekommen, in welchem Umfange und seit wann genießen Sie diese Gifte? Genießen Sie viel Fleisch? Sind Sie Vegetarier?

80. Wie sind Gedächtnis, Aufmerksamkeit, Phantasie? Neigen Sie zu träumerischem Wesen? Erfinden Sie gern phantastische Geschichten? Sind Sie mehr geistig nüchtern und skeptisch oder sind Sie von reger Phantasie? Neigen Sie dazu, Ihre Wünsche und phantastischen Hoffnungen für Wahrheit anzugeben oder selber für Wirklichkeit zu halten, eine ersehnte Rolle auch in der Wirklichkeit zu spielen? Spielt Ihnen Ihre Phantasie — durch Außerachtlassung der realen Lebensforderungen — einen Streich? Sind Sie leicht beeindruckbar, anlehnungsbedürftig, geraten Sie wider Willen leicht unter fremden Einfluß, in den Bann von stärkeren Persönlichkeiten, Ideen, Bewegungen?

81. Ist die geistige Beanlagung mehr Neues schaffend oder nachempfindend, mehr prüfend oder leicht beeinflußbar, selbständig oder in Andern einfühlend (produktiv, kritisch oder rezeptiv)? Sind Sie Eidetiker, d. h. bleiben Eindrücke mehr bildhaft bei Ihnen haften oder lernen Sie nach Büchern?

82. Besteht Fähigkeit für Mathematik und abstrakte Aufgaben, literarische, künstlerische Veranlagung, wie Talent für Malerei, Plastik usw.? Lesen und studieren Sie viel? Welche Lektüre ziehen Sie vor (wissenschaftliche Werke, Dichtungen, Belletristik, Kriminalromane, Humoristisches, Zeitungslektüre)? Schreiben Sie gern Briefe? Neigen Sie zur Abfassung anonymer Briefe?

83. Wie verhalten Sie sich zur Musik? Sind Sie musikalisch oder unmusikalisch, musikliebend oder musikabhold, spielen Sie irgendein Instrument, ev. welches? Sehen Sie Töne farbig (hell, dunkel)? Erregt Musik Sie geschlechtlich? Welche?

84. Besitzen Sie Neigung und Befähigung zur Schauspielkunst?

85. Welche bekannten Persönlichkeiten (Wissenschaftler, Künstler, Dichter, Staatsmänner, Entdecker, Philosophen, Schriftsteller usw.) interessieren Sie am meisten resp. sind Ihr Ideal?
a) aus der Vergangenheit;
b) aus der Gegenwart.

86. Haben Sie Neigung zu bestimmten Beschäftigungen wie Sport, Jagen, Schießen usw., oder zu Kochen, Putz, Handarbeiten usw.? Für welche Gegenstände interessieren Sie sich besonders (z. B. Politik, Mode, Theater, Pferde, Blumen usw.)?

87. Nehmen Sie am politischen Leben teil? Sind Sie mehr gemäßigt oder radikal? Parteizugehörigkeit?

88. Was denken Sie über den Weltkrieg? In welcher Weise nahmen Sie an ihm teil?

89. Fühlen Sie sich in Ihrem Beruf zufrieden, bzw. zu welchem Beruf fühlen Sie sich hingezogen?

90. Spielt in Ihren Gedanken die Kleidung eine große Rolle? Lieben Sie mehr einfache oder auffallende, anliegende oder flatternde Gewandungen, hohe Kragen oder freien Hals? Findet sich eine stark ausgesprochene Vorliebe für oder Abneigung gegen Schmuck? Lieben Sie eine bestimmte Farbe, ev. welche?

91. Was tragen Sie gewöhnlich in den Taschen bei sich (Tascheninhalt, z. B. Messer, Puderdose, Feuerzeug, Photographien usw.)?

92. Sind Sie im allgemeinen mehr beliebt oder unbeliebt? Leben Sie gern im gesellschaftlichen Verkehr oder mehr für sich abgesondert, einsam? Lieber auf dem Lande, an der See, im Gebirge, in der Kleinstadt oder Großstadt?

93. Haben Sie besondere Leistungen und Verdienste aufzuweisen, ev. welche? Bekleiden Sie öffentliche Ehrenämter? Was haben Sie an sich selbst auszusetzen (geistig und körperlich)?

C. Geschlechtstrieb:

94. Haben Sie überhaupt geschlechtliche Neigungen oder fehlen dieselben bei Ihnen gänzlich?

95. Auf welches Geschlecht ist Ihr Geschlechtstrieb gerichtet?

96. Haben Sie bemerkt, daß Ihre Triebrichtung sich vor, während oder nach der Geschlechtsreife geändert hat, oder ist sie stets dieselbe geblieben?

97. Lieben Sie Personen, die älter oder jünger sind als Sie selbst, oder gleichaltrige? Welches sind die ungefähren oberen und unteren Altersgrenzen der Personen, welche Sie anziehen, oder ist Ihnen das Alter gleichgiltig?

98. Werden Sie mehr gefesselt durch Personen, die geistig und sozial über Ihnen, oder durch solche, die unter Ihnen stehen, mehr durch verfeinerte, sanftmütige, oder durch gröbere, kraftvolle Naturen? Geben Sie bestimmten Ständen den Vorzug? Lieben Sie Personen, auf welche Sie erzieherisch wirken können?

99. Auf welchen Eindrücken beruht die Anziehung, welche gewisse Personen des Sie anziehenden Geschlechts ausüben?
a) Auf Wahrnehmungen des Gesichtssinns? Was erscheint Ihnen am Gesicht, an der Gestalt besonders schön? Reizt Sie mehr der nackte, bekleidete oder halbverhüllte Körper?
b) Auf Wahrnehmungen des Gehörs, d. h. zieht die Stimme der Sie reizenden Personen Sie besonders an?
c) Auf Wahrnehmungen des Gefühls? Uebt beispielsweise weiche und schwellende Haut oder hart und straff sich anfühlende Muskulatur auf Sie eine besondere Anziehung aus?
d) Auf Warnehmungen des Geruchs? Werden Sie durch den Ausdünstungsgeruch gewisser Personen erregt oder abgestoßen? Spielt dabei die Ausdünstung bestimmter Körperstellen eine Rolle?
e) Oder halten Sie die Anziehung für eine rein vorwiegend seelische, auf Eigenschaften des Charakters, Willens, Intellekts usw. beruhende?

100. Lieben Sie eine Person wegen solcher Eigenschaften, die Sie selbst ebenfalls besitzen oder die Sie nicht haben, z. B. bezgl. Größe, Haarfarbe, geistiger Bildung usw.?

101. Bezieht sich Ihr Geschlechtstrieb auf Personen mit ausgesprochenem Typus des Sie anziehenden Geschlechts (alo auf echt männliche oder echt weibliche Erscheinungen) oder auf weniger ausgeprägte Geschlechtstypen, also auf Frauen, die in ihrem Aeußeren und Charakter männliche Züge aufweisen, beispielsweise sehr energisch sind, oder auf Männer, die etwas Weibliches, Zartes an sich haben?

102. Auf welches Geschlecht bezogen sich, bzw. welchen Inhalt hatten Ihre erotischen Träume?

103. Erregen im Publikum, auf der Straße, im Theater usw. mehr Damen oder Herren Ihre Aufmerksamkeit? Fühlen Sie sich wohler in Gesellschaft von Männern oder Frauen?

104. Interessieren Sie sich mehr für Bilder, Photographien, plastische Darstellungen weiblicher oder männlicher Personen?

105. Welchem Geschlecht gegenüber sind Sie unbefangener? Besitzen sie ausgesprochenes Schamgefühl, und ist es weiblichen oder männlichen Personen gegenüber größer?

106. Sind Sie in Ihren Zuneigungen mehr flüchtig oder beständig? Lieben Sie den „Flirt" (das sogenannte „Poussieren")? Litten Sie einmal stark beim Verlust einer geliebten Person? Wie kamen Sie darüber hinweg?

107. Wie unterscheiden Sie Freundschaft und Liebe? Worauf gründet sich bei Ihnen Ihrer Meinung nach ein Freundschaftsverhältnis? Bestanden Freundschaftsbündnisse von langer Dauer? Kann Freundschaft Ihnen Liebe ersetzen?

108. Waren Sie verlobt? Lösten Sie eine oder mehrere Verlobungen wieder auf, ev. warum?

109. Gingen Sie eine Ehe ein, ev. aus welchem Grunde? Wie war bzw. ist das Eheleben?

110. Hatten bzw. haben Sie Kinder, ev. wie viele? Lieben Sie dieselben? Haben Sie bei denselben Besonderheiten (auch in geschlechtlicher Hinsicht) bemerkt?

111. Wie war die Stärke und die Beherrschbarkeit des Geschlechtstriebes? Halten Sie denselben bei sich auf die Dauer für unüberwindlich? Inwieweit wurden die Neigungen unterdrückt oder betätigt, durch Selbstbefriedigung ersetzt? Wie bekam Ihnen die Abstinenz (Enthaltsamkeit)?

112. Wie oft etwa fand bzw. findet durchschnittlich sexuelle Betätigung statt? Tritt die Befriedigung rasch ein, langsam oder vorzeitig (sogenannte Ejaculatio praecox)?

113. Welche Art der geschlechtlichen Betätigung entspricht Ihrem Empfinden? Bevorzugen Sie beim geschlechtlichen Verkehr eine besondere Abart? Ist Ihr Verhalten beim sexuellen Verkehr mehr männlich aktiv oder weiblich passiv? Liegen Sie beim Akt lieber unten oder oben (succubus oder incubus)?

114. Bestand bzw. besteht Widerwillen oder Gleichgültigkeit gegen den normalen Akt? Fanden trotzdem Versuche statt, ihn auszuführen? Welche Empfindungen hatten Sie hernach? Bestand eine Unmöglichkeit bzw. ein Hindernis, den normalgeschlechtlichen Akt zu vollziehen? (Impotenz, ev. wodurch Ihrer Meinung nach verursacht)?

115. Verkehren Sie mit Prostituierten, ev. warum (z. B. Mangel an anderem Verkehr, besondere Neigung), oder werden Sie durch solche abgestoßen?

116. Müssen Sie sich beim Verkehr mit Hilfe der Einbildungskraft eine andere Person vorstellen als diejenige, mit der Sie verkehren?

117. Erstreckt sich der Geschlechtstrieb immer nur auf Personen des einen Geschlechts oder auf beide Geschlechter zugleich (Bisexualität)? Ist im Falle der Bisexualität die Neigung zu beiden Geschlechtern in gleichem Grade vorhanden oder zu dem einen Geschlecht größer als zu dem andern, ev. zu welchem?

118. Bestand je eine Neigung zu geschlechtlich unreifen Personen (Pädophilie)?

119. Bestand Liebe zu Greisen oder Greisinnen (Gerontophilie)?

120. Hatten Sie Neigungen, den von Ihnen geliebten Personen körperliche Schmerzen, seelische Demütigungen, sonstige Schädigungen oder womöglich gar Gewaltakte zuzufügen (Sadismus)?

121. Hatten Sie den Wunsch, von der geliebten Person eine solche Behandlung selbst zu erleiden (Masochismus)?

122. Haben Sie eine vorwiegende Leidenschaft für bestimmte Körperteile (Haar, Hand, Fuß, Leberflecke usw.) oder bestimmte Kleidungsstücke (Wäsche, Schuhe, Handschuhe, Uniform usw.) oder für bestimmte Stoffe, wie Pelz, Samt, Seide, Leder, Lack usw. (Fetischismus)? Welche Teile oder Gegenstände sind dies?

123. Haben Sie eine heftige Abneigung gegen bestimmte Körperteile oder Keidungsstücke (Antifetischismus), ev. gegen welche?

124. Neigen Sie dazu, sich vor anderen zu entblößen (Exhibitionismus), ev. wo, wann, in welcher Weise, aus welchem Anlaß, vor wem? Stellen Sie sich gern zur Schau?

125. Reizt es Sie, die Kleidung des andern Geschlechts anzulegen (Transvestitismus)? Was empfinden Sie dabei?

126. Reizt Sie eine bestimmte Verkleidung, sei es Männer- oder Frauentracht, besonders? Ziehen Sie beispielsweise gern Kleider jugendlicher Personen oder bestimmter Stände an (Cisvestitismus)?

127. Sind Sie in ihren eigenen Körper verliebt (Narzismus oder Automonosexualismus)? Machen Sie gern für sich oder vor dem Spiegel Tanzbewegungen?

128. Haben Sie eine Neigung, andere Personen bei Verrichtung diskreter Akte zu beobachten (Voyeurtum)?

129. Reizt Sie sexueller Verkehr zu dritt (Triolismus), ev. in welcher Form?

130. Sind sie jemals durch Tiere sexuell erregt worden? Hängen Sie sehr an Tieren (Zoophilie)?

131. Leiden Sie an einer andern, hier nicht erwähnten sexuellen Eigentümlichkeit?

132. Falls einer der von Nr. 116—131 erwähnten Triebe vorliegt:
a) Können Sie diesen Trieb erklären? Glauben Sie, daß er auf Verführung, ein bestimmtes Erlebnis in der Kindheit oder im späteren Alter zurückzuführen ist, oder auf eine innere Anlage?
b) Wann und bei welcher Gelegenheit entdeckten Sie den anormalen Trieb bei sich?
c) Haben Sie diese Neigung betätigt?

133. Haben Sie gegen Ihre Natur gekämpft? Mit welchen Mitteln und welchem Erfolge? Unterzogen Sie sich einer ärztlichen Behandlung, ev. welcher, bei wem, mit welchem Ergebnis?

134. Fühlen Sie sich sehr unglücklich? Litten Sie an Lebensüberdruß, machten Sie Selbstmordversuche? Hatten Sie Konflikte (Unannehmlichkeiten) mit Ihrer Familie, Behörden oder solche anderer Art, z. B. Erpressungen? Brachte Sie Ihr Trieb in Konflikt mit Ihrer religiösen oder sozialen Anschauung? Wie und in welcher Lage schlafen Sie?

135. Was halten Sie selbst von Ihrem geschlechtlichen Zustand? Glauben Sie schuldig oder schuldlos, krank oder gesund, natürlich oder naturwidrig zu sein? Wünschten Sie, wenn es möglich wäre, daß Ihre Natur geändert würde, oder sind Sie mit Ihrer gegenwärtigen geschlechtlichen Veranlagung zufrieden?

136. Welche Erfahrungen haben Sie hinsichtlich sexueller Empfindungen bzw. sexueller Abweichungen bei anderen gemacht? Verkehren Sie in Kreisen Ähnlichempfindender oder stehen Sie allein? Kennen Sie Leute, die wie Sie empfinden? Wie viele etwa? Wie hoch schätzen Sie ihre Zahl und aus welchen Gründen? Haben Sie dieselben bei Angehörigen bestimmter Stände, Klassen, Völker häufiger beobachtet als bei anderen?

137. Haben Sie sich über den Naturzweck Ihrer eigenen sexuellen Empfindung eine Ansicht gebildet und welche?

Auf den folgenden Seiten oder als besondere Anlagen erwünscht:
a) Genaue Darstellung des Anlasses, der Sie jetzt zu uns führt.
b) Zusammenhängende Lebensbeschreibung,
c) Schilderung des bisherigen Geschlechts- und Liebeslebens,
d) Was würden Sie tun, wenn Sie die Möglichkeit hätten, das Leben zu führen, das Sie sich wünschen?

Wann beendeten Sie die Ausfüllung des Fragebogens (genaue Zeitangabe)?

Die Schriftstellerin Sophie Hoechstetter. Ihr Gedicht auf Magnus Hirschfeld wurde zu dessen 60. Geburtstag geschrieben.

Dr. Magnus Hirschfeld

Viel Maaße kennt die Welt. Der Ruhm der Schlachten
Trägt stolze Namen in die Ewigkeit.
Was Menschengeist in Forschen und Betrachten
Aus dunklem Schoße rief zum Heil der Zeit,
Und was nur ward, daß wir ein Stündchen lachten,
Und Endlich, was nur in des Reichtums Kleid
Das Leben flüchtig als Genuß betrachtet,
Wird hochgemessen, von der Welt geachtet.

Das Herz mißt anders. Unbeirrt vom Scheine
Des Feuers, das stets dem Erfolg entbrennt,
Vom Wahne unbeirrt, der im Vereine
Erlauchte wie Geringe Größen nennt,
Bedenkt das Herz hellsehend nur das Eine,
Woran es ewiges Verdienst erkennt:
Was tut er für die Menschheit? Ist sein Streben
Für eignen Ruhm nur — oder Andrer Leben?

Wir, die wir ihn, den lieben und verehrten
Freund unserer Jugend heut beglückwünscht sehn,
Wir wissen von den Tagen, die den Kampf erklärten,
Der Torheit, Grausamkeit, dem Mißverstehn,
Wir wissen, daß von Tausenden die starken Hände wehrten
Leid, Bitternis und Schimpf und Untergehn,
Wir wissen, ohne Menschenfurcht und Hassen
Hat er gekämpft — und keinen je verlassen.

Keinen verlassen, der zu seinen Toren
Rastlosen Herzens kam — beruhigt ging,
Keinen verlassen, der den Mut verloren,
Weil seine Seele voller Zwiespalt hing.
Keinen verlassen, der zum Leid geboren,
Und keinen, den Gefahr und Angst umpfing.
So lebt er für die Menschheit, und sein Streben
Gilt eignem Ruhm nicht, nur der Andern Leben.

Nicht, was an Angriff er und Haß erfahren,
Nicht der „Normalen" Stolz, der Spötter Hohn
Hat ihn beirrt in langen, langen Jahren:
Mutvoll erhob sich seiner Stimme Ton
Für Menschenrecht. Bedrängte aus Gefahren
Zu retten, ist ihm seines Lebens Lohn.
Und es gelang ihm, durch sein Forschen, Denken,
Der Wissenschaft ein neu Gebiet zu schenken.

Verehrter Freund, vielleicht wär' es Dein Wille,
Den Tag, der heute aufgeht, ganz allein
Mit Deinen Nächsten in der Frühlingsstille
Zu leben, einmal für Dich selbst zu sein,
Doch es gelingt Dir nicht: sieh eine Fülle,
Von Dank und Liebe bricht zu Dir herein.
Sechs Jahrzehnte siehst Du im Entgleiten
Und unvergeßlich wirst Du durch die Zeiten schreiten.

Sophie Hoechstetter

Neben den Zeitschriften waren die Romane lesbischen Inhalts für die Frauen wichtig. Für sie wurde in fast jeder Ausgabe der Zeitschrift inseriert. »Der Skorpion« (1919, 1920, 1921) von Anna Elisabeth Weirauch, »Mädchen in Uniform« (1932) von Christa Winsloe, »Der wilde Garten« (1927) von Grete von Urbanitzky und »Freundinnen« (1923) von Maximiliane Akkers waren die populärsten. Die Romane waren Erbauungslektüre, sie übten aber auch Kritik – trotz ihres sentimentalen und larmoyanten Tones – an der herrschenden Geschlechtsmoral. Sie bestätigten die Frauen in ihrem »So-sein« und verhalfen ihnen zu Identität und Selbstbewußtsein. In diesen Romanen erkannten sich die Leserinnen wieder, sie wurden in ihrer Lebensweise bestärkt und fanden ihren Platz in der Gesellschaft. Das Selbstbild lesbischer Frauen in der Weimarer Zeit orientierte sich am Ideal der berufstätigen und finanziell unabhängigen Frau. Die Frauen empfanden sich – bei allen Brüchen und Widersprüchen – als eine Mischung von Angehörigen des »Dritten Geschlechts« und »Garçonne«. Im Leben wie in den Romanen wurden Teile der Theorie vom »Dritten Geschlecht« variiert. Sie war von Karl Heinrich Ulrichs und Magnus Hirschfeld entwickelt worden und besagte, daß Homosexualität weder Krankheit noch Sünde, sondern eine Varietät in der Natur sei. Diese Theorie besagte auch, daß ein männlicher Geist in einem weiblichen Körper und (für homosexuelle Männer) ein weiblicher Geist in einem männlichen Körper sei. Die »Garçonne« verkörperte die emanzipierte Frau der Nachkriegszeit, die ohne den moralischen Mief der Wilhelminischen Ära durchs Leben geht, rank und schlank ist und mit dem Leben und der Liebe experimentiert.

Für lesbische Frauen bedeutete die Weimarer Zeit, einen Freiraum zu haben, ungehindert andere lesbische Frauen treffen zu können. Diese Subkultur war nicht nur in Berlin anzutreffen. Jede größere Stadt hatte ihre Homosexuellenlokale und politischen Vereinigungen, selbst in kleineren Orten gab es Gruppen und Cliquen von lesbischen Frauen.

Das Ende dieser blühenden Subkultur begann schon in der Weimarer Zeit. 1931 wurde in der »Freundin« geklagt, daß der Druck auf die homosexuellen Frauen (und Männer) zunehme. Polizeikontrollen und Razzien verleideten die Besuche in den Bars. Die Nationalsozialisten zerschlugen das Kommunikationsnetz lesbischer Frauen. Die Lokale wurden geschlossen, die Clubs und Organisationen verboten, den Publikationen jede Veröffentlichung untersagt. Der Verlag Friedrich Radszuweit wurde geplündert, die Bücher und Zeitschriften brannten auf den Scheiterhaufen der Bücherverbrennungen im Mai 1933. Nur die Cliquen lesbischer Frauen und die Partnerschaften überstanden die Zeit des Faschismus.

Anmerkungen

1 Ruth Margarete *Roellig:* Berlins lesbische Frauen, Berlin 1928. Neu wiederaufgelegt unter dem Titel: Lila Nächte, herausgegeben von Adele Meyer, Köln 1981.
2 Agnes Gräfin *Esterhazy:* Das lasterhafte Weib, Wien 1930.

Edith von Lölhöffel

DIE FRAU IM SPORT

Die Sehnsucht nach Sonne, nach Luft und freier Bewegung ist ein charakteristisches Zeichen unserer Zeit, ist dem 20. Jahrhundert ebenso eigentümlich wie Fabrikschornsteine und Großstädte, wie Mechanisierung und Typisierung des Arbeitslebens. Wir können sogar die heutige Begeisterung für eine Körperkultur, die sich bis zur Verhimmelung erfolgreicher Sportsleute steigert und das Ideal des sonnenbraunen, gesunden, schlank geschmeidigen Sportmannes und Sportmädels geschaffen hat, nur dann richtig verstehen, wenn wir dahinter das unbewußte Suchen der Großstadtmenschen begreifen, irgendwie den Zusammenhang mit lebensnotwendigen Naturkräften wiederzugewinnen. Erst durch die Einengung gesunder Körperkräfte zwischen Büroschemeln und Maschinen, Straßen, Fahrzeugen, Fahrstühlen und Rolltreppen ohne Bewegungsfreiheit, ja ohne Bewegungsmöglichkeit, erst durch die Absperrung des Arbeitslebens von Licht und Luft ist elementar die Sportbewegung entstanden, die jetzt ihren Siegeszug durch alle Industrieländer vollendet und überall auch die Gefolgschaft der Frauen gewonnen hat.

Zwar waren unter den Vorkämpfern der jungen Sportbewegung nirgends Frauen an hervorragender Stelle zu finden, und es scheint, als ob um die Jahrhundertwende die treibenden Kräfte der Frauenbewegung durch den großen Kampf um *geistige* Frauenbildung und Frauenarbeit gebunden waren. Die *körperliche* Bildung der Frau aber trat daneben ganz in den Hintergrund. Erst nach Erkämpfung der geistigen und politischen Gleichberechtigung der Frau erwacht in weiteren Kreisen das Verständnis für die Notwendigkeit körperlicher Bildungsfreiheit.

Im Jahre 1925 wurden zum ersten Male die Fragen weiblicher Körpererziehung im großen Zusammenhange von Frauen oder doch unter Mitwirkung von Frauen und Gymnastiklehrerinnen, Pädagoginnen und Ärztinnen behandelt. Die Veranstaltung der Deutschen Turnerschaft zur Klärung des Frauenturnens in Leipzig brachte Richtlinien für die Frauenarbeit, die von den Ärztinnen Dr. Buché-Geis und Alice Profé aufgestellt waren und für die Frauen freie Bahn im Turn- und Sportbetrieb auch in Leichtathletik, Schwimmen und Rasenspielen forderten. Und der Bund Deutscher Frauenvereine zeigte im gleichen Jahr zusammen mit dem Deutschen Reichsausschuß für Leibesübungen auf der ersten öffentlichen Tagung für weibliche Körpererziehung die Formen und Ziele einer Frauengymnastik, bei denen der Sport allerdings nur eine untergeordnete Rolle spielte und stark umstritten war.

Aber unabhängig von Theorien und Spekulationen entwikkelt sich seitdem der Frauensport weiter. Nationale und internationale Frauensportfeste werden veranstaltet. Er hält seinen Einzug in die Deutsche Turnerschaft, die im Jahre 1929 384398 Frauen zählt, läßt neue Frauenverbände entstehen, wie den Reichsverband für Frauenturnen mit 240000 Mitgliedern,

bringt der Deutschen Sportbehörde für Leichtathletik, dem Deutschen Schwimmverband, dem Damenruderverband und den Frauengruppen des Arbeitersportkartells starken Zuwachs und zählt 1929 2¼ Millionen Frauen in den Leibesübungen treibenden Verbänden. Die Zahl wird noch erhöht durch die Schülerinnen de 1200 Lehrenden des Deutschen Gymnastikbundes und durch die nicht zählbaren jungen Frauen, welchen in Schulen, Seminaren und Hochschulen, in den Lehrgängen der Volkshochschulen und Stadien Turnen, Spiel und Sport zur Selbstverständlichkeit wird...

Die großen Frauenberufsverbände, wie der Verband der weiblichen Handels- und Büroangestellten, die Berufsvereinigung der Kindergärtnerinnen und -hortnerinnen, der Sozialbeamtinnen widmen heute schon dem Sport und Spiel Fortbildungslehrgänge und Freizeiten.

Auch die Hausfrau, deren Arbeit sich ebenfalls durch die Technik immer mehr von der natürlichen und vielseitigen körperlichen Tätigkeit entfernt, gewinnt für sich und ihre Familie Interesse an der neuen Richtung der sportlichen Gesundheitspflege.

Es scheint aber auch, als ob der Frauensport nicht nur für die Erhaltung körperlicher, sondern auch geistig seelischer Kräfte lebensnotwendig geworden ist. Die heranwachsende Jugend erstrebt in ihm und durch ihn unbewußt die Bildung und Stärkung des Willens, der für unsere Zeit so viel bedeutungsvoller ist als für frühere Generationen, die sich weder für wirtschaftliche Selbständigkeit noch für Berufskampf zu wappnen brauchten...

Der Frauensport steht noch am Anfang seiner Entwicklung. Er ist aber für die körperliche und geistig seelische Erziehung der Frau zu Selbständigkeit und Leistungsfähigkeit in der heutigen Zeit nicht mehr zu entbehren. Er wird auch Wege finden, der fortschreitenden Objektivierung und Entseelung der Frau in einem unpersönlichen, mechanischen Arbeitsleben entgegenzuwirken.

(Aus: Ada *Schmidt-Beit*, Die Kultur der Frau, Berlin 1931.)

Hürdenlauf
Hochsprung
Speerwerfen

Rechts: Aus AIZ, Nr. 36/1929

KÖRPER-BILDUNG

DURCH TÄNZERISCHE GYMNASTIK

Rhythmische Uebungen im Freien nach den Klängen der Musik sind besonders für den noch leicht bildungsfähigen Körper des Kindes von großem Wert

Freiübungen der Kinder beim Sportfest des Turn- und Sportverein „Vorwärts" Straußberg, das aus Anlaß seines 50jährigen Bestehens in diesen Tagen veranstaltet wurde

In den Arbeitersportorganisationen findet die Arbeiterin ausreichende Gelegenheiten für die ganzseitige Durchbildung ihres Körpers. Die alte straffe turnerische Freiübung hat auch hier schon längst der tänzerischen Gymnastik weichen müssen.

Turnspiele Neuköllner Arbeitersportlerinnen. Der „steife Mann" trudelt sich im Kreise herum

Mustergültig ist die körperbildende Erziehungsarbeit der bekannten Loges Schule in Hannover, die bahnbrechend auf dem Gebiet der rhythmischen Gymnastik wirkt. Die beiden obenstehenden Bilder geben einen interessanten Einblick in ihre Arbeit. Der Besuch dieser und anderer Schulen jedoch ist der Arbeiterin aus finanziellen und beruflichen Gründen versagt und steht im demokratischen Deutschland nur zahlungsfähigen Kreisen offen

Rechts: Aus »Der Weg der Frau, Nr. 3/1932

SPORT UND KÖRPERPFLEGE

Selbstverteidigung

In letzter Zeit häufen sich die Fälle, daß besonders proletarische Frauen und Mädchen von politischen und kriminellen Gegnern überfallen werden. Um nun in dem ungleichen Kampf Mann gegen Frau nicht zu unterliegen, müssen unsere Frauen zu Mitteln der Abwehr greifen.

Die wirksamste Selbstverteidigung ist die Erlernung des *Jiu-Jitsu.* Diesen Sport kann man als den Wehrsport der Schwachen bezeichnen. Seine Wesensart besteht darin, den Angreifer durch bestimmte Griffe und Schläge kampfunfähig zu machen.

Die Geschichte dieser Sportart ist schon sehr alt. Zuerst wurde Jiu-Jitsu von den Chinesen ausgeübt und später von den Japanern übernommen, welche ihn zur höchsten Vollkommenheit ausbildeten. Erst in neuerer Zeit wurde diese „geheimnisvolle Waffe des Ostens" in Europa populär. Auch in den Reihen der roten Arbeitersportler fand diese Kampfart rasch Eingang.

Beim Jiu-Jitsu-Sport verzichtet man auf jedes Gerät und jede Waffe. *Seine Erlernung ist auch für die schwächste Frau möglich;* erforderlich ist nur eine *systematische Ausbildung, deren Gang kurz folgender ist:* Zunächst muß eine allseitige Körperausbildung zum Zwecke der Körperbeherrschung erfolgen. Gymnastik bietet hierzu die beste Möglichkeit. Danach beginnt man mit den Jiu-Jitsu-Spezialübungen, von denen die *Fallübungen* geradezu als das ABC des Jiu-Jitsu-Sportes bezeichnet werden müssen. Fallen, ohne sich zu verletzen, ist der Zweck dieser Uebungen. Die Beherrschung des richtigen Hinfallens schützt auch im täglichen Leben — auf Treppe und Straße — Körper und Gesundheit.

Von großer Wichtigkeit ist ferner die Erlernung von Handkantenschlägen, mit deren Hilfe man den Gegner für einige Zeit lähmen kann. Den breitesten Raum nehmen aber die verschiedenartigsten Griffe ein. Ihre Zahl ist so reichhaltig, daß man auch den geschicktesten Angreifer damit kampfunfähig machen kann. Um aber zu einem vollen Erfolge zu gelangen, ist ferner wichtig, daß man die gegen Schlag und Griff empfindlichen Körperstellen des Gegners genau kennt. Schnellste Entschlußkraft ist hierbei also entscheidend. Diese erforderliche geistige und körperliche Beweglichkeit verleiht dem Jiu-Jitsu-Sport die ausschlaggebende Bedeutung. Gelegenheit zur Erlernung der praktischen Selbstverteidigung finden Sie in Berlin in den Kursen der „Kampfgemeinschaft für rote Sporteinheit", Berlin C 25, Münzstraße 24 III.

Das ist der sogenannte Rausschmeißer oder Komm-mit-Griff

Die Arbeitersportlerin weiß, wie sie den Naziüberfall abwehren kann

Ein zudringlicher „Kavalier" wird proletarisch abgefertigt

So wird auch ein starker Gegner von einer Frau zu Fall gebracht

Auch der sogenannte Beinhebel ist ein wirksames Selbstverteidigungsmittel

Clara Zetkin

GEGEN DEN FASCHISMUS

Es gilt, den Faschismus niederzuringen!

Frauen haben keinen Zutritt

Eröffnungsrede als Alterspräsidentin des Reichstages am 30. August 1932

Meine Damen und Herren! Der Reichstag tritt in einer Situation zusammen, in der die Krise des zusammenbrechenden Kapitalismus die breitesten wektätigen Massen Deutschlands mit einem Hagel furchtbarster Leiden überschüttet. Zu den Millionen Arbeitslosen, die mit den Bettelpfennigen der sozialen Unterstützung oder auch ohne sie hungern, werden im Herbst und im Winter neue Millionen stoßen. Verschärfter Hunger ist auch das Schicksal aller anderen sozial Hilfsbedürftigen. Die noch Beschäftigten können bei ihrem niedrigen Verdienst die durch die Rationalisierung aufs äußerste ausgepreßte Muskel- und Nervenkraft nicht ersetzen, geschweige denn kulturelle Bedürfnisse befriedigen. Der weitere Abbau des Tarifrechts und des Schlichtungswesens wird die Entbehrungslöhne noch tiefer senken. Wachsende Scharen von Handwerkern und Kleingewerbetreibenden, von Klein- und Mittelbauern versinken verzweifelnd in Elendstiefen. Der Niedergang der Wirtschaft, das Zusammenschrumpfen der Aufwendungen für Kulturzwecke vernichten die wirtschaftlichen Grundlagen für die Existenz der geistig Schaffenden und verengen fortschreitend das Betätigungsfeld für ihre Kenntnisse und Kräfte. Der im Osten entfesselte Weltbrand, der vom Westen her kräftig geschürt wird und dessen Flammenmeer auch die Sowjetunion und ihren sozialistischen Aufbau vertilgen soll, würde auch Deutschland mit Schrecken und Greueln überhäufen, die das Mord- und Vernichtungswerk des letztes Weltkrieges in den Schatten stellen.

Die politische Macht hat zur Stunde in Deutschland ein Präsidialkabinett an sich gerissen, das unter Ausschaltung des Reichstages gebildet wurde und das der Handlanger des vertrusteten Monopolkapitals und des Großagrariertums und dessen treibende Kraft die Reichswehrgeneralität ist. (»Sehr gut!« bei den Kommunisten.)

Trotz der Allmacht des Präsidialkabinetts hat es gegenüber allen innen- und außenpolitischen Aufgaben der Stunde gänzlich versagt. Seine Innenpolitik charakterisiert sich genau wie die der vorausgegangenen durch die Notverordnungen, Notverordnungen im ureigensten Sinne des Wortes; denn sie verordnen Not und steigern die schon vorhandene Not.

Gleichzeitig zertritt dieses Kabinett die Rechte der Massen, gegen die Not zu kämpfen. Sozial Hilfsbedürftige und Hilfsberechtigte erblickt die Regierung nur in verschuldeten Großagrariern, krachenden Industriellen, Bankgewaltigen, Reedern und gewissenlosen Spekulanten und Schiebern. Ihre Steuer-,

Zoll- und Handelspolitik nimmt breiten Schichten des schaffenden Volkes, um kleine Gruppen von Interessenten zu beschenken, und verschlimmert die Krise durch weitere Einschränkung des Konsums, des Imports und Exports. Ebenso schlägt ihre Außenpolitik den Interessen des schaffenden Volkes ins Gesicht. (»Sehr wahr!« bei den Kommunisten.) Sie wird geleitet von imperialistischen Gelüsten, bringt Deutschland in ziellosem, dilettantischem Schwanken zwischen plumper Anbiederung und Säbelrasseln in immer tiefere Abhängigkeit von den Großmächten des Versailler Vertrages (»Sehr wahr!« bei den Kommunisten.) und schädigt die Beziehungen zur Sowjetunion, dem Staat, der durch seine ehrliche Friedenspolitik und seinen wirtschaftlichen Aufstieg ein Rückhalt für die deutsche werktätige Bevölkerung ist. (»Sehr wahr!« bei den Kommunisten.).

Schwerstens belastet ist das Schuldkonto des Präsidialkabinetts durch die Morde der letzten Wochen, für die es die volle Verantwortung trägt durch die Aufhebung des Uniformverbots für die nationalsozialistischen Sturmabteilungen und durch die offene Begönnerung der faschistischen Bürgerkriegstruppen. Vergebens sucht es über seine politische und moralische Schuld hinwegzutäuschen durch Auseinandersetzungen mit seinen Bundesgenossen über die Verteilung der Macht im Staate; das vergossene Blut kittet es für ewig mit den faschistischen Mördern zusammen.

Die Ohnmacht des Reichstags und die Allmacht des Präsidialkabinetts sind der Ausdruck des Verfalls des bürgerlichen Liberalismus, der zwangsläufig den Zusammenbruch der kapitalistischen Produktionsweise begleitet. Dieser Verfall wirkt sich auch voll aus in der reformistischen Sozialdemokratie, die sich in Theorie und Praxis auf den morschen Boden der bürgerlichen Gesellschaftsordnung stellt. Die Politik der Papen-Schleicher-Regierung ist nichts anderes als die unverschleierte Fortsetzung der Politik der von den Sozialdemokraten tolerierten Brüning-Regierung, wie dieser ihrerseits die Koalitionspolitik der Sozialdemokratie als Schrittmacherin vorausgegangen ist. (»Sehr gut!« bei den Kommunisten.) Die Politik des »kleineren Übels« stärkte das Machtbewußtsein der reaktionären Gewalten und sollte und soll noch das größte aller Übel erzeugen, die Massen an Passivität zu gewöhnen. Diese sollen darauf verzichten, ihre volle Macht außerhalb des Parlaments einzusetzen. Damit wird auch die Bedeutung des Parlaments für den Klassenkampf des Proletariats gemindert. Wenn heute das Parlament innerhalb bestimmter Grenzen für den Kampf der Werktätigen ausgenutzt werden kann, so nur dann, wenn es seine Stütze hat an kraftvollen Aktionen der Massen außerhalb seiner Mauern.

Ehe der Reichstag Stellung nehmen kann zu Einzelaufgaben der Stunde, muß er seine zentrale Aufgabe erkannt und erfüllt haben: Sturz der Reichsregierung, die den Reichstag durch Verfassungsbruch vollständig zu beseitigen drängt. Anklage könnte der Reichstag auch erheben gegen den Reichspräsidenten und die Reichsminister wegen Verfassungsbruchs und noch weiterer geplanter Verfassungsbrüche bei dem Staatsgerichtshof zu Leipzig. Doch eine Anklage vor dieser hohen Instanz hieße den Teufel bei seiner Großmutter verklagen. (»Sehr wahr!« und Händeklatschen bei den Kommunisten.)

Selbstverständlich kann nicht durch Parlamentsbeschluß die Gewalt einer Regierung gebrochen werden, die sich stützt auf die Reichswehr und alle anderen Machtmittel des bürgerlichen Staates, auf den Terror der Faschisten, die Feigheit des bürgerlichen Liberalismus und die Passivität großer Teile des Proletariats, der Werktätigen. Der Sturz der Regierung im Reichstage kann nur das Signal sein für den Aufmarsch und die Machtentfaltung der breitesten Massen außerhalb des Parlaments. (»Sehr wahr!« bei den Kommunisten.) Das mit dem Ziel, in

Clara Zetkin auf dem Roten Platz in Moskau

dem Kampf das volle Gewicht der wirtschaftlichen und sozialen Leistung der Schaffenden und auch die Wucht ihrer großen Zahl einzusetzen.

In diesem Kampf gilt es zunächst, vor allem den Faschismus niederzuringen, der mit Blut und Eisen alle klassenmäßigen Lebensäußerungen der Werktätigen vernichten soll, in der klaren Erkenntnis unserer Feinde, daß die Stärke des Proletariats am allerwenigsten von Parlamentssitzen abhängt, vielmehr verankert ist in seinen politischen, gewerkschaftlichen und kulturellen Organisationen.

Belgien zeigt den Werktätigen, daß der Massenstreik sogar in Zeiten größter Wirtschaftskrise seine Kraft bewährt, vorausgesetzt, daß hinter dem Gebrauch dieser Waffe die Entschlossenheit und Opferfreudigkeit der Massen steht, vor keiner Weiterung des Kampfes zurückzuschrecken und die Gewalt der Feinde mit Gewalt zurückzuschlagen. (»Sehr wahr!« bei den Kommunisten.) Jedoch die außerparlamentarische Machtentfaltung des werktätigen Volkes darf sich nicht auf den Sturz einer verfassungswidrigen Regierung beschränken; sie muß über dieses Augenblicksziel hinaus gerichtet sein auf den Sturz des bürgerlichen Staates und seiner Grundlage, der kapitalistischen Wirtschaft. Alle Versuche, auf dem Boden der kapitalistischen Wirtschaft die Krise zu mildern, geschweige denn zu beheben, können das Unheil nur verschärfen. Staatliche Eingriffe versagen; denn der bürgerliche Staat hat nicht die Wirtschaft, sondern umgekehrt, die kapitalistische Wirtschaft hat den Staat. (»Sehr wahr!« bei den Kommunisten.) Als Machtapparat der Besitzenden kann dieser sich nur zu deren Vorteil einsetzen auf Kosten der produzierenden und konsumierenden breiten schaffenden Volksmassen. Eine Planwirtschaft auf dem Boden des Kapitalismus ist ein Widespruch in sich. Die Versuche dazu werden immer wieder vereitelt durch das Privateigentum an den Produktionsmitteln. Planmäßigkeit des Wirtschaftens ist nur möglich bei der Aufhebung des Privateigentums an den Produktiosmitteln. Der Weg zur Überwindung wirtschaftlicher Krisen und aller drohenden imperialistischen Kriegsgefahren ist einzig und allein die proletarische Revolution (»Bravo!« bei den Kommunisten.), die das Privateigentum an den Produktionsmitteln abschafft und damit die Planmäßigkeit des Wirtschaftens verbürgt.

Der große weltgeschichtliche Beweis dafür ist die russische Revolution. Sie hat gezeigt, daß den Schaffenden die Kraft eignet, alle ihre Feinde niederzuwerfen und zusammen mit dem Kapitalismus im eigenen Lande auch die imperialistischen Raubgewalten zurückzuwerfen und Sklavenverträge wie den Versailler Vertrag zu zerreißen. (»Sehr wahr!« bei den Kommunisten.)

Der Sowjetstaat erhärtet auch, daß die Werktätigen die Reife besitzen, eine neue Wirtschaftordnung aufzubauen, in der eine wirtschaftliche Höherentwicklung der Gesellschaft ohne verwüstende Krisen erfolgen kann, weil eben die Ursache der anarchistischen Produktionsweise vernichtet ist, das Privateigentum an den Produktionsmitteln.

Der Kampf der werktätigen Massen gegen die zerfleischenden Nöte der Gegenwart ist zugleich der Kampf für ihre volle Befreiung. Er ist ein Kampf gegen den versklavenden und ausbeutenden Kapitalismus und für den erlösenden, den befreienden Sozialismus. Diesem leuchtenden Ziel muß der Blick der Massen unverrückt zugewandt sein, nicht umnebelt durch Illusionen über die befreiende Demokratie und nicht zurückgeschreckt durch die brutalen Gewalten des Kapitalismus, der seine Rettung durch neues Weltvölkergemetzel und faschistische Bürgerkriegsmorde erstrebt.

Das Gebot der Stunde ist die Einheitsfront aller Werktätigen, um den Faschismus zurückzuwerfen (»Sehr wahr!« bei den Kommunisten.), um damit den Versklavten und Ausgebeuteten die Kraft und die Macht ihrer Organisationen zu erhalten, ja sogar ihr physisches Leben. Vor dieser zwingenden geschichtlichen Notwendigkeit müssen alle fesselnden und trennenden politischen, gewerkschaftlichen, religiösen und weltanschaulichen Einstellungen zurücktreten. Alle Bedrohten, alle Leidenden, alle Befreiungssehnsüchtigen gehören in die Einheitsfront gegen den Faschismus und seine Beauftragten in der Regierung! Die Selbstbehauptung der Werktätigen gegen den Faschismus ist die nächste unerläßliche Voraussetzung für die Einheitsfront im Kampfe gegen Krise, imperialistische Kriege und ihre Ursache, die kapitalistische Produktionsweise. Die Auflehnung von Millionen werktätiger Männer und Frauen in Deutschland gegen Hunger, Entrechtung, faschistischen Mord und imperialistische Kriege ist ein Ausdruck der unzerstörbaren Schicksalsgemeinschaft der Schaffenden der ganzen Welt. Diese internationale Schicksalsgemeinschaft muß eine ehern geschmiedete Kampfgemeinschaft der Werktätigen in allen Herrschaftsgebieten des Kapitalismus werden (»Sehr wahr!« bei den Kommunisten.«), eine Kampfgemeinschaft, die sie mit den vorausgestürmten Brüdern und Schwestern in der Sowjetunion verbindet. Streiks und Aufstände in den verschiedensten Ländern sind lodernde Flammenzeichen, die den Kämpfenden in Deutschland zeigen, daß sie nicht alleinstehen. Überall beginnen die Enterbten und Niedergetretenen zur Eroberung der Macht vorzustoßen.

In der auch in Deutschland sich formierenden Einheitsfront der Werktätigen dürfen die Millionen Frauen nicht fehlen, die noch immer Ketten der Geschlechtssklaverei tragen (»Sehr gut!« bei den Kommunisten.) und dadurch härtester Klassensklaverei ausgeliefert sind. In den vordersten Reihen muß die Jugend kämpfen, die freies Emporblühen und Ausreifen ihrer Kräfte heischt, aber heute keine andere Aussicht hat als den Kadavergehorsam und die Ausbeutung in den Kolonnen der Arbeitsdienstpflichtigen. In die Einheitsfront gehören auch alle geistig Schaffenden, deren Können und Wollen, den Wohlstand und die Kultur der Gesellschaft zu mehren, heute in der bürgerlichen Ordnung sich nicht mehr auszuwirken vermag. In die kämpfende Einheitsfront alle, die als Lohn- und Gehaltshörige oder sonstwie Tributpflichtige des Kapitals zugleich Erhalter und Opfer des Kapitalismus sind!

Ich eröffne den Reichstag in Erfüllung meiner Pflicht als Alterspräsidentin und in der Hoffnung, trotz meiner jetzigen Invalidität das Glück zu erleben, als Alterspräsidentin den ersten Rätekongreß Sowjetdeutschlands zu eröffnen.

(»Verhandlungen des Reichstags, VI. Wahlperiode 1932«, Bd. 454, Berlin 1933, S. 1–3.)

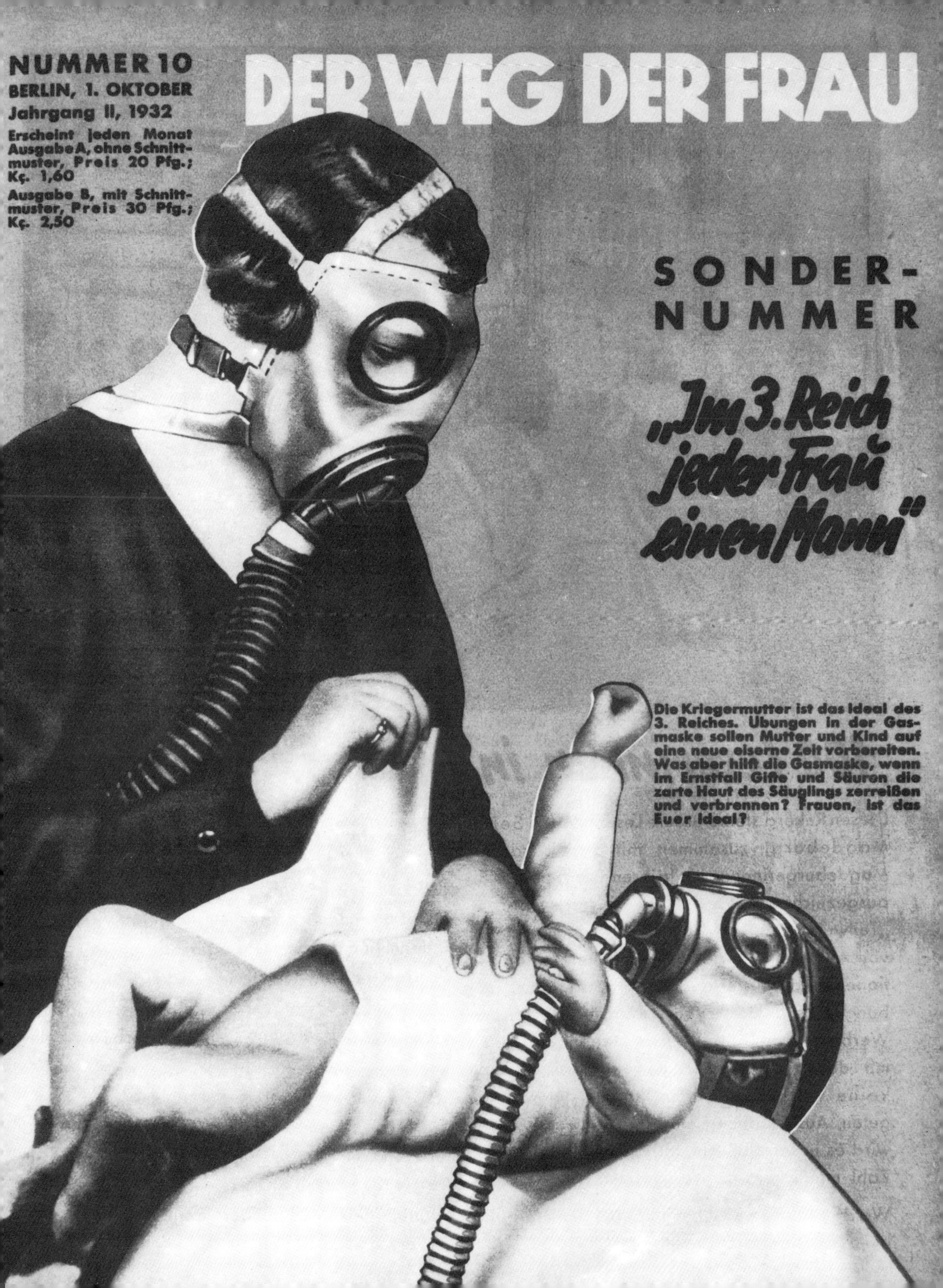

NUMMER 10
BERLIN, 1. OKTOBER
Jahrgang II, 1932

Erscheint jeden Monat
Ausgabe A, ohne Schnittmuster, Preis 20 Pfg.; Kç. 1,60
Ausgabe B, mit Schnittmuster, Preis 30 Pfg.; Kç. 2,50

DER WEG DER FRAU

SONDER-NUMMER

„Im 3. Reich jeder Frau einen Mann"

Die Kriegermutter ist das Ideal des 3. Reiches. Übungen in der Gasmaske sollen Mutter und Kind auf eine neue eiserne Zeit vorbereiten. Was aber hilft die Gasmaske, wenn im Ernstfall Gifte und Säuren die zarte Haut des Säuglings zerreißen und verbrennen? Frauen, ist das Euer Ideal?

Autorinnen

Dagmar Birkelbach * 1955 in Bergen/Zelle. Erstes Staatsexamen in Geschichte und Deutsch (1983); arbeitete als Büroangestellte, war Abgeordnete der Alternativen Liste im Berliner Abgeordnetenhaus (1985–1987) und ist zur Zeit als Studienreferendarin an einem Berliner Gymnasium tätig.

Astrid Eichstedt * 1955. Studium der Germanistik; arbeitet als freie Publizistin. Veröffentlichung: Eichstedt/Polster: »Wie die Wilden. Tänze auf der Höhe ihrer Zeit« (1985).

Ute Frevert * 1954 in Schötmar. Dr. phil.; Studium der Geschichte und Sozialwissenschaften in Münster, London und Bielefeld; wissenschaftliche Mitarbeiterin am »Zentrum für Interdisziplinäre Forschung« der Universität Bielefeld. Veröffentlichungen: »Krankheit als politisches Problem 1770–1880. Soziale Unterschichten in Preußen zwischen medizinischer Polizei und staatlicher Sozialversicherung« (1984); »Frauen-Geschichte. Zwischen Bürgerlicher Verbesserung und Neuer Weiblichkeit« (1986).

Birgit Gatermann * 1961 in Elmshorn. Studium der Kunstgeschichte; schreibt zur Zeit an ihrer Doktorarbeit über Künstlerinnen in der Weimarer Republik.

Christiane Koch * 1957 in Frankfurt. Dr. phil.; Studium der Europäischen Ethnologie, Germanistik, Religionswissenschaften und Philosophie; arbeitet in der Frauenforschung und Frauenbildungsforschung. Veröffentlichte in: Elefanten Press / Baerbel Becker (Hg.): »Unbekannte Wesen. Frauen in den 60er Jahren« (1987).

Ilse Kokula * 1944. Erziehungswissenschaftlerin; Promotion an der Universität Bremen (1982); erste Inhaberin des »Belle-van-Zuylen-Wechsellehrstuhls« an der Reichsuniversität Utrecht mit der Professur »Sozialisation und soziale Geschichte lesbischer Frauen« (1985–1986). Veröffentlichungen u.a.: »Formen lesbischer Subkultur. Vergesellschaftung und soziale Bewegung« (1983); »Wir leiden nicht mehr, sondern sind gelitten. Lesbisch leben in Deutschland« (1987).

Alexandra Kollontai * 1872 als Tochter eines Zarengenerals. Seit frühester Jugend Revolutionärin, fungierte als erste Frau als Volkskommissarin in Sowjetrußland (1917–1918); sowjetische Botschafterin in Norwegen (1922–1925), Mexiko (1925–1927) und Schweden (1930–1945). Zahlreiche Veröffentlichungen und Vorträge zur Frauenfrage und zur »neuen Moral«. † 1952 in Moskau.

Asja Lacis * 1891 in Lettland, stammt aus einer Arbeiter- und Bauernfamilie; Lebensgefährtin des deutschen Regisseurs Bernhard Reich. Studierte Pädagogik und Theater in Petersburg und Moskau; arbeitete als Regisseurin in Orel, Moskau, Riga und Valmiera. In den zwanziger Jahren viele Reisen nach Berlin, München, Paris und Italien. Zahlreiche Veröffentlichungen, in der BRD erschien: »Revolutionär als Beruf. Berichte über proletarisches Theater, über Meyerhold, Brecht, Benjamin und Piskator« (1971). † 1974 in Riga.

Edith Lölhöffel, Dr. med.; arbeitete in den zwanziger und dreißiger Jahren als Dozentin an der »Deutschen und der Preußischen Hochschule für Leibesübungen«.

Dr. Hedwig Müller * 1953 in Bitburg. Wissenschaftliche Mitarbeiterin am »Institut für Theater-, Film- und Fernsehwissenschaft« der Universität Köln. Veröffentlichungen: »Mary Wigman« (1986); verschiedene Buchbeiträge zum zeitgenössischen Tanztheater und zum historischen Tanz.

Alice Rühle-Gerstel * 1896 in Prag als Tochter eines jüdischen Kaufmanns. Studierte Philosophie und Literaturgeschichte an verschiedenen Universitäten; in München wurde sie durch Leonhard Seif mit der Individualpsychologie Alfred Adlers bekannt; zusammen mit ihrem Mann Otto Rühle gründete sie Anfang der zwanziger Jahre den Verlag »Am anderen Ufer« in Buchholz-Friedewald bei Dresden. Veröffentlichungen u.a.: »Freud und Adler als elementare Einführung in Psychoanalyse und Individualpsychologie« (1924); »Der Weg zum Wir. Versuch einer Verbindung von Marxismus und Individualpsychologie« (1927). † 1943 im mexikanischen Exil.

Maruta Schmidt * 1944 in Liberec, Kunstwissenschaftlerin, arbeitet bei ELEFANTEN PRESS, Mitherausgeberin von »FrauenBilderLeseBuch« (1980), »Frauen unterm Hakenkreuz« (1983), »Perlonzeit« (1985) und »Unbekannte Wesen« (1987).

Renate Seydel * 1935 in Schenkendorf/Niederlausitz. Dipl. Germanistin; arbeitet seit 28 Jahren im Henschel-Verlag, Berlin (DDR). Veröffentlichte Anthologien über Schauspieler; Bildbiographien über Asta Nielsen, Marlene Dietrich und Romy Schneider, die als »Schönste Bücher der DDR« ausgezeichnet wurden.

Kristine von Soden * 1949 in Hamburg. Dr. phil.; arbeitet als Hörfunkautorin, Herausgeberin und ist Redakteurin des »pro familia magazins«; wissenschaftliche Mitarbeiterin in einem Forschungsprojekt an der Universitätsklinik Hamburg. Veröffentlichungen zur Frauenfrage, zum §218 und zur Sexualwissenschaft, u.a. »Die Sexualberatungsstellen der Weimarer Republik 1919–1933« (1988).

Heide Soltau * 1949 in Hamburg. Dr. phil.; Studium der Literaturwissenschaft, Geschichte und Pädagogik; arbeitet als freie Journalistin. Veröffentlichungen u.a.: »Trennungs-Spuren. Frauenliteratur der 20er Jahre« (1984).

Carmen Tatschmurat * 1950. Dr. rer. pol.; Assistentin am »Institut für Soziologie« der Universität München. Ihre Arbeitsschwerpunkte sind Industrie- und Arbeitssoziologie. Veröffentlichungen zu Gesundheits- und Bankberufen sowie zu Frauenarbeit und geschlechtlicher Arbeitsteilung; u. a. Beiträge zum Thema »Arbeit« (Tatschmurat/Ostner), »Erwerbstätigkeit« und »Identität«, in: Meyer: »Frauenhandlexikon« (1983). »Geldwelt II. Zur Gegenwart der Bankangestellten« (1987).

Kerstin Wilhelms * 1957 in Hagen/Westfalen. Literaturwissenschaftlerin; arbeitet zur Zeit als wissenschaftliche Mitarbeiterin am »Literaturwissenschaftlichen Seminar« der Universität Hamburg. Veröffentlichung: »Die Memoiren der Lola Montez (Gräfin von Landsfeld, 1851)«, herausgegeben und mit einem Nachwort versehen von Kerstin Wilhelms (1986).

Renate Wurms * 1941 in Wallau/Lahn. Soziologin, VHS-Dozentin, freie Journalistin. Buch- und Zeitschriftenveröffentlichungen zur Geschichte der Frauenbewegung und aktuellen Frauenfragen, u. a.: »Internationaler Frauentag. Wir wollen Freiheit, Frieden, Recht. Zur Geschichte des 8. März« (1983); Hervé/Steinmann/Wurms: »Kleines Weiberlexikon« (1985).

Susanne Zeller * 1951 in Belzig. Sozialpädagogin und promovierte Erziehungswissenschaftlerin; freiberufliche wissenschaftliche Tätigkeit zur Geschichte der sozialen Arbeit in Deutschland. Veröffentlichungen u.a.: »Die Volksmütter. Frauen im Wohlfahrtswesen der 20er Jahre« (1987); »Das Beratungsgespräch in der sozialen Arbeit« (1987).

Clara Zetkin * 1857 in Wiederau/Erzgebirge. Lehrerinnenstudium in Leipzig; seit 1891 Redakteurin der sozialdemokratischen »Gleichheit – Zeitschrift für die Interessen der Arbeiterinnen« in Stuttgart, ab 1907 Leiterin des Frauensekretariats der Sozialistischen Internationale; Mitbegründerin der USPD, des Spartakus-Bundes und der KPD; Reichstagsabgeordnete für die KPD (1920–1933). † 1933 in Moskau.